Zum Geleit

In diesem Jahr feiern wir in unserer Region „200 Jahre Rheinhessen" – doch es entspricht in vielem nicht mehr jenem Rheinhessen, das 1816 gegründet wurde. Damals erhielt dieses linksrheinische Gebiet, das nach einer Zeit der französischen Besetzung 1815 durch den Wiener Kongress dem Großherzogtum Hessen zugeschlagen wurde, seinen Namen Rheinhessen. Großherzog Ludwig I. nahm seine neue Provinz in Besitz und nannte sich fortan Großherzog von Hessen und bei Rhein. Ein gutes Jahrhundert lang bestand diese territoriale Neuschöpfung unverändert fort, weshalb sich 1916 Großherzog Ernst Ludwig in seinem Grußwort zur Hundertjahrfeier, wie zuvor schon sein Ururgroßvater Ludwig I., mit den Worten „An meine lieben Rheinhessen" ganz selbstverständlich an seine Untertanen richtete.

Doch trübte bereits der Erste Weltkrieg die Feierstimmung, mit dessen Ende zwei Jahre später die Monarchie und mit ihr ein ganzes Weltbild zusammenbrach. Mit Drittem Reich, Zweitem Weltkrieg, der Zeit der amerikanischen und französischen Besatzung und Gründung der Bundesrepublik vollzog sich in wenigen Jahrzehnten ein rasanter Wandel, der nicht nur überkommene Verwaltungsstrukturen auflöste und veränderte, sondern auch die Gesellschaft und die Lebensumstände der Menschen.

Seit 1946 ist diese Region ein Teil des damals neu gegründeten Landes Rheinland-Pfalz, und dennoch blieb der Name Rheinhessen haften – was für manch Auswärtigen schwer nachvollziehbar ist – liegt es doch nahe, Rheinhessen als im Bundesland Hessen liegend anzunehmen. Wenn wir also heute die 200-Jahrfeier begehen, so stellt sich die Frage, was genau wir eigentlich feiern? Rheinhessen ist schon lange keine großherzogliche Provinz mehr und seit 2000 nicht einmal mehr ein Regierungsbezirk. Es ist vielmehr die noch unscharfe Benennung einer Region, die gerade dabei ist, ihre Identität zu finden. Weinbau und Tourismus sind hierbei schon einen Schritt weiter und bauen Rheinhessen zur Marke mit internationaler Bekanntheit aus. Wirtschaftsinitiativen allein können aber keine Identität erzeugen. Um sich als Rheinhesse zu fühlen, benötigen die Menschen mehr als Regionalmarketing. Eine gemeinsame Geschichte etwa – und diese ist in unserer Region, die immer schon ein Durchzugsgebiet war, besonders reich und vielfältig.

Schon Karl Johann Brilmayer machte in seiner klugen, im Jahre 1905 veröffentlichten Bestandsaufnahme von Rheinhessen „in Vergangenheit und Gegenwart" darauf aufmerksam, dass das recht junge Gebilde Rheinhessen eine wesentlich ältere Kulturlandschaft umfasst. Man könnte auch sagen, der Inhalt ist älter als das Gefäß. Wie alt er ist, führen uns etwa die steinzeitlichen Gräberfelder bei Flomborn, die keltischen Schatzfunde bei Planig und die römischen Tempel, Theater und Schiffsfunde in Mainz vor Augen. Auch christliches Leben findet bei uns schon früh statt, wovon der im 5./6. Jh. geschaffene Grabstein des Priesters Aetherius in der Binger Basilika St. Martin zeugt, besonders aber die erst jüngst ausgegrabenen Taufpiscinen in der Nieder-Ingelheimer Kirche St. Remigius und in Worms, unmittelbar neben dem Dom. Damit befinden sich zwei von nur fünf bislang im deutschsprachigen Raum bekannten frühchristlichen Taufbecken in Rheinhessen. Gespannt sein darf man auch auf die weiteren Ergebnisse der aktuellen Ausgrabungen in der heute evangelischen Johanniskirche, die man vermutlich als die älteste, vielleicht schon im 5. Jh. bestehende Mainzer Bischofskirche ansprechen darf.

In den folgenden Jahrhunderten erwuchs in Rheinhessen eine reiche von Kirchen und Klöstern geprägte Landschaft, von denen viele im Zuge der Säkularisation nach 1802 zwar untergegangen sind – doch noch immer gibt es eine hohe Dichte an kirchlichen Gebäuden aus verschiedenen Epochen und nicht wenige sind noch ganz (oder in Teilen) mittelalterlichen Ursprungs. Seit der sogenannten Pfälzischen Kirchenteilung nach 1705 ist dieser Bestand an Kirchengebäuden relativ gleichmäßig zwischen den Konfessionen verteilt und die Gebäude werden noch heute in ihrer ursprünglichen Funktion genutzt. Dies unterscheidet die Kirchen von vielen anderen Baudenkmälern wie etwa Burgen oder Schlössern. Als lebendige Orte des Glaubens wirken sie auch heute in unsere Gesellschaft hinein und leisten damit einen wichtigen Beitrag zum gemeinschaftlichen Zusammenleben in Rheinhessen. Es ist mir daher eine Freude, alle Kirchengebäude und Kapellen der Mainzer Diözese in diesem Buch aufgeführt und vorgestellt zu finden, unabhängig von ihrer Größe, ihrem Alter oder ihrer kunsthistorischen Bedeutung.

Mein großer Dank gilt der Konservatorin der Kirchlichen Denkmalpflege, Frau Diana Ecker, für ihre Idee zu diesem Buchprojekt, das sie von der Konzeption bis zur Redaktion geleitet und umgesetzt hat, und ihren Kolleginnen, die sie dabei tatkräftig unterstützten: Stefanie Fuchs als Volontärin der Denkmalpflege und Anna Maria Wellding, die für die Inventarisierung der kirchlichen Kunstgüter zuständig ist. Die Neuerscheinung eines Buches, in dem all unsere rheinhessischen Kirchen vorgestellt werden, ist auch ein guter Anlass, den Menschen zu danken, die als lebendige Steine wirken und mit ihrer Glaubenskraft die steinernen Gebäude erst zum Strahlen bringen. Ein herzliches Vergelt`s Gott sage ich daher allen Geistlichen, Haupt- und Ehrenamtlichen, die sich mit Hingabe der Pflege und dem Erhalt dieser Kirchenräume widmen und diese durch die Gemeinschaft, die sich darin versammelt, mit Leben erfüllen.

Ich wünsche Ihnen und Ihren Pfarrgemeinden Gottes reichen Segen!

Ihr Bischof

+ Karl Kard. Lehmann

Karl Kardinal Lehmann

Liebe Leserinnen und Leser,

in diesem Büchlein finden Sie 215 „Kurzporträts" katholischer Kirchen, Kapellen und Heiligenhäuschen in Rheinhessen, alphabetisch nach Ortsnamen aufgeführt. Diese Zahl spiegelt (mit Ausnahme der Heiligenhäuschen) den Gesamtbestand der Sakralbauten wider, die sich im rheinhessischen Gebiet des Bistums Mainz befinden. Dieses diözesane Gebiet ist bis heute nahezu deckungsgleich mit den 1816 festgelegten Grenzen der Provinz Rheinhessen, doch stimmt dessen bistumseigene, verwaltungstechnische Unterteilung in fünf Dekanate (Alzey-Gau-Bickelheim, Bingen, Mainz-Stadt, Mainz-Süd, Worms) nicht mit der staatlichen Aufteilung in die heutigen Landkreise überein. Deshalb zeigt Ihnen die entsprechende farbliche Markierung am Seitenrand, welcher Ort zu welchem Dekanat gehört. Anhand kurzer, informativer Texte sowie aktueller Fotoaufnahmen werden Ihnen die „katholischen Glaubensorte" vorgestellt, und die Bezeichnung verrät bereits, dass hier nicht nur kunsthistorisch oder geschichtlich Bedeutsames Erwähnung findet, sondern auch das, was diese Orte so besonders macht: ob tausendjährige romanische Basilika oder moderner Nachkriegsbau – sie alle wurden zu demselben Zweck errichtet: zur Feier der Eucharistie, zum Lob und Dank Gottes und zur Verehrung der Heiligen. Dies eint alle hier vorgestellten Gebäude, vom mächtigen Dom bis zur bescheidenen Dorfkirche. Eine Ausnahme bilden die Heiligenhäuschen und Wegekapellchen, in denen freilich keine Gottesdienste gefeiert werden, die aber nicht selten an bestimmten Festtagen in die Kirchenliturgie eingebunden sind, etwa als Station bei Prozessionen oder Wallfahrten. Als reine Andachts- und Gebetsstätten sind sie indes ebenso wie die Kirchen irdischer Zweckgebundenheit enthoben. Daher finden Sie neben „profaner" Daten und Fakten auch immer wieder Erklärungen zu den Darstellungen verschiedener Heiliger, biblischer Szenen und christlicher Symbole sowie zur liturgischen Funktion bestimmter Dinge, die im Kirchenraum zu finden sind. Ergänzende „Infoboxen" präsentieren kurz

und knapp Wissenswertes zu einzelnen Besonderheiten der Orte, etwa zu lokalem, religiösem Brauchtum oder ganz allgemein zu bestimmten Handwerkstechniken, künstlerischen Darstellungsformen oder auch Hinweise auf ein interessantes Detail, das sonst vielleicht Ihrem Blick verborgen bliebe. Im Gegenzug bleibt aber auch Vieles unerwähnt, was in einem regulären Kirchenführer oder einer Kirchengeschichte nicht fehlen dürfte. So kann es sein, dass manch qualitätvolles Kunstwerk und das ein oder andere bedeutende historische Ereignis gar nicht genannt wird, zugunsten einer Anekdote, einer Beschreibung der Raumstimmung oder der landschaftlichen Umgebung einer Kirche. Diese höchst selektive und subjektive Herangehensweise schien jedoch geeignet, Ihnen in der gebotenen Kürze einen ersten Eindruck zu vermitteln und Ihnen möglicherweise „Lust auf mehr" zu machen – Sie dazu einzuladen, diesen vielfältigen Glaubensorten, vielleicht bei einer Rad- oder Wandertour, einen Besuch abzustatten, sich weiter mit ihrer Geschichte und ihren Kunstwerken zu beschäftigen und nicht zuletzt auch Ihr Interesse für den Erhalt dieser kultur- und identitätsstiftenden Bauwerke in unserer Region zu wecken. Viel Spaß dabei!

Diana Ecker

Konservatorin
Kirchliche Denkmalpflege Bistum Mainz

DIE FÜNF RHEINHESSISCHEN DEKANATE DES BISTUMS MAINZ

Der in Rheinland-Pfalz liegende Teil des Bistums Mainz ist nahezu deckungsgleich mit dem Gebiet der 1816 gegründeten, großherzoglichen Provinz Rheinhessen. Die Diözese unterteilt das Gebiet heute in fünf pastorale Einheiten, sogenannte Dekanate, die hier farblich gekennzeichnet sind.

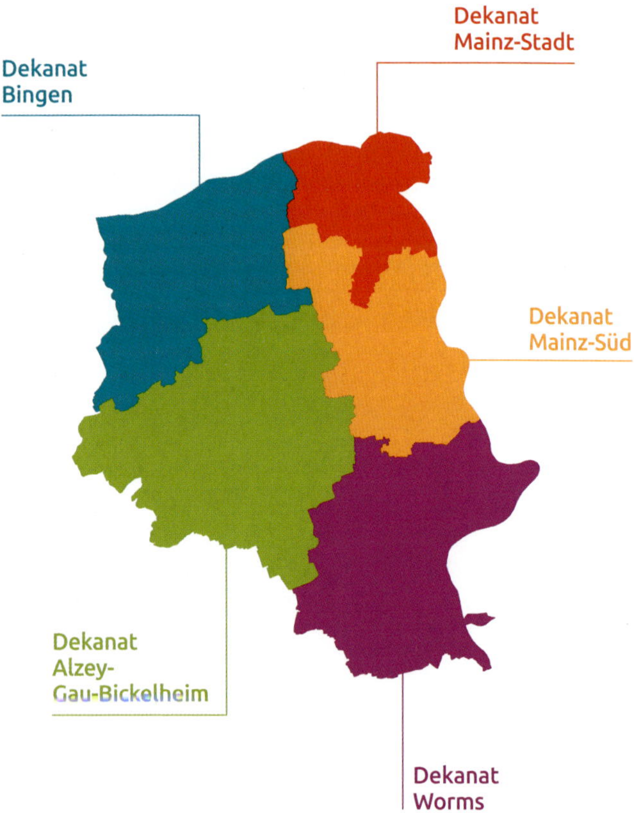

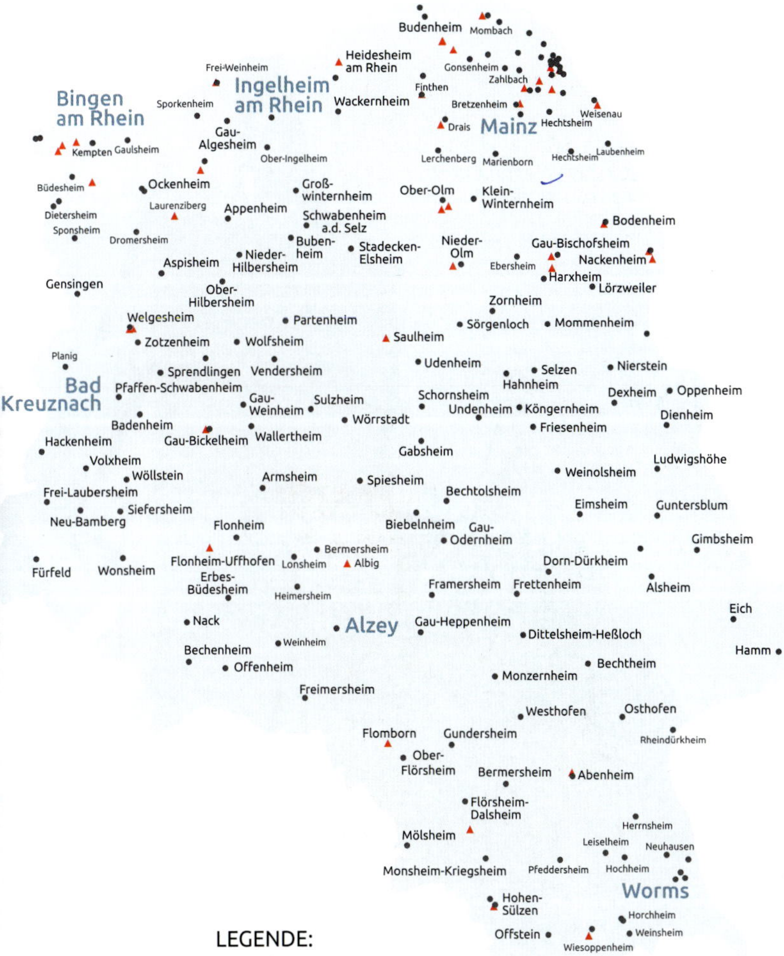

LEGENDE:

● Kirche

▲ Kapelle

Worms Orte mit Stadtteilen

Eich Kleinere Orte

Hochheim Stadtteil

KIRCHEN, KAPELLEN & HEILIGENHÄUSCHEN IN RHEINHESSEN

WISSENSWERTES

Kirchen, Kapellen & Heiligenhäuschen

Kreuzwegstation auf dem Weg zur Kreuzkapelle auf dem Wißberg, gefertigt von der Kunstwerkstatt Busch (▸ Sonderseite S. 180).

ALBIG

Maria Geburt

Langgasse 58
55234 Albig

Unregelmäßig geöffnet.
Pfarrgruppenbüro:
Niedergasse 2,
55234 Erbes-Büdesheim,
Tel.: 06731 41641

In Albig befindet sich ein besonders charmantes Beispiel eines Kirchentypus, der in den Zeiten der Pfälzischen Kirchenteilung entstand – die Rathauskirche. Um einen Gottesdienstraum für die Katholiken zu schaffen, beschloss man in Albig 1766 ein Rathaus mit integrierter Kapelle zu bauen. Entstanden ist ein recht kreativer Bau: von der Hauptstraße aus betritt man die Kirche über die breite Front ebenerdig. An der Rückseite, die den vollen Blick auf die evangelische Kirche bietet, findet sich dagegen eine Freitreppe zu den Amtsräumen im Obergeschoss. Diese werden auch heute noch als solche genutzt. Den kleinen Kirchenraum im Erdgeschoss mit seiner Querausrichtung wusste man geschickt einzurichten. Die Träger der Unterzüge für das Obergeschoss gestaltete man säulenähnlich mit profilierten Kopfbändern; über dem Eingang schafft eine Empore Raum für Besucher und die Orgel. Darunter fand auch eine kleine Sakristei ihren Platz. Im Zentrum steht der Zelebrationsaltar, um den die Kirchenbänke herum gruppiert sind. Die Kanzel, der Hochaltar und die teilweise sehr spannenden Figuren entstammen dem 18. Jh. Die Glasmalereien der Fenster wurden wohl im frühen 20. Jh. geschaffen und zeigen an der Altarwand, aufgeteilt auf zwei Fenster, die Verkündigung an Maria. An der Seitenwand befindet sich eine Darstellung der hl. Katharina sowie ein Vesperbild (► Worms-Neuhausen). In den Fenstern der Südwand sind feine Schwarzlotmalereien mit Szenen aus dem Leben von Maria und Jesus eingelassen, die ursprünglich wohl in einen anderen Kontext gehörten.

Was macht das Loch da in der Decke? In der Decke des Kapellenraums hängt ein Seilrest in einem Deckenloch, genau an der Stelle, an der außen ein Dachreiter mit Schallöffnungen sitzt. Es handelt sich also um die Öffnung für das Glockenseil, das heute noch durch das Albiger Ratszimmer führt. In manchen Kirchen ist die Funktion solcher Löcher nicht so einfach zu erkennen. Ganz sicher handelt es sich um eine Seilöffnung, wenn darin eine Holzröhre steckt, die das Seil vor schnellem Abrieb schützt.

ALSHEIM

Mariä Himmelfahrt

Bachstr. 2
67577 Alsheim

Geöffnet vor und nach den Gottesdiensten (siehe www.pfarrgruppe-altrhein.de) oder nach Anfrage im Pfarrbüro:
Bachstr. 8,
67577 Alsheim,
Tel.: 06249 5227

Die Alsheimer Kirche vereint herausragende Bau- und Bildkunst zweier Epochen – Spätgotik und Barock. Von der älteren Kirche ist der 1517 errichtete Chor erhalten geblieben, dessen prächtiges Sterngewölbe handwerkliche Raffinesse zeigt: Als reine Zierelemente, ohne Stützfunktion, wachsen sogenannte Luftrippen aus den Wandflächen heraus und vereinen sich mit den übrigen Gewölberippen zu kunstvollen Figurationen. Nicht mit künstlerischer Virtuosität will die um 1460 geschaffene Madonna mit dem Jesuskind auftrumpfen. Vielmehr verleiht ihr gerade die ländlich-naive Schnitzkunst einen besonders anrührenden Ausdruck stiller Freude. Die kleine Skulptur fand ihren Platz in dem barocken, wohl aus der Wormser Liebfrauenkirche stammenden Hochaltar, nachdem man das Kirchenschiff abgerissen hatte und 1736–1742 ein neues Langhaus an den alten Chor setzte. Aus dieser Zeit stammt der größte Teil der bemerkenswerten Ausstattung: In den beiden Seitenaltären beeindrucken die Gemälde von Johann Conrad Seekatz – links die hl. Maria Magdalena unter dem Kreuz und rechts eine ungewöhnliche „Flucht nach Ägypten", in der einzig der hl. Josef, das Kind in den Armen tragend, gezeigt wird. Auch die Kanzel mit der Skulptur des „Guten Hirten" sowie die übrigen Heiligenfiguren sind mehr als einen Blick wert. Auf der hübsch bemalten Orgelempore (1745) steht die herausragende, 1764 von Johann Ignaz Seuffert geschaffene Orgel, die jedoch nicht mehr spielbar ist. Für die wünschenswerte Restaurierung reichen trotz intensiver Bemühungen der Kirchengemeinde die Geldmittel noch nicht aus.

Schau genau! Wer außen um die Kirche herum geht, kann am Chor folgende Inschrift entdecken: „1517 / item velte riter / dis kor bavmeis / ter ge west ist." Verhältnismäßig selten finden sich an mittelalterlichen Kirchen solche schriftlichen Zeugnisse, die nicht nur das Baujahr, sondern auch den Namen des Bauleiters nennen. Die meisten Planer und Erbauer mittelalterlicher Kirchen bleiben daher – anders als Velte Ritter hier in Alsheim – unbekannt.

ALSHEIM (HANGEN-WAHLHEIM)

St. Maria Magdalena und Jakobus

Hangen-Wahlheim
67577 Alsheim

Öffentlich zugänglich.
Pfarrbüro: Bachstr. 8,
Alsheim, Tel.: 06249 5227

Malerisch an einem Taleinschnitt auf halber Höhe der Rheinterrasse liegt Hangen-Wahlheim. Der schon im 8. Jh. bestehende Weiler wird in einem alten Vers liebevoll-spöttisch als „die kleinste Stadt, die nur sieben Häuser hat" bezeichnet, und wer in die Stichstraße zwischen Alsheim und Guntersblum einbiegt, wird feststellen, dass bis heute nur wenige Häuser hinzugekommen sind. Doch der kleine Ort besitzt eine ganz eigene Atmosphäre, die schon so manchen dazu bewogen hat, sich gar in Italien zu wähnen. Daran hat wohl die Ruine der ehemaligen Pfarrkirche St. Maria Magdalena und Jakobus ihren Anteil. Wie in der Klosterkirche San Galgano nahe der toskanischen Stadt Siena, kann man auch in Hangen-Wahlheim – freilich in viel kleinerem Maßstab – eine Kirche ohne Dach erleben, nur vom Himmel überwölbt. Ihre Baugeschichte geht wohl bis ins 13. Jh. zurück – ein Widderkopf über dem südlichen Portal könnte vom romanischen Vorgänger stammen. Ansonsten zeigen die Reste von Maßwerkfenstern, Portal und Apsis Formen des 15. Jh. Die Glocke (ursprünglich wohl im Giebelreiter der Westfassade hängend) wurde 1821 gegossen und von den hiesigen Bewohnern erfolgreich davor bewahrt, im 2. Weltkrieg eingeschmolzen zu werden. Vermutlich im 17. Jh., im Zuge des Pfälzischen Erbfolgekriegs, wurde die Pfarrkirche zerstört und nicht wieder aufgebaut. Jahrhundertelang war sie dem Verfall preisgegeben. Erst nachdem sich 1999 eine Initiative zur Rettung der Kirchenruine gegründet hatte, gelang deren Sicherung und damit die Bewahrung eines der stimmungsvollsten Orte Rheinhessens.

Die Ruine ist Eigentum der katholischen Kirchengemeinde Alsheim. Der sie umgebende Friedhof gehört dagegen der Ortsgemeinde. Die Initiative Kirchenruine Maria Magdalena e.V. konnte die verschiedenen zuständigen Stellen dazu bringen, gemeinsam die Sicherung in Angriff zu nehmen. 2000–2003 konnte aus Mitteln des Bistums Mainz, öffentlichen Zuschüssen, Eigenleistung und den zahlreichen Spenden, die die Initiative durch viele Aktionen gesammelt hatte, das „Kleinod für die Nachwelt gerettet werden."

ALZEY
St. Joseph

Kirchenplatz 7
55232 Alzey

Unregelmäßig geöffnet.
Pfarrbüro: Kirchenplatz 8,
Alzey, Tel.: 06731 9979711,
www.alzey-katholisch.de

Die heutige Pfarrkirche – ein Bau der Nachkriegsmoderne – ist bereits die dritte Josephskirche an dieser Stelle. 1685, in der Zeit, in der Alzey protestantisch war, hatten katholische Alzeyer Bürger die Kapuziner des Wormser Klosters darum gebeten, ihnen einen Pater zu schicken, um den Weihnachtsgottesdienst zu halten. Fast 300 Menschen sollen an dieser nach langer Zeit erstmals abgehaltenen katholischen Weihnachtsmesse teilgenommen haben, die noch in einem Privathaus stattfand. Die Kapuzinerpatres übernahmen daraufhin die Seelsorge in Alzey. Für eine Weile wurde die evangelische Nikolaikirche simultan genutzt, bis 1707 die in Alzey neu gebaute Klosterkirche der Kapuziner fertiggestellt war, die fortan auch als Pfarrkirche diente (die Weihe erfolgte erst 1741). Nach Aufhebung des Klosters 1802 wurde sie 1836–1840 durch einen Neubau, die „zweite Josephskirche", ersetzt. Diese erwies sich in den 1960er Jahren als zu klein und man beschloss ihren Abriss. Den Neubau konzipierte der Architekt Adalbert Ditt aus der Grundform der Parabel, die er wählte, „da ihre Wände wie geöffnete Arme erscheinen, die die Gläubigen zum Altar hinführen." Im Innenraum beeindruckt der Stahlbeton-Skelettbau vor allem durch die geschickte Lichtführung und die leuchtende Betonverglasung der Kirchenfenster, in denen ein komplexes Bildprogramm entfaltet wird. Eine Entschlüsselung der Symbole und Szenen bietet die Homepage der Pfarrei St. Joseph.

Die sogenannte Betonverglasung entstand nach dem 2. Weltkrieg im Zuge intensiven Experimentierens mit neuen Gestaltungsformen. Anders als bei der traditionellen Bleiverglasung werden hierbei dicke, in Form gegossene, geschlagene oder geschnittene Glasstücke zu einem Bild gefügt, mit einem Stahlarmierungsgeflecht umgeben und anschließend mit Beton umgossen. Diese Technik ermöglicht es, große durchgehende Flächen zu gestalten, die zudem durch die Dicke des Glases eine unvergleichliche Leuchtkraft erzeugen. Beliebt war die Betonverglasung vor allem in den 1950er–1970er Jahren.

ALZEY-HEIMERSHEIM

St. Mauritius und Gefährten

Am Kirchgarten 5
55232 Alzey

Unregelmäßig geöffnet.
Pfarrbüro: Niedergasse 2,
55234 Erbes-Büdesheim,
Tel.: 06731 41289

St. Mauritius ist eine schmucke Kirche, in der es viel zu entdecken und noch ungelöste Rätsel gibt. Auf eins davon trifft man schon am Eingangsportal: Hier zeigt ein Wappen drei seltsame, brötchenartige Gebilde. Neuerdings werden sie als römische Buckelschilde gedeutet, die mit den Kirchenpatronen Mauritius, Canditus und Exsuperius in Verbindung gebracht werden können. Die Jahreszahl datiert den Turmbau in die Jahre um 1522, eine weitere Zahl im Chor weist darauf hin, dass dieser und die anschließende Kapelle älter sind und um 1479 entstanden. Das Langhaus schließlich wurde 1729 erbaut. Bei dieser Gelegenheit wurde ein Sarkophagdeckel gehoben, der erst bei der letzten Renovierung in den 1990er Jahren wiederentdeckt wurde. Der schlichte Stein, mit einem einfachen Vortragekreuz geschmückt, entstand um 1100 und ist damit älter als die Kirche selbst. Diese entfaltet im Inneren dank der behutsamen Renovierung eine ursprüngliche und sehr harmonische Wirkung. Dabei blieb Altes, wie der historische Sandsteinfußboden, erhalten und wurde um Neues, wie den Zelebrationsaltar und Ambo, ergänzt. Ein sehr seltenes Stück ist die Rundorgel, die 1821 für das Alte Mainzer Gymnasium gebaut wurde. Auch der Blick in die nördliche Herz-Jesu-Kapelle mit der Ausstattung des 19. und 20. Jh. lohnt sich. Wie auch im Chor finden sich qualitätvolle Glasfenster sowie die liebevoll auf einer Wand arrangierten Figürchen aus einem 14-Nothelfer-Altar. Der Turmstumpf, beim Verlassen der Kirche linker Hand zu sehen, zeugt wohl noch von dem einst zum Kirchhof gehörigen Beinhaus (▸ Sonderseite S. 80).

Ausgerechnet der italienische Freiheitskämpfer Garibaldi war Anlass für die jeweils am 3. Sonntag nach Fronleichnam stattfindende Herz-Jesu-Wallfahrt. Seine Truppen hatten 1870 Rom erobert und den Papst gefangengesetzt. Unter den papsttreuen Soldaten befand sich auch der Bruder des hiesigen Pfarrers, der daraufhin eine Sühnewallfahrt anordnete. Als der Papst 1873 davon Kenntnis erhielt, schenkte er den treuen Heimersheimern eine Kreuzreliquie und ein goldbrokatenes Messgewand, das noch heute bei der Wallfahrt getragen wird.

St. Gallus

St.-Gallus-Ring 37
55232 Alzey

Unregelmäßig geöffnet.
Pfarrgruppenbüro:
Niedergasse 2,
55234 Erbes-Büdesheim,
Tel.: 06731 41289

Fast alle Epochen zwischen Romanik und Neuzeit haben ihre Spuren in der kleinen Kirche hinterlassen. Ältester Teil ist der wehrhafte Turm, dessen Obergeschosse in früheren Zeiten wohl nur per Außenleiter zugänglich waren: die unteren Bereiche dürften noch aus dem 11. Jh. stammen, die oberen wurden sicher im 12. Jh. gebaut. Ins Innere gelangt man über einen kleinen Vorraum, in dem der Grabstein eines 1499 verstorbenen Priesters zu sehen ist. Das barocke Kirchenschiff ist durch eine umfassende Renovierung der frühen 1970er Jahre geprägt: Damals wurde einer der Seitenaltäre des 18. Jh. durchbrochen, um die spätgotische Sakristei südlich des Chors als Marienkapelle nutzen zu können. Dort sind fein gearbeitete Gewölbekonsolen in Form eines Frauen- und eines Männerkopfes zu bewundern, auch eine hochgotische Madonna hat hier ihren Platz gefunden. Im Altarraum sind fast sämtliche Epochen vereint: der romanische Taufstein mit barocker Haube, die barocken Figuren von Petrus und Paulus, das Hängekreuz des 19. Jh. und der moderne Altar mit Ambo – sie alle sind im Bau des frühen 14. Jh. untergebracht. Fußboden, Empore und Gestühl wurden in den 1970er Jahren eingebaut. Ein Glücksfall sind die noch erhaltenen Teile des spätmittelalterlichen Laiengestühls mit ihren bunten Flachschnitzereien. Darauf ist das Datum 1496 sowie die Künstlersignatur Erhart Falckeners zu sehen (► Bechtolsheim). Beim Hinausgehen lohnt ein Blick auf das Gemälde über der Empore mit dem „Abschied des Tobias".

Der „Abschied des Tobias" stammt aus einer biblischen Erzählung des weniger bekannten Buchs Tobit im Alten Testament: Der junge Tobias nimmt Abschied von seiner Mutter und seinem erblindeten Vater Tobit, der ihn gebeten hatte, ihm geschuldetes Geld abzuholen. Der Erzengel Raphael begleitet Tobias unerkannt und hilft ihm, am Ende den Vater von der Blindheit sowie die von einem Dämon besessene Sara zu heilen, die daraufhin Tobias' Frau wird. Raphael gilt daher als Engel der Heilung und Patron der Reisenden und der Blinden.

St. Michael

Hauptstr. 25
55437 Appenheim

Unregelmäßig geöffnet.
Pfarrbüro: Hauptstr. 1, 55437 Ober-Hilbersheim,
Tel.: 06728 94013

In Appenheim wurden – wie im Nachbarort Nieder-Hilbersheim – seit Anfang des 18. Jh. die katholischen Gottesdienste im Rathaus abgehalten. Eine eigene Kirche konnte erst 1773/74 errichtetet werden. Der einfache Putzbau entspricht ganz dem Typus der barocken Dorfkirche mit rundbogigen Fenstern und weitgehend ungegliederter Fassade. Das Hauptportal besitzt noch die originale, schön geschnitzte Holztüre. Darüber grüßt aus einer Muschelnische der hl. Erzengel Michael. Auch innen zeigt sich die Kirche schlicht. Die Empore ruht auf zwei Rechteckstützen mit versilberten Blattmasken. Ein einfacher Triumphbogen markiert den Übergang zum Altarbereich – die früher dort vorhandene Kommunionbank sowie die Kanzel wurden bei der letzten großen Renovierung entfernt. Einen Blickfang bilden die Kreuzigungsgruppe über dem Hochaltar und die dazugehörende, neben dem Altar stehende Figur der trauernden Maria Magdalena. Der Altar entstand 1650 und stammt aus dem Kloster Nothgottes im Rheingau, wurde aber im Zuge der Modernisierung stark verändert. Das große Gemälde an der Chorwand (18. Jh.) zeigt das seltene Sujet eines Heilungswunders der heiligen Bilhildis, jener Gründerin des Mainzer Altmünsterklosters, der eine fränkische Gräfin ein „Schweißtuch Christi" schenkte. Die kleine Pietà ist eine Kopie des 1909 auf dem Dachboden gefundenen Originals aus dem 14. Jh. Das fragile Stück befindet sich als bedeutendes Werk der mittelrheinischen Bildhauerkunst der Gotik heute im Diözesanmuseum in Mainz.

Als Titulus wird das Schriftband über dem gekreuzigten Jesus bezeichnet. Nach dem Johannesevangelium 19,19 schrieb Pilatus auf diese Tafel: „Jesus von Nazareth, König der Juden." Zumeist ist die Inschrift auf die lateinische Buchstabenfolge INRI (Iesus Nazarenus Rex Iudaeorum) reduziert, obwohl Johannes von der Ausführung auch in hebräischer und griechischer Sprache schreibt. An der Appenheimer Kreuzigungsgruppe ist der Titulus tatsächlich in allen drei Sprachen ausgeschrieben.

St. Remigius

Bahnhofstr. 12
55288 Armsheim

Unregelmäßig geöffnet. Pfarrgruppenbüro: Pariser Str. 44, 55286 Wörrstadt, Tel.: 06732 3855

Sie hat's schon schwer, die kleine katholische Kirche St. Remigius in Armsheim – steht sie doch im Schatten der mächtigen ehemaligen Wallfahrtskirche „Zum Heiligen Blut" (heute evangelisch), die sich zu Recht rühmen darf, einer der schönsten und bedeutendsten gotischen Bauten in Rheinhessen zu sein. So liegt das Remigiuskirchlein zwar in deren unmittelbarer Nähe, aber unbehelligt vom Kulturtourismus direkt an der Bahnhofstraße. Der 1863 errichtete Kirchenbau ist das Ergebnis einer Geschichte, wie sie in Rheinhessen vielerorts erzählt werden kann. Die Pfälzische Kirchenteilung machte eine der beiden Gemeinden „heimatlos", in Armsheim war es die katholische, die sich einen neuen Gottesdienstraum suchen musste. Nach mehreren Provisorien, wie der Mitnutzung der evangelischen Kirche oder eines Betsaals im Rathaus, ermöglichte eine Grundstücksschenkung den Bau der heutigen Kirche. Von der ursprünglichen Ausstattung sind lediglich der Taufstein und die Schlaad-Orgel von 1874 erhalten (▸ Eimsheim). 1917 errichtete man zwei neue Altäre, deren qualitätvolle Figuren heute hinter dem Hauptaltar und unter der Orgelempore zu bewundern sind. 1967 erfolgte eine Umgestaltung: der eng an die Straße grenzende Eingang wurde mit einer Betonverglasung verschlossen und ein Seiteneingang geschaffen. Fußboden, Bänke und die Hauptstücke der Kirche stammen ebenfalls aus dieser Zeit. 1976 wurde die Kirche außen erstmals verputzt – zuvor war sie wie viele andere Kirchen des 19. Jh. steinsichtig. Die von Andreas Finke entworfenen Buntglasfenster (1996) zeigen die Verkündigung, Jesus im Garten Gethsemane, die Begegnung in Emmaus sowie den hl. Remigius.

In Armsheim wurde Weltgeschichte geschrieben … Davon berichtet zumindest der Gedenkstein auf dem Vorplatz neben der Kirche. Er ist dem Holzschneider Johannes aus Armsheim gewidmet, der für ein 1482 erschienenes geographisches Werk von Claudius Ptolemäus eine Weltkarte in der Drucktechnik des Holzschnitts gefertigt hatte. Damit war er nicht nur am ersten, nördlich der Alpen erschienen Atlas beteiligt, sondern hat auch als einer der ersten Holzschnitzer seinen Namen der Nachwelt überliefert – stolz hat er ihn über die Weltkarte gesetzt.

St. Martin

Schulstr. 21
55459 Aspisheim

Unregelmäßig geöffnet.
Pfarrbüro:
Steuerstr. 7,
55411 Bingen,
Tel.: 06725 9199892

Als Blickfang steht die St. Martin-Kirche am östlichen Ortseingang an der Hauptstraße von Aspisheim. Sie wurde 1953 von Architekt Adam Müller aus Bad Homburg errichtet, nachdem die katholische Gemeinde ihre seit 1730 genutzte Kapelle, die im Schulhaus eingerichtet war, aufgegeben hatte. Die älteste Martinskirche von Aspisheim, die teilweise noch aus dem 13. Jh. stammt, fiel im Zuge der Pfälzischen Kirchenteilung den Protestanten zu und ist heute die evangelische Kirche (sehr sehenswert sind dort die gotischen Wandmalereien). Die ganz in ländlich-traditionellen Formen (sogenannter Heimatstil) gebaute katholische Kirche bildet mit dem ehemaligen Pfarrhaus und der Vorhalle eine gestaffelte Baugruppe. Das schlichte Gebäude mit polygonalem Chor ist durch Rundbogenfenster gegliedert. Über dem Langhausdach erhebt sich ein verschieferter Dachreiter mit schmucker Zwiebelhaube. Oberhalb des inneren Eingangs begrüßt eine Mondsichelmadonna – eine Nachbildung der berühmten gotischen Hallgartener Madonna – die Kirchenbesucher. Im schlichten Innenraum fällt der Blick in den Chor auf das Sgraffitto des Bingerbrücker Künstlers Bernhard Scherer, eine in farbigen Putz geritzte Darstellung Christi sowie des hl. Martin in Rüstung. An den Pilastern befinden sich vier barocke Apostelfiguren, im Chor eine weitere. Sie sind aus Alabaster gefertigt und stammen noch aus der ehemaligen Kapelle im Schulhaus. Der Verbleib der restlichen Apostelfiguren bleibt bis heute ungeklärt.

Die sogenannte Hallgartener Madonna ist eine um 1415 entstandene, aus Ton gebrannte Figur, geschaffen von einem unbekannten mittelrheinischen Meister. In der Pfarrkirche Mariä Himmelfahrt in Hallgarten findet sie bis heute große Verehrung. Als Schutzheilige der Weinschröter, die die Weinfässer vom Keller zum Fuhrwerk brachten, wird sie auch als „Schrötermuttergottes" oder „Madonna mit der Scherbe" (Scherbe mundartlich für Weinkrüglein) betitelt. Schon im 15. Jh. wurde ein Abguss für das Kloster Eberbach erstellt, der sich heute im Louvre in Paris befindet.

St. Philippus und Jakobus

Hauptstr. 3
55576 Badenheim

Unregelmäßig geöffnet.
Pfarrbüro:
Pfarrgasse 6,
55576 Sprendlingen,
Tel.: 06701 432

Bereits im 14. Jh. wird in Badenheim eine den hll. Philippus und Jakobus geweihte Kirche erwähnt. Nach der Glaubensspaltung wurde diese mal den Reformierten mal den Katholiken zugewiesen und lange Zeit simultan genutzt, bis man sich 1772 vertraglich voneinander löste. Die Lutherischen behielten die alte Kirche, bis sie an deren Stelle 1828 ein neues Gotteshaus errichten konnten – die heutige evangelische Kirche. Mit der Ablösesumme ließ der damalige Ortsherr Graf Eugen Erwin von Schönborn-Heusenstamm 1772–1775 die katholische Kirche errichten. Unübersehbar prangt bis heute dessen Familienwappen über dem Hauptportal mit dem schönen Rokokotürblatt. In der darüberliegenden Rundbogennische steht eine hölzerne Figur, über deren Identität man sich in der Gemeinde nicht ganz einig ist. Manchen gilt sie als Verkündigungsmadonna, anderen als hl. Agatha. Blickt man um die Ecke auf die Südwand, kann man eine Sonnenuhr sehen, die sowohl auf das Baudatum (1775), als auch auf die Restaurierung (1925) hinweist. Der weiträumige Innenraum zeichnet sich durch feine Stuckarbeiten an Wänden und Decke sowie eine hervorragende barocke Ausstattung aus. Glanzstück ist der Hochaltar, der einst die Mainzer Hofkapelle des Grafen von Eltz schmückte. Zusammen mit seinem Pendant (▸ Vendersheim) gehört er zu den schönsten Barockaltären der Region. Anrührend ist die Skulpturengruppe in der oberen Altarnische: die hl. Anna lehrt Maria das Lesen. Darunter ist Maria noch einmal zu sehen – nun schmerzvoll ihren toten Sohn betrauernd.

Ein Blick nach oben lohnt sich! Typisch barock stoßen Wand und Decke nicht hart aufeinander, sondern verschmelzen in einer sanften Rundung (sogenannte Voute) miteinander. Kunstvolle Stuckprofile teilen die Decke in Felder ein und auch die Kapitelle der Wandpilaster wurden aus Stuckmasse modelliert. Wer genau hinschaut, kann auf der Nordseite an der Empore den hl. Jakobus in Pilgertracht, mit Muscheln und Pilgerstab erkennen. Die Fensterlaibungen zeigen geflügelte Engelsköpfe, eine Monstranz sowie das Baujahr der Kirche.

St. Gordianus

Biebelsheimer Str. 4
55545 Bad Kreuznach

Tagsüber geöffnet.
Pfarrbüro: Gordianusstr. 1,
Bad Kreuznach, Tel.: 0671 65043

Der Bad Kreuznacher Stadtteil Planig gehört heute zum Bistum Mainz, die Stadt selbst und die übrigen Stadtteile zum Bistum Trier – ein Umstand, der in die Gründungszeit Rheinhessens 1816 zurückweist. Planig wurde dem Großherzogtum Hessen-Darmstadt, Kreuznach und das Gebiet nördlich der Nahe dem Königreich Preußen zugeteilt. In Planig lässt sich seit 1294 eine dem hl. Gordianus geweihte Pfarrkirche nachweisen, die in der alten, heute evangelischen Kirche greifbar ist. Diese wurde 1567 vom Ortsherrn an die Lutheraner übergeben. Später wurde die alte Kirche zwar simultan genutzt, doch ging dies mit steten Klagen von beiden Seiten einher. Gegen Ende des 19. Jh. hatte die katholische Gemeinde genug Geld für den Bau einer eigenen Kirche gesammelt. 1899/1900 entstand nach Plänen von Ludwig Becker ein Gotteshaus im neuromanischen Stil, das im Inneren vor allem durch den breiten Rundchor geprägt wird. Becker hatte sieben Chorfenster geplant, doch nur drei waren von der Diözese genehmigt worden. Erst 1970 setzte man die fehlenden vier Fenster ein, was dem Altarraum eine wesentlich großzügigere Wirkung verleiht. Die Wandgemälde mit Darstellungen von Schöpfung und Sündenfall auf der eine Seite, Kreuzigung und Auferstehung auf der anderen, schuf 1907 die Kunstwerkstatt Busch aus Steinheim. Vom einstigen Hochaltar (1908) sind nur die Büsten der 12 Apostel im Chor erhalten geblieben. Eine barocke Skulptur zeigt den Kirchenpatron mit Waage und Schwert: Gordianus war Richter im Rom des 4. Jh. Weil er sich und seine Familie taufen ließ, wurde er gefangen genommen und enthauptet.

Über der Orgelempore sind der hl. Benedikt von Nursia und seine Zwillingsschwester Scholastika zu entdecken, die an den Benediktinerorden erinnern, dem die Pfarrei verbunden war. Jedes Jahr soll Benedikt seine Schwester besucht haben. Ihre Bitte, einmal etwas länger zu bleiben, lehnte er wegen der Mönchsregeln ab. Scholastika bat Gott um ein Unwetter – ihr Wunsch wurde erhört. Nach drei Tagen mit ihrem Bruder starb sie unerwartet. Benedikt sah ihre Seele als weiße Taube zum Himmel fliegen, weshalb sie mit einer Taube dargestellt wird.

BECHENHEIM

St. Alban

Kirchstr. 1
55234 Bechenheim

Unregelmäßig geöffnet.
Pfarrgruppenbüro:
Niedergasse 2,
55234 Erbes-Büdesheim,
Tel.: 06731 41641

Gleich mehrere Besonderheiten zeichnen diese Kirche aus. In zahlreichen Orten trennten sich die Glaubensgemeinschaften räumlich, wenn die simultan genutzte Kirche baufällig wurde – nicht so in Bechenheim: Hier beschlossen die katholische, reformierte und lutherische Gemeinde um 1755, gemeinsam ein neues Gotteshaus zu bauen, heute liebevoll auch „Trimultankirche" genannt und als solche äußerst selten anzutreffen. Da mit den Angehörigen der drei Glaubensgemeinschaften (seit der Union der evangelischen Kirchen nur noch zwei) fast alle Einwohner des Orts erfasst waren, übernahm die politische Gemeinde im 19. Jh. die Baupflicht – auch dies ein außergewöhnliches Phänomen. Die Kirche selbst ist ein typischer Bau ihrer Zeit: Als Saalkirche mit vier Fensterachsen und eingezogenem Chor, der außen polygonal, innen aber halbrund geformt ist, folgt sie einem Schema, das der Kurpfälzische Landbaumeister Kaspar Valerius entwickelt und einige Jahre zuvor in ▸ Erbes-Büdesheim realisiert hatte. Das außen an der Südseite des Langhauses sichtbare Ziffernblatt erscheint seltsam in die Ecke gequetscht, erklärt sich aber dadurch, dass die Kirche erst seit 1994 über den Dachreiter mit Uhr verfügt. Im Inneren sind der Hochaltar mit dem Tabernakel und die Kanzel für den Wortgottesdienst gleichberechtigt aufgestellt. Der Hochaltar mit dem wohl von Gian Battista Piazzetta stammenden Altarbild wurde aus Amorbach angekauft, die Kanzel stammt aus der Liebfrauenkirche in Albig. Die Orgel der angesehenen Werkstatt Mayer wurde Mitte des 19. Jh. umgebaut und nach Bechenheim gebracht.

Um das Hören der Predigt zu erleichtern, hat man schon früh besondere Orte geschaffen. Nach Vorläufern wie Rednerbühnen und Predigtstühlen, entwickelte man im 15. Jh. die technisch ausgereiftere Kanzel: Über einer Stütze oder – wie in Bechenheim – frei an der Wand schwebend, erhebt sich der Kanzelkorb, in dem der Priester zur Lesung steht, über ihm der Schalldeckel. Durch den erhöhten Standort und die Reflexion des Schalls am Deckel wird die Stimme besonders gut übertragen und so auch ohne Mikrofon gehört.

St. Lambertus

Kirchgasse 3
67595 Bechtheim

Tagsüber geöffnet. Pfarrgruppenbüro: Friedrich-Ebert-Str. 49, 67574 Osthofen, Tel.: 06242 1434

Wer auf der Autobahn oder der Bundesstraße zwischen Mainz und Worms unterwegs ist, sollte einmal auf die braunen Hinweisschilder zur „Basilika Bechtheim" achten und die nächste Ausfahrt nehmen. Denn in dem alten Weinort befindet sich – etwas versteckt hinter dem Marktplatz im ältesten Ortskern – eine der interessantesten Kirchen Rheinhessens. Umfriedet von einer hohen, teilweise noch mittelalterlichen Kirchhofmauer erhebt sich die dreischiffige romanische Pfarrkirche St. Lambertus, die im Verhältnis zu dem sie umgebenden Dorf ungewöhnlich groß geraten ist. Dies spricht dafür, dass die Basilika im Mittelalter eine Wallfahrtskirche war, zu der eine Menge Menschen pilgerten. Bechtheims Lage an einem alten Pilgerpfad (so auch heute noch der Name eines lokalen Weinbergs), der von Speyer über Worms bis nach Bingen auf den Rochusberg führte, dürfte den Zustrom an Wallfahrern noch befördert haben. Ziel der Bechtheim-Pilger war wohl eine (heute verschollene) Reliquie des Kirchenpatrons, des hl. Lambert, die vielleicht in einem Schrein auf der Chorbühne der Basilika aufbewahrt wurde. Der Heilige war im 7. Jh. Bischof von Maastricht und wurde – so die Überlieferung – im Jahr 706 im Auftrag König Pippins ermordet, weil er dessen Ehebruch getadelt hatte. Eine bildliche Darstellung von Lamberts Martyrium hat sich in einer Nische auf der Nordwand des Hochchors erhalten. Die Wandmalerei aus dem 13. Jh. zeigt den vor dem Altar knienden Bischof, der von einem gerade vom Pferd gestiegenen Ritter mit dem Schwert erschlagen wird. Wie aber kam es, dass in Bechtheim ein fremder Bischof verehrt wurde? Die Antwort findet sich im frühen 9. Jh. Für diese Zeit ist belegt, dass der Bischof von Lüttich Besitz in Bechtheim hatte, vermutlich aufgrund einer Schenkung Karls des Großen. Fortan musste das Hochstift Lüttich für den Erhalt der Bechtheimer Pfarrkirche sorgen. Seit 1128 wurden die Bechtheimer Pfarrer von Augustinerchorherren des Lütticher Klosters St. Ägidius bestellt. Davon zeugt auch noch die Benennung des südlich der Basilika gelegenen „Ägidiusbrunnens". Unter der Ägide der Augusti-

ner wurde denn auch Mitte des 12. Jh. die ältere und wesentlich kleinere Pfarrkirche aus ottonischer Zeit (11. Jh.) durch die heutige romanische Pfeilerbasilika mit ihrem mächtigen Westturm ersetzt. Lediglich an der Außenwand des nördlichen Seitenschiffs haben sich noch Reste der Fassadengliederung des 11. Jh. erhalten und auch das steinerne Relief mit der „Hand Gottes" über dem Haupteingang der Kirche stammt noch vom älteren Vorgängerbau. Im Inneren öffnet sich dem Besucher ein schlichter, schöner, ganz der Romanik verpflichteter Raum, der auf einen um sechs Stufen erhöht liegenden Chor ausgerichtet ist. Diese Erhöhung wird durch eine unter dem Chor liegende Stollenkrypta bewirkt, einen tonnengewölbten Gang, der es den Pilgern erlaubte, unter dem Chor hindurchzugehen und so an der Heilswirkung der darüber verwahrten Reliquie teilzuhaben. Im 18. Jh. wurden die äußeren Zugänge zu diesem Pilgergang vermauert. Heute gelangt man nur über den Chorraum in diese außergewöhnliche Krypta. Die Wände des Pilgergangs zeigen noch Reste spätmittelalterlicher Wandmalereien aus dem 14. Jh. – auch diese stellen in Rheinhessen inzwischen eine Seltenheit dar.

Rätselhafte Zahl! Nach einem Brand 1558, der den Turm der Basilika schwer zerstört hatte, wurden die oberen beiden Turmgeschosse neu aufgebaut – gut erkennbar am Wechsel der Fensterformen und Eckgliederungen. An der Südseite ist im dritten Geschoss eine steinerne Inschriftentafel eingemauert, die den Bechtheimer Steinmetzen Hans Gutmann als Baumeister der Turmerneuerung benennt sowie das Datum der Maßnahme: „nach Anfang der Welt 5544". Diese ungewöhnliche Zählung beruht vermutlich auf der Weltrechnung des Johannes Kepler. Dabei hatte der Astronom des 16. Jh. noch ganz im Sinne der mittelalterlichen, an der Bibel orientierten Weltäralehre für die Erschaffung der Welt das Jahr 3984 vor Christus angenommen. Die Zahl 5544 entspräche damit dem Jahr 1560 (nach einer anderen Berechnung 1570).

Mariä Himmelfahrt

Langgasse 13
55234 Bechtolsheim

Unregelmäßig geöffnet.
Pfarrgruppenbüro: Kirchgasse 6,
55239 Gau-Odernheim,
Tel.: 06733 444

Eine der wenigen bis heute simultan von beiden Konfessionen genutzten Kirchen hat sich in Bechtolsheim am Ortsrand, nahe der alten Befestigungsanlage erhalten. Sie wurde wohl zwischen 1482 (Baugenehmigung) und 1496 (naturwissenschaftlich datierte Dachbalken) als dreischiffige Hallenkirche in spätgotischen Formen errichtet. Der an dieser Stelle vorhandene mittelalterliche Wehrturm wurde daraufhin zum Glockenturm umgebaut. 1904 durch Blitzschlag zerstört, wurde er 1907 durch den heutigen Turm ersetzt. Nach wie vor ist er im Besitz der Zivilgemeinde, darf von den Kirchengemeinden benutzt werden und beherbergt seit 2012 ein Museum. Nach Plünderungen im 30-jährigen Krieg, Pfälzischen Erbfolgekrieg und in der Französischen Revolution, verwundert es, wie viele mittelalterliche Ausstattungsgegenstände in der Kirche erhalten blieben. Von größter Bedeutung ist das 1496 von Erhart Falckener geschaffene und signierte, vollständig erhaltene Gemeindegestühl mit seinen Flachschnitzereien und farbenfroher Bemalung. Spätmittelalterlich sind auch ein Teil der Heiligenfiguren über dem rechten Seitenaltar sowie der Treppenaufgang zur Kanzel, während der Taufstein mit den Grotesken-Darstellungen und zwei prächtige Epitaphien bereits Renaissance-Formen aufweisen. Der 1699 von Franz Hügelij geschaffene Hochaltar und die 1756 entstandene Orgel der Gebrüder Stumm – eine der größten dieser Werkstatt – beeindrucken ebenso wie die teilweise freigelegten Wandmalereien der Zeit zwischen 1500 und 1600.

Erhart Falckener war ein aus Bayern stammender Schreiner und Bildhauer des 15./16. Jh., dessen bemerkenswerte Chor- und Laiengestühle besonders in Rheinhessen und im Rheingau erhalten geblieben sind. Sie zeichnen sich durch kunstvolle, in der Technik des Flachschnitts ausgeführte Verzierungen aus. Vorherrschend sind Pflanzenmotive sowie lange religiöse und durchaus politische Texte, wie etwa die sogenannte „Gerechtigkeitsspirale" in Kiedrich. Durch die teilweise Bemalung in leuchtenden Farben entfalten seine Werke einen einzigartigen Reiz.

BERMERSHEIM VOR DER HÖHE

St. Martin

Kirchgässchen / Ecke
Am Hildegardisberg
55234 Bermersheim

Unregelmäßig geöffnet.
Pfarrgruppenbüro:
Niedergasse 2,
55234 Erbes-Büdesheim,
Tel.: 06731 41289

Möglicherweise sind noch Reste der 1141 erstmals in Bermersheim erwähnten Kirche im heutigen Turm erhalten, der als Chorturm in seinem untersten Geschoss den Altarraum birgt. Das Gotteshaus schmiegt sich am Ortsrand an den Hang, an dem sich auch heute noch der Friedhof befindet. Die Atmosphäre in der nach wie vor simultan genutzten Kirche beschrieb einmal ein evangelischer Pfarrer als „fast familiär" – tatsächlich kann in dem kleinen Raum auf eine Mikrofonanlage verzichtet werden. Nach einem umfassenden Umbau 1901, dem die Kirche weitgehend ihr Erscheinungsbild verdankt (Gestühlwangen, Kanzel, Glasfenster, Decke), wurde sie zuletzt in den 1970er Jahren renoviert. Im Chorraum lassen sich zwei Bauphasen erkennen. Vor die romanischen Kämpfer mit den einfachen Schrägen als Profil sind Spitzbögen und Gewölberippen des spätgotischen Baus gesetzt. Interessant ist auch der Schlussstein mit einem bartlosen Christuskopf. An der Wand neben dem Taufstein befindet sich eine Reliquienbüste der hl. Hildegard. Bekanntheit erlangten Ort und Kirche durch Forschungen von Marianne Schrader, die 1936 hier den Herkunfts- und Taufort der hl. Hildegard von Bingen verortete. Nur zwei Jahre später wurde die Büste angefertigt und mit einer Reliquie aus dem Kloster Eibingen versehen. Bei der Herz-Jesu-Wallfahrt im Jahr 1940 (▸ Alzey-Heimersheim) fand sie ihren Weg nach Bermersheim. Das Reliquienkästchen wird nur zu besonderen Anlässen in die Büste eingesetzt und gezeigt.

SCI VIAS – wisse die Wege (des Herrn), so lautet der Titel von Hildegards frühestem literarischem Werk, das ihre mystischen Visionen schriftlich festhält. Hildegard (ca. 1098–1179) kam in früher Jugend in das Kloster Disibodenberg, bevor sie ein eigenes Kloster (Rupertsberg) gründete. Als erste Nonne predigte sie öffentlich. Ihre Gelehrtheit, ihr Mut gegenüber den Mächtigen und ihre Schriften aus allen Gebieten der Wissenschaft machen sie zu einer außergewöhnlichen Erscheinung. 2012 erhob sie Papst Benedikt XVI. zur Kirchenlehrerin.

BIEBELNHEIM

Mariä Himmelfahrt

Hauptstr. 17
55234 Biebelnheim

Unregelmäßig geöffnet.
Pfarrgruppenbüro:
Kirchgasse 6, 55239
Gau-Odernheim,
Tel.: 06733 444

„Ich bin dann mal weg!" – wer sich im Mittelalter auf Pilgerreise entlang des Jakobswegs begab und durch Rheinhessen kam, konnte in Biebelnheim – direkt an der rheinhessischen Hauptroute des Jakobswegs gelegen – eine Unterkunft finden. 1354 wird hier erstmals ein Pilgerhospital erwähnt. Man vermutet, dass es bis zu seiner Zerstörung durch einen Brand 1567 an der Stelle der heutigen Kirche stand. Das der Mariä Himmelfahrt geweihte Gotteshaus wurde 1737 über den Grundmauern dieses Hospitals errichtet. Inwieweit dabei auch Bauteile der Spitalskapelle übernommen wurden, ist unklar. Die heutige Kirche ist ein schlichter Barockbau, dessen unmittelbar an der Straße liegende Fassade lediglich durch ein Rundbogenportal, ein querovales Fenster und eine Figurennische geschmückt wird. Auch im Inneren gibt sich die Architektur zurückhaltend. Blickfang sind der bemerkenswerte barocke Hochaltar und die Kanzel. Der Altar ist in seinem architektonischen Aufbau eine eher einfache Schreinerarbeit, die jedoch durch qualitätvolle Bildhauerarbeiten wie vergoldete Blumengehänge, Engel und Puttenköpfe wirkungsvoll bereichert wird. Von besonderer Schönheit ist die mittig in einer Nische über dem Tabernakel stehende Madonna mit dem Jesuskind. Sie stammt aus dem 15. Jh. – ihre Farbfassung mit Blumenmuster auf dem Mantel wurde hingegen im 17. Jh. hinzugefügt. Die an der Kanzel angebrachten Figuren der hll. Petrus, Paulus und Barbara (14. Jh.) könnten noch aus der Spitalkapelle stammen.

Eine Frau, die einen Turm in Händen hält – ist das etwa eine fromme Stifterin? Mittelalterliche Darstellungen zeigen Kirchenstifter oft mit einem Architekturmodell in Händen. Die Dame an der Kanzelbrüstung ist jedoch die hl. Barbara – eine heidnische Königstocher, die der Legende nach von ihrem Vater ihrer Schönheit wegen in einen Turm gesperrt wurde. Dort ließ sie sich heimlich taufen. Vom Vater zum Tod verurteilt, entkam sie erst durch ein Wunder, wurde aber doch gefangen und getötet. Der grausame Vater starb daraufhin durch einen Blitzschlag.

BINGEN
St. Martin

Basilikastr. 2
55411 Bingen

Tagsüber geöffnet.
Pfarrbüro:
Basilikastr. 1,
Bingen,
Tel.: 06721 990740

„Als ewig ruhender Punkt im Stadtbild ragt die Kirche." – so beginnt eine alte Beschreibung der Binger Basilika, und wer die malerisch am Naheufer thronende, in rot und weiß strahlende Baugruppe zum ersten Mal sieht, könnte meinen, sie sei von Anfang an so gebaut worden. Doch ihr liegt eine wechselvolle Geschichte zugrunde. Bereits zur römischen Festung „Bingium" gehörte ein Merkurtempel, der an der Stelle der heutigen Kirche lag. Vielleicht schon im 4./5. Jh. wurde er mit einer Kirche überbaut. Der aus dieser Zeit stammende Aetherius-Stein, ein Grabstein, dessen Inschrift den „ob seiner Sitten und Güte geliebten" Priester Aetherius nennt (heute nahe des Zugangs zur Krypa aufgehängt), verweist jedenfalls auf eine frühe christliche Gemeinde in Bingen. 793 wird erstmals eine Martinskirche erwähnt und 1006 das St. Martinsstift, eine Gemeinschaft von Priestern, die sich der Pflege des geistlichen Lebens verschrieben hatte. Aus der ersten Stiftskirche des 11. Jh. blieb die Krypta erhalten. An den quadratischen, von vier Säulen mit Würfelkapitellen getragenen Raum schließt sich eine tonnengewölbte Reliquienkammer an. Durch eine Gittertür konnten die Gläubigen einen Blick auf die heilbringenden Reliquien werfen. 1220 wurde eine neue Martinskirche für das inzwischen gewachsene Stift gebaut, doch fiel sie dem Stadtbrand von 1403 zum Opfer. Schon 13 Jahre später weihte man einen einschiffigen Neubau, der bald mit Seitenschiffen versehen wurde. Ein Jahrhundert später riss man das nördliche Seitenschiff ab und setzte an dessen Stelle eine zweischiffige, spätgotische Halle mit Netzgewölbe. In diesem sogenannten „Barbarabau" hielt der „Leutpriester" des Stifts den Pfarrgottesdienst für die Laien ab, sodass die Basilika im Grunde zwei Kirchen unter einem Dach beherbergte. Die Stiftsherren hielten ihren Gottesdienst und die Stundengebete im Chor ab, der durch einen Lettner vom Langhaus abgetrennt war. Diese bühnenartige Trennwand wurde schon im 17. Jh. niedergelegt. 1672 wurde das Stift formell aufgelöst. Seither ist St. Martin eine reine Pfarrkirche. 1930 wurde sie von Papst Pius XI. in den Rang einer „basilica minor" erhoben – ein päpstlicher Ehrentitel für bedeutende Kirchengebäude. Dass St. Martin diesen Titel zurecht trägt,

wird spätestens beim Betreten des Kirchenraums klar, in dem trotz großer Verluste und Kriegszerstörungen immer noch eine beeindruckende Zahl erstrangiger Kunstwerke und Ausstattungsstücke versammelt sind. Unter diesen sei hier nur der große Flügelaltar im Barbarabau genannt, dessen Malereien 1579 von dem niederländischen Manieristen Anthonie Blocklandt van Montfoort geschaffen wurden und Szenen aus dem Marienleben zeigen. Er wurde für eine Kirche in Utrecht gefertigt und gilt als letzte große Mariendarstellung der Niederlande vor Durchsetzung der Reformation. Von dort gelangte er über Umwege 1872 nach Bingen. Wer die Malereien auf den Rückseiten der Altarflügel sehen möchte, muss die Kirche zur Fastenzeit besuchen – nur dann werden die Flügel eingeklappt. Unweit davon, an einem Mittelpfeiler thront die älteste Figur der Basilika, eine Muttergottes von 1320. Beim Gang ins Mittelschiff fällt der Blick auf den imposanten Ziborienaltar (1768), vor den 1988 ein bemerkenswerter Zelebrationsaltar des Kölner Künstlers Elmar Hillebrand gesetzt wurde. Die in „pietra dura"-Technik (Steinintarsien) hergestellten Verzierungen mit ihren Ranken, Blüten und Trauben, versinnbildlichen den Lebensbaum, die Eucharistie und die Fülle der paradiesischen Schöpfung.

Wer etwas Zeit mitbringt, sollte sich die steinernen Konsolen im Mittel- und Seitenschiff einmal genauer anschauen. Sie sind alle unterschiedlich gestaltet und zeigen nahezu 30 Charakterköpfe. Einfache Leute, Männer und Frauen, sind ebenso vertreten, wie „wilde Kerle" mit Blättern umkränzt, oder Teufelsfratzen und frech grinsende Affengesichter. Die meisten Kopfkonsolen stammen aus dem 15. Jh. und zeigen zum einen das Können und die Phantasie der Handwerker, zum andern befinden sie sich an Stellen des Übergangs zwischen den unteren, irdischen Bauteilen und den oberen, in den Himmel weisenden Gewölben, die zu tragen sie für alle Zeit in den Stein gebannt sind. Vielleicht hat sich unter ihnen auch der Baumeister des Barbarabaus verewigt, als zusammengekauerter Mann, ein leeres Schriftband in Händen?

BINGEN
St. Laurentius

Kapuzinerstr. 13
55411 Bingen
am Rhein

Seiteneingang geöffnet.
Pfarrbüro:
Basilikastr. 1,
Bingen,
Tel.: 06721 990740

1640 konnten die Kapuziner in Bingen ein Klostergebäude errichten und 1655–1658, direkt daneben, eine dem hl. Laurentius geweihte Kirche. Schon damals lagen Konvent und Kirche an der nach Mainz führenden Straße, doch heute besitzt diese keinen Bürgersteig, weshalb man den Haupteingang verschloss und den Zugang über das Seitenportal führte. Seither ist auch im Inneren der Altar um 90° gedreht nach Westen hin ausgerichtet. Tritt man ins Innere, fällt der Blick sofort auf das große gläserne Altarbild, das 1998 von der Frankfurter Künstlerin Michaela Karch geschaffen wurde. Auf zwei in Kreuzform übereinanderliegenden Glasplatten sind Fotografien gedruckt: ein U-Bahn-Abteil und der im Original 1655 von Philippe de Champaigne gemalte Christus als Schmerzensmann. Die Verschmelzung beider Werke steht sinnhaft für das Wirken Christi, durch alle Zeiten bis heute – eine tröstliche Botschaft angesichts der Geschichte der Laurentiuskirche: 1689 im Pfälzischen Erbfolgekrieg zerstört und wiederaufgebaut, 1802, nach der Auflösung des Klosters, als Warenlager profaniert und 1944 im 2. Weltkrieg erneut zerstört, dient sie doch noch immer dem Gottesdienst. Von der einst reichen Ausstattung ist das meiste untergegangen, doch die 1746 im Westen angebaute „Loreto-Kapelle" blieb erhalten. Die oberitalienische Kaufmannsfamilie Manera, die im 18. Jh. an den Rhein gezogen war, stiftete sie als Grabkapelle; die Familiengruft befindet sich noch immer unterhalb des Raumes.

Die Kapuziner sind eine nach den Regeln des Heiligen Franz von Assisi lebende Ordensgemeinschaft. Sie wurden 1528 durch Papst Clemens VII. anerkannt und verpflichten sich zu einem Leben in Armut. Stille und Gebet sowie die Nähe zum einfachen Volk, den Armen und Notleidenden zeichnen sie aus. Meist tragen sie einen Bart und den typischen braunen Habit mit der markanten, namengebenden Kapuze. Das italienische Wort für Kapuze, „cappuccio", gab auch dem Cappuccino seinen Namen, dessen Farbe an den Habit der Kapuziner erinnern soll.

St. Rochus

Rochusberg 2
55411 Bingen
am Rhein

Vorraum tagsüber geöffnet.
Pfarrbüro:
Basilikastr. 1,
Bingen,
Tel.: 06721 990740

„Von Bingen heraufwärts erstreckt sich, nahe am Strom, ein Hügel gegen das obere flache Land. An seinem östlichen Ende sieht man eine Kapelle, dem heiligen Rochus gewidmet, welche soeben vom Kriegsverderben wiederhergestellt wird. An einer Seite stehen noch die Rüststangen; dem ohngeachtet aber soll morgen das Fest gefeiert werden." So schreibt Goethe bei seinem Besuch des Rochusfestes im August 1814. Er erlebt die Prozessionen, die zur neuen St. Rochuskapelle – der 1666 errichtete Vorgängerbau wurde 1795 zerstört – führen und nimmt an der jährlich stattfindenden Feierlichkeit zu Ehren des Pestheiligen teil. Nach Goethes Skizze entstand ein Gemälde mit einer Rochusdarstellung, das der Dichter der Kapelle schenkte, „um an dem großen Tage die Gläubigen zu erbauen". Es hängt noch heute in einer Kapelle der Rochuskirche. Am großzügig mit einer Kopie der Kreuzigungsgruppe von Hans Backoffen gestalteten Außenaltar des 1895 geweihten und von Max Meckel errichteten Baus werden noch heute Wallfahrtsgottesdienste und auf der angrenzenden Parkanlage das Rochusfest gefeiert. Die heute asymmetrisch komponierte Baugruppe weist viele kleine Besonderheiten auf, sei es der Bauschmuck (ein Rochus befindet sich direkt oberhalb des Hauptportals, eine Tafel mit der Pietà auf der Choraußenwand als Erinnerung an ein Schiffsunglück im Jahre 1900), oder sei es die Innenausstattung, die neben dem Hauptaltar auch einen besonders gestalteten Altar der hl. Hildegard von Bingen aufweist, die hier neben dem hl. Rupertus Verehrung findet.

In einer Seitenkapelle findet sich ein kleiner Flügelaltar, um 1520 entstanden. Das Mittelrelief zeigt die Darstellung der Pest als Strafe Gottes. Christus und Maria stehen zu Seiten einer mittelalterlich befestigten Stadt, unter der ein Zug von Pestkranken entlangzieht. Aus dem Himmel schaut ein zorniger Gottvater mit Schwert herab, neben ihm Pestpfeile abschießende und mit dem Schwert drohende Engel. Als Vermittler stehen den Gläubigen die auf die Seitenflügel gemalten „Pestheiligen" Rochus und Sebastian zur Seite.

Zwei Heiligenhäuschen

Rochusallee
gegenüber Nr. 70
55411 Bingen
am Rhein

Stets zugänglich.
Pfarrbüro:
Basilikastr. 1,
Bingen,
Tel.: 06721 990740

Geht man die Rochusallee hinauf zum Rochusberg mit seiner imposanten Wallfahrtskapelle, laden auf halber Strecke gleich zwei Heiligenhäuschen dazu ein, innezuhalten und einen Moment zu verweilen. Zuerst begegnet man dem sogenannten „Josefskapellchen", einem neubarocken Bau, der um 1922/23 als Ersatz für ein wohl aus dem 18. Jh. stammendes Vorgängerkapellchen errichtet wurde. Der sechsseitige Putzbau mit Schweifhaube beherbergt eine Skulpturengruppe: den hl. Josef mit dem Christuskind auf dem Arm und zwei Apostel. Ein Stück weiter des Weges, rechts im Waldstück versteckt, liegt ein der Maria geweihtes Heiligenhäuschen. Es wird auch „Hissele Bild" genannt, in Anlehnung an das in der Nähe liegende jüdische Friedhofsareal „In den Hisseln". 1868 wurde es nach einem Entwurf des Maurermeisters Josef Choquet errichtet, dem als Vorbilder Wegekapellen in Koblenz-Arenberg dienten. Es ist ein schönes Beispiel für die im Binger Raum vielfach verbreiteten Heiligenhäuschen in romanisierendem Stil (vergleichbare Heiligenhäuschen finden sich unter anderem in Bingen-Büdesheim). Der Bau ist mit zweifarbigen Klinkern verkleidet und durch Rundbogenfriese und Lisenen gegliedert, das Satteldach mit einem Kreuz bekrönt. Das originale schmiedeeiserne Gitter gestaltet den rundbogigen Eingang und lenkt zugleich den Blick auf die Marienfigur, der einige dankbare Gläubige Votivtäfelchen geschenkt haben. Die Seitenwände sind mit einem Herz mit Schwert und einem Herz mit Kreuz geschmückt, als Sinnbilder für die Mater Dolorosa, die schmerzensreiche Muttergottes (▸ Erbes-Büdesheim).

St. Aureus und Justina

Pfarrer-Michel-Str. 4
55411 Bingen am Rhein

Unregelmäßig geöffnet.
Pfarrbüro: Pfarrer-Michel-Str. 15,
Tel.: 06721 42792

Die Büdesheimer Kirche liegt am Ostende des Dorfkerns, umgeben vom Kirchhof und dem im Osten angrenzenden Friedhof, auf dem sich Steindenkmäler aus dem 17. und 18. Jh. befinden. Auch in der weiteren Umgebung finden sich historische Glaubensspuren, wie die Rochus-Kapelle oder die zahlreichen, teils barocken Wegekreuze, die dazu einladen, den Ort und die hügelige Landschaft zu Fuß zu erkunden. Bereits 1184 wird in Büdesheim eine Kirche erwähnt, von der noch der mächtige Turm mit seinen romanischen Formen erhalten geblieben ist. Das Kirchengebäude wurde 1756 wegen Baufälligkeit niedergelegt und neu aufgebaut. 1865/66 fügten Friedrich Müller und Eduard Köhler eine Erweiterung an, wobei sie sich stilistisch wieder an der romanischen Gestalt des alten Turms orientierten. Die reiche, farbenfrohe Ausmalung und das aufwändige Mobiliar des 19. Jh. sind im Zuge von Modernisierungen zerstört worden. 1989/90 wurde der nüchtern getünchte Innenraum mit einer dezenten Farbfassung versehen und den wenigen erhaltenen Ausstattungsstücken wieder ein würdiger Platz gegeben. Im Chor sind zu beiden Seiten des Tabernakels die Skulpturen der Kirchenpatrone Aureus und Justina zu sehen. Aureus war im 5. Jh. Bischof von Mainz. Er wurde mit seiner Schwester Justina bei einem Hunnenüberfall im Fluss ertränkt. Im alten Büdesheimer Ortswappen sind die beiden Märtyrer sinnbildlich durch zwei Lilien dargestellt, zwischen denen ein Wellenband verläuft.

Vor der Kirche befindet sich eine sogenannte Lourdesgrotte. Lourdes ist ein Marien-Wallfahrtsort, zu dem noch heute tausende Menschen pilgern. Am 11. Februar 1858 sah das Hirtenmädchen Bernadette Soubirous in einer Grotte eine weiß gekleidete Frau, mit Rosen auf ihren Füßen, die sich als „Unbefleckte Empfängnis" bezeichnete. Auf ihr Geheiß hin erweckte Bernadette eine Quelle mit heilender Wirkung. 1862 wurde das Wunder kirchlich anerkannt und eine nach Beschreibung des Mädchens gefertigte Madonnenfigur an der Quelle aufgestellt. Nachbildungen der „Lourdesgrotte" entstanden daraufhin vielerorts.

BINGEN-BÜDESHEIM

Drei Heiligenhäuschen

Weinlehrpfad, Verlängerung der Osterbergstraße und Im Bubenstück 55411 Bingen am Rhein

Durch Gitter einsehbar

In Büdesheim finden sich gleich mehrere Heiligenhäuschen. Zwei liegen am sogenannten Weinlehrpfad am Hang des Rochusberges. Das Maria-Hilf-Kapellchen wurde 1859 aufgrund eines Versprechens des Büdesheimers Philipp Frey III. errichtet. Es steht, gerahmt von alten Bäumen, an einer Weggabelung auf einem Grundstück, das von Anton George, dem Großvater des Lyrikers Stefan George, gestiftet wurde. Schon nach zehn Jahren musste die erste aus Holz errichtete Kapelle repariert werden, woraufhin sich deren Besitzer, Friedrich Schindling, zu einem solideren Neubau entschied. Es entstand ein bescheidenes Backsteinhäuschen aus zweifarbigem Klinker mit Satteldach. Seine heutige Bezeichnung als „Wendelskapellchen" verdankt es indes seinen nachfolgenden Besitzern, der Familie Wendel. Eine kleine Treppenanlage führt vor das rundbogige Tor, das den Blick auf eine Muttergottes mit Kind erlaubt, umrahmt von gemalten Ähren und Weinranken. Das zweite Heiligenhäuschen liegt ebenfalls an diesem Weg – das sogenannten Rochuskapellchen. Am 16. August 1859, dem Tag des St. Rochusfests, wurde es auf einem von Philipp May gestifteten Grund errichtet. Nach mehrfachen Zerstörungen konnte es 1978 wieder instand gesetzt werden und beherbergt eine Skulptur des hl. Rochus in Pilgertracht. Eine dritte, der Muttergottes geweihte Wegekapelle befindet sich „Im Bubenstück". Anlass für die Errichtung war die Rettung des Büdesheimer Backsteinfabrikanten Adam Klein „in letzter Minute" aus einer eingestürzten Grube. Zum Dank ließ er 1888 direkt neben der Unglücksstätte das Häuschen bauen. Nach dem Erbauer wird es im Volksmund auch „Kleine-Kapellchen" genannt.

Marienhymne – von Stefan George

Lilie der auen!
Herrin im rosenhag!
Gib dass ich mich freue
Dass ich mich erneue
An deinem gnaden-
reichen krönungstag.
Mutter du vom licht!
Milde frau der frauen!
Weise deine güte
Kindlichem gemüte
Das mit geäst und moos
dein bild umflicht.
Frau von gutem rat!
Wenn ich voll vertrauen
Wenn ich ohne sünde
Deine macht verkünde:
Schenkst du mir worum
ich lange bat?

St. Gordianus und Epimachus

Saarlandstr. 329
55411 Bingen am Rhein; Alte Kirche: Zur Mühle 47

Unregelmäßig geöffnet.
Pfarrbüro: Saarlandstr. 331, Bingen,
Tel.: 06721 42827

Nachdem die alte, in ihren Anfängen bis ins 8. Jh. zurückreichende Kirche baufällig und zu klein geworden war, errichtete man 1912 das heutige imposante Gotteshaus. Erbaut wurde es nach Plänen des Bonner Architekten Johann Adam Rüppel in neugotischen Formen, als dreischiffige Basilika mit Strebewerk und malerischem Flankenturm. Wie schon die alte Kirche ist sie den beiden frühchristlichen Märtyrern Gordianus und Epimachus geweiht. Im Innenraum ist die historische Ausstattung einschließlich des ornamentierten Fußbodens fast vollständig erhalten geblieben. So auch die von dem Mainzer Glasmaler Bernhard Kraus in leuchtenden Farben geschaffenen Fenster. Sie zeigen in den Haupt- und Nebenapsiden Szenen aus dem Leben der Heiligen Familie. In den Seitenschiffen sind die Lokalheiligen Hildegard von Bingen und Rupertus vertreten. Die drei neugotischen Altäre sind handwerklich aufwändig mit bemalten Flügeln, Reliefbildern und Skulpturen gefertigt. Im linken, der Maria gewidmeten Seitenaltar sind noch originale Skulpturen aus dem 15. Jh. eingestellt, die aus der alten Kirche hierher übertragen wurden: in der Mitte die Madonna mit dem Christuskind sowie die beiden Kirchenpatrone – Gordianus in Rüstung, mit Märtyrerpalme und Schwert, Epimachus mit aufgeschlagenem Buch und Kruzifix. Unterhalb der Figuren sind auf der Predella Namen und Todesdaten der im 1. Weltkrieg gefallenen Dietersheimer Soldaten eingeschnitzt. Eine kuriose Besonderheit stellt die barocke Skulptur der hl. Wilgefortis (► Stadecken-Elsheim) dar.

Die alte, im Kern romanische Pfarrkirche ist von einem Ehrenfriedhof umgeben. Gegen Ende des 2. Weltkrieges wurden hier 181 Tote aus den Rheinwiesenlagern beigesetzt. Seit ihrer Instandsetzung wird die Kirche wieder für Gottesdienste genutzt. Sie weist neben romanischem Mauerwerk auch Elemente des 15. Jh. und 18. Jh. auf. Im schlichten Innenraum beeindruckt der offene Dachstuhl. Der spätgotische Wandmalereizyklus kann heute im Mainzer Landesmuseum besichtigt werden.

BINGEN-DROMERSHEIM

St. Peter und Paul

Rheinhessenstr. 54
55411 Bingen am Rhein

Unregelmäßig geöffnet.
Pfarrbüro:
Steuerstr. 7, Bingen,
Tel.: 06725 9199892

Die Kirche St. Peter und Paul liegt an der engen Hauptstraße am Ortsrand und ist rückwärtig vom Friedhof umgeben. Bereits 754 wird in Dromersheim eine erste Kirche urkundlich erwähnt; eine im 13. Jh. entstandene Marienkapelle erhob man 1688 zur Pfarrkirche. Von dieser mittelalterlichen Kapelle hat sich der Turm (teilweise verändert) an der Südseite der heutigen Kirche erhalten. Jene wurde nach Entwürfen des Mainzer Baudirektors Jakob Joseph Schneider in den Jahren 1775/76 erbaut. Vom geschwungenen Giebel der Westfassade herab grüßen die Namenspatrone Petrus und Paulus – in ihrer Mitte steht Maria Immaculata auf der Weltkugel. Der großzügige Innenraum besitzt eine reiche Ausstattung von hoher Qualität: Der prächtige Hochaltar mit vergoldeten Schnitzereien, Skulpturen und Stuckmarmor, die Seitenaltäre, das Chorgestühl, die Kommunionbank und die Kanzel sind allesamt Meisterstücke barocker Handwerkskunst. Mit der Stumm-Orgel besitzt die Kirche ein weiteres Glanzstück, das nicht nur klanglich beeindruckt, sondern auch das Auge mit den überaus feinen Schnitzereien seines Prospekts erfreut. Skulpturen wie die Kreuzigungsgruppe von Burkhard Zamels sowie die hll. Franz Xaver, Aloysius, Johann von Nepomuk und Laurentius stammen ebenfalls aus dem 18. Jh. Eine Zutat des 19. Jh. sind dagegen die figürlichen Buntglasfenster, auf denen die Stifter namentlich genannt sind. Die Raumfassung mit illusionistischer Architekturmalerei und Deckengemälden mit Wunderszenen Jesu schuf 1939 Eulogius Böhler aus Würzburg.

Vom Saulus zum Paulus: Die biblische Geschichte, die dieser Redewendung zugrundeliegt, ist auf einem Deckengemälde dargestellt. Saulus sollte in Damaskus Christen aufspüren und verhaften. Auf dem Weg dorthin erschien ihm in blendendem Licht der auferstandene Jesus, der ihn rief: „Saul, Saul, was verfolgst du mich?" Der zu Boden gestürzte Saulus fragte: „Herr, wer bist du?" „Ich bin Jesus, den du verfolgst!" (Apg 9,3-6) Saulus erkannte sein Unrecht und fand im „Damaskuserlebnis" seine Berufung zum „Apostel für die Völker" – fortan unter dem Namen Paulus.

St. Pankratius und St. Bonifatius

Mainzer Str. 389
55411 Bingen
am Rhein

Unregelmäßig geöffnet.
Bei Besichtigungswunsch im Pfarrhaus nebenan melden.
Pfarreienverbundsbüro:
Basilikastr. 1, Bingen,
Tel.: 06721 990740

Malerisch liegt die den hll. Pankratius und Bonifatius geweihte Kirche, die wohl zu den schönsten Dorfkirchen Rheinhessens gehört, am zentralen Platz von Gaulsheim. Der Kölner Erzdiözesanbaumeister Heinrich Renard erbaute sie in den Jahren 1898–1899 im Stil der späten Neugotik, wobei er den romanischen Turm aus dem 12. Jh., der eine barocke Schweifhaube trägt, geschickt miteinbezog. Tritt man ins Innere, verblüfft die fast komplett erhaltene originale Ausstattung, angefangen mit den von der Kunstwerkstatt Busch aus Steinheim geschaffenen Flügelaltären über die neugotischen Kirchenbänke (man beachte die kleinen Kinderbänke in den vordersten Reihen), bis hin zu den Wandmalereien mit Szenen aus dem Leben der beiden Kirchenpatrone, geschaffen von dem Binger Künstler Ferdinand Schuto (1919). In dieses Ensemble fügen sich die modernen, von dem Braunschweiger Glaskünstler Claus Kilian geschaffenen, Chorfenster harmonisch ein. Eine echte Seltenheit stellt der aufwändig mit Wappendarstellungen verzierte Terrazzofußboden dar, denn häufig wurden solche Schmuckböden im Zuge moderner Heizungseinbauten zerstört und durch Fliesen ersetzt. In Gaulsheim bewies man jedoch Kunstsinn, der sich auch in der liebevollen Renovierung der 1970er Jahre finden lässt. Der damalige Pfarrer Laick ließ die Deckengewölbe mit 50 Heil- und Nutzpflanzen naturgetreu ausmalen. Diesem außergewöhnlichen „Herbarium", das die alte Tradition des Würzwischs wiederaufgreift (► Sonderseite S. 50) verdankt die Pfarrkirche in jüngster Zeit ihre Benennung als „Kräuterkirche" und genießt als solche bereits überregionale Bekanntheit.

Im Seitenschiff, neben dem Zugang zum Turm, findet sich noch ein sogenanntes Sakramentshaus aus dem 13. Jh. Es besteht aus einer hochrechteckigen Nische, bekrönt mit einem Wimperg und Fialen. Oben sind die Wappen des Marschalls von Waldeck und des Adelsgeschlechts der Brömser von Rüdesheim dargestellt. In der Mitte findet sich ein vergitterter Schrein, in dem früher das Allerheiligste, die geweihte Hostie, aufbewahrt wurde. Diese Funktion spiegelt sich auch in weiteren Namen wie Herrgottshäuschen oder Herrgottshüttchen wider.

BINGEN-KEMPTEN

Heilige Dreikönige

Dreikönigstr. 4
55411 Bingen am Rhein

Unregelmäßig geöffnet.
Pfarreienverbundbüro:
Basilikastr. 1, Bingen,
Tel.: 06721 990740

Kempten ist eine der ältesten Landgemeinden mit einer Kirche – dafür sprechen die verschiedenen fränkischen Grabsteinfunde auf dem Kirchhofgelände. Im 13. Jh. war Kempten nachweisbar eine Pfarrei mit einem den Heiligen Drei Königen geweihten Gotteshaus, das, malerisch am Fuße des Rochusberges gelegen, zeitweise mit dem angrenzenden Friedhof wie eine Burg befestigt war. 1933 wurde die alte Kirche nach Plänen des Mainzer Dombaumeisters Ludwig Becker erweitert. Dabei blieb der romanische Turm aus dem späten 12. Jh. erhalten und wurde an der Südseite angegliedert; das alte, im Kern frühmittelalterliche Kirchenschiff wurde als Querhaus in den Neubau einbezogen. Im Inneren öffnet sich ein weitläufiger, von einem gedrückten Tonnengewölbe überspannter Raum, in dem der Blick sofort auf das großformatige Gemälde mit der Anbetung der Heiligen Drei Könige fällt, das 1957/58 von Willi Jakob aus Würzburg für den Altarraum geschaffen wurde. Mosaikeinlagen heben bedeutende Bilddetails wie das Christuskind besonders hervor, das mit seinem schimmernden Gewand den Mittelpunkt der Szene bildet. Der ehemalige barocke Hauptaltar befindet sich heute als Seitenaltar im alten Chor. Das Altarbild mit der Taufe Christi wurde 1937 von Bernhard Scherer aus Bingerbrück geschaffen. Weitere Bildwerke aus der ersten Hälfte des 18. Jh. finden sich besonders in diesem Teil der Kirche, unter anderem Maria Magdalena, der hl. Valentin oder Johannes von Nepomuk.

Im alten Chor befindet sich ein Grabstein aus dem frühen 7. Jh., der im Lauf der Jahrhunderte an verschiedenen Stellen der Kirche verbaut war und bei seiner letzten Umsetzung in zwei Teile gebrochen wurde. Eine Hälfte war im Turm, die andere im Sockel des Hauptaltares zu finden. 1936 fügte man sie wieder zusammen, sodass man die Inschrift entziffern konnte. Diese berichtet von Bertichild, Tochter des fränkischen Grafen Mactichild, die mit 15 Jahren den Franken Ebregisel heiratete und mit 20 Jahren früh verstarb.

BINGEN-SPONSHEIM

St. Georg

Hauptstr. 4
55411 Bingen
am Rhein

Unregelmäßig geöffnet.
Pfarrbüro:
Saarlandstr. 331,
55411 Bingen,
Tel.: 06721 42827

1865 wurde die neu gebaute katholische Kirche in Sponsheim von Bischof Wilhelm Emmanuel von Ketteler geweiht. Anlass für den Neubau war ein Brand, der 1859 nicht nur das alte Gotteshaus, sondern auch einen Großteil der Häuser im Ort zerstört hatte. Nach dem vollständigen Abbruch des Vorgängerbaus – der wohl schon aus frühmittelalterlicher Zeit stammte – konnte nach Plänen des Kreisbaumeisters Eduard Köhler eine Kirche im damals modernen Rundbogenstil realisiert werden. Die schlichte und klare Formensprache des Außenbaus findet auch im Innenraum ihre Entsprechung: ein weiter Saal mit eingezogenem polygonalem Chor. Erst 1898 wurde der Raum mit einem Rabitzgewölbe überspannt. Im Gegensatz zur ursprünglich farbenfrohen Ausmalung und reichen Ausstattung mit Hoch- und Seitenaltären, zeigt sich der Kirchenraum heute schlicht, mit hellen Wänden und reduziertem Mobiliar, das größtenteils aus der zweiten Hälfte des 20. Jh. stammt. Akzente setzen die modernen, in harmonischen Farbabstufungen gestalteten Glasfenster. Einzelne ältere Skulpturen sind noch erhalten geblieben, wie etwa die Figur des hl. Georg am Triumphbogen, der verträumt auf den von ihm bezwungenen Drachen zu seinen Füßen blickt. Ihm gegenüber steht eine barocke „Maria Immaculata" aus dem 18. Jh., die noch aus der alten Kirche stammen dürfte. Die Figur einer Nonne, die ein Kruzifix in Händen hält, entstand um 1880 und stellt die weniger bekannte hl. Teresa vom Heiligsten Herzen Jesu dar.

Mit 17 Jahren trat Anna Maria Redi 1765 in Florenz den Unbeschuhten Karmelitinnen bei und nahm den Ordensnamen Teresa Margareta vom Heiligsten Herzen Jesu an. Früh hatte sie mystische Erlebnisse und war von der Frage „Wer ist Gott?" getrieben. 1767 erhielt sie in einem Bibelvers die bewegende Antwort: „Deus caritas est – Gott ist die Liebe" (1 Joh 4,16). Fortan von göttlicher Liebe „eingehüllt", opferte sie sich in der Krankenpflege auf und starb mit 22 Jahren. Anlässlich ihrer Heiligsprechung 1934 verfasste Edith Stein eine Lebensbeschreibung.

DIE TRADITION DES WÜRZWISCHS

Würzwisch, zusammengesetzt aus den mittelhochdeutschen Wörtern wurz(e)=Kraut und wisch=(Stroh-)Bündel, bezeichnet einen Strauß aus verschiedenen Kräutern und Pflanzen.

Am 15. August, dem Fest Mariä Himmelfahrt, werden seit alters her Kräuter gesammelt, zum sogenannten Würzwisch gebunden und in den Kirchen geweiht. Die Verbindung zwischen der Kräuterweihe und dem Marienfest beruht auf einer Legende: laut dieser haben die Apostel, die Marias Grab öffneten, statt eines Leichnams Blumen vorgefunden.

Es waren zunächst nur Heilkräuter, die in der Gemarkung als Feldsträuße für die Hausapotheke gesammelt wurden. Am sonntäglichen Hochamt wurden diese Kräutersträuße feierlich gesegnet und zu Hause auf dem Dachboden oder in der Scheune getrocknet und aufgehängt. Teilweise wurde ihnen dabei eine besondere Schutzwirkung gegen Blitz- und Hagelschlag zugesprochen, weshalb für diese Sträuße besonders die auch als „Donnerkräuter" bekannten Pflanzen (z.B. Baldrian, Beifuß, Immergrün etc.) genutzt wurden. Hierin ist wohl eine heidnische Wurzel dieses Brauchs fassbar, der im Laufe der Zeit eine christliche Umprägung erfahren hat.

In vielen rheinhessischen Orten wird der Brauch der Kräuterweihe noch immer gepflegt oder in jüngster Zeit wieder neu belebt, so

Die dargestellten Pflanzen im Gewölbe sind von links nach rechts gesehen:

- 33. Flachs
- 34. Gelbes Labkraut
- 35. Berg-Flockenblume
- 36. Sonnenblume

Die Nummern beziehen sich dabei auf die in der schematischen Zeichnung aufgeführten Zahlen.

unter anderem in Undenheim, Mariä Himmelfahrt, in Friesenheim, St. Walburga oder in Guntersblum, St. Viktor.

Die in Wiese, Wald und Feld gepflückten Kräutersträuße werden stets nach einem besonderen Schema gebunden. Sowohl die Auswahl der Pflanzen, als auch deren Anzahl variiert je nach Region. Es können zwischen sieben und 99 (!) Pflanzen zusammengebunden werden, wobei stets darauf geachtet wird, dass die Anzahl einer heiligen Zahl oder einem Vielfachen davon entspricht (z.B. die Sieben=vier Elemente plus drei (Dreifaltigkeit) als christliche Zahl der Vollkommenheit oder die Neun=Vielfaches von drei). Auch die Verwendung von 14 Kräutern, als Verweis auf die 14 Nothelfer ist belegt.

Im Mittelpunkt des Straußes thront die Königskerze (Muttergotteskugel), die alle anderen Pflanzen überragt. Um sie herum werden diese der Wuchshöhe entsprechend angeordnet. Fast immer sind Alant, Wasserminze, Tausendgüldenkraut, Beifuß, Wermut, Rainfarn, Schafgarbe, Johanniskraut oder auch Getreidesorten wie Hafer oder Weizen vertreten.

In der Gaulsheimer Kirche St. Pankratius und Bonifatius wird die alte Tradition des Würzwischs nicht nur fortgeführt, sondern sie ist im Kirchenraum dauerhaft bildlich präsent, was ihr inzwischen auch überregionale Bekanntheit und den Beinamen „Kräuterkirche" eingebracht hat: bei einer Renovierung in den 1970er Jahren wurden die Deckengewölbe mit 50 Heil- und Nutzpflanzen der Region naturgetreu ausgemalt. Die schematische Zeichnung des Deckengewölbes zeigt Position und Namen der einzelnen Pflanzen:

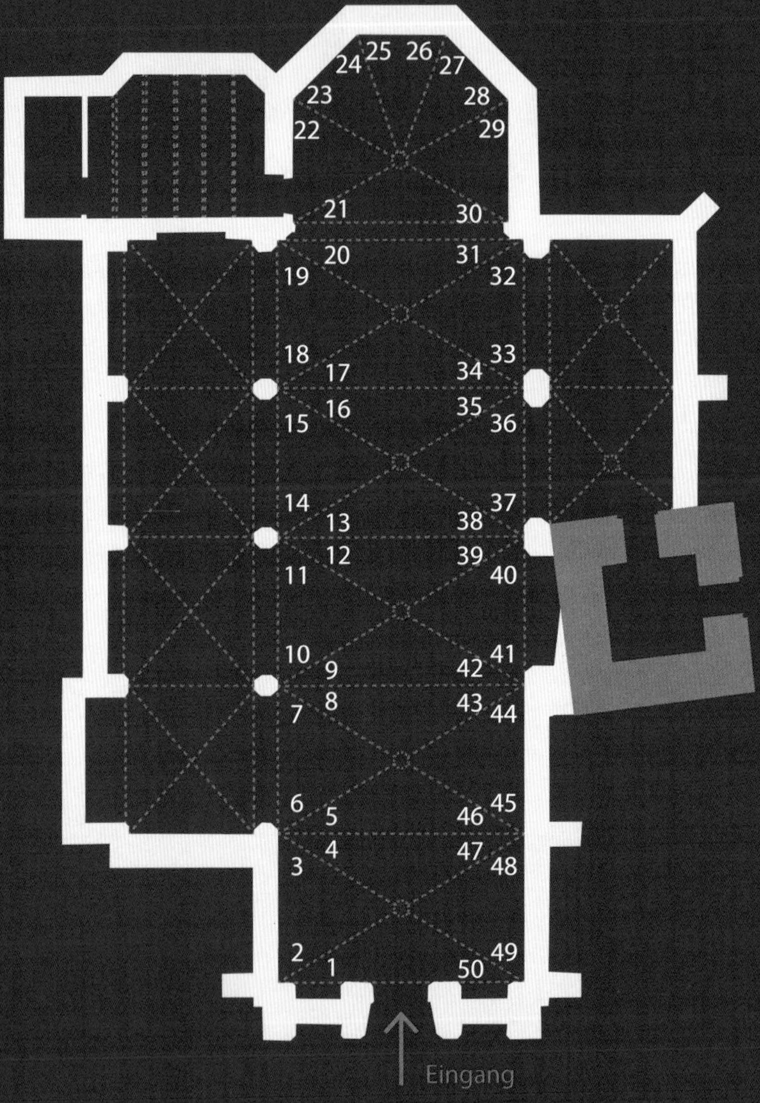

Benennung der Kräuter nach Jan Frerichs, www.kräuterkirche.de

1 Wermut
2 Schwertlilie
3 Wasserminze
4 Klatschmohn
5 Baldrian
6 Alant
7 Kamille
8 Wiesensalbei
9 Johanniskraut
10 Blutweiderich
11 Tausendgüldenkraut
12 Königskerze
13 Milchdistel
14 Zypressenwolfsmilch
15 Liebstöckel
16 Beifuß
17 Hederich
18 Mais
19 Hafer
20 Roggen
21 Weizen
22 Riesling
23 Weizen
24 Weizen
25 Silvaner
26 Silvaner
27 Weizen
28 Weizen
29 Grauburgunder
30 Weizen
31 Kugeldistel
32 Gerste
33 Flachs
34 Gelbes Labkraut
35 Berg-Flockenblume
36 Sonnenblume
37 Hopfen
38 Klappertopf
39 Schafgarbe
40 Rainfarn
41 Haselnuss
42 Wiesenraute
43 Scharfer Hahnenfuß
44 Kartäuser-Nelke
45 Feldrittersporn
46 Roter Fingerhut
47 Sumpf-Ruhrkraut
48 Saudistel
49 Wegwarte
50 Goldrute

BODENHEIM

St. Alban

Kirchbergstr. 16
55294 Bodenheim

Tagsüber geöffnet.
Pfarrbüro:
Kirchbergstr. 18,
Tel.: 06135 2877

An einem der höchsten Punkte Bodenheims liegt die 1828–1830 errichtete Pfarrkirche St. Alban. Der Außenbau ist ganz dem Stil des Spätklassizismus mit seiner Vorliebe für antike Formen verpflichtet. So ähneln etwa die Fenstergliederungen der spätantiken Trierer Konstantinsbasilika. Das Hauptportal und der obere Teil des Kirchturms entstanden etwa 40 Jahre später. Der nüchterne Eindruck, den das schlichte Äußere vermittelt, verflüchtigt sich, sobald man den Kirchenraum betritt: Die Gemeinde erwarb Mitte des 19. Jh. barocke Ausstattungsstücke von allererstem Rang. Zwei Seitenaltäre aus dem Mainzer Dom, der Hochaltar des Wormser Liebfrauenstifts sowie die Kanzel aus der Mainzer Stephanskirche sind hier versammelt. Bei der Gestaltung des Innenraums zu Beginn des 20. Jh. nahm man auf diese Ausstattung Rücksicht und ergänzte Wände und Decke mit barockisierenden Stuckverzierungen und Malereien. Die Deckengemälde verraten trotz allem Bemühen um barocke Formen durch die kräftige, expressionistische Farbgebung ihre späte Entstehung. Dargestellt sind die Dreieinigkeit in der Apsis, die Heimsuchung Mariens im Altarraum und den vor Heiden predigenden hl. Alban. Letzteres nimmt Bezug auf die lange Tradition der Bodenheimer Kirche: Bereits 1184 wird eine Albanskirche erwähnt, die zum Besitz des bedeutenden Mainzer St. Albansklosters gehörte. Am Fest Mariä Heimsuchung (2. Juli) findet jährlich eine Wallfahrt durch die Weinberge in die nahegelegene Kapelle Maria Oberndorf statt.

Schau genau! Auf der Kanzelbrüstung sind vergoldete Reliefs der (ursprünglich vier) Evangelisten zu sehen, den Autoren der biblischen Evangelien, die das Leben Jesu überliefern. Einer von ihnen, der hl. Lukas, hält eine Bildtafel mit der Muttergottes vor sich. Dies geht auf eine spätere Legende zurück, der zufolge der Apostel die Jungfrau Maria gemalt habe. Als Maler der Madonna wurde er schon im Mittelalter zum Schutzpatron der sich in „Lukas-Gilden" zusammenschließenden Maler erhoben.

BODENHEIM
Maria Oberndorf

Bayn, Kapelle,
55294 Bodenheim

Unregelmäßig geöffnet.
Pfarrbüro:
Kirchbergstr. 18,
Tel.: 06135 2877

Unternimmt man einen Spaziergang von der Südseite der Albanskirche oberhalb des Friedhofs durch die Weinberge, sieht man bald den kleinen Dachreiter der Wallfahrtskapelle Maria Oberndorf. Ihr baumbeschatteter, lauschiger Vorplatz ist ganz auf die Wallfahrt ausgerichtet: Hier wird der Altar aufgebaut, eine Außenkanzel macht ebenso wie das tiefe, vor der Witterung schützende Vordach deutlich, dass sich das Hauptgeschehen im Freien abspielt. Das Gebäude wurde 1889–1891 errichtet, doch stand an dieser Stelle schon spätestens im 13. Jh. eine Muttergotteskapelle. Seit dem späten Mittelalter fanden Wallfahrten hierher statt, um das Gnadenbild aus dem 15. Jh. aufzusuchen, und zwar immer an Mariä Heimsuchung (2. Juli), dem Festtag, der daran erinnert, wie Maria nach der Verkündigung ihre mit Johannes dem Täufer schwangere Verwandte Elisabeth besuchte (Lk 1, 39). Aber auch Bittprozessionen zur Abwendung von Viehseuchen oder Krankheiten wurden hierher geführt, wovon einst zahlreiche Votivbilder zeugten. Nicht zuletzt der starke Wunsch der Bevölkerung nach einem Andachtsort führte nach der Zerstörung der alten Kapelle im frühen 19. Jh. zu ihrem Wiederaufbau und bald darauf zum Wiederaufleben der Wallfahrt, die bis heute, immer am 1. Sonntag im Juli, fortgeführt wird. Die Prozession geht von der Pfarrkirche (in deren Hochaltar das alte Gnadenbild steht) zur Kapelle und wieder zurück. Im Anschluss findet das traditionelle Wallfahrtsessen statt. Gäste sind herzlich willkommen.

Um die wundertätige Muttergottes ranken sich mehrere Legenden. Eine davon hat uns ein Bodenheimer erzählt: Ein Knecht bekam von seinem Herrn den Auftrag, ausgerechnet am Festtag Mariä Heimsuchung einen Acker neben der Kapelle zu pflügen. Der fromme Knecht begann zwar mit der Arbeit, eilte beim ersten Läuten aber zur Kapelle, um den Gottesdienst mitfeiern zu können. Danach begab er sich wieder zum Feld und fand den Acker wundersamerweise gepflügt!

BUBENHEIM
St. Remigius

Hauptstr. 44
55270 Bubenheim

Unregelmäßig geöffnet.
Pfarrbüro:
Faltenstr. 34, 55270 Schwabenheim,
Tel.: 06130 293

Wie so oft in Rheinhessen stehen auch in Bubenheim die evangelische und die katholische Kirche nicht weit voneinander entfernt. Eine erste, bereits dem hl. Remigius geweihte Kirche wird 1283 erwähnt. Nach Einführung der Reformation fiel diese zunächst den Reformierten zu, wurde dann ab 1697 von beiden Konfessionen simultan genutzt, bis sie 1705 bei der Pfälzischen Kirchenteilung wieder den Reformierten zugesprochen wurde. Das mittelalterliche Gotteshaus ist nicht mehr erhalten, 1740 wurde es durch einen Neubau, die heute evangelische Kirche, ersetzt. Die katholische Gemeinde errichtete sich 1771–1773 ebenfalls eine neue Kirche, die jedoch 1861 niederbrannte. 1865/66 entstand an gleicher Stelle die heutige, wieder dem hl. Remigius geweihte Kirche nach Plänen des Binger Kreisbaumeisters Eduard Köhler. Er entwarf einen schlichten, aber gut proportionierten Saalbau in neuromanischen Formen aus unverputzten Bruchsteinen. Das Innere zeigt sich nach der Modernisierung im 20. Jh. nüchtern und reduziert in der Ausstattung. Bemerkenswert sind die hölzerne Kreuzigungsgruppe, um 1760, die im 19. Jh. geschaffene Madonna mit dem Jesuskind, das sich dem Betrachter mit weit geöffneten Armen zuwendet, sowie der ungewöhnliche Tabernakel, der 1969 von der Karlsruher Künstlerin Gudrun Schneider in Form eines stilisierten Fisches gestaltet wurde. Aus der einstigen katholischen Rathauskapelle in Engelstadt stammen die beiden Reliquienpyramiden des 18. Jh.

Reliquien (lat. reliquiae = etwas Zurückgelassenes) sind Körperteile oder persönliche Gegenstände von Heiligen, denen religiöse Verehrung zuteil wird. Für ihre Aufbewahrung werden Behältnisse, sogenannte Reliquiare, eigens angefertigt. „Sprechende Reliquiare" ähneln in ihrer Form der zu verwahrenden Reliquie, zum Beispiel werden Reliquiare für einen Armknochen häufig in Form eines Armes gestaltet. Im 18. Jh. ist für die Ausstellung mehrerer kleiner Reliquienpartikel die Form der Reliquienpyramide beliebt – eine pyramidenförmige Schauvitrine.

Hl. Dreifaltigkeit

Gonsenheimer Str. 39
55257 Budenheim

Unregelmäßig geöffnet.
Pfarrbüro: Gonsenheimer Str. 43,
Budenheim, Tel.: 06139 2129

„Man darf die neue Dreifaltigkeitskirche zusammenfassend wohl als modern im guten Sinn bezeichnen", schrieb der Pfarrer 1961 zur Fertigstellung der neu erbauten Pfarrkirche, wohlwissend, dass Modernität an und für sich noch keine Qualität bedeutet. Doch hier in Budenheim entwarf der Architekt Heinz Laubach ein Gebäude, dessen Gestalt auch heute noch, nach über 50 Jahren, zu überzeugen vermag. Zunächst durch seine Funktionalität, bietet das Langhaus doch 500 Plätze und besitzt, angefügt an den Altarraum und durch die Hanglage etwas tiefer gelegen, eine Kapelle, die für Taufen, Beichten, Andacht und Werktagsgottesdienste genutzt werden kann. Überzeugend ist auch die Materialität (mit Bruchsteinen verkleidetes Ziegelmauerwerk und wohlgesetzte Beton-Glasflächen), durch die sich das Gebäude harmonisch in die Umgebung einfügt. Zuletzt besticht die Formgebung, die nicht nur durch stimmige Proportionen und klare Linienführung anspricht, sondern auch spirituelle Symbolkraft besitzt: durch niedrige Eingänge führt der Weg durch den Kirchenraum mit ansteigender Decke gleichsam aus der „irdischen Bedrängnis" hin zur Weite und Lichtfülle des Altarraums. Der Altar besteht wie der Fußboden aus grauem Basalt und schafft so die Verbindung zum Irdischen und zu den Menschen, die am heiligen Opfermahl teilhaben. Seit 1980 bildet das die gesamte Altarwand ausfüllende Gemälde von Hermann Gottfried einen Blickfang in dem auf absolute Reduktion bedachten Innenraum.

„Der Herr der Heere wird auf dem Berg Zion für alle Völker ein Festmahl geben mit den feinsten Speisen, ein Gelage mit erlesenen Weinen. Er zerreißt auf diesem Berg die Hülle, die alle Nationen verhüllt, und die Decke, die alle Völker bedeckt. Er beseitigt den Tod für immer." (Jes 25, 6-8) Dieses Bibelwort war die Vorgabe der Pfarrei an den Künstler Hermann Gottfried, der diese Mahlszene eindrucksvoll darstellt – mit dem Gekreuzigten im Zentrum, dessen ausgestreckte Arme die Welt mit hinein nehmen in das Neuwerden.

BUDENHEIM

St. Pankratius

Hauptstr. 2
55257 Budenheim

Unregelmäßig geöffnet.
Pfarrbüro:
Gonsenheimer Str. 43,
Budenheim,
Tel.: 06139 2129

1733 entschied man sich in Budenheim für den Bau einer neuen Pfarrkirche, nachdem der mittelalterliche Vorgängerbau nicht mehr zu halten war. 1737 war das Kirchenschiff bereits fertiggestellt – doch die Baulast für den Chor lag bei dem Mainzer Altmünsterkloster, und dieses kam seiner Baupflicht nur nach langem Drängen nach. Erst 1747 konnte die Kirche feierlich „zu Ehren des hl. Pancratius" konsekriert werden. 1858 sorgte die Eröffnung der Eisenbahnlinie Mainz-Bingen für das Ende der Idylle: Trotz aller Proteste wurde diese mitten durch Budenheim und unmittelbar neben der Pankratiuskirche entlanggeführt. Der Eisenbahnverwaltung konnte lediglich das Zugeständnis abgerungen werden, mit ihrem Fahrplan Rücksicht auf die Gottesdienstzeiten zu nehmen – ein schon damals nicht zu erfüllendes Versprechen. Die Lärmbelästigung sowie die stetig anwachsende Bevölkerungszahl, für die das Gotteshaus zu klein geworden war, schließlich auch starke Beschädigungen im 2. Weltkrieg, führten 1959 zu dem Entschluss, eine neue Pfarrkirche an geeigneterer Stelle zu bauen, die heutige ▸ Dreifaltigkeitskirche. In St. Pankratius finden keine Gottesdienste mehr statt. Eine Zeit lang war die Kirche als Werkstatt an einen Steinmetz verpachtet, doch ein 1996 gegründeter Förderverein hat sich die Substanzerhaltung und Wiederbelebung des Budenheimer Wahrzeichens zum Ziel gesetzt. So konnte unter anderem der Innenraum saniert und dabei die Ausmalung von 1923 rekonstruiert werden. 2010 gelang die Rückführung der historischen Kohlhaas-Orgel, die nun regelmäßig für Konzerte genutzt wird.

Am 12. Mai wird in Budenheim das Pankratiusfest gefeiert und im Dezember findet vor der alten Kirche der beliebte Pankratiusmarkt statt. Pankratius war ein junger Römer, der zum Christentum konvertierte und viele seiner Glaubensbrüder vor Verfolgung und Ermordung durch die Römer rettete. Als er selbst gefangengenommen wurde und sich weigerte, vor Kaiser Diokletian seinem Glauben abzuschwören, ließ jener ihn enthaupten. Eine Christin barg seinen Leichnam und begrub ihn in den Katakomben, die heute unter der Kirche S. Pancrazio in Rom liegen.

Ältere Wendelinuskapelle

Im Lennebergwald auf dem Verbindungsweg zwischen Gonsenheimer Straße in Budenheim und Kapellenstraße in Mainz-Gonsenheim

Tagsüber geöffnet.
Pfarrbüro:
Gonsenheimer Str. 43,
55257 Budenheim,
Tel.: 06139 2129

Mitten im Lennebergwald, direkt an der Grenze zum Mainzer Ortsteil Gonsenheim steht die ältere der beiden, sich unmittelbar gegenüberstehenden Budenheimer Wendelinuskapellen. Der kleine Putzbau mit Walmdach wurde 1776 schon an der Stelle einer noch älteren Wendelinuskapelle errichtet, über deren Gestalt jedoch nichts mehr bekannt ist. Sie war von den Budenheimern gestiftet worden, um einer unter ihrem Vieh grassierenden Seuche ein Ende zu bereiten – gilt der hl. Wendelinus doch als Schutzpatron der Hirten und Bauern. Die über dem Eingangsbogen eingemeißelte Jahreszahl 1814 bezeichnet nicht das Erbauungsjahr, sondern bezieht sich auf eine Renovierung der Kapelle. Im Jahr 2009 war das Kapellchen erneut renovierungsbedürftig – allerdings nicht aufgrund von Baufälligkeit, sondern wegen eines traurigen Vorfalls, wovon ein Schild im Inneren berichtet: Unbekannte setzten die Wendelinuskapelle in Brand, vermutlich, weil es ihnen nicht gelungen war, den Opferstock zu plündern. „Einstmals als Dank für eine überstandene Hornviehseuche erbaut, hätten menschliche Hornochsen beinahe ein jahrhundertealtes Bauwerk zerstört.", resümieren die Freunde der kleinen Wendelinuskapelle, ein damals gegründeter Freundeskreis aus Ehrenamtlichen, dessen Hilfe und Pflege es zu verdanken ist, dass sich noch immer diese Stätte der Besinnlichkeit erhalten hat. Im Innern befindet sich hinter einem schön geschmiedeten Ziergitter ein kleiner Altar mit einem klassizistischen Nischenaufsatz, der eine Kreuzigungsgruppe beherbergt. Links des Altars steht eine Skulptur des Schutzpatrons.

Jüngere Wendelinuskapelle

Im Lennebergwald auf dem Verbindungsweg zwischen Gonsenheimer Straße in Budenheim und Kapellenstraße in Mainz-Gonsenheim

Unregelmäßig geöffnet. Pfarrbüro: Gonsenheimer Str. 43, 55257 Budenheim, Tel.: 06139 2129

Wer frühmorgens an einem Herbsttag durch den Lennebergwald spaziert und die hinter Nebelschwanden langsam auftauchende Bruchsteinkapelle erblickt, könnte sich an einen englischen Landschaftsgarten der Romantik erinnert fühlen. Ein solcher wurde häufig mit „Staffagearchitektur" gestaltet – das heißt, eigens für die Parkanlage geschaffene Gebäude oder Ruinen, die den flanierenden Gartenbesuchern besonders reizvolle Blickpunkte bieten sollten. Dabei galt es eine möglichst natürliche Wirkung zu erzielen, ohne die dahintersteckende, absichtsvolle Planung zu verraten. Die jüngere Budenheimer Wendelinuskapelle ist indes weitaus mehr als eine hübsche Parkdekoration, auch wenn ihr neugotischer Baustil von der gleichen sehnsuchtsvollen Hinwendung zum Mittelalter zeugt, wie sie auch so manche romantische Gartenlandschaft prägt. 1862–1866 wurde sie im Auftrag der Budenheimer Bürger schräg gegenüber der älteren Wendelinuskapelle errichtet, vermutlich um einen größeren Raum zu schaffen, in dem man bei der jährlichen Wendelinus-Wallfahrt einen Festgottesdienst halten konnte. Auch heute noch sind die beiden Wendelinuskapellen Ziel der jeweils am 3. Sonntag im Oktober stattfindenden Budenheimer Wallfahrt – und damit alles andere als Staffage.

Mariä Himmelfahrt

Keltenstraße
55278 Dexheim

Unregelmäßig geöffnet.
Pfarrgrupppenbüro:
Kirchstr. 4,
55276 Oppenheim,
Tel.: 06133 2727

Bis vor kurzem grenzte noch Ackerland an den Chor der katholischen Kirche, heute stehen dort Wohnhäuser, neben denen das historistische Kirchengebäude wie aus der Zeit gefallen erscheint. Dieser Kontrast entbehrt nicht an Reiz, wirkt das Kirchlein mit seinem pittoresken Chorflankenturm und den Maßwerkfenstern inmitten der glatten Wohnkuben doch wie ein gefasster Solitär. Ebenso kostbar muss den Dexheimer Katholiken auch ihre Kirche erschienen sein, als sie 1913, errichtet nach Plänen Ludwig Beckers, eingeweiht werden konnte, denn sie hatten über 200 Jahre lang darauf warten müssen. Nachdem die alte St. Martinskirche den Reformierten zugefallen war, blieb den katholischen Gemeindemitgliedern nur der Weg nach Oppenheim oder Nierstein, um dort Gottesdienst zu feiern. 22 Jahre lang sammelte man für den Kirchenbaufonds und erhielt am Ende einen gut gestalteten Bau mit qualitätvoller Ausstattung. Trotz Modernisierung in den 1950er Jahren, der ein aus Trier erworbener Hochaltar zum Opfer fiel, blieb die bauzeitliche Ausstattung erhalten. Die hervorragenden Glasfenster von Bernhard Kraus stellen im Chor die Geburt und den Kreuzestod Jesu sowie die Sendung des hl. Geistes dar, während im Langhaus einige Anrufungen aus der Lauretanischen Litanei versinnbildlicht sind. Aus der Steinheimer Bildhauerwerkstatt Busch stammen die Kanzel und die Beichtstühle, von dem Münchner Künstler Driendl der großformatige Kreuzweg. 1995 konnte ein alter Seitenaltar aus Oppenheim restauriert und zum Schmuck des Altarraums aufgestellt werden.

Die Lauretanische Litanei, benannt nach dem italienischen Wallfahrtsort Loreto, ist ein seit dem Mittelalter bekanntes, an die Muttergottes gerichtetes Gebet, ein Wechselgesang zwischen Vorbeter und Volk. Dabei wird Maria mit verschiedenen Bezeichnungen vom Vorbeter angerufen, die Gläubigen antworten mit den Worten „bitte für uns!". Einige dieser Mariennamen sind sehr poetisch und der Bibel entlehnt, wie etwa „sedes sapientiae" (Thron der Weisheit) oder „turris eburnea" (elfenbeinerner Turm).

DIENHEIM

St. Josef

Bahnstr. 45
55276 Dienheim

Tagsüber geöffnet.
Pfarrgruppenbüro:
Kirchstr. 4,
55276 Oppenheim,
Tel.: 06133 2727

Das Zisterzienserkloster Eberbach gründete 1205 in Dienheim einen Klosterhof für die Verwaltung seiner landwirtschaftlichen Produkte aus hiesigem Grundbesitz. Zum sogenannten Paterhof gehörte auch eine kleine Kapelle. Nachdem die mittelalterliche Bonifatiuskirche seit der Reformation von den Protestanten genutzt und diesen in der Pfälzischen Kirchenteilung 1705 endgültig zugesprochen wurde, diente die Paterhofkapelle den Katholiken als Gottesdienstraum. 1840 wurde der Hof verkauft und die baufällige Kapelle abgetragen, die katholische Gemeinde musste über 30 Jahre lang den Gottesdienst in Oppenheim besuchen. In einem Bittbrief wandten sich 1857 die Dienheimer Katholiken an Bischof Ketteler in Mainz, um ihn von der Notwendigkeit einer eigenen Kirche zu überzeugen. Sie schilderten darin unter anderem die Unsitte der Dienheimer Männer, die vor dem Kirchgang in Oppenheim das dortige Wirtshaus besuchten, und statt in die Kirche zu gehen, „in der Schenke sitzen blieben". 1875 konnte endlich die neue, auf dem Gelände des alten Paterhofs erbaute Kirche geweiht werden. Nach Plänen von Philipp Ludwig Berdellé errichtet, verfügt der stattliche Bau trotz seiner geringen Größe über Langhaus, Querhaus und Turm. Die Strebepfeiler sind indes reine Zier – im Inneren gibt es keine Gewölbe, sondern eine Balkendecke. Bei der letzten Renovierung 2003–2006 entstanden die von Eberhard Münch geschaffene Ausmalung mit schwungvoll skizzierten Engeln in duftigen Farben sowie ein neuer Ambo und ein Hauptaltar, auf den ein im Boden eingelassenes Band optisch hinführt.

Die beiden barocken Nebenaltäre sind mit schwer zu entziffernden Monogrammen bekrönt. Rechts steht das Christusmonogramm IHS als Abkürzung für den Namen Jesus nach der griechischen Schreibweise, darunter sind die drei Nägel des Kreuzes dargestellt. Über dem Marienaltar auf der linken Seite steht ein Marienmonogramm. Üblicherweise nur mit MA abgekürzt, für „auspive maria" (= unter dem Schutz Mariens), kann man hier bei genauem Hinsehen alle ineinander verschlungenen Buchstaben ihres Namens erkennen.

DITTELSHEIM-HESSLOCH

St. Jakobus d. Ä.

Kirchgasse 16
67596 Dittelsheim-Heßloch

Unregelmäßig geöffnet.
Pfarrgruppenbüro:
Am Markt 7, 67593 Westhofen,
Tel.: 06244 9072787

Wer nach Dittelsheim-Heßloch kommt, wird zuerst vom „schönsten der vier Heidentürme Rheinhessens" begrüßt – jenem romanischen Chorturm einer alten Allerheiligenkirche, der um 1200 mit einem orientalisierenden Kuppelhelm bekrönt wurde. Er ist heute Teil der evangelischen Kirche und prägt das Ortsbild von Dittelsheim. Folgt man der Hauptstraße weiter in den Ortsteil Heßloch, trifft man auf den weit jüngeren Turm der katholischen Pfarrkirche St. Jakobus. Der alte Wehrfriedhof, der die Kirche umgibt, lässt auf eine lange Geschichte schließen – tatsächlich findet eine Pfarrkirche schon 1406 Erwähnung. 1775 musste die baufällige Kirche jedoch aufgegeben werden und fehlende Geldmittel zögerten einen Neubau hinaus. 1813 konnte man endlich eine neue Kirche zu Ehren des hl. Jakobus weihen – Heßloch liegt am Jakobspilgerweg. Das knappe Baubudget ließ nur einen schlichten Saalbau zu, der Turm konnte erst 1862 fertiggestellt werden. Seit der Umgestaltung des Innenraums 2007 besitzt die Kirche einen neu geschaffenen Ambo und einen mitten im Raum platzierten Blockaltar, um den sich die Bänke gruppieren. Vor der Retabelwand im alten Altarraum bildet das monumentale Gemälde der „Verherrlichung Mariens durch die heiligen Frauen" aus dem 17. Jh. einen schönen Blickfang. In einem aus Mölsheim erworbenen Seitenaltar fand die barocke Muttergottes einen neuen Platz. Die kleine spätgotische Madonna mit dem Jesuskind stammt noch aus der alten Hospitalkapelle. Ein seltenes Kuriosum stellt die Skulptur der bärtigen hl. Wilgefortis aus dem 18. Jh. dar (► Stadecken-Elsheim).

Folgt man der Spitalstraße ein Stück außerhalb des Orts und nimmt einen Abzweig auf den Liebfrauenberg, gelangt man zur Liebfrauensäule. Sie wurde 1914 zur Erinnerung an die spätestens 1326 dort stehende Hospitalkapelle errichtet, eine Stiftung des Johann Dalberg, Kämmerer von Worms. Im zugehörigen Hospital wurden kranke Pilger aufgenommen. 1810 musste die baufällige Kapelle abgerissen werden. Die Bildsäule ist mit Reliefs der Muttergottes und dem hl. Urban, Schutzpatron der Winzer, geschmückt.

DORN-DÜRKHEIM
St. Josef

Rathausstr. 23
67585 Dorn-Dürkheim

Unregelmäßig geöffnet.
Pfarrgruppenbüro:
Am Markt 7,
67593 Westhofen,
Tel.: 06244 9072787

Im Altarraum erinnern zwei geschnitzte Heiligenfiguren an die viel tiefer in die Vergangenheit zurückreichende Geschichte der katholischen St. Josefkirche: Links des Retabels ist der hl. Cyriakus dargestellt, dem die erste, bereits im 13. Jh. erwähnte Kirche Dorn-Dürkheims geweiht war. Diese wurde nach Einführung der Reformation lutherisch – ihr mächtiger Turm ist in der heute evangelischen Kirche erhalten geblieben. Auf der rechten Seite ist die hl. Ursula zu sehen, die Kirchenpatronin jener kleinen Kirche, die sich die wenigen im Ort verbleibenden Katholiken 1745 erbaut hatten. Auf ihren Mauern errichtete die Gemeinde 1891 das heutige, nun dem hl. Josef geweihte Gotteshaus. Trotz bescheidener verfügbarer Mittel entstand ein ansprechendes Kirchlein mit einem leicht aus der Fassade heraustretenden, spitzbehelmten Turm und sandsteingerahmten Fenstern. Der Innenraum – ein schlichter, mit einer hölzernen Spitztonne überwölbter Saal – wurde in den 1960er Jahren neu gestaltet. In dieser Zeit wurden die von dem Michelstädter Künstler Heinz Hindorf gestalteten Buntglasfenster eingesetzt; die Rosette über dem Altar zeigt den „Guten Hirten" umgeben von Szenen aus dem Leben Jesu. Der neugotische Altaraufbau wurde entfernt, an seine Stelle ein ebenfalls neugotisches Bildrelief mit einer Abendmahlszene (aus der Kirche in Fürfeld stammend) gesetzt und von einer gemalten Scheinarchitektur gerahmt. Ältestes Ausstattungsstück ist die spätgotische Kanzel (um 1500), die vielleicht aus einer der Vorgängerbauten erhalten blieb.

Außerhalb Dorn-Dürkheims, an der Gemarkungsgrenze mit Alsheim steht ein kleines Heiligenhäuschen oder vielmehr ein Bildstock, der um 1440 errichtet worden sein soll. Das mitten in den Feldern gelegene „Heljeheisje" ist ein beliebtes Ziel für Spaziergänger und Wanderer, die auf den hiesigen Hohlwegen unterwegs sind. Von hier aus eröffnet sich ein herrlicher Blick über die rheinhessische Landschaft bis hinüber zum Odenwald.

EICH

St. Michael

Schanzenstr. 48,
57575 Eich

Öffnungszeiten siehe www.pfarrgruppe-altrhein.de, Pfarrgruppenbüro: Hauptstr. 20, 67578 Gimbsheim, Tel.: 06249 5456

Der an einem Arm des Altrheins gelegene Ort Eich besaß nachweislich im 12. Jh. eine dem hl. Lupus geweihte Kirche, die 1139 dem Wormser Paulusstift geschenkt wurde. Diese mittelalterliche Kirche fiel in der Pfälzischen Kirchenteilung nach 1705 den Reformierten zu und einen Rest von ihr kann man noch heute in den unteren Teilen des Turms (15. Jh.) der evangelischen Kirche sehen. Die Katholiken bauten sich 1739 ein eigenes Gotteshaus, nun dem hl. Michael geweiht, doch es bestand nicht lange. 1864–1866 errichtete man die neue Michaelskirche nach Plänen von Philipp Johann Berdellé (1838–1903). Er konzipierte sie im Stil der Neugotik als steinsichtigen Saalbau mit einfachen Strebepfeilern und Spitzbogenfenstern. Seit der teilweisen Freilegung und Wiederherstellung der ornamentalen Wandmalereien in den 1980er Jahren vermittelt der Innenraum eine ungefähre Vorstellung von der einst reichen historistischen Ausmalung (▸ Sonderseite S. 158). Im gewölbten Altarraum bildet der Hochaltar des 19. Jh. gemeinsam mit den originalen Fenstern ein stimmungsvolles Ensemble. Vor dem Triumphbogen stehen eine barocke Mondsichelmadonna und eine Jesusfigur des frühen 20. Jh. Überregionale Bekanntheit erlangte St. Michael durch die 14 Tage nach Ostern stattfindende Motorradsegnung, die die katholische Kirche gemeinsam mit den Motorradfreunden Eich 22 Jahre lang durchgeführt hatte. Begonnen mit 105 Teilnehmern, ließen 2007 bereits über 15.000 Biker nach dem Segen ihre Motoren brummen. Zu hohe gesetzliche Sicherheitsauflagen bereiteten der schönen Tradition 2013 ein Ende.

Ein Wolf als Heiliger? Unter den im Hochaltar versammelten Heiligen ist auch der Patron der alten Eicher Kirche dargestellt: der hl. Lupus (lat. = Wolf). Drei hl. Bischöfe dieses Namens sind bekannt: Bischof Lupus von Troyes († 478), Lupus von Bayeux (5. Jh.) und der bekanntere Lupus von Sens († 623). Hier ist wohl letzterer dargestellt, worauf der Kelch in seiner Hand hinweist: Einer Legende zufolge soll dem Bischof während einer Messe wundersam ein kostbarer Stein vom Himmel in den Kelch gefallen sein.

St. Pirmin

Hauptstr. 27
55278 Eimsheim

Unregelmäßig geöffnet.
Pfarrgruppenbüro:
Kirchstr. 14,
55278 Undenheim,
Tel.: 06737 335

Durch den in Rheinhessen eher unbekannten Kirchenpatron St. Pirmin ist Eimsheim indirekt mit dem Bodensee verbunden. Denn bis 1303, bevor die alte Eimsheimer Kirche dem Wormser Domkapitel übertragen wurde, gehörte sie dem Kloster Hornbach, das nicht nur von Pirmin gegründet worden war, sondern auch dessen Gebeine beherbergte. Der um 690 in Irland geborene Bischof Pirmin wurde zur Mission zunächst an den Oberrhein geschickt, wo er das später berühmte Kloster Mittelzell auf der Bodenseeinsel Reichenau gründete. Weitere Klostergründungen in Baden und im Elsass folgten. Im pfälzischen Kloster Hornbach, seiner letzten Gründung, starb er und wurde dort auch bestattet. Fast ein wenig klösterlich mutet auch die Eimsheimer Kirche an, mit ihrer trutzigen hohen Umfassungsmauer. Hat man die Treppe hinauf zur Kirchenterrasse überwunden, betritt man das Gebäude über den Turm, dessen untere Geschosse wohl um 1497 erbaut wurden. Das Portal schuf man jedoch erst bei der Renovierung 1933. Das Kirchenschiff ist indes nicht mehr mittelalterlich, es entstand 1780–1782 und auch im Inneren beherrschen drei prächtige Altäre des 17. und 18. Jh. den Raum, die damals aus verschiedenen Wormser Kirchen angekauft worden sein sollen.

Halb versteckt auf der Empore hinter einem Ölgemälde steht die kleine Orgel. Sie ist ein typisches Werk der Orgelbaufirma Engers und Schlaad aus Waldlaubersheim, die im 19. Jh. tätig war. Der Familienbetrieb konnte durch kompakte Gehäuse und Prospekte Orgeln zu einem günstigen Preis anbieten und fand vor allem in Landgemeinden einen Absatzmarkt. Typische Elemente sind klassizistische oder historisierende Prospekte sowie der seitliche Spieltisch, der dem Organisten gute Sicht in den Kirchenraum ermöglicht.

ERBES-BÜDESHEIM
St. Bartholomäus

Hauptstr. 24
55234 Erbes-Büdesheim

Unregelmäßig geöffnet.
Pfarrbüro:
Niedergasse 2,
Erbes-Büdesheim
Tel.: 06731 41289

Seit 1745 steht die Kirche in Erbes-Büdesheim. Sie wurde von Kaspar Valerius über dem für ihn typischen Grundriss geplant (► Bechenheim). An der harmonisch proportionierten barocken Fassade fällt ein breiter Streifen zwischen Pilasterkapitellen und Giebelgesims auf, der durch die Erhöhung der Kirche um 1,5 Meter im Jahr 1828 entstand. Weshalb, bleibt unklar, doch konnte man nun direkt vom Turm aus, der der Ortsgemeinde gehört, in den Dachstuhl der Kirche gelangen, anstatt eine Luke über der Empore nehmen zu müssen. Dementsprechend ist auch die Decke im Inneren nicht mehr die ursprüngliche – im Gegensatz zur noch originalen Ausstattung mit Altären, Kanzel, Beichtstühlen und Figuren. Aber auch spätere Jahrhunderte haben ihre Spuren hinterlassen. Im Bereich des Altarraums ist die kräftige Farbfassung des frühen 20. Jh. zu sehen, die Ölgemälde in den oberen Bereichen der Altäre wurden Mitte des 19. Jh. angefertigt. Von der älteren (Stumm-) Orgel ist lediglich das Prospekt erhalten geblieben. Zwei Besonderheiten gibt es in Erbes-Büdesheim außerdem: im Langhaus ist ein Teil einer Fahne gerahmt, die aus einem schwelenden Schutthaufen geborgen wurde, wobei die Darstellung der Monstranz auf wundersame Weise unversehrt blieb. Der Nepomuk-Altar steht in Verbindung mit der Nepomuk-Wallfahrt, die auf das 18. Jh. zurückgeht und noch heute jährlich am Sonntag nach dem 16. Mai stattfindet. Die im Altar aufbewahrte Nepomuk-Reliquie kommt darüberhinaus auch beim Wettersegen vor Erntedank zum Einsatz.

Bei den in die Mauer des Pfarrgartens eingelassenen Bildtafeln könnte man zunächst an Stationen eines Kreuzwegs denken. Stimmt aber nicht! Es sind Darstellungen der „Sieben Schmerzen Mariens“ – das heißt, Szenen aus dem Leben Jesu, die für seine Mutter mit emotionalem Schmerz verbunden waren: Neben der Passion sind dies auch die Darbringung Jesu im Tempel, die Flucht nach Ägypten und Jesus als Zwölfjähriger im Tempel. Gedenktag der Sieben Schmerzen Mariens ist der 4. Sonntag nach Ostern.

FLOMBORN

St. Remigius

Langgasse 28/30
55234 Flomborn

Unregelmäßig geöffnet.
Ansprechpartner:
Herr Schappert:
Am Feuerberg 6,
Flomborn,
Tel.: 06735 1337

Das im 18. Jh. errichtete Flomborner Rathaus ist nicht nur eines der repräsentativsten dieser Zeit, sondern bietet auch eine regionale Besonderheit, denn in seinem Erdgeschoss beherbergt es eine katholische Kapelle. Anlass für diese Kombination gab die sogenannte Pfälzische Kirchenteilung, ausgelöst durch eine kurfürstliche Deklaration im Jahr 1705. Derzufolge bestimmte die Anzahl der Konfessionsanhänger in einem Ort, welche Glaubensrichtung die vorhandene Pfarrkirche behalten durfte und welche sich einen neuen Gottesdienstraum suchen musste. In Flomborn war die Zahl der Katholiken jedoch sehr gering und das Vermögen reichte nicht aus für einen Kirchenneubau. Erst 1765 bot sich die Gelegenheit, im Zuge der Errichtung des neuen Rathauses einen Betraum zu erhalten. Zusammen mit Albig und Niederflörsheim gehört Flomborn zu den drei im Bistum Mainz noch genutzten Rathauskirchen. Das Flomborner Rathaus besticht durch seine Größe und die den Platz dominierende Lage. Entsprechend stolz hat sich der damalige Schultheiß in einer Bauinschrift an einem Eckständer des Obergeschosses verewigt. Der Zugang zu den Amtsräumen erfolgt über den außen angefügten Wendeltreppenturm. Durch das rundbogige Sandsteinportal an der Westseite, über dem ein Relief des hl. Remigius die Besucher willkommen heißt, betritt man den Kirchenraum. Der Innenraum ist durch Veränderungen der letzten Jahrzehnte geprägt und präsentiert sich in angenehmer Schlichtheit.

Schau genau! Hinter dem Rathaus befindet sich ein bronzenes Denkmal für das magerste Schweinchen des Dorfes. In der Besatzungszeit nach dem 2. Weltkrieg wurde die Schlacht-Abgabe nach dem Lebendgewicht des Viehs berechnet. Die schlauen Flomborner führten aber immer wieder dasselbe kümmerliche Schwein zur Waage, sodass ihre Abgaben geringer ausfielen. Zum Dank wurde der Flomborner Wutz vor ein paar Jahren auf dem Marktplatz ein Denkmal gesetzt.

Unbefleckte Empfängnis

Wilhelm-Leuschner-Str. 3
55237 Flonheim

Unregelmäßig geöffnet.
Pfarrgruppenbüro: Niedergasse 2,
55234 Erbes-Büdesheim,
Tel.: 06731 41289

Die Stärke von Max Meckel lag – so einer seiner Mitarbeiter – in der „Errichtung kleinerer, malerischer Kirchen, die er mit großer Liebe ausstattete und denen er lauschige, zur stillen Andacht mahnende Plätze gab." Für Flonheim trifft das voll zu. Die Kirche gehört zu seinen frühen Bauten – später sollten die Kapelle auf dem Rochusberg in Bingen und der Umbau des Frankfurter Römers den deutschlandweiten Durchbruch für ihn bringen. Mag die Kirche von 1877/78 im Vergleich mit anderen neugotischen Gebäuden von außen ein wenig nüchtern erscheinen, ändert sich dieser Eindruck beim Eintritt in den Kirchenraum. Das eigentlich einschiffige Langhaus wird durch eingestellte Säulen und Bogenstellungen, die die Funktion des Strebewerks übernehmen, reich durchgliedert. Die drei Altäre, das Rippengewölbe und die Empore tragen neben dem original erhaltenen Gestühl und dem neugotischen Orgelprospekt ebenso zum stimmigen Gesamtbild bei wie die Rankenmalereien in den Gewölbefeldern. Damit wird die Kirche dem von Meckel formulierten Anspruch „in der Beschränkung zeigt sich der Meister" und dessen Bemühen, den finanziellen Mitteln kleiner Gemeinden entsprechende und dennoch ansprechende Bauten zu entwerfen, durchaus gerecht. Zusätzlich bereichert wird die Ausstattung durch eine Reihe barocker Skulpturen, darunter eine „Maria Immaculata", die wohl aus der Werkstatt Martin Biterichs stammt. Im Pfarrgarten sind Teile der barocken Kanzel aufgebaut.

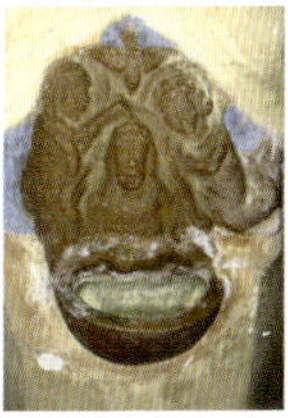

Fast übersieht man das ungewöhnliche Weihwasserbecken mit einem Relief der Taufe Christi. Jesus steht in der Mitte bis zur Hüfte im Wasser des „Jordans", der durch die Weihwasserschale dargestellt wird. Johannes der Täufer legt ihm die Hand auf, ein Engel reicht das Gewand, über allen schwebt die Taube des hl. Geistes. Sicher stammt das Becken aus der Vorgängerkirche – wie alt es genau ist, bleibt unklar. Dass das Benetzen mit Weihwasser eine Erinnerung an die Taufe sein soll, wird den Gläubigen hier ganz plastisch vor Augen geführt.

FLONHEIM-UFFHOFEN

St. Martin

Wendelsheimer Str. 3
55237 Flonheim-Uffhofen

Unregelmäßig geöffnet.
Pfarrgruppenbüro:
Niedergasse 2, 55234 Erbes-Büdesheim, Tel.: 06731 41289

Bei der Fahrt durch Uffhofen kann es passieren, dass man den Bau der katholischen Kirche übersieht, ist er doch fast kleiner als die umgebenden Häuser und liegt etwas hinter die Straßenfront zurückgesetzt. Wie die Flonheimer Mutterkirche „Unbefleckte Empfängnis" ist auch St. Martin aus dem lokalen Flonheimer Sandstein gemauert – ein Material, das durch seine lebhafte Aderung in changierenden Farben besticht und bereits in der Römerzeit abgebaut und exportiert wurde. Sein Export war später Hauptgrund für den Bau der Wiesbachtalbahn, durch die der Stein bequemer transportiert werden konnte. So ist die kleine Kirche über das Material nicht nur mit der Mutterkirche und etlichen rheinhessischen Häusern verbunden, auch an entfernteren Bauwerken wie dem Mainzer oder dem Kölner Dom wurde der schöne Sandstein zum Teil verbaut – heute ist der Steinbruch jedoch geschlossen. Seit 1931 steht die St. Martinskirche in Flonheim, und bereits wenige Jahre nach ihrer Einweihung würdigt ein Zeitungsartikel die Tatsache, dass „sich in diesem Kirchlein gar kein sogenannter religiöser Kitsch findet, sondern alles handwerklich in solider Arbeit ausgeführt ist". Dies gilt auch heute noch für den ganz schlicht gehaltenen Raum und seine Ausstattung, obwohl in der Zwischenzeit geringfügige Veränderungen vorgenommen wurden – ein kleinerer Altar mit passender Kredenz und Konsole und ein neuer Kreuzweg haben hier ihren Platz gefunden. Die in lichten Farben gestalteten Glasfenster sind die ersten, die der Mainzer Künstler Fritz Kraus geschaffen hat. In einer reduzierten Formensprache zeigen sie Darstellungen von Heiligen und Werke der Gottes- und Nächstenliebe.

St. Peter und Paul

Auf dem Römer 4
67592 Flörsheim-Dalsheim

Unregelmäßig geöffnet.
Pfarrbüro:
Mittelgasse 1,
Flörsheim-Dalsheim,
Tel.: 06243 8565

Im Nordwesten des Ortsteils Dalsheim erhebt sich die katholische Kirche nahe der historischen Ortsbefestigung des 15. Jh., der sogenannten Fleckenmauer. In unmittelbarer Nachbarschaft liegt die evangelische Kirche, die einst eine Marienkirche war, und als Kapelle diente. Sie wurde vom Stift St. Fabian in Hornbach unterhalten und deshalb auch Fabianskapelle genannt. Auch sie besitzt noch einen romanischen Kirchturm. Doch im 18. Jh. befand man sowohl die katholische als auch die evangelische Kirche für baufällig, brach sie, mit Ausnahme ihrer romanischen Türme, ab und ersetzte sie durch barocke Neubauten. So stammen Chor und Langhaus von St. Peter und Paul aus den Jahren 1780/85. Nur schwer nachvollziehbar ist es, dass man 1887 den aus dem 12. Jh. erhaltenen Turm Stein für Stein abtrug und unter Verwendung des alten Baumaterials an fast gleicher Stelle wieder aufbaute. Glücklicherweise blieb dabei ein Teil der mittelalterlichen Reliefs und Skulpturen (bemerkenswert sind die Fratzengesichter) unversehrt. Der Innenraum wirkt durch die Ausstattung, die hauptsächlich dem 18. Jh. entstammt, und die historisierende Ausmalung recht einheitlich. In moderner Form behauptet sich der Zelebrationsaltar aus dem 20. Jh. Flörsheim-Dalsheim besitzt – einmalig in Rheinhessen – gleich drei barocke Stumm-Orgeln. Die katholische und die evangelische Kirche in Dalsheim, wie auch die ehemals lutherische Kirche im Ortsteil Nieder-Flörsheim beherbergen ein solch großartiges Instrument.

Die Fleckenmauer ist das Wahrzeichen von Flörsheim-Dalsheim. Ihr Name rührt nicht etwa von einer fleckigen Farbe her, sondern daher, dass Dalsheim einst ein Flecken war, das heißt ein mit gewissen Rechten privilegiertes Dorf. Die Mauer wurde 1470–1490 errichtet und ist heute noch nahezu komplett, einschließlich der sieben Wehrtürme, erhalten geblieben – eine absolute Seltenheit! Seit ihrer Restaurierung in den 1980er Jahren wird alle vier Jahre das „Fleckenmauerfest" gefeiert – so auch wieder 2016.

St. Johannes der Täufer

Alzeyer Str. 12
67592 Niederflörsheim

Zu den Gottesdienstzeiten geöffnet.
Pfarrbüro: Mittelgasse 1,
67592 Flörsheim-Dalsheim,
Tel.: 06243 8565

Das Rathaus im heutigen Ortsteil Niederflörsheim liegt unmittelbar an der Hauptstraße – es ist eines der ältesten Gebäude des Ortes und stammt im Kern wohl noch aus dem 16. Jh. Auf den ersten Blick ist dem steinernen Untergeschoss des Fachwerkbaus nicht anzusehen, dass es etwas anderes beherbergen könnte als Amts- oder Wohnräume. Erst beim genaueren Hinschauen entdeckt man das kleine Relief eines Kreuzes im Schlussstein und die Einladung zu den wöchentlich hier stattfindenden Gottesdiensten und Andachten. Nach der Pfälzischen Kirchenteilung 1705/06 übernahm die evangelische Gemeinde die örtliche Pfarrkirche, während sich die katholische Gemeinde im Erdgeschoss des Rathauses ihr Oratorium einrichtete. In dem kleinen Kapellenraum finden nicht nur die Hauptausstattungsstücke – Altar und Ambo – Platz, sondern auch eine ländlich-barocke Kreuzigungsgruppe, eine Madonna auf der Weltkugel und ein geschnitzter Kreuzweg. Als eine der wenigen heute noch im Gebrauch befindlichen Rathauskapellen, stellt die Niederflörsheimer neben zwei weiteren in Flomborn und in Albig eine echte rheinhessische Besonderheit dar. In den meisten Fällen wurden solche Rathauskapellen, die im Zuge der Kirchenteilung als Notlösung installiert worden waren, aufgegeben, sobald die jeweilige Gemeinde über entsprechende Geldmittel verfügte, um sich eine eigene Kirche zu errichten.

Sieben Schmerzen Mariens

Kirchstr. 62
55234 Framersheim

Unregelmäßig geöffnet.
Ansprechpartner: Herr Brender: Kirschstr. 50, Framersheim, Tel.: 06733 6618

„Werden sich gute Seelen finden, die uns helfen Kanzel, Kommunionbank, Gestühl, Altargeräte und Sakristeieinrichtung anzuschaffen?" Diese Frage wird im Gedenkblatt zur Einweihung der Kirche 1904 gestellt: das Simultaneum war aufgelöst, die lutherische und die katholische Gemeinde waren aufgrund der Baufälligkeit der alten Kirche gezwungen, sich jeweils eine Kirche neu zu bauen. Die Katholiken wählten hierzu einen günstigen Ort am Schnittpunkt mehrerer Wege und an der höchsten Stelle des Dorfes. Insgeheim war der örtliche Maurermeister noch zum Katholizismus übergetreten, um sich am Neubau der Kirche beteiligen zu können. Auch wenn es bis in die 1920er Jahre dauerte, bis die Kircheneinrichtung vollständig war, fanden sich die guten Seelen schließlich doch – unter anderem in Gestalt der am Bau beteiligten Handwerker. Aber auch der Pfarrer engagierte sich: sein privates Harmonium begleitete die Gottesdienste noch bis in die 1940er Jahre. Umso erfreulicher ist es, dass die mühsam finanzierten qualitätvollen Glasfenster der Werkstatt Kraus und der Hochaltar von Georg Busch d. J. die Zeit überdauert haben. Dass der Hochaltar ein Martinsaltar ist, erklärt sich dadurch, dass die alte Kirche ein Martinspatrozinium innehatte und St. Martin auch in der neuen Kirche Nebenpatron ist. Dagegen war der Hauptaltar der alten Kirche ein Marienaltar. Von diesem stammt noch die schöne Marienfigur des 18. Jh.

Schau genau! In Framersheim durften sich die Stifter der Fenster nicht etwa wie in vielen anderen Kirchen durch eine Inschrift verewigen, sondern sie bekamen ein Monogramm und/oder ein Wappen mit Symbolen ihres Berufsstandes. Finden Sie Lorenz Schreiber (Pfarrer), Hans Becker (Architekt), Carl Rempel (Bäcker) und Wilhelm Trapp (Zimmermann)?

FREI-LAUBERSHEIM

St. Mauritius und Gefährten

Kirchenpforte 9/11
55546 Frei-Laubersheim

Unregelmäßig geöffnet.
Pfarrgruppenbüro: Bennstr. 1
55546 Fürfeld, Tel.: 06709 42

Im 18. Jh. war die alte Simultankirche in Frei-Laubersheim so verfallen, dass die Kirchengemeinden keinen Gottesdienst mehr halten konnten. Groß war daher die Freude, als man 1796 gemeinsam die neu errichtete, heutige Kirche einweihen konnte. Der Bau wurde etwas versetzt zur Achse der Vorgängerkirche angelegt, sodass der massige Kirchturm des 13. Jh., das einzig erhaltene Bauteil der alten Kirche, nun frei steht. Der Kirchenbau besticht innen und außen durch klare, strenge Formen – hier wurde auf jegliches Ornament oder Relief verzichtet. Das mag daran liegen, dass das Langhaus von den Reformierten errichtet wurde, aber auch die katholische Gemeinde hatte allen Grund eine kostengünstige Lösung anzustreben: Denn für die Betreuung der Kirche und den Bau des Chors war das Kloster Tholey zuständig, das sich nach der Französischen Revolution in Schwierigkeiten befand, kurz vor seiner Auflösung stand und dessen Abt sich nach Frei-Laubersheim geflüchtet hatte. Seit der Auflösung des Simultaneums 1966 ist die katholische Gemeinde der einzige Eigentümer der Kirche. Im Innenraum gibt es Einiges zu entdecken. Die ältesten Stücke sind der Taufstein (um 1510) und die Traubenmadonna im Hochaltar (um 1470). Die übrigen Ausstattungsstücke stammen, wie der 1908 geschaffene Hochaltar, vorwiegend aus dem frühen 20. Jh. Jener musste errichtet werden, nachdem der Barockaltar durch ein glühendes Kohlebecken in Brand geraten war – lediglich Teile davon konnten wiederverwendet werden.

In den seitlichen Nischen des Hochaltars stehen die Figuren von Ludwig IX, König von Frankreich (1226–1270), und dessen Mutter, Blanka von Kastilien. Der schon kurz nach seinem Tod als Inbegriff des christlichen Herrschers heiliggesprochene König ist vor allem als Erbauer der Sainte-Chapelle in Paris bekannt, in der die von ihm erworbene Dornenkrone Christi aufbewahrt wurde. Zwei Kreuzzüge und die Beförderung eines staatlichen Antijudaismus rücken den französischen Nationalheiligen indes in ein düsteres Licht.

St. Josef

Pfarrgasse 9
55234 Freimersheim

Unregelmäßig geöffnet.
Ansprechpartner:
Herr Sprenger:
Am Aufspringbach 20,
55234 Wahlheim,
Tel.: 06731 42066

Hoch über Freimersheim liegt die Kirche St. Josef, die einst wohl auch als Wehrkirche diente. Unterirdische Gänge sollen die Flucht in den und aus dem Kirchenbereich ermöglicht haben. Inmitten des ehemaligen Friedhofs gelegen, war St. Josef bis vor wenigen Jahrzehnten von mächtigen Ulmen beschattet, die aber in den 1970er/80er Jahren dem großen in Rheinhessen grassierenden Ulmensterben zum Opfer fielen. Zahlreiche Effen – wie die Ulmen hier auch genannt werden – wurden dabei durch den Ulmensplintkäfer unwiederbringlich zerstört. Geht man um die Kirche herum, sieht man Details, die über die Baugeschichte Auskunft geben: Ältester Teil ist der Turm – die unteren Geschosse mit kleinem Schlitzfenster in der Südseite sind wohl noch romanisch. An der Westfassade kann man sowohl das vermauerte Hauptportal sehen, das 1612 datiert ist, als auch rechts davon in Bodennähe einen kleinen Mauervorsprung. Hier endete das früher schmalere Langhaus, das erst um 1700 nach Süden erweitert wurde. Dadurch entstand im Innenraum eine deutliche Asymmetrie: so bietet die Ostwand rechts des Chorbogens großzügig Raum für Kanzel und Nebenaltar, während links davon kaum Platz für einen Seitenaltar vorhanden ist. Beide stammen im Kern aus dem 18. Jh., wurden bei der letzten Renovierung 2002 neu gefasst und mit Figuren versehen. Der Altarraum befindet sich im Untergeschoss des Turms, das um 1500 ein neues Gewölbe erhielt. Sehenswert sind die figürlichen Gewölbekonsolen, das Sakramentshaus und die wieder freigelegten Wandmalereien in der Fensterlaibung.

Auf dem Schlussstein des Altarraums prangt seit der jüngsten Renovierung das Wappen von Karl Kardinal Lehmann. Es zeigt in der oberen Hälfte das Mainzer Rad und den Wormser Schlüssel, im unteren Feld ein aufgeschlagenes Buch mit den Buchstaben Alpha und Omega. Wie alle Wappen der Mainzer Bischöfe seit 1805 vereint es die Zeichen des Bistums Mainz und des erloschenen, in das Mainzer Gebiet übernommenen Bistums Worms. Dazu wählt jeder Bischof ein individuelles Symbol – hier die aufgeschlagene Heilige Schrift: aufgeschlagen, weil sie jetzt gelesen werden soll.

FRETTENHEIM
St. Georg

Schulstr. 4
67596 Frettenheim

Unregelmäßig geöffnet.
Pfarrgruppenbüro:
Am Markt 7, 67593 Westhofen
Tel.: 06244 9072787

Durchgangsverkehr kennt man nicht im beschaulichen Frettenheim. Seine Lage am Ende einer Sackgasse beschert dem Dorf vor allem Ruhe – ein Vorzug, den zahlreiche Neubürger zu schätzen wissen: In den letzten Jahrzehnten hat sich die Einwohnerzahl mehr als verdoppelt. Die Frettenheimer scheinen ohnehin von jeher friedliebend gewesen zu sein, so einträchtig, wie im alten Ortskern die evangelische und die katholische Kirche beieinanderstehen; und auch heute wird hier von beiden Konfessionen Ökumene einfach vorgelebt. Die barocken Kirchlein ähneln sich nicht zufällig, wurden sie doch im Abstand von nur einem Jahr nacheinander errichtet, die katholische 1749, die evangelische 1750. Erstere ist heute dem hl. Georg geweiht und steht an der Stelle einer mittelalterlichen, allen Heiligen geweihten Vorgängerkirche. Das Bruchstück eines gotischen Maßwerks unter der Empore zeugt noch von diesem alten Bau. Glanzstück des schmucken Innenraums ist zweifellos der barocke Hochaltar mit seinen kostbaren Furnierhölzern, vergoldeten Schnitzereien und der Skulptur des drachentötenden Erzengels Michael (um 1740). Seine Herkunft ist nicht genau bekannt, doch darf aufgrund einer älteren Überlieferung vermutet werden, dass es sich um einen ehemaligen Seitenaltar aus der Mainzer Schlosskapelle St. Gangolph oder einer anderen Hauskapelle der Martinsburg handeln könnte. Eine jüngere Zutat ist das um 1900 ergänzte Gemälde des hl. Georg im oberen Auszug des Altars. In einer dynamischen bewegten Skulptur des 18. Jh. ist der Kirchenpatron noch einmal an der linken Wand zu sehen.

Gleich zwei Heilige bekämpfen hier eifrig das Böse in Gestalt eines Drachen. Der hl. Erzengel Michael, erkennbar an seinen Flügeln und dem Schild mit der Inschrift „Quis ut Deus" (lat. Wer ist wie Gott?) bezwingt den Teufel, dem der barocke Bildhauer die Gestalt eines Drachen gegeben hat. Der hl. Georg hingegen soll einer Legende zufolge eine jungfräuliche Königstochter vor einem Drachen gerettet haben, dem sie als Menschenopfer dargebracht werden sollte. Mit dem Tod des Drachen war das Land vom Bösen befreit und die Bewohner ließen sich daraufhin taufen.

FRIESENHEIM

St. Walburga

Hauptstr. 23
55278 Friesenheim

Freitags 19.00–19.30 h
offene Kirche.
Pfarrgruppenbüro: Kirchstr. 14,
55278 Undenheim, Tel.: 06737 335

In Friesenheim stehen die evangelische und die katholische Kirche in direkter Nachbarschaft zueinander. Erstere wurde 1886 errichtet, nachdem man das Simultaneum aufgelöst hatte, während die Katholiken die alte, um 1740 gebaute Gotteshaus behielten. Wer auf die Fassade des typisch ländlichen Barockbaus blickt, könnte sich glatt täuschen lassen, so unauffällig gestaltete man die Erweiterung des Kirchleins in den 1950er Jahren. Um etwa die Tiefe der Orgelempore führte man den Bau nach Westen hin fort und verwendete dabei Teile der barocken Fassade wieder. Schon im 19. Jh. nahm man Rücksicht auf die Raumformen und kaufte 1804 den großen, prächtigen Hochaltar (1709) aus einer anderen Kirche an. Jener war eigentlich Johannes von Nepomuk und dem hl. Antonius von Padua geweiht – letzterer ist noch heute im Mittelbild dargestellt – doch ergänzte man ihn um ein Gemälde der hiesigen Kirchenpatronin, der hl. Walburga. Zur ursprünglichen Kirchenausstattung gehört dagegen die bemerkenswerte, 1763 gefertigte Orgel von Joseph Anton Onimus. Beachtenswert sind auch die Glasfenster, die von zahlreichen Familien und Vereinen gespendet und von Bernhard Kraus gestaltet wurden. Nahe der Orgel finden sich darin der musizierende König David und die hl. Cäcilia, die Patronin der Kirchenmusik, dargestellt; im Altarraum dagegen das Abendmahl und die hl. Dreifaltigkeit.

Im sogenannten Auszug des Hochaltars (dessen oberer Teil) ist seit 1804 die hl. Walburga dargestellt. Sie trägt die Tracht der Benediktinerinnen; der Krummstab weist sie als Äbtissin (des Klosters Heidenheim) aus. Krone und Zepter auf dem Tisch hinter ihr verweisen auf ihre königliche Herkunft: Ihr Vater war der angelsächsische König Richard, ihre Mutter die hl. Wuna, die sich zusammen mit ihr und ihrem Bruder Wunibald im 8. Jh. nach Deutschland aufmachte, um die Heiden zu missionieren.

FÜRFELD

St. Josef und St. Ägidius

Kreuzstr. 18
55546 Fürfeld

Unregelmäßig geöffnet.
Pfarrbüro:
Bennstr. 1,
Tel.: 06709 429

In Fürfeld wurden die evangelische und die katholische Kirche genau gleichzeitig gebaut. Anlass dazu gab ein langer Rechtsstreit um die Nutzung der mittelalterlichen Ägidiuskirche. Diese diente seit Einführung der Reformation den Lutheranern als Gotteshaus und sollte auf Anordnung der katholischen Herrschaft simultan genutzt werden. Doch hierzu konnten sich die Konfessionen nicht durchringen, zumal die alte Kirche bereits baufällig war. 1774–1776 wurden folglich zwei Kirchen neu errichtet. Die heute evangelische Kirche entstand an der Stelle des alten Kirchbaus unter Einbeziehung des gotischen Turms aus dem 14. Jh. Die katholische Kirche plante der Elsässer Peter Reheis, der als gräflicher Baudirektor in Blieskastel auch die dortige Schlosskirche entworfen hat. Als typische Fassadenkirche öffnet sie sich dem Besucher über die Westfront, die direkt an der schmalen Hauptstraße liegt. In der Nische des Giebels steht die Statue des hl. Ägidius, geschaffen von Matthias Weißer. Von ihm stammt auch der prachtvolle Hochaltar mit dem Wappen derer von Kerpen, den damaligen Ortsherren von Fürfeld. Die Kanzel und die Skulpturen im Langhaus sind ebenfalls bauzeitlich, während die beiden Fenster mit den Kirchenpatronen Ägidius und Josef (Alexander Linnemann, 19. Jh.) und die Deckengemälde (Bernhard Scherer, 1925) jüngere Zutaten sind. Das älteste Stück der Kirche ist ein Schnitzaltar im Langhaus mit Figuren aus der Zeit um 1500, die früher einmal im Frankfurter Dom standen.

Ägidius war ein Athener Kaufmann im 7. Jh., der seine Güter an die Armen verschenkte, sich in ein Boot setzte und auf dem Meer treiben ließ. Er landete in der Camarque, wo er als Einsiedler lebte und der Legende nach von einer Hirschkuh genährt wurde. Als diese während einer königlichen Jagd in Lebensgefahr geriet, stellte sich Ägidius schützend vor sie und fing den Pfeil ab. Der beeindruckte König gestattet ihm ein Kloster zu gründen, St. Gilles. Der hl. Ägidius wird meist mit einer Hindin dargestellt und von einem Pfeil getroffen oder als Klostergründer mit Abtsstab.

GABSHEIM

St. Alban

Kirchberg 8
55288 Gabsheim

Unregelmäßig geöffnet.
Pfarrgruppenbüro:
Weedengasse 4,
55291 Saulheim
Tel.: 06732 61588

Bereits von Weitem sieht man die am Nordhang des Orts gelegene Gabsheimer Albanskirche. Sie gehörte spätestens seit dem 14. Jh. dem Mainzer Kloster St. Alban – daher wohl auch die Namensgebung. Im Gegensatz zu den umliegenden Gemeinden war Gabsheim nie reformiert worden und auch nicht zu Wohlstand gelangt, weshalb – Armut ist bekanntlich der beste Denkmalpfleger – die mächtige mittelalterliche Kirche erhalten blieb. So verdankt sich der Kargheit vergangener Zeiten das kostbare Geschenk, eine vollständige spätgotische Hallenkirche erleben zu dürfen. Ihr um 1400 erbauter Altarraum und das im frühen 16. Jh. angefügte Langhaus sind mit kunstvollen Netz- und Sterngewölben überspannt – Meisterleistungen mittelalterlicher Baukunst. Der nahezu unveränderten Architektur steht eine mehrmals erneuerte Ausstattung gegenüber: Aus der Bauzeit erhalten sind der Taufstein, das Sakramentshäuschen und die Kanzel – letztere wirkt durch die im 19. Jh. hinzugefügten Malereien zunächst jünger, doch ist sie tatsächlich spätgotisch. Die beiden Nebenaltäre, die Maria und dem hl. Michael gewidmet sind, wurden dagegen im 19. Jh. von Anselm Sickinger hergestellt, der auch die heute verlorene Ausstattung der Münchner Liebfrauenkirche lieferte. Zutaten des 20. Jh. sind der Blockaltar, die Betonempore, einschließlich der Orgel, sowie die reich bebilderten Glasfenster von Heinz Hindorf. Neben alttestamentarischen Szenen, Gleichnissen und Heiligen zeigen sie vor allem das Leben Jesu.

Gabsheim verfügt auch über eine geographische Besonderheit. Im Gewann mit dem hübschen Namen „An des Adams Apfelbaum", das man über die L430 von Gabsheim aus kommend Richtung Bechtolsheim/Biebelnheim erreicht, verbirgt sich hinter dem Wasserhäuschen ein Picknickplatz. Hier befindet sich der geographische Mittelpunkt Rheinhessens. Ein kleiner Spielplatz, Informationstafeln und der schöne Ausblick über Gabsheim lohnen einen Abstecher.

BEINHAUS – OSSUARIUM – KARNER

Sie lösen Faszination und Irritation aus, die sogenannten Beinhäuser, auch Ossuarien (lat. Os = Knochen) oder, in Verbindung mit einer Kapelle, auch Karner genannt. Es sind überdachte Räume, die zur Aufbewahrung von Gebeinen bestimmt waren. Kapellenkarner sind oft zweigeschossig angelegt, mit einem Kapellenraum im Ober- und dem Beinhaus im Untergeschoss. Beinhäuser entstanden aus praktischen Überlegungen heraus bereits im 11. Jh., als Reaktion auf die beengten Platzverhältnisse innerhalb der Kirchhöfe. Um die begrenzte Zahl an Grabplätzen immer wieder neu belegen zu können, schuf man Sammelstellen für die älteren Gebeine. Da die Knochen aus religiösen Gründen nicht zerstört werden durften, bot sich der Bau solcher Beinhäuser an, wo die Knochen aufbewahrt und öffentlich zugänglich ausgestellt wurden. Die Ausstellung der teils kunstvoll aufeinander gestapelten Gebeine, sollte sowohl dazu auffordern für die „Armen Seelen" zu beten, als auch die Lebenden an ihre eigene Sterblichkeit zu gemahnen. Im Lauf der

Außen an der Westhofener Kirchhofmauer verweist eine alte Inschrift in bildhafter Sprache auf das Beinhaus:

„uich sparet auch nit aus,
der würmerfraß im knochenhaus,
bet und geh vorbei,
bald ist an dir die reih."

Westhofen, St. Peter und Paul.
Blick in das unterirdische Beinhaus.

Zeit entwickelten sich um die Beinhäuser auch abergläubische Praktiken – so sollten etwa Zähne, die aus einem Beinhaus entwendet wurden, gegen Zahnschmerzen helfen. Seitdem man im 18. Jh. auch Friedhöfe außerhalb der Kirchhofmauern anlegte, bestand kaum mehr Notwendigkeit für die Beinhäuser. Im 20. Jh. kamen sie ganz außer Gebrauch und wurden häufig zerstört oder zweckentfremdet. Genutzte Beinhäuser finden sich nur noch höchst selten, sind kaum bekannt und wirken auf viele Menschen durch die öffentliche Darstellung des Todes erschreckend. Traditionelle Beinhäuser werden nur noch im Sinne eines Gebetshauses für die Toten genutzt, finden seit den 1960er Jahren aber eine Art Erneuerung, wobei die Knochen meist unauffälliger präsentiert werden. Teilweise findet sich auch die museale Inszenierung von Beinhäusern, wie etwa in den Katakomben von Paris.

In Rheinhessen befindet sich unmittelbar neben der Katharinenkirche in Oppenheim eines der größten Beinhäuser Deutschlands. Im Untergeschoss der um 1400 errichteten Michaelskapelle stapeln sich die Gebeine von etwa 20.000 Oppenheimer Bürgern. Ein weiteres Beinhaus entdeckte man durch Zufall am 3. Oktober 1981 in der Westhofener Kirche St. Peter und Paul im Zuge von Bauarbeiten. Mehrere Jahrhunderte lang blieb das unter der Kirche liegende Totengewölbe unentdeckt. Bis ins Jahr 1585 brachte der Totengräber die Gebeine dorthin, dann verlegte man den Friedhof an den Rand des Dorfes (zuvor war der heutige Marktplatz Begräbnisstätte). Im 18. Jh. wurde das Beinhaus nochmals erwähnt, danach geriet es in Vergessenheit, wodurch es sich nahezu unverändert erhalten hat. Es ist ein unterirdischer, von zwei gotischen Kreuzgewölben überspannter Raum auf gewachsenem Boden. Die einstige Türöffnung befand sich in der Südmauer – dort liegt noch immer der Meißel des Totengräbers. Auch eine Seilzugvorrichtung zur Befestigung einer Lampe ist noch erhalten. Hohe Knochenstapel lagern noch in diesen Gewölben, die wohl einst bis unter die Decke reichten, nun jedoch zusammengesunken sind. Die Vermutung, dass hier die Bewohner des königlichen Saalhofes von Westhofen ruhen, rührt von einem grünlich gefärbten Schädel her, dessen Färbung auf die Oxidation einer kupfer- oder bronzehaltigen Grabbeigabe zurückzuführen ist. Um die Ruhe der Toten nicht zu stören, ist das Beinhaus in Westhofen nicht öffentlich zugänglich.

GAU-ALGESHEIM

St. Cosmas und Damian

Neugasse 2
55435 Gau-Algesheim

Tagsüber geöffnet. Zugang über den barrierefreien Seiteneingang.
Pfarrbüro: Schlossgasse 1, Gau-Algesheim,
Tel.: 06725 2421

Das charmante Städtchen Gau-Algesheim geizt nicht mit hübschen historischen Häusern und interessanten Sehenswürdigkeiten, unter denen die Pfarrkirche St. Cosmas und Damian mit ihrem 63 Meter hohen Turm buchstäblich herausragt. Das mitten im Ort am Marktplatz gelegene Gotteshaus ist ein von dem Limburger Diözesanbaumeister Max Meckel (▸ Flonheim) 1887–1889 errichteter neugotischer Bau, der anstelle der mittelalterlichen Vorgängerkirche entstand. Die wachsende Gemeinde hatte sich aus Platzgründen für den Abriss der alten Kirche und einen Neubau entschieden. Meckel schaffte es auf originelle Weise, dem Wunsch nach einem großen Gottesdienstraum zu entsprechen und dabei dennoch Teile der alten Bausubstanz zu erhalten: Er ließ den Kirchturm des 16. Jh., dessen unterste Geschosse noch romanisch sind, stehen und setzte ihm ein neues, komplett verschiefertes Glockengeschoss auf, das von einem steilen Spitzhelm bekrönt wird. Mit seinen Flankentürmchen, Zwerchgiebeln, Uhren und Zierbekrönungen entfaltet der Turm eine malerisch-romantische Wirkung. Auch der Altarraum blieb bestehen, da Meckel die Achse seines Neubaus um 90° drehte, wodurch der alte Chor zu einem Querarm der neuen dreischiffigen Hallenkirche wurde und fortan als Marienkapelle genutzt werden konnte. Glücklicherweise blieb dieser spätgotische, um 1406 erbaute Chor erhalten, denn er weist eine seltene Besonderheit auf: Außen führt hier ein rundbogiger, tunnelartiger Durchgang unter dem einstigen Altarbereich hindurch. Ein Rätsel bleibt, ob er rein funktional zur besseren Zugänglichkeit der umgebenden Wehrmauer diente und/oder auch eine spirituelle Bedeutung hatte: immerhin ermöglicht er den Gläubigen eine größere Nähe zu den im Altar geborgenen (heilbringenden) Reliquien. Ein ähnlich ausgeführter Pilgergang in ▸ Bechtheim hatte ganz sicher diese Funktion. Beim Umgang um die Kirche sieht man auch noch die in der Wand eingemauerten Stationen der Fußfälle, die ehemals den Weg zum Laurenziberg flankierten (▸ Heljerhaisje). Im Inneren beeindruckt der großzügige, durch Rundpfeiler gegliederte Kirchen-

raum mit seiner nahezu vollständig erhaltenen Originalausstattung. Der älteste Altar im Stil des Historismus stand schon in der Vorgängerkirche und auch heute noch im alten Ostchor (jetzt Marienkapelle): er ist einer von drei in Deutschland noch erhaltenen Altären von Georg Busch d. Ä., dem Begründer der Bildhauerwerkstatt Busch in Groß-Steinheim (► Sonderseite S. 180). In ihm ist das Gnadenbild einer barocken Madonna aufbewahrt. Auch die Figuren der hll. Barbara und Scholastika stammen aus älterer Zeit, ebenso der Taufstein, das einzige Renaissancestück in der Kirche. Die Altäre im neuen Chor und das Chorgestühl sind Werke des Nürnberger Bildhauers Jakob Rotermundt, die Glasfenster schufen Joseph Machhausen und Bernhard Kraus. Die reiche, 1904 von dem Binger Künstler Ferdinand Schuto ausgeführte Ausmalung wurde 1966 in nüchternem Weiß überstrichen. Im Zuge der 2008–2010 erfolgten Innensanierung wurden die Wände erneut farbig, mit einer frei das Dekorationssystem der Neugotik interpretierenden Malerei angelegt, wodurch der Raum wieder eine angenehm warme Atmosphäre erhielt.

Schau genau! Für die Renovierung der Kirche sammelt der Kirchenbauverein seit einigen Jahren Geld. Durch Benefizläufe, Theateraufführungen und andere Aktionen unter dem Titel „Spenden mit Spaß" wurden die jüngsten Maßnahmen finanziell unterstützt. Hilfe erhielt der Verein durch die kleine Cosi-Maus, die als Spar-Maus in ortsansässigen Geschäften gefüttert werden kann oder auch in Person beim Benefiz-Lauf mitmacht. Für die fleißige Mithilfe erhielt sie einen Ehrenplatz in einem der Kirchenfenster. Haben Sie sie gesehen?

GAU-ALGESHEIM

Heljerhaisje

Appenheimer Str. 32
55435 Gau-Algesheim

durch ein Gitter einsehbar

Man muss schon die Augen offenhalten, um nicht versehentlich vorbeizufahren an einem der schönsten noch erhaltenen Heiligenhäuschen Rheinhessens. Denn die um 1710 entstandene Wegekapelle, die zu ihrer Bauzeit noch weit außerhalb des Ortes Gau-Algesheim lag, ist heute von neuerer Wohnbebauung umgeben und straßenseitig von einer uralten Linde verdeckt, die sich – fast scheint es schützend – an das kleine Bauwerk schmiegt. Eine Treppenanlage führt hinauf zu dem oberhalb der Appenheimer Straße gelegenen, von den Gau-Algesheimern liebevoll sogenannten „Heljerhaisje“. Im Miniaturformat zeigt das Kapellchen Gestaltungselemente einer stattlichen Barockkirche: Pilaster an den Ecken, ein mit einem Korbbogen überspannter und mit Pilastern flankierter Eingang sowie einen schwungvoll geschweiften Sprenggiebel, der von einer Figur der Muttergottes mit Kind bekrönt wird. Diesen Aufwand hatte man wohl betrieben, weil das Heljerhaisje einst den Beginn des Wallfahrtsweges zum Laurenziberg markierte (▸ Gau-Algesheim, Laurenziberg). Im Inneren befindet sich ein Wandrelief, auf dem der Einzug Jesu in Jerusalem dargestellt ist. Das Relief ist der erste von ursprünglich sieben sogenannten Fußfällen (▸ Sonderseite S. 260), die – eingelassen in die Nischen einer Trockenmauer – als Stationsbilder den alten „Berger Wallfahrtsweg“, säumten (Bergen war der ältere Name des Laurenzibergs). Nur zwei weitere Fußfälle sind an anderer Stelle erhalten geblieben, eines an der Außenmauer des Hauptchores der katholischen Pfarrkirche, das andere eingemauert am Schlosstor. Gemeinsam zeugen sie vom regen Wallfahrtswesen der Region im 18. Jh.

GAU-ALGESHEIM (LAURENZIBERG)

St. Laurentius

Laurenziberg
hinter Hausnummer 8
55435 Gau-Algesheim

Schlüssel und Infos
im Weingut Lich,
Laurenziberg 6

Zwischen sanft ansteigenden Weinbergen führt eine schmale Straße hinauf zum Weiler Laurenziberg, an dessen Rand die Kapelle St. Laurentius liegt. Dieses barocke Kapellchen (1707) ist noch heute Ziel der Laurenziwallfahrt, die jeweils an dem Sonntag, der dem Gedenktag des hl. Laurentius (10. August) am nächsten liegt, stattfindet. Eine Prozession führt von der Pfarrkirche in Gau-Algesheim zum etwa 3 km entfernten Berg. Auf der angrenzenden Wiese vor der Kapelle werden dann einer jahrhundertealten Tradition folgend Pferde und inzwischen auch andere Haustiere mit einem in Weihwasser getauchten Palmzweig gesegnet. Früher waren es Bauern aus der näheren Umgebung, die ihre wertvollen Tiere segnen ließen, um sie vor Seuchen zu bewahren. Die Wallfahrt selbst geht wohl auf die Zeit zurück, als die St. Laurentiuskirche Mutterkirche der umliegenden Orte gewesen ist (ab dem 7. Jh.). Am 1. Mai, dem „Fest Josef der Arbeiter" wird auf dem Laurenziberg die Wallfahrtssaison mit einem Festgottesdienst eröffnet. Die Pfarrgruppe Gau-Algesheim feiert am 15. August hier auch das Hochfest „Aufnahme Mariens in den Himmel" mit Kräuterweihe. Im Inneren der Kapelle befinden sich drei barocke Altäre, im Hochaltar (1685, aus dem Mainzer Dom) steht eine Skulptur des Märtyrers Laurentius – jener scheint nachdenklich in Richtung der unter der Empore versammelten Märtyrer zu blicken, die als überzeugte Christen und Demokraten Opfer von NS-Diktatur, Rassismus und Verfolgung wurden. 1986 wurde die Fotoausstellung als Gedenkstätte eingerichtet und jüngst von der Carl-Brilmayer-Gesellschaft renoviert. Wehret den Anfängen! – lautet die stets aktuelle Botschaft.

Was hat der Heilige Laurentius um seinen Arm gekettet? Der römische Diakon Laurentius verteilte den römischen Kirchenschatz im Auftrag von Papst Sixtus II. an die Armen. Da er sich weigerte, Kaiser Valerian den Schatz abzuliefern, wurde er im Jahr 258 auf einem glühenden Rost zu Tode gefoltert. Der Heilige wird daher oft mit einem Bratrost dargestellt und ist der Schutzpatron der Köche, Bäcker und Bierbrauer.

GAU-BICKELHEIM

St. Martin

Wöllsteiner Str. 2
55599 Gau-Bickelheim

Tagsüber geöffnet.
Pfarrbüro:
Mittelgasse 26–28,
55578 Gau-Weinheim,
Tel.: 06732 4025

Das Wahrzeichen Gau-Bickelheims ist die St. Martinskirche, die direkt an der durch den Ort führenden Bundesstraße liegt, und mit ihrem ungewöhnlichen Turmhelm schon von weitem auffällt. Sieht man sich die Fassade etwas genauer an, bemerkt man, dass „oben" und „unten" nicht so ganz zusammenpassen. Entwickelt sich der mächtige Turm zunächst auf quadratischem Grundriss aus dem Bau heraus, sitzt dort, wo man einen Spitzhelm erwarten würde, unvermittelt ein achteckiger Aufsatz, bekrönt von einer Laterne aus Stahlbeton. Der von manchen als orientalisch empfundene Turmabschluss ist das Ergebnis einer demokratischen, 1930 durchgeführten Abstimmung der Einwohner darüber, wie der unvollendet gebliebene Turm bekrönt werden sollte. 1845–1853 wurde die Kirche nach Plänen des Kreisbaumeisters und Georg Moller-Schülers Ludwig Rhumbler errichtet. Jener entwarf eine dreischiffige flachgedeckte Hallenkirche im sogenannten Rundbogenstil. Durch hinzugefügte Details, die der Gotik entlehnt sind, kündigt sich schon der bald im Kirchenbau vorherrschende Stil der Neugotik an. Der Innenraum überrascht durch eine grandiose Raumwirkung, die insbesondere durch die monumentalen, von Achtecksäulen getragenen Rundbögen erzeugt wird. Die in jüngerer Zeit wiederhergestellte Raumfassung in lichten Farbtönen unterstützt die heiter-antikische Raumstimmung. Eine Besonderheit ist der von Heinrich Helwegen im Stil des Art Déco geschaffene Hochaltar: Altäre in diesem Stil und von dieser Qualität finden sich heute höchst selten. Auch die Orgel von Bernhard Dreymann ist bemerkenswert.

In der Kirche gibt es eine kleine Skulptur des hl. Nikolaus zu entdecken, zu dessen Füßen ein liegendes Kind darstellt ist. Dies bezieht sich auf eine Legende, in der sich Nikolaus noch nach seinem Tode als Retter in einem frühen Fall von „Kidnapping" erweist: Der am Nikolaustag geborene Knabe Adeodatus wurde bei einer Überfahrt auf dem Meer gefangen und verschleppt. Eines Nachts im Kerker gedachte er voll Trauer seiner Eltern, die zu Hause den Nikolaustag feierten. Da schlief er ein und wachte zuhause wieder auf.

Kreuzkapelle

Gewann „Saukopf / Ober der Kapelle", 55599 Gau-Bickelheim

Unregelmäßig geöffnet. Pfarrgruppenbüro: Mittelgasse 26–28, 55578 Gau-Weinheim, Tel.: 06732 4025

Gibt es einen schöneren Ort für eine Wallfahrtskirche als den der Kreuzkapelle, die sich am Hang des Wißbergs hoch über Gau-Bickelheim erhebt? Für einen Rheinhessen bestimmt nicht – denn hier oben bietet sich nicht nur ein großartiger Ausblick auf die heimatliche Hügellandschaft, sondern auch auf einige der besten Weinlagen. Hinauf führt ein gewundener Weg, und wer ihn zu Fuß geht, kann sich wohl noch besser in den Leidensweg Jesu zum Berg Golgatha einfühlen, an den die 14 Kreuzwegstationen erinnern, die den Pfad säumen. Anlässlich der Feste Kreuzauffindung und Kreuzerhöhung finden jedes Jahr Prozessionen vom Gau-Bickelheimer Dorfkreuz zur Kapelle statt, bei denen die wertvolle Reliquie – eine in der Martinskirche aufbewahrte Partikel vom „wahren Kreuz" – mitgetragen wird. Schon seit 1757 finden diese Wallfahrten zur Kreuzkapelle statt, für deren Errichtung der damalige Schultheiß einen seiner wertvollsten Weinberge als Bauland zur Verfügung stellte. Doch die idyllische Hanglage erwies sich schon zwei Mal als verhängnisvoll: 1795 bot die Kapelle den französischen Revolutionstruppen ein leichtes Ziel. Der 1856/57 errichtete Nachfolgebau musste wegen des rutschenden Untergrunds bald wieder abgebrochen werden. 1907–1910 baute man nach Plänen von Ludwig Becker und unter tatkräftiger Mithilfe der hiesigen Bevölkerung die heutige Kapelle, auf dem Grundriss eines griechischen Kreuzes. Im schlichten Innenraum sind die originalen Glasfenster sehenswert, die unter anderem die Kreuzauffindung durch Kaiserin Helena illustrieren.

Helena war die Mutter des seit 324 n. Chr. allein herrschenden römischen Kaisers Konstantin, der die Zeit der Christenverfolgung beendete und die christliche Religion förderte. Einer Legende nach soll die über 70 Jahre alte Kaiserinmutter im Traum den göttlichen Befehl erhalten haben ins Heilige Land zu reisen, die heiligen Stätten zu finden und würdig zu gestalten. Unter einem Venustempel fanden sich drei erhaltene Holzkreuze, unter denen das „wahre Kreuz" durch ein Heilungswunder entdeckt werden konnte.

GAU-BISCHOFSHEIM

St. Petrus in Ketten

Kirchstr. 20
55296 Gau-Bischofsheim

Tagsüber geöffnet
von 10.00–17.00 h
Kontakt: Pfarrbüro der Pfarrei St. Hildegard: Rheinstr. 4, 55296 Lörzweiler, Tel.: 06138 6216

Nomen est omen! Seit 2008 ist das katholische Kirchengebäude wie sein Schutzpatron St. Petrus buchstäblich „in Ketten" gelegt. Ihre malerische Hanglage auf einem Höhenzug oberhalb des Rheins wurde ihr zum Verhängnis – von Jahr zu Jahr waren größer werdende Risse festzustellen, weil die Kirche langsam abrutschte. Im Zuge der statischen Sicherung wurde das Gebäude komplett mit Stahlankern „festgezurrt". Die Problematik dieses Standorts war indes nicht neu. Schon die barocke, 1725 errichtete Vorgängerkirche musste im 19. Jh. aufgrund zu schwacher Fundamente niedergelegt werden. Beim Bau der heutigen, 1864 fertiggestellten Kirche versuchte man diesen Fehler zu vermeiden und gründete die Fundamente bis zu 20 Fuß tief (über 6,6 Meter). So hielt der Bau immerhin über 150 Jahre stand. Die nach Plänen des Mainzer Architekten Konrad Kraus errichtete Saalkirche beherbergt sehenswerte Ausstattungsgegenstände: etwa eine der ältesten Orgeln des Bistums, die aus der Mainzer Werkstatt des Johann Peter Geissel stammt (1667); oder eine kleine, sehr ergreifende Pietà aus dem 15. Jh. Mit der um 1320 geschaffenen Madonna mit dem Jesusknaben, der in einer anrührenden Geste an die Krone der Mutter greift, besitzt Gau-Bischofsheim eine nicht nur künstlerisch bedeutende Skulptur, sondern auch ein besonders schönes Andachtsbild. Die in den 1970er Jahren von Heinz Hindorf in leuchtenden Farben geschaffenen Altarraumfenster erzeugen zusammen mit der farbigen Raumfassung aus den 1990er Jahren einen stimmungsvollen Eindruck.

Eine ausgezeichnete Skulptur (um 1530) befindet sich an der Langhauswand der Kirche. Sie stellt den hl. Petrus sitzend und mit der Tiara als Papst ausgezeichnet dar. Früher war sie in einem Seitenaltar aufgestellt, zusammen mit zwei weiteren Figuren der hll. Urban und Wendelin. Damals war der Figur noch ein (heute verlorener) Schlüssel beigegeben. Darstellungen des Apostels Petrus als Papst gehen darauf zurück, dass er nach römisch-katholischer Auffassung als Stellvertreter Christi und erster Bischof von Rom das Papsttum begründete.

GAU-BISCHOFSHEIM

Marienkapelle

Steigstr. 23
55296 Gau-Bischofsheim

durch Gittertür einsehbar. Pfarrbüro St. Hildegard: Rheinstr. 4, 55296 Lörzweiler, Tel.: 06138 6216

Am nördlichen Ortsrand von Gau-Bischofsheim steht auf einer Anhöhe oberhalb des alten Friedhofs ein kleines Kapellchen. Der einfache Backsteinbau mit Satteldach und spitzbogiger Öffnung wurde 1890 zum Schutz für einen älteren, 1705 dort aufgestellten Bildstock errichtet. Die massiven, eisernen Türflügel sind im oberen Bereich mit einem Gitter versehen, das Einblick in den Innenraum ermöglicht. Das kunstvoll geschmiedete, vergoldete Giebelkreuz macht schon von weitem darauf aufmerksam, dass sich hier ein heiliger Ort befindet. Durch die Tür schaut man auf eine barocke Skulptur der Muttergottes, die auf einem Sockel mit Inschriften steht. Die Vorderseite gibt das Datum der Aufrichtung des Bildstocks an, den 14. Oktober 1705, und fordert mit einem knappen „Bete" die Betrachter zum Gebet auf. Auf der Rückseite werden die Stifter genannt, der Steinmetz Johannes Deuerkauff und dessen Frau Maria Eva aus Mainz. Ob Johannes Deuerkauff identisch ist mit jenem Reiter, von dem die Sage erzählt, er sei auf der Flucht vor Räubern durch die Hilfe der Maria gerettet worden, indem er mit seinem Pferd unbeschadet den Steilhang hinabspringen konnte, ist nicht gewiss. Ein seitlich an der Wand aufgehängtes Gedicht berichtet von dieser wundersamen Rettung. Die zahlreichen Votivtäfelchen zeugen von ganz konkreter Hilfe, die Maria all den Gläubigen gewährte, die sich mit ihren Nöten an sie wandten. Noch heute findet hier im Mai eine Marienandacht statt.

Votivgaben (von lat. votum = Gelübde) sind symbolische Dankesgaben, die aufgrund eines Gelübdes an einer heiligen Stätte dargebracht werden. Der Votivgabe geht meist die Errettung aus einer Notsituation, die Heilung einer Krankheit oder die Erfüllung eines Wunsches voraus. Auf Votivbildern werden häufig die entsprechenden Notsituationen bildlich dargestellt oder in einem Text beschrieben. Auch kleine Nachbildungen von Körperteilen, die geheilt worden sind – Beine, Arme oder Augen aus Wachs oder Silberblech – wurden oft als Votive dargebracht.

GAU-HEPPENHEIM

St. Urban

Friedhofstr. 1
55234 Gau-Heppenheim

Unregelmäßig geöffnet.
Ansprechpartner:
Herr Waldschmitt:
Friedhofstr. 5,
Gau-Heppenheim,
Tel.: 06731 41774

Der große Romancier Marcel Proust, der zu Beginn des 20. Jh. literarisch „Auf der Suche nach der verlorenen Zeit" war, hätte wohl mit der kleinen Kirche von Gau-Heppenheim seine Freude gehabt. Anders als die von ihm verachteten „restaurierten Kirchen" strahlt St. Urban den Zauber des Unberührten aus. Mancher Gottesdienstbesucher mag mit den unbequemen alten Bänken, dem unebenen Sandsteinboden und der fehlenden Heizung unglücklich sein, doch wird er sich nicht ganz dem Charme des im Lauf der Zeit gewachsenen Raums entziehen können. Bereits im 8. Jh. gab es im Ort eine Kirche – möglicherweise gehören Teile der West- und Nordmauer mit dem Rundbogenfenster schon in diese Zeit. Die romanische Kirche wurde mehrmals erweitert: Um 1500 entstanden Sakristei und Chor, um 1577 wurde das Langhaus nach Süden erweitert und ein neuer Altar aufgestellt. Im 18. Jh. investierte man noch einmal kräftig: Die Empore wurde eingebaut (sehenswert der alte Opferstock!), die Orgel angeschafft, Kanzel und Seitenaltar errichtet sowie das Gestühl gefertigt. Auch eine elaborierte Raumfassung wurde eingebracht, von der noch die gemalte Portalrahmung erhalten ist. Seit ihre Pfeifen im 1. Weltkrieg abgegeben werden mussten, ist die Orgel nicht mehr spielbar. Im Chorraum, überspannt von einem spätgotischen Sterngewölbe, sind einige barocke Figuren sowie das ehemalige Altarbild versammelt – den besonderen Reiz der nurmehr im Sommer genutzten Kirche macht indes ihre Atmosphäre aus.

Im Chorraum steht die Figur eines Papstes (erkennbar an der aus drei Kronreifen bestehenden Tiara), der ein Buch und eine Weintraube hält. Es ist der im 3. Jh. lebende Papst Urban I., der als Schutzpatron der Winzer und des Weinbaus verehrt wird. Dies aber eigentlich zu Unrecht, denn um den Schutz und die Förderung des Weinbaus hatte sich der französische Bischof Urban von Langres im 5. Jh. verdient gemacht – aufgrund einer Vermischung mit dessen Heiligenlegende gilt jedoch Papst Urban I. als Weinheiliger.

GAU-ODERNHEIM

St. Rufus

Kirchplatz 15-17
55239 Gau-Odernheim

Unregelmäßig geöffnet.
Pfarrbüro: Kirchgasse 6,
Gau-Odernheim Tel.: 06733 444

Zusammen mit Worms-Pfeddersheim ist Gau-Odernheim der einzige Ort in Rheinhessen, in dem sich noch eine Simultankirche mit erhaltener Trennmauer befindet. Diese Mauer zog man jedoch recht spät, gegen Ende des 19. Jh., in den spätgotischen Kirchenbau ein, da sich die beiden Gemeinden gegenseitig gestört fühlten. Zuvor (seit 1706) war der Altarraum, in dem die Katholiken Gebet hielten, von dem durch die Protestanten genutzten Langhaus lediglich durch ein Gitter getrennt. Auch am Außenbau ist die Trennung ablesbar, was jedoch nicht dem Simultaneum sondern den unterschiedlichen Bauzeiten beider Gebäudeteile geschuldet ist. Das niedrigere Langhaus wurde 1415–1420 von Johann von Diepach errichtet, der lange, hohe und von großen Maßwerkfenstern durchbrochene Ostchor später angefügt und im 16. Jh. vollendet. Durch die reich überlieferten Schriftquellen ist bekannt, dass der Chor ab 1497 unter der Leitung von Meister Arnold aus Frankfurt und später unter Leonhard von Kernten entstand. 1535 war er wohl eingewölbt, doch schon 1589 mussten erste Schäden repariert werden – bei genauem Hinsehen erkennt man die Jahreszahlen auf zwei Wappenschilden im schönen Netzgewölbe. Der katholische Teil der Kirche ist dem hl. Bischof Rufus geweiht, dessen Gebeine schon um 850 von Metz nach Odernheim gebracht wurden – bis 1258 hatte die alte Vorgängerkirche Metz gehört, dann erwarben die Mainzer Domherren das Patronatsrecht. Die Reliquien des Heiligen übten offenbar eine große Anziehungskraft aus, wovon die zahlreichen spätgotischen Grabplatten von Adligen zeugen, die sich sowohl im evangelischen Langhaus als auch im und am katholischen Chor befinden. In größtmöglicher Nähe zu einem Heiligengrab bestattet zu werden, versprach nach damaliger Auffassung gute Aussichten auf einen Platz im Himmelreich. Aufwändig gestaltete Grabdenkmäler sollten die Betrachter dazu auffordern für das Seelenheil der Verstorbenen zu beten. Ein besonders schönes Beispiel ist das heute seitlich des Hochaltars aufgestellte Doppelgrabmal des Eberhard von Geispitzheim († 1520) und dessen Frau Lisa von

Ingelheim († 1519). Von der reichen Begüterung der Odernheimer Kirche durch private Stifter zeugt die durchgehend hohe Qualität ihrer Ausstattungsstücke: seien es die spätgotischen Wandmalereien, der Taufstein und die hervorragende Kanzel (1543) im evangelischen Teil, oder der 1773 im katholischen Chor aufgestellte Hochaltar, die Kanzel (1720) und die Stumm-Orgel (1773), die mit ihrem fast vollständig erhaltenen, noch original gestimmten Pfeifenwerk eine echte Rarität ist. Auch die Skulpturen der Maria Immaculata, des hl. Johannes Nepomuk und des hl. Wendelin sind Beispiele bester regionaler Bildhauerkunst. Nach den letzten Renovierungen der Jahre 1999–2014 zeigt sich die Kirche innen in der vermutlich ursprünglichen Farbfassung, ergänzt durch über 1300 gemalte goldene Sterne in den Gewölbefeldern. Vom heute guten nachbarschaftlichen Verhältnis beider Konfessionen sowie der Ortsgemeinde, die im Besitz des markanten Kirchturms ist, zeugt nicht zuletzt der jüngst aufgebrachte einheitliche Außenanstrich in strahlendem Weiß und hellem Ocker.

Schau genau! Im oberen Teil des Hochaltars ist eine Darstellung der Maria mit dem Jesuskind zu sehen. Beide überreichen je einen Gürtel an die vor ihnen knienden Heiligen, Augustinus und dessen Mutter Monika. Es illustriert die legendäre „Schwarzgürtel-Spende" der Muttergottes an die Gründer des Augustiner-Eremitenordens. Die Brüder des im 13. Jh. gegründeten Ordens trugen einen schwarzen Habit mit einem Ledergürtel. Dieses Bildthema ist auch als „Maria vom guten Trost" bekannt. Die Verehrung des Urbildes führte bei den Augustinern zur Gründung von Maria-Trost-Bruderschaften. Das für Odernheim ungewöhnliche Sujet legt den Verdacht nahe, dass der Hochaltar aus der Mainzer Augustinerkirche stammt, die 1768 ihr Inventar verkaufte und einen Neubau errichtete.

GAU-WEINHEIM

St. Katharina

Obergasse 2
55578 Gau-Weinheim

Unregelmäßig geöffnet.
Pfarrgruppenbüro: Mittelgasse 26–28, Gau-Weinheim, Tel.: 06732 4025

Am höchsten Punkt des am Fuß des Wißbergs gelegenen Wein- und Winzerdorfs Gau-Weinheim liegt die katholische Pfarrkirche St. Katharina, die im Kern noch auf das 12. Jh. zurückgeht. Als Wehrkirche angelegt war sie zusammen mit dem umliegenden Friedhof von einer hohen Mauer umgeben, an deren Ecken Festungstürme emporragten. Einer dieser Türme ist noch heute erhalten geblieben und befindet sich am Fußpunkt des Treppenaufgangs zur Kirche. 1749 hatte man den mittelalterlichen Turm zum Glockenturm umgebaut und mit einer Zwiebelhaube versehen. Im Laufe der Zeit neigte er sich deutlich zur Seite, weshalb er mit Blick auf seinen berühmten „Artgenossen" in Pisa als der „Schiefe Turm" zum Gau-Weinheimer Wahrzeichen avancierte. Vom hohen Alter der einst wehrhaften Katharinenkirche erzählen heute nur noch wenige Reste, wie etwa die beiden romanischen Kopfmasken, die an den Ecken des barocken Chors eingemauert sind. Dieser und das Kirchenschiff wurden im 18. Jh. völlig neu errichtet. 1929 erlebte die Kirche einen einschneidenden Umbau: Sie wurde nun nach Westen hin orientiert, wo ein neuer Chor sowie der mächtige Glockenturm, an den sich originellerweise noch ein rundes Treppentürmchen schmiegt, in ganz modernen Formen angebaut wurden. Der ältere Chor im Osten dient seither als Haupteingang. Das Innere zeigt sich nach der Umgestaltung der 1960er Jahre einfach und schlicht. Einzelne Skulpturen, wie etwa die beiden Engel am Chorbogen stammen noch aus der Barockzeit.

In der Kirche ist eine Skulptur des hl. Nikolaus zu sehen, zu seinen Füßen ein Fass, in dem munter drei nackte Knäblein sitzen. Was so drollig erscheint, geht auf eine grausame Legende zurück, derzufolge ein habgieriger Gastwirt drei Knaben gefangen, geschlachtet und in einem Fass eingepökelt hatte. Als Nikolaus davon erfuhr, erweckte er die Jungen wieder zum Leben und überführte den verbrecherischen Wirt. Mag uns die Geschichte auch abstrus erscheinen – erinnert der hl. Nikolaus als Schutzpatron der Kinder doch daran, wieviele von ihnen weltweit Schutz benötigen.

GENSINGEN

St. Martin

Römerstr. 25
55457 Gensingen

Unregelmäßig geöffnet.
Pfarrbüro:
Pfarrgasse 6,
55576 Sprendlingen,
Tel.: 06701 432

Schon 1127 wurde in Gensingen eine Kirche erwähnt. Spätestens 1748 musste diese einem barocken Gotteshaus weichen, das wohl nach Plänen des kurpfälzischen Landbaumeisters Kaspar Valerius errichtet wurde. Diese dem hl. Martin geweihte Kirche gehört heute der evangelischen Gemeinde, wurde aber bis ins 20. Jh. hinein simultan genutzt. 1969–1971 errichteten die Katholiken einen ebenfalls dem hl. Martin geweihten Neubau, der von dem Darmstädter Architekten Horst Römer entworfen wurde. Die Kirche präsentiert sich von außen als Unregelmäßig polygonales Gebäude – ganz im Stile der 1960er Jahre. Eigenwillig ist der „Glockenturm", der lediglich aus einer erhöhten Wand mit einem Ausschnitt für die Glocke besteht. Der Innenraum wird von einer Faltdecke überspannt und die Betonglasfenster erzeugen eine schöne Lichtstimmung. Dazu bildet der barocke Hochaltar (1751), der noch aus der alten Kirche stammt, einen kontrastreichen Blickfang. Geschaffen wurde er von den Gebrüdern Hiernle – zwei der besten Mainzer Barockbildhauer. Die Mitte des majestätischen Altaraufbaus wird von einer Kreuzigungsgruppe beherrscht, seitlich davon sind die hll. Johannes von Nepomuk und Josef mit dem Christuskind zu sehen. Auf dem Gesims stehen kleine Putti, die die Leidenswerkzeuge Christi halten. Vor diesem bewegt-erzählenden Hintergrund steht der moderne Zelebrationsaltar, der in seiner reduzierten Form den Blick auf das Wesentliche konzentriert – das Abendmahl.

Die „Arma Christi" oder Passionswerkzeuge sind die Gegenstände, die mit dem Leiden und Sterben Christi in Verbindung stehen. Am Hochaltar halten die Putten unter anderem die Zange zum Binden der Dornenzweige für die Krone, die Lanze, den Hammer, den Essigschwamm an einem Rohr, der als „Durststiller" diente, und das Schweißtuch der Veronika. Diese Werkzeuge werden als Waffen (= lat. arma) gegen Sünde und Tod angesehen und daher als Siegeszeichen verstanden.

St. Mauritius

Hauptstr. 23
67578 Gimbsheim

Öffnungszeiten siehe www.pfarrgruppe-altrhein.de, Pfarrgruppenbüro: Hauptstr. 20, Gimbsheim, Tel.: 06249 5456

„Gott kröne, segne und erhalte den Bau" steht in schwungvoller Schrift auf dem Gedenkstein geschrieben, der die Fertigstellung der katholischen Kirche im Jahr 1824 „unter der Regierung Ludwig I. Großherzogs von Hessen und bey Rhein" rühmt. Nur wenige Jahrzehnte später scheint man mit dem von Baumeister Michael Bentz aus Mainz entworfenen Gebäude nicht mehr ganz zufrieden gewesen zu sein: 1887 ergänzte man die Saalkirche um einen neuen Altarraum und 1896 wurde eine neue Fassade mit mächtigem Giebelreiter nach Plänen des Frankfurter Dombaumeisters Joseph Röder aufgeführt. Diese zeigt, anders als die meisten Kirchengebäude dieser Zeit, keine neugotischen oder neuromanischen Formen, sondern orientiert sich an klassizistischen Kirchenfassaden des 18. Jh. Der Innenraum ist überwiegend von den Modernisierungen des 20. Jh. geprägt. Mit Ausnahme der barocken Maria Immaculata und dem Denkmal für die Gefallenen des 1. Weltkriegs, entstanden sämtliche Skulpturen um 1951. Dazu gehören die Kreuzigungsgruppe im Altarraum sowie die hll. Elisabeth, Antonius, Josef und Teresa von Ávila an den Längswänden. Sie sind durchweg ungefasst und holzsichtig belassen. Lediglich die Fatima-Madonna, die in einer Nische im hinteren Bereich der Kirche zur Andacht aufgestellt ist, strahlt in Weiß, Silber und Gold. Altar, Ambo, Tabernakel und Sedilien sowie die Kreuzwegstationen wurden bei der letzten Renovierung 1993 neu geschaffen. Die Orgel (1856) und die figürlichen Glasfenster (19. bis Mitte 20. Jh.) vermitteln noch einen Eindruck der historistischen Innenausstattung.

Der hl. Mauritius hat eine lange Tradition als Ortspatron von Gimbsheim. 1402 wird ein „Mauricius-Siegel" als hiesiges Gerichtssiegel genannt. Vermutlich war auch die mittelalterliche, bereits im 12. Jh. erwähnte Kirche diesem Heiligen geweiht. 1556 wurde sie von den Reformierten übernommen. Im 19. Jh. legte die evangelische Gemeinde das Kirchenschiff der alten Mauritiuskirche nieder und errichtete einen Neubau, wobei der alte Chor und der Turm des 15. Jh. erhalten geblieben und heute noch zu sehen sind.

GUNDERSHEIM

St. Remigius

Am Schulberg 3
67598 Gundersheim

Unregelmäßig geöffnet.
Pfarrbüro:
Mittelgasse 1,
67592 Flörsheim-Dalsheim,
Tel.: 06243 8565

Etwas oberhalb des Orts liegt die Pfarrkirche St. Remigius, deren Ursprünge wohl bis in karolingische Zeit zurückführen. Als ehemalige Wehrkirche liegt sie innerhalb der teilweise erhaltenen, befestigten Friedhofsmauern. Im Fall einer Belagerung konnte man über einen Tunnel die Flucht ergreifen, dessen Eingang noch heute beim Betreten der Kirche zu sehen ist (südlich des Turms). Auf die Probe gestellt wurde die Befestigungsanlage spätestens im 30-jährigen Krieg. Die ältesten Teile der Kirche – Chor mit Sakristei (1492) und Turm (1524) scheinen daraus unbeschadet hervorgegangen zu sein. Das Langhaus wurde zu unbekanntem Zeitpunkt in der Barockzeit neu errichtet, doch fiel es im frühen 20. Jh. dem mittelalterliebenden Zeitgeist zum Opfer. Man erkannte in St. Remigius ein „hervorragendes Denkmal spätgotischer Architektur in ihrer reinsten und adeligsten Form" – so der Wortlaut der damaligen Bauakten – was dazu führte, dass das Langhaus abgebrochen und durch einen Neubau im gotischen Stil ersetzt wurde. Auch im Inneren strebte man „Stilreinheit" an und gab den barocken Hochaltar nach Pfungstadt ab, um sich einen zeitgemäßen Altar in neugotischen Formen anzuschaffen. Das Prospekt der alten Stumm-Orgel hat die Modernisierung überstanden, wie auch die spätgotischen Skulpturen der Madonna im linken Seitenaltar und der hl. Margaretha.

Nein, die Nische im Altarraum ist kein Schrank oder Tabernakel – aber was dann? Verräterische Spuren, wie der geneigte Boden und die Öffnung in der Rückseite, lösen das Rätsel: Es handelt sich um eine sogenannte Piscina, oder genauer um ein Sakrarium. Solche Öffnungen finden sich bei älteren Kirchen häufig in der Nähe des Altars und dienten als Ausguss für geweihte Flüssigkeiten, gebrauchtes Weih- und Taufwasser oder geweihte Öle. Das Sakrarium soll die Flüssigkeiten in das Erdreich führen und sie somit würdig entsorgen. Heutige Sakrarien sind in der Sakristei gelegen.

St. Laurentius

Hauptstr. 12/14
67599 Gundheim

Tagsüber geöffnet.
Pfarrbüro:
Mittelgasse 1,
67592 Flörsheim-Dalsheim,
Tel.: 06243 8565

Egal, aus welcher Richtung sich der Reisende Gundheim nähert, immer wird er vom Anblick der Pfarrkirche begrüßt. Hat er Glück und kommt zur rechten Zeit, kann er die dort heimischen Turmfalken beim Kreisen über der Kirche beobachten. Von Westen betritt man St. Laurentius über eine Tür neben dem Turm. Dieser ist mit einer Bauzeit im 16. Jh. der älteste Teil der Kirche – in Ernst Wörners Führer zu den „Kunstdenkmälern im Großherzogtum Hessen" von 1887 werden noch vermauerte Maßwerkfenster im dritten Turmgeschoss erwähnt. Der Rest der Kirche wurde nach einem großen Brand in den Jahren 1901/02 neu errichtet. Bemerkenswert ist die gut erhaltene Ausstattung, die die letzten hundert Jahre durch behutsame Ergänzungen und Renovierungen überdauert hat. Sämtliche Glasfenster, der Hochaltar aus der Bildhauerwerkstatt der Gebrüder Busch, die Kanzel und der Taufstein sowie zahlreiche Figuren sind aus der Zeit um 1900 erhalten geblieben. In den 1970er Jahren wurde die Ausstattung der Kirche durch Werke des Bildhauers Adam Winter aus Mainz-Kastel ergänzt: die Figuren der Seitenaltäre, die Kreuzwegstationen und das Relief der hl. Familie in den Seitenschiffen stammen von ihm. Weiteres zur Geschichte der Kirche findet sich in dem Informationsblatt, das im ebenfalls sehenswerten, neugotischen Schriftenstand ausliegt.

Früher betrat man die Kirche über ein Portal in der Nordseite des Kirchturms. Auf dem Schlussstein des Portals sieht man die Jahreszahl des Baus – 1544 – und ein Steinmetzzeichen. Solche Zeichen dienten zu unterschiedlichen Zwecken – zur Abrechnung und Kennzeichnung der gefertigten Quader, aber auch als Ehrenzeichen. An einer solch prominenten Stelle verbaut, zeugt das Zeichen sicher vom Stolz eines leitenden Handwerkers.

GUNTERSBLUM

St. Viktor

Alsheimer Str. 25
67583 Guntersblum

Unregelmäßig geöffnet.
Pfarrgruppenbüro:
Kirchstr. 4,
55276 Oppenheim,
Tel.: 06133 2727

Guntersblum ist Vielen auch über die Region hinaus vor allem durch sein Kellerwegfest bekannt, das alljährlich entlang des 1 km langen, am westlichen Ortsrand gelegenen Weges stattfindet, in dem sich – einmalig in Deutschland – fast 100 Weinkeller aneinanderreihen. Doch Guntersblum hat noch mehr zu bieten, etwa die alte St. Viktorskirche (um 1100), die mit ihren „Sarazenentürmen" zu den vier rheinhessischen Kirchen gehört, die diese orientalisierenden Turmbekrönungen besitzen. Sie ist heute die evangelische Kirche des Orts, da ihre seit 1680 begonnene simultane Nutzung zu heftigen Konflikten zwischen beiden Konfessionen führte. 1841 wurde das Simultanverhältnis aufgelöst und die Ortsgemeinde errichtete für die Katholiken eine neue Kirche, eine Schule und Wohnhäuser für den Pfarrer und die Lehrer. 1845 konnte die schlichte, im neuromanischen Stil erbaute Saalkirche mit Fassadenturm, die das alte Patrozinium St. Viktor übernahm, eingeweiht werden. Sie entstand mitten im Ortskern, auf dem Vorplatz des nebenstehenden barocken „Leininger Schlosses", das malerisch am alten, von Bäumen gesäumten Dorfgraben, der heutigen Promenade, gelegen ist. Im reduziert ausgestatteten Inneren fällt der Blick auf das Wandgemälde der Apsis, das 1958 von Alfred Gottwald, der auch den expressiven Kreuzweg schuf, gemalt wurde. Es zeigt die Gottesmutter als Überwinderin des Bösen, neben ihr die hll. Viktor, Hildegard von Bingen, Elisabeth und Petrus Canisius; darüber thront Christus auf einem die Welt überspannenden Regenbogen – vor ihm das Herz als Symbol seiner allumfassenden Liebe.

Der hl. Viktor von Xanten ist nicht nur im Apsisgemälde zu sehen, sondern auch in einer Skulptur dargestellt, die vom alten Hochaltar stammt. Bis ins 13. Jh. besaß das Xantener St. Viktorsstift die Patronatsrechte an der Guntersblumer Kirche. Im Xantener Dom werden die Gebeine des hl. Viktor aufbewahrt, der als einer der christlichen Anführer der Thebäischen Legion (► Hohen-Sülzen), im 3. Jh. in der Nähe von Xanten ermordet wurde.

St. Michael

Konrad-Adenauer-Str. 4
55546 Hackenheim

Tagsüber geöffnet.
Pfarrgruppenbüro:
Gordianusstr. 1,
55545 Bad
Kreuznach-Planig,
Tel.: 0671 65043

Mit ihrem fast 40 Meter hohen Kirchturm ist die St. Michaelskirche ein unübersehbares Zeichen im Ortsbild von Hackenheim – dabei ist sie die jüngste der drei Kirchen im Ort. Eine erste Pfarrkirche wurde bereits um 1200 auf dem sogenannten Kirchberg errichtet – jetzt befindet sich dort das „Kapellsche", die beliebte Michaelskapelle. Ein zweites Gotteshaus aus dem Jahr 1816, in der Mitte des Dorfes gelegen, beheimatet heute die evangelische Gemeinde. 1965 konnte der nach Plänen von Martin Bachmann errichtete katholische Neubau geweiht werden – eine kühne Architektur, die geschickt auf die Gegebenheiten der Lage am Südhang des Ortes reagiert. Eine fast zehn Meter breite Freitreppe führt hinauf zu einem großzügig dimensionierten Eingangsbereich, der wie ein bühnenartiger Sockel für das scheinbar schräg am Hang liegende Kirchenschiff wirkt. Links des Eingangs steht – in hartem Kontrast vor der rauen Steinfassade – die komplett vergoldete Skulptur des Erzengels Michael. „Quis ut Deus" – Wer ist wie Gott? steht auf dem Schild des gegen das Böse kämpfenden Erzengels geschrieben. Der Innenraum wird durch die Betonverglasung in mystisches Licht getaucht, ein großes Mosaikbild zieht die Blicke an. Es zeigt den Auferstandenen Christus, das Buch mit sieben Siegeln haltend, darunter den hl. Michael als Seelenwäger am Tag des Jüngsten Gerichts. Der Gang auf die Rückseite der Kirche lohnt sich. Dort lädt eine Bank im Grünen zu einem Moment der Ruhe ein, oder mit Blick auf das Kreuz der Chorwand, auch zur Andacht.

Das sprichwörtlich bekannte Buch mit den sieben Siegeln ist ein Symbol für den göttlichen Heilsplan am Ende der Zeit. Das Motiv stammt aus den Offenbarungen des Johannes (Offb 5,1) und beschreibt die Apokalypse – das Ende der Welt. Ausgelöst wird diese durch das Öffnen der sieben Siegel durch das Lamm Gottes (= Symbol für Christus), wobei nach jedem Siegel ein anderes verheerendes Ereignis über die Welt hereinbricht.

HAHNHEIM

Dreikönig

Neugasse 6
55278 Hahnheim

Unregelmäßig geöffnet.
Pfarrgruppenbüro:
Kirchstr. 14,
55278 Undenheim,
Tel.: 06737 335

Noch bis ins 19. Jh. hinein bestand die mittelalterliche Kirche in Hahnheim, die bereits den hl. Drei Königen geweiht war und erstmals 1311 erwähnt wurde. 1835/36 brach man die für baufällig befundene Kirche ab und errichtete am Ortsausgang ein neues Gotteshaus, das simultan genutzt werden sollte. Doch schon nach wenigen Jahrzehnten, in denen es immer wieder kleine Reibereien zwischen beiden Konfessionen gegeben hatte, planten 1860 die Katholiken den Bau einer eigenen Kirche. Dies konnte aber erst 1935 verwirklicht werden. Nach Plänen des Architekten Philipp Preis entstand eine neue Dreikönigskirche, die in ihrer schlichten Form mit einem Satteldach an den Stall von Bethlehem erinnern sollte. Die mit Klinkersteinen in die Chorwand gesetzten Buchstaben C M B (für Caspar, Melchior und Balthasar) und die sternförmige Umrahmung eines Rundfensterchens verweisen ebenfalls auf den Geburtsort Jesu. Preis entwarf auch die in kräftigen Farben gehaltenen Glasfenster, die den sonst schlichten Innenraum beleben und zum Leuchten bringen. In einem Fenster mit der Darstellung der Taufe sind die Gesichtszüge des Geistlichen dem damaligen Ortspfarrer nachempfunden. Die Fenster im Altarbereich zeigen, mit Beischriften versehen, die Attribute der hl. Drei Könige sowie die der Nebenpatrone, der hll. Martin, Konrad von Parzham und Katharina. Noch aus dem Mittelalter stammt die Madonnenfigur, die dem Jesusknaben Weintrauben reicht.

Die Hahnheimer Madonna gehört zu den sogenannten Mondsichelmadonnen, einer Darstellung, die seit dem 14. Jh. bekannt ist. Sie geht auf die Schilderung des „Apokalyptischen Weibs" in der Johannes-Offenbarung zurück, das beschrieben wird als „eine Frau mit der Sonne bekleidet; der Mond war unter ihren Füßen". Sie spielt eine Rolle im Endkampf zwischen dem Erzengel Michael und dem das Böse verkörpernden Drachen (Offb 12, 1–5). Durch die Übertragung dieser Symbolik auf die Muttergottes entstand der Bildtypus der Mondsichelmadonna.

HAMM

Heilig Kreuz

Hauptstr. 36
59075 Hamm

Öffnungszeiten siehe www.pfarrgruppe-altrhein.de, Pfarrgruppenbüro Hauptstr. 20, 67578 Gimbsheim, Tel.: 06249 5456

Die katholische Gemeinde in Hamm hielt, wie viele andere auch, ihre Gottesdienste lange Zeit in einer Rathauskapelle ab. Mitte des 19. Jh. wurde diese jedoch baufällig. Nur mit Mühe konnten genug eigene Mittel für den Bau einer neuen Kirche aufgebracht werden, weshalb das 1874/75 fertiggestellte Gotteshaus denkbar schlicht gestaltet ist. Aus einer alten Kirche im hessischen Kleinhausen erwarb man die notwendige Erstausstattung, die im Laufe der folgenden Jahrzehnte kontinuierlich erweitert wurde. 1904 kam der barocke Altaraufsatz der 14-Nothelfer-Kapelle, ein Geschenk aus Mainz-Gonsenheim, hinzu, in dessen Mittelnische man die spätgotische Muttergottesfigur aufstellte, die man im Pfarrhausspeicher von Eich gefunden hatte. Bis in die 1920er Jahre dauerte es, die Kirche vollständig auszustatten und zu renovieren. Erst 1926 wurde sie außen verputzt. Bei der umfassenden Renovierung der 1970er Jahre wurde die alte Ausstattung größtenteils durch neue Stücke ersetzt. Die wenigen, sorgfältig arrangierten Figuren kommen im zurückhaltend gestalteten Innenraum ebenso zur Geltung, wie die figürlichen Glasfenster der 1920er Jahre. Interessant ist die Figur des hl. Antonius mit dem Jesuskind, auf deren Sockel der Bildhauer genannt wird: Ferdinand Stuflesser aus Ortisei, Italien. Der Südtiroler Bildschnitzer (1855–1926) unterhielt eine große Werkstatt mit 16 Bildhauern und acht Tischlermeistern, in der Ausstattungsstücke für zahlreiche Kirchen gefertigt wurden. Stuflesser wurde später zum päpstlichen Hoflieferanten ernannt.

Die Aufklärung und ihr jüdisches Pendant, die Haskalah, führten im 19. Jh. zu einer Annäherung zwischen Juden und Christen. Zu der innerjüdischen Reformbewegung gehörten auch Änderungen des Gottesdienstes – so wurden beispielsweise Predigten und Gebete in der Landessprache gehalten und Chorgesang mit Orgelbegleitung eingeführt. Nach der Mitte des 19. Jh. fanden daher Orgeln in Synagogen vermehrt Verbreitung (bis 1938 waren etwa 200 bekannt) – nur acht blieben erhalten. Eine davon ist die ehemalige Darmstädter Synagogenorgel, die 1875 nach Hamm kam.

HARXHEIM

St. Laurentius

Gaustr. 25
55296 Harxheim

Unregelmäßig geöffnet.
Pfarrgruppenbüro:
Rheinstr. 4,
55296 Lörzweiler,
Tel.: 06138 6216

Die katholische Kirche von Harxheim liegt ein wenig versteckt „im Windschatten" der evangelischen Kirche, die mit ihrem markanten Turm das Ortsbild prägt. Diese wurde lange Zeit simultan genutzt, bis sich die Katholiken 1870/71 eine eigene Kirche bauten. So stehen die beiden Gotteshäuser nun einträchtig am Ortseingang und neben dem Friedhof beieinander. Das Baujahr 1870 prangt unübersehbar an der Eingangsfassade von St. Laurentius, die durch flache Lisenen gegliedert wird. Der Innenraum ist ein schlichter Saal in hellen, freundlichen Farben, der bemerkenswerte Ausstattungsstücke besitzt. Ungewöhnlich ist der um 1900 im neugotischen Stil geschaffene Hochaltar: auf dem spitzbogigen Rahmen der zentralen Figurennische sind in 15 Bildfeldern Szenen aus dem Leben Jesu dargestellt. Die Figurengruppe zeigt die „Rosenkranzspende" an den hl. Dominikus – Gründer des Dominikanerordens. Einer im 15. Jh. verbreiteten Legende zufolge soll die Madonna dem Ordensgründer einen Rosenkranz überreicht haben. Das Bildthema legt die Vermutung nahe, dass der Hochaltar aus einer anderen Kirche nach Harxheim gelangte – tatsächlich stammt er aus Mainz-Gonsenheim, St. Stephan, wo es eine Rosenkranzbruderschaft gab. Darauf deuten auch die beiden nachträglich in den Altar eingestellten barocken Skulpturen der hll. Bonifatius und Johannes der Täufer hin. Die ebenfalls barocken Skulpturen der Immaculata und einer Pietà werden Martin Biterich zugeschrieben. Durchaus einen zweiten Blick wert sind auch die bauzeitlichen Chorfenster mit ihrer elaborierten Schwarzlotmalerei und die schmucke Orgel von 1852.

Man muss schon genau hinsehen, um den kleinen Hund zu entdecken, der sich hinter dem Tabernakelkreuz versteckt. Der goldige Kerl trägt eine Fackel im Maul und hinter ihm liegt eine Weltkugel. Er ist das Attribut des hl. Dominikus, das auf folgende Legende zurückgeht: Die Mutter des Dominikus hatte vor dessen Geburt eine Vision, in der ein Hündlein mit einer Fackel im Maul die ganze Welt erleuchtete. Dies wurde ihr als Vorzeichen der Geburt eines Sohnes gedeutet, der mit großer Redekunst begabt sein wird.

Kapellchen in den Weinbergen

Nördlich von Harxheim in der Flur „auf der Ostersteig"

durch ein Gitter einsehbar

Das nördlich von Harxheim auf dem Osterberg gelegene Kapellchen wurde 1864 von den Eheleuten Lambinet auf Wunsch ihrer Tochter Sabine errichtet. Sie und ihre beiden Schwestern machten dort täglich auf dem Weg zur Messe in Gau-Bischofsheim – damals besaß Harxheim noch keine eigene katholische Kirche – Halt und verrichteten am Kapellchen eine Andacht. Im Jahr 1866 besuchte sogar der Mainzer Bischof Ketteler die kleine Kapelle und gewährte den Besitzerinnen die Einrichtung eines Kreuzwegs. Nachdem die drei Schwestern pflegebedürftig wurden, konnten sie sich nicht mehr um den Erhalt kümmern, sodass es zunehmend verfiel. Am 1. April 1934 zerstörte eine Gruppe der Hitlerjugend die hölzerne Laterne mit dem Kreuz, die den kleinen Bau bis dahin bekrönt hatte. Bis 1967 blieb es zwar ein beliebtes Ziel für Spaziergänger, doch gelang es nicht, den Verfall aufzuhalten. Anlässlich der 1200-Jahrfeier des Dorfes unternahm der Spielmannszug eine erste Renovierung in Eigenleistung. Auf dem Wagen des Festumzugs führte man sogar – als Wahrzeichen von Harxheim – eine hölzerne Nachbildung des Kapellchens mit. Doch es verfiel erneut. Wiederum durch Initiative einiger Harxheimer Bürger gelang die Renovierung, bei der die Kapelle um das schmiedeeiserne Gitter und ein Relief des Münchner Künstlers Pater Augustin Weckbecker bereichert wurde. „So ist es nun wieder ein Schmuckstück für die Gemeinde und eine Gelegenheit für Spaziergänger und Wanderer zur inneren Einkehr" – schrieb der damalige Bürgermeister anlässlich der Einweihung 1980.

Das Harxheimer Kapellchen ist nicht nur ein Zeichen der Volksfrömmigkeit im 19. Jh., sondern es diente auch ganz profanen Zwecken. Denn die Wingertschützen nutzten es mit Vorliebe während der Hütezeit als Unterstand. Wingertschützen, auch Weinbergshüter genannt, vertreiben mit Schreckschusspistolen Vögel, die es auf die kostbaren Weintrauben abgesehen haben. Mittlerweile wird diese Aufgabe jedoch meist von automatisierten Beschallungsanlagen übernommen.

HEIDESHEIM

St. Philippus und Jakobus

Römerstr. 4
55262 Heidesheim
am Rhein

Pfarrbüro:
Pfarrstr. 1,
Heidesheim,
Tel.: 06132 5212

Die Pfarrkirche liegt auf einer kleinen Anhöhe mitten im Ort, umgeben von der Kirchhofmauer, in die 1934 ein Kriegerdenkmal eingefügt wurde. Das spätbarocke Gotteshaus (1792–1811 errichtet) wurde in den 1960er Jahren erweitert, sodass die einstige Saalkirche heute eine Kreuzform aufweist. Vom geschwungenen Giebel der Fassade herab grüßen die beiden lebensgroßen Figuren der hll. Jakobus (rechts) und Philippus (links). Der Kirchturm stammt im unteren Teil aus der Zeit um 1300, als die Bewohner von Heidesheim ihre Siedlung zum Schutz vor Hochwasser weg von der in Rheinnähe gelegenen St. Georgskapelle hierher verlegten. Der Kirchenraum wartet mit einer beachtlichen Zahl qualitätvoller barocker Ausstattungsstücke auf, wie den Altären, der mit Apostelbildnissen geschmückten Orgelempore und dem Orgelprospekt. Herausragend sind die lebensgroßen Skulpturen der hll. Franziskus, Klara, Benedikt und Bernhard, die sich an den Seitenwänden des Langhauses befinden. Alle vier wurden um 1725 von dem Mainzer Hofbildhauer Franz Matthias Hiernle und dessen Werkstatt geschaffen – jedoch nicht für die Heidesheimer Kirche. Die Figuren von Klara und Franz von Assisi stammen aus dem ehemaligen Mainzer Reichklarakloster, jene der Ordensbrüder Benedikt und Bernhard aus dem Kloster Eberbach. Aus der Mainzer Altmünsterkirche kommt schließlich die aus Eichenholz geschnitzte Kommunionbank, ein Meisterwerk des Rokoko.

Bemerkenswert ist das barocke Chorgestühl aus dem alten Welschnonnenkloster in Mainz, das die Heidesheimer Gemeinde 1812 erwarb. In die Rückenlehnen sind ovale Ölgemälde mit Blumen und Heiligendarstellungen eingelassen, darunter auch solche, die für die Welschnonnen besonders wichtig waren, wie der heilige Augustinus, auf dessen Regeln sich die Schulschwestern beriefen, Pierre Fourier, der als Gründer des Lehrordens der Welschnonnen gilt, und Teresa von Ávila als spanische Kirchenlehrerin.

HEIDESHEIM

Georgskapelle

Im Feld nördlich von Heidesheim, in Verlängerung der Moselstraße auf dem Feldweg rechts halten.

Unregelmäßig geöffnet. Pfarrbüro: Pfarrstr. 1, 55262 Heidesheim, Tel.: 06132 5212

Die Georgskapelle, nördlich von Heidesheim in den Obstfeldern zwischen Bahnlinie und Autobahn gelegen, gilt als ältester erhaltener Sakralbau Rheinhessens. Sie wurde wohl schon im 7. Jh. auf den Fundamenten einer römischen „villa rustica" errichtet, wobei sie zum Teil deren aufgehendes Mauerwerk integrierte. Schon in fränkischer Zeit diente das Areal als frühchristliche Begräbnisstätte. Im 10. und 11. Jh. sowie um 1200 wurde die Kapelle aus- und umgebaut. Am Sturz der zugemauerten Tür in der Südfassade steht eine Inschrift „geweiht am 23. April", dem Gedenktag des hl. Georg. Bis etwa 1300 war die Georgskapelle die Pfarrkirche von Heidesheim. Nach der Verlegung der Pfarre auf den Dimberg (dort heute St. Philippus und Jakobus) entwickelte sich die Kapelle zu einer beliebten Wallfahrtskirche, bis sie im 30-jährigen Krieg schwer beschädigt, 1664 aber wiederaufgebaut wurde. Seit den 1960er Jahren verfiel sie zusehends, bis sich 1984 ein Förderverein zu ihrem Erhalt gründete. In den 1990er Jahren wurde sie behutsam konserviert, restauriert und ein Schutzdach an ihrer Südseite errichtet, um das römische Mauerwerk mit den alten Putzschichten zu bewahren. Im Inneren ist noch der Chorbogen des 10. Jh. mit Resten von Fresken (um 1000) erhalten. Im Chorfußboden gibt ein Gitter Einblick in einen rund gemauerten Brunnen aus römischer Zeit, der wohl zur „villa rustica" gehörte.

Als „villa rustica" wird ein aus römischer Zeit stammendes Landhaus beziehungsweise ein Gutshof mit einem landwirtschaftlichen Betrieb bezeichnet. Meist besteht sie aus einem vierflügeligen, um einen offenen Innenhof angelegten Haupthaus und verschiedenen Wirtschaftsgebäuden. Von der Villenanlage, auf deren Fundamenten die Georgskapelle errichtet wurde, ist bislang nur ein Teil des Hauptgebäudes bekannt. Auch hier scheint ein mehrflügeliger Bau um einen zentralen Innenhof angeordnet gewesen zu sein.

WAS IST WAS IM KIRCHENRAUM

1 Hochaltar
Bis zum 2. Vatikanischen Konzil war der Hochaltar der Hauptaltar im Kirchenraum. Vor ihm zelebrierte der Priester mit dem Rücken zur Gemeinde. Meist prunkvoll gearbeitet, besteht er aus dem Altartisch (Stützen/stipes und Platte/mensa), einer gestalteten Zwischenzone (predella) und einer geschnitzten oder gemalten Schauwand (retabel).

2 Zelebrationsaltar / Volksaltar
Seit dem 2. Vatikanische Konzil ist der Zelebrationsaltar Mittelpunkt und wichtigster Ort jeder katholischen Kirche. An ihm findet der eucharistische Teil der Messfeier statt. Um den „Tisch des Herrn" versammelt sich die Gemeinde zur Abendmahlsfeier. Im Gegensatz zum Hochaltar ist er freistehend und umschreitbar.

3 Ambo
Als erhöhtes Lesepult im Altarraum (vom griech. Wort anabeinein für hinaufsteigen) findet der Ambo schon in frühchristlicher Zeit Verwendung. Im Mittalalter kam er außer Gebrauch. Seit dem 2. Vatikanischen Konzil kommt ihm als „Tisch des Wortes" eine besondere Bedeutung zu, da er vor allem der Verkündigung des Wortes Gottes dient (Predigt, Lesungen, Gebete oder Fürbitten).

4 Tabernakel
Das lat. Ursprungswort tabernaculum = Zelt, verdeutlicht die Funktion des Tabernakels als Ort bzw. Behältnis zur Aufbewahrung der geweihten Hostie.

5 Kreuz
Das Kreuz findet sich als christliches Symbol an verschiedenen Stellen im Kirchenraum. Das Altarkreuz liegt meist auf dem Altar; das beim Einzug in die Kirche oder Prozessionen mitgeführte Vortragekreuz steht häufig gut sichtbar für die Gemeinde in der Nähe des Altars. Die sogenannten Apostelkreuze finden sich an den Innenwänden der Kirche und markieren die 12 Stellen, die bei der Kirchweihe gesalbt wurden.

6 Altarglöckchen
Meist auf den Altarstufen liegen die vorwiegend aus Bronze oder Messing gegossenen Handglöckchen (Klinsel), die von den Ministranten während der Eucharistiefeier geläutet werden.

7 Ewiges Licht
Das Ewige Licht ist ein immerwährendes Öllicht, das symbolisch die ständige Gegenwart Christi im Kirchenraum anzeigt. Es befindet sich stets in der Nähe des Tabernakels, in dem die geweihte Hostie aufbewahrt wird.

8 Kommunionbank
Die Kommunionbank ist eine den Altarraum zum Kirchenschiff hin abschließende, niedrige Schranke, an der die Gläubigen die Kommunion kniend empfingen. Nach der Liturgiereform des 2. Vatikanischen

Ingelheim, St. Remigius. Blick in den Altarraum.

Konzils wurden viele Kommunionbänke entfernt, um Platz für den neu eingeführten Volksaltar zu schaffen.

9 Kredenz
Seitlich im Altarraum befindet sich häufig ein kleiner Tisch, auf dem die für die Eucharistiefeier verwendeten liturgischen Geräte wie Kelch und Patene (Brotschale), Wasser und Wein sowie eine Schale für die Händewaschung bereitgestellt werden.

10 Osterleuchter/-kerze
Für die in der Osternacht entzündete Osterkerze gibt es einen eigenen, meist besonders künstlerisch gestalteten Standleuchter. Die Kerze selbst symbolisiert den auferstandenen Christus. Während der Osterzeit steht sie im Altarraum und brennt zu den Gottesdiensten. Zum Ende der Osterzeit, am Vorabend des Pfingstfestes, wird sie meist neben das Taufbecken gestellt.

11 Sedilien
Im Altarraum befinden sich die Sedilien, Sitzgelegenheiten für die Priester, Diakone und auch Messdiener. Dabei ist der Stuhl des Priesters meist hervorgehoben, sei es durch eine erhöhte Lehne oder eine aufwändigere Gestaltung.

12 Taufbecken
Durch die Taufe wird der Täufling in die christliche Gemeinschaft aufgenommen. Sie ist das grundlegende erste Sakrament und die Voraussetzung für die Teilnahme am eucharistischen Mahl. Im frühen Christentum wurde die Taufe in natürlichen Gewässern, später in eigens dafür erstellten Bauwerken (Baptisterien) mit großen Becken (Piscinen) vollzogen, seit dem frühen Mittelalter und auch heute noch wird über Taufsteinen/-becken getauft.

HOHEN-SÜLZEN

St. Mauritius

Wallstr. 35
67591 Hohen-Sülzen

Unregelmäßig geöffnet.
Pfarrgruppenbüro:
Karlstr. 25,
67551 Worms,
Tel.: 06247 244

Das hübsche Weindorf Hohen-Sülzen liegt im Gebiet des südlichen Wonnegau. Schon 1140 wird hier eine Kirche erwähnt – ihr Nachfolgebau dürfte die heute evangelische Kirche sein, die einen spätgotischen Turm und ein barockes Langhaus besitzt und ursprünglich dem hl. Mauritius geweiht war. Vor dieser schmucken Kirche kommt man zunächst zu stehen, wenn man im Ort die Wallstraße hinauffährt. Etwas irritiert ist womöglich der Ortsunkundige, der unter dieser Adresse die katholische Kirche sucht. Denn diese steht geradezu versteckt hinter der evangelischen, die noch bis in die 1950er Jahre hinein simultan genutzt wurde. Erst 1952 erbaute die katholische Gemeinde ein eigenes Gotteshaus. Ermöglicht wurde dies durch zahlreiche Spenden aus der und für die „Kathol. Diaspora-Gemeinde Hohen-Sülzen", wie es auf einer zeitgenössischen Spendenpostkarte heißt. Die Fenster in Rechteck-Buntverglasung tragen sämtlich die Namen ihrer Stifter, eine Wandzeitung illustriert mit alten Fotos die Entstehung und Einweihung des Baus. Mit bescheidenen Mitteln und viel Eigenleistung entstand ein schlichter Saalbau in klaren Formen, der im Westen durch den Turm, im Osten durch den Altarraum akzentuiert wird. Besonders stolz ist man auf die handgestickte Prozessionsfahne mit der Darstellung des hl. Mauritius und auf ein Ölbild des Kirchenpatrons, das noch aus dem 18. Jh. stammt.

Der hl. Mauritius wird stets bewaffnet und in Rüstung dargestellt – soll er doch der Anführer der „Thebäischen Legion" gewesen sein, einer Armee christlicher ägyptischer Soldaten, die der römische Kaiser Maximian in sein Heer einverleibte. Als jener die 6600 Mann über die Alpen schickte, um gegen Christen zu kämpfen, weigerten sich die Soldaten, ihre christlichen Brüder zu bekriegen, woraufhin sie allesamt hingerichtet wurden. Der 22. September ist der Gedenktag des Heiligen.

St. Remigius

Belzerstr. 3
55218 Ingelheim

Kirche tagsüber geöffnet.
Pfarrbüro:
Ottonenstr. 3,
Tel.: 06132 7164980

Die katholische Kirche St. Remigius liegt am Fuß des weinbewachsenen Mainzer Berges im heutigen Stadtteil Nieder-Ingelheim, der noch bis 1939 eine selbstständige Gemeinde war. Sie erhebt sich damit auf altem, schon seit der Römerzeit besiedeltem Kulturgebiet, das direkt an der römischen Fernstraße Mainz-Bingen lag. Grabfunde belegen, dass hier spätestens seit dem 7. Jh. christliches Leben stattfand. In merowingischer Zeit befand sich in dem „Belzen" genannten Gebiet von Nieder-Ingelheim wohl ein königliches Gut. Vor wenigen Jahren konnten Archäologen der Kaiserpfalz-Forschungsstelle bei Ausgrabungen im Kirchhof von St. Remigius sowohl Fundamentzüge der alten Vorgängerkirche entdecken als auch mehrere frühchristliche Bestattungen, die auf diesen Kirchbau Bezug nehmen. Damit wurde deutlich, dass die alte Remgiuskirche nicht nur größer war als der heutige Barockbau, sondern auch bereits im 7. Jh. entstanden sein muss und damit als eine der frühesten merowingerzeitlichen Kirchengründungen am Mittelrhein gelten kann. In Ingelheim befand sich folglich schon vor Errichtung der nur wenige hundert Meter entfernt liegenden Kaiserpfalz Karls des Großen eine stattliche Kirche. Ihre erste urkundliche Erwähnung fand sie jedoch erst 741/742, als der karolingische Hausmeier Karlmann die Remigiuskirche dem Bistum Würzburg schenkte. Wohl im Zuge dieser Schenkung kam der mainfränkische Diözesanheilige Kilian als Nebenpatron hinzu, der zeitweise auch den Hauptpatron Remigius verdrängte. Heute ist die Kirche beiden Heiligen gewidmet – ihre Figuren (20. Jh.) sind in der Apsis, seitlich des Hochaltars zu sehen. In ihrer jetzigen Gestalt – ein elegant-schlichter Saalbau mit innen halbrunder Apsis – wurde St. Remigius 1739/40 nach Plänen des Heidelberger Architekten Kaspar Valerius erbaut. Im Kirchenraum erzeugt die weitgehend erhaltene barocke Ausstattung eine heiter-festliche Stimmung, in die sich jüngere Elemente, wie die in den 1920er Jahren geschaffenen Wand- und Deckenmalereien oder Altartisch und Tabernakel der 1970er Jahre harmonisch einfügen. Ältester Teil der Kirche ist der fünfgeschossige, fast vollständig aus Tuffsteinmauerwerk errichtete Turm, den man beim Abbruch der romanischen

Vorgängerkirche stehenließ, um ihn in den Neubau zu integrieren. Bislang wurde er in die Zeit um 1230 eingeordnet, doch eine 2015 durchgeführte Bauuntersuchung ergab mit Hilfe der Dendrochronologie, dass der Turm 1197 fertiggestellt war. Noch älter scheint das Tympanonrelief mit einer Darstellung des Lamms Gottes zu sein, das offensichtlich in Zweitverwendung über dem Eingang des Turmes angebracht wurde. Die Betonung der Architekturglieder durch farbige Ornamentmalereien geht auf Fassungsbefunde zurück, die bei der Turmsanierung in den 1970er Jahren entdeckt und 2015 leicht modifiziert wieder erneuert wurden. Bei weiteren von der Forschungsstelle Kaiserpfalz 2012/13 durchgeführten Ausgrabungen im Turminneren machten die Archäologen einen spektakulären Fund: Unter zwei Sandsteinsarkophagen aus dem 11. Jh. befand sich ein offensichtlich älteres, rundes Mauerwerk, das von den Bestattungen teilweise angeschnitten wurde. Es stellte sich als eine dem 6. oder 7. Jh. entstammende Taufpiscina heraus, und damit als das älteste erhaltene Bauzeugnis der Remigiuskirche.

Eine Taufpiscina ist ein in den Boden eingetieftes Becken, das seit frühchristlicher Zeit für den Ritus der Erwachsenentaufe benutzt wurde. Dabei steigt der Täufling in das wassergefüllte Becken hinab, wo er mit Weihwasser übergossen wird. Seit der Zeit Karls des Großen, ab etwa 800, entwickelte sich die Taufpraxis weg von der Erwachsenen- hin zur Kindstaufe, weshalb die großen Becken bald überflüssig wurden. Im deutschsprachigen Raum sind bislang nur drei solcher Taufpiscinen entdeckt worden: in Köln, Boppard und Trier. Mit dem Fund in Nieder-Ingelheim und einer weiteren, 2015 in Worms unmittelbar neben dem Dom ausgegrabenen Taufpiscina kommen zwei weitere hinzu. Eine kleine Sensation für das Bistum Mainz und für Rheinhessen.

St. Michael

Kirchstr. 9
55218 Ingelheim

Zu den Gottesdienstzeiten geöffnet. Zentrales Pfarrbüro: Ottonenstr. 3, Ingelheim, Tel.: 06132 7164980

Nicht weit vom Rheindamm entfernt und von der dörflichen Bebauung eng umschlossen, steht die barocke Kirche St. Michael auf erhöhtem Gelände. An dieser Stelle stand seit dem 14. Jh. eine kleine Kapelle, die passend zu ihrer Lage am Rhein, dem hl. Nikolaus geweiht war, dem Schutzpatron der Schiffer und Fischer. Seit der Glaubensspaltung wurde das Nikolauskirchlein simultan genutzt, fiel aber bei der Pfälzischen Kirchenteilung 1707 den Katholiken zu, und wurde nun zu Ehren des hl. Michael geweiht. 1760/62 wurde diese alte Kirche zu dem heutigen Barockbau erweitert, vermutlich unter Einbeziehung älterer Mauerreste. 1928 kam der massive, 34,5 Meter hohe Turm aus groben Steinquadern hinzu und 1971 der polygonale Glockenturm mit verschieferter Schweifhaube. Von der Straße aus gelangt man über die Freitreppe zum Eingangsportal, das zur Vorsorge vor Überschwemmungen erhöht liegt. Frei-Weinheim war immer wieder von Hochwasser betroffen. Bei der schweren Flutkatastrophe mit Eisgang im Jahr 1784 wurde auch die Michaelskirche stark beschädigt. Der Innenraum ist heute sehr schlicht und hell gestaltet. Die rundbogigen Buntglasfenster und die zwei Okuli unter der Orgelempore schmücken den Raum dezent. Unter den einzelnen, hauptsächlich aus dem 18. Jh. stammenden Skulpturen sticht die vermutlich in der Werkstatt des Martin Biterich geschaffene Maria Immaculata heraus. Die bemerkenswerte Dreymann-Orgel wurde 1861 für den Mainzer Dom gekauft, doch nur zwei Jahre später an St. Michael abgegeben.

Michael bedeutet im hebräischen „Wer ist wie Gott?“. Dies ist bei bildlichen Darstellungen des Erzengels häufig auf seinen Schild geschrieben. Bei der Skulptur an der Langhauswand stehen die Worte zudem in lateinischer Sprache „quis ut deus“ auf dem Gürtel. Michael wird häufig in Rüstung und mit Flammenschwert dargestellt, das Böse, meist in Gestalt eines Drachen oder Teufels bekämpfend. Mit der Seelenwaage wiegt Michael beim Jüngsten Gericht die guten und die bösen Taten der Menschen ab, worauf das Gottesurteil folgt.

INGELHEIM (FREI-WEINHEIM)

Heiligenhäuschen

Dammstr.
55218 Ingelheim

Über eine Gittertür einsehbar.

Bei einem Spaziergang zum Rhein lohnt sich ein kleiner Abstecher auf die nahegelegene Dammstraße. Hier findet sich ein herausragendes Beispiel eines regionaltypischen Heiligenhäuschens, das der Muttergottes geweiht ist. Das Andachtshäuschen wurde schon 1905 am Fuße des Rheindamms im Auftrag des damaligen Bürgermeisters Franz Joseph Klitzinger nach Plänen von Peter Joseph Eich errichtet. Die Fassade der kleinen Wegekapelle gibt sich recht monumental. Mächtige, grob behauene Bossenquader bilden den Sockel aus, ganz so wie man es von großen Villen oder öffentlichen Gebäuden, wie Justizpalästen oder Schulen kennt. Zu diesem fast wehrhaft wirkenden Unterbau bildet der verputzte, kielbogenförmig geschwungene Giebel mit dem bekrönenden Kreuz einen reizvollen Kontrast. Aufwändige Details wie die sorgfältig behauenen Sandsteinprofile oder das mit Schiefer gedeckte Dach, das die geschweifte Form des Giebels fortsetzt, zeugen von Engagement und Bürgerstolz des Auftraggebers. Im Inneren des Heiligenhauses hat eine Marienfigur

in barocken Formen ihren Platz gefunden. Sie wurde 2006 restauriert und erstrahlt in einem blauen und roten Gewand mit Perlenbändern. Der gelbe, schmucksteinbesetzte Kragen, ein perlengerahmtes Medaillon auf der Brust sowie der Mantel mit Hermelinfutter heben ihre königliche Erscheinung hervor. In ihrem linken Arm hält sie das Christuskind, das in seiner Linken den Reichsapfel hält und die Rechte zum Segen erhoben hat. Obwohl Maria barfüßig erscheint, wirkt sie besonders anmutig und erhaben.

Als Bossen- oder Buckelquader bezeichnet man einen Quaderstein, der an seiner Vorderseite scheinbar völlig unbehauen belassen ist. Meist wird nur ein schmaler Randstreifen geglättet. Bossiertes Mauerwerk wirkt rau und naturhaft, und da es vorwiegend bei mittelalterlichen Burgen zu finden ist, besonders wehrhaft. Ein berühmtes Beispiel eines ganz in Bossenquadern errichteten Gebäudes ist der Palazzo Pitti in Florenz, der eine Wirkung von Uneinnehmbarkeit und Stärke vermittelt, die freilich rein symbolisch ist.

St. Johannes Evangelist

Oberhofstr. 21
55218 Ingelheim-Großwinternheim

Vorraum tagsüber geöffnet.
Pfarrbüro: Faltenstr. 34, 55270 Schwabenheim, Tel.: 06130 293

Wer genau hinschaut, bemerkt, dass der Kirchturm etwas schräg neben dem Kirchenschiff steht und vielleicht auch, dass jener älter ist als dieses. In der Tat stammt der mächtige Turm noch aus dem 10. Jh. und gehörte zu einer Vorgängerkirche, die nach Osten gerichtet war. Im 15. Jh. wurde diese Kirche zwar neu gebaut, doch wiederum an gleicher Stelle und geostet. Als diese erneut baufällig geworden war, errichtete man 1764 das heutige Gotteshaus in wesentlich größeren Dimensionen, weshalb man den Bau nun in der Achse drehte und nach Süden hin ausrichtete. Seither stößt der alte, romanische Turm schräg an die Kirche an. Durch das Hauptportal, über dem eine Skulptur des Evangelisten Johannes die Besucher begrüßt, gelangt man ins Innere und blickt auf einen großzügigen, heiter-barocken Kirchenraum, der seine originale Ausstattung weitgehend erhalten hat. Imposant sind der Hochaltar mit einer Kreuzigungsgruppe und den Statuen von Petrus und Paulus sowie die Seitenaltäre, links der Maria, rechts dem hl. Josef gewidmet. Eine Besonderheit stellt die Kohlhaas-Orgel von 1769 dar, die das einzige noch an seinem ursprünglichen Bestimmungsort befindliche Instrument dieser Werkstatt ist. Das um 1920 gemalte Deckenmedaillon mit der Kreuzauffindung durch die hl. Helena verweist auf die lange Tradition der Kreuzverehrung an diesem Ort. Die Pfarrgemeinde besitzt noch heute eine wertvolle Kreuzreliquie.

Die Skulptur zeigt den hl. Nepomuk in zeittypischer Tracht, zu seinen Füßen einen Putto, der den Finger auf die Lippen legt. Damit spielt die Darstellung auf das einer Legende zufolge von Nepomuk um den Preis seines Lebens gewahrte Beichtgeheimnis an. Der böhmische König Wenzel, der seine Ehefrau der Untreue verdächtigte, verlangte von Nepomuk zu hören, was seine Frau ihm anvertraut habe. Da Nepomuk standhaft blieb, wurde er in die Moldau geworfen und ertränkt. Als „Brückenheiliger" finden sich seine Statuen oft auf Brücken.

INGELHEIM (OBER-INGELHEIM)

St. Michael

Neuweg 11
55218 Ingelheim

Zu den Gottesdienstzeiten geöffnet.
Pfarrbüro:
Ottonenstr. 3, Ingelheim,
Tel.: 06132 7164980

Im Selztal, zwischen Selz und Mainzer Berg liegt der Stadtteil Ober-Ingelheim, dessen markantes Wahrzeichen die heute evangelische Burgkirche ist. Bis zur Einführung der Reformation war sie dem hl. Wigbert gewidmet und wurde im 18. Jh. bei der Pfälzischen Kirchenteilung den Reformierten zugesprochen. Die Katholiken nutzten fortan das Rathaus. 1721/22 konnte sich die kleine Gemeinde eine eigene Kirche errichten, die aber noch 1771 „wegen armuth der gemeind“ unverputzt war – einen ersten Außenputz sollte sie erst 1891 erhalten! Auch für einen Glockenturm reichten die Mittel nicht aus. 1775 setzte man dem Gebäude einen Dachreiter auf. Der heute frei und massiv neben der Kirche stehende Turm entstand 1964, als man auch das barocke Kirchenschiff nach Westen hin verlängerte und den Innenraum modern umgestaltete. Blickfang ist der opulente Hochaltar des Mainzer Schreinermeisters Joseph Wolfgang Wieß, der einer Signatur auf dem Drehtabernakel zufolge 1747 gefertigt wurde. Die Skulpturen, wie die lebensgroße Kreuzigungsgruppe oder die Apostel Petrus und Paulus stammen von dem Mainzer Bildhauer Antonius Merz. Bis 1964 stand die 1758 von den Gebrüdern Stumm gebaute Orgel auf einer von steinernen Säulenbogen gestützten Empore. 1753 hatte man diese unter Verwendung der Renaissancebauteile aus dem 1573 aufgelösten Kloster Engelthal eingebaut. Bei der Kirchenerweiterung wurden die Säulenbogen wieder entfernt und sind nun im Kirchgarten, als schmuckvolle Rahmung einer Skulptur des „Guten Hirten“ zu sehen.

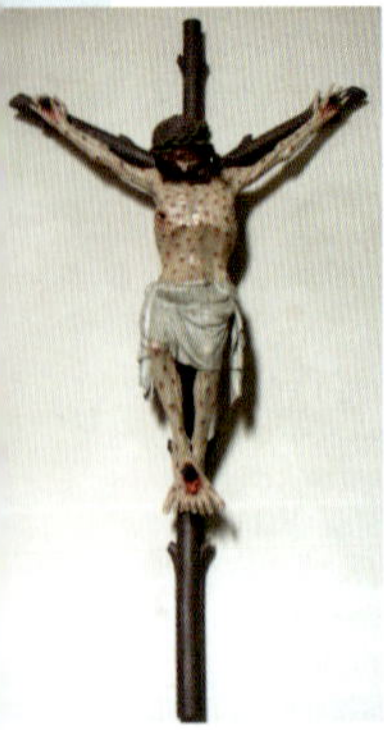

In St. Michael hängt die Kopie eines um 1320 geschaffenen sogenannten „Crucifixus dolorosus“ (Leidenskreuz) oder auch Gabelkreuz (Original im Dom- und Diözesanmuseum). Die Katholiken durften es beim Auszug aus der alten St. Wigbertkirche mitnehmen. Bis 1469 befand es sich in einer Heilig-Kreuz-Kapelle auf dem Westerberg. Aus Angst vor Brandschatzungen verbrachte man es in die Pfarrkirche. Die drastische Art der Darstellung des Gekreuzigten mit plastischen Blutstropfen und schmerzverzerrtem Gesicht hat ihren Ursprung wohl im Italien des 13. Jh.

St. Paulus

Veit-Stoß-Str. 5
55218 Ingelheim

Unregelmäßig geöffnet.
Pfarrbüro: Ottonenstr. 3,
Ingelheim, Tel.: 06132 7164980

Die 1981 geweihte Filialkirche St. Paulus überrascht mit einer bemerkenswerten Architektur. 1975 hatte man einen Wettbewerb für den Bau eines Pfarrzentrums mit Kirchenraum, Gemeinschafts- und Jugendräumen ausgeschrieben, den der Schweizer Architekt Justus Dahinden gewann. Er gilt als einer der wichtigsten Vertreter der Nachkriegsarchitektur der Schweiz und arbeitet als Architekt und Professor weltweit. Die Architektur versteht er als „Dienstleistung für den ganzen Menschen", die erst dann komplett ist, wenn ihr praktischer Zweck mit der Motivation zum Gebrauch übereinstimmt. Aufbauend auf gestaltpsychologischen und philosophischen Erwägungen entwickelte er unter anderem die „Philosophie der Schräge". Diese sei ein wirksames Mittel zur „Rückgewinnung der Erträglichkeit", denn „das Kippen der Fassade in die Schräge vermindert die Bedrohung, es öffnet sich der Himmel". Solche Schrägen bestimmen den gesamten Bau von St. Paulus. Er ist über eine Rampe erreichbar, die im Innern zum Altarraum beziehungsweise in die unteren Räumlichkeiten führt. Der Kirchenraum öffnet sich unter einer schrägen holzverkleideten Decke, darin die ebenfalls von Dahinden entworfene Ausstattung. Dabei legte er Wert auf schlichte geometrische Formen. Zelebrationsaltar, Ambo und Taufbecken sind in dunklem Holz, mit weiß lackierten, „haltenden" Elementen ausgeführt. Der wie ein Schrein erscheinende Tabernakel aus teils milchigem Plexiglas hängt futuristisch im nördlichen Altarraum.

Weihekreuze sind das Zeichen für eine vollzogene Weihe. Dabei salbt der Bischof die verschiedenen Stellen mit Chrisam (Salböl) – bei einem Altar etwa an allen vier Ecken und in der Mitte. Auch an liturgischen Geräten oder an den Innenwänden von Kirchen finden sich oft Weihekreuze. Hier in St. Paulus wurden sie von Justus Dahinden als 12 schlichte Betonkreuze gestaltet. Sie sind ein symbolischer Verweis auf die 12 Apostel, daher auch der Begriff Apostelkreuze. Die Wandleuchter darüber werden auch als Apostelleuchter bezeichnet.

INGELHEIM-SPORKENHEIM

Hl. Herz Mariä

Kapellenstr. 4
55218 Ingelheim

Unregelmäßig geöffnet.
Pfarrbüro:
Ottonenstr. 3,
Ingelheim,
Tel.: 06132 7164980

Die kleine, auf den ersten Blick etwas unscheinbar wirkende Kirche in Sporkenheim darf sich rühmen, die erste nach dem 2. Weltkrieg neu gebaute Kirche im Bistum Mainz zu sein. Sie wurde zwischen 1946 und 1948 nach Plänen des Mainzer Kirchenarchitekten Hugo Becker errichtet. Möglich wurde dies durch das große Engagement vieler Sporkenheimer Bürger. So stifteten zunächst zwei Privatleute ein Baugrundstück, und eine in Sporkenheim durchgeführte Sammlung erbrachte 1945 stolze 23.000 Reichsmark. Nach hartnäckigen Verhandlungen mit der Diözese um die Genehmigung des Neubaus konnte 1946 der Grundstein für das kleine aber feine Kirchlein gelegt werden. Erbaut aus Flonheimer Sandstein zeigt es Anklänge von verschiedenen Epochen, die zu einem eigenständigen Stil verschmelzen. Der schlichte Saalbau fällt durch den quadratischen Firstreiter mit hoch ausgezogener Schweifhaube auf. Durch eine Vorhalle aus Pfeilerarkaden und eine im Giebel befindliche Terracottafigur der Muttergottes (2009) gelangt man in einen schlichten Innenraum. Im Altarraum hängt eine große Kreuzigungsgruppe und in den seitlichen Nischen stehen die Figuren der Maria Immaculata und des Herzen Jesu, die zur ursprünglichen Ausstattung gehören. Nach Entwürfen des Künstlers Adam Winter wurden sie aus Terracotta gefertigt und farbig gefasst. Auf einer Stele steht der Tabernakel, der durch seine Versilberung ins Auge fällt. Der ovale Schrein ist mit vier Engeln bekrönt, deren geschwungene Flügel das Ewig-Licht halten.

Das Ewig-Licht markiert symbolisch die ständige Gegenwart Christi im Kirchenraum. Es befindet sich stets in der Nähe des Tabernakels, in dem die geweihte Hostie aufbewahrt wird. Das Ewig-Licht kann als hängende Ampel gestaltet, oder wie hier in Sporkenheim, direkt in den Tabernakel integriert sein und soll zum Zeichen der Verehrung immerwährend brennen.

St. Andreas

Klostergasse 4
55270 Klein-Winternheim

Unregelmäßig geöffnet.
Pfarrbüro:
Pariser Str. 21,
Klein-Winternheim,
Tel.: 06136 996424

Mitten im Ortszentrum steht frei auf einem Platz die katholische Kirche St. Andreas. Schon der erste Blick auf die unterschiedlichen Materialien des Gebäudes – weiß verputztes Langhaus mit Apsis, verklinkerte Fassade, Turm aus Natursteinquadern und Klinker – macht deutlich, dass hier verschiedene Epochen ihre Spuren hinterlassen haben. Von einem mittelalterlichen Vorgängerbau sind die Sakristei und ein Chorfenster (13. Jh.) erhalten. Sie wurden 1711 in einen barocken Neubau integriert, dessen Außenmauern zum Großteil noch bestehen. Wozu die heute zugemauerte Tür im Scheitel der Apsis diente, ist unklar. 1811 war sie noch geöffnet – die Pfarrchronik berichtet, wie man durch diese Tür die liturgischen Geräte und das Allerheiligste aus dem Tabernakel ins Freie rettete, nachdem ein Blitz in die Kirche eingeschlagen und diese in Brand gesteckt hatte. Erst 1819 war die Kirche wiederaufgebaut und 1895 verlängerte man sie um etwa 2,5 Meter und setzte eine neue Fassade aus Klinkersteinen vor. Durch die Ortsgemeinde wurde der Neubau des Chorflankenturms finanziert. Im Innenraum ist die reiche historistische Ausmalung im Chor (1896) und im Langhaus (1900) einer reduzierteren Farbgebung mit gemalter Deckenkassettierung und ornamentierten Fensterlaibungen gewichen. Die große Skulptur des Kirchenpatrons Andreas (1830) gehört zu den ersten gestifteten Ausstattungsstücken der nach dem Brand erneuerten Kirche. Einen starken Kontrast zur Umgebung bilden der Altar und die ungewöhnliche Tabernakelstele aus schwarzem Kalkstein, die 1978 von Klaus Iserlohe geschaffen wurden.

Der Einsatz des für die hiesige Region untypischen „Belgisch Granit", wie der Handelsname des schwarzen Kalksteins fälschlicherweise lautet, verdankt sich dem Bildhauer Klaus Iserlohe (1928–2011), der in Aachen ansässig war. Er arbeitete häufig mit dem belgischen Stein, der sich durch exzellente Polierfähigkeit auszeichnet und für seine charakteristischen Fossilieneinschlüsse, vor allem Seelilien, bekannt ist. Blaugrau aus dem Steinbruch kommend erhält der Stein erst nach dem Polieren seine tiefschwarze Farbe.

KÖNGERNHEIM

Christkönig

Bahnhofstr. 8
55278 Köngernheim

Freitags 16.00–19.00 h geöffnet.
Pfarrgruppenbüro:
Kirchstr. 14,
55278 Undenheim,
Tel.: 06737 335

1299 wird in Köngernheim eine Kirche urkundlich erwähnt, die vom Ende des 17. Jh. bis 1932 simultan von beiden Konfessionen genutzt wurde. Diese Kirche, ein kleiner gotischer Bau, ist heute evangelisch und ein echtes Schmuckstück im Ort. Die Katholiken planten schon seit 1915 den Neubau einer eigenen Kirche, für den sie bereits Spenden sammelten, doch durchkreuzte die Geldentwertung nach dem 1. Weltkrieg ihre Pläne. 1932/33 war es dann soweit. Die neue Christkönig-Kirche, die, so der Pfarrer, „in zeitgenössischem Stil mit modernen einfachen Baumitteln" errichtet worden war, konnte geweiht und von den rund 160 Katholiken im Ort genutzt werden. Die erste Ausstattung, vorwiegend im neugotischen Stil, wurde gebraucht gekauft.1970 erfolgte dann eine Umgestaltung, die der schlichten und funktionalen Architektur der 1930er Jahre näher kommt. Man änderte die Verglasung, schuf Altar und Kreuzweg und kaufte eine pneumatische Orgel der 1950er Jahre aus Frankfurt-Harheim an. In den Fenstern sind moderne oder regionale Heilige dargestellt, links die Frauen: Hildegard von Bingen und Thérèse von Lisieux, rechts die Männer: Konrad von Parzham und Judas Thaddäus. Durch den im Jahr 2000 erneuerten Innenanstrich wird die Farbigkeit der Fenster betont.

Das Christkönigsfest (heute am letzten Sonntag im Kirchenjahr gefeiert) ist recht jung. Es wurde 1925 unter dem Eindruck der nach dem 1. Weltkrieg untergegangenen Monarchien eingeführt und sollte den Aspekt der wahren Königsherrschaft Christi betonen. In den 1930er Jahren erlangte das Fest besondere Bedeutung für die katholische Jugend, die mit ihm ein Zeichen gegen den Führerkult und die herrschende Naziideologie setzte. Die erste Kirche mit dem Patrozinium Christkönig wurde 1926 in Bischofsheim (Mainspitze) geweiht.

St. Margaretha

Kirchgasse 4
55237 Lonsheim

Unregelmäßig geöffnet.
Pfarrgruppenbüro:
Niedergasse 2,
55234 Erbes-Büdesheim,
Tel.: 06731 41289

Ihre idyllische Hanglage wurde der Lonsheimer Kirche zu Beginn des 21. Jh. beinahe zum Verhängnis: Nachdem sich durch Bewegungen im Untergrund trotz Sicherungsmaßnahmen immer wieder größere Risse im Mauerwerk zeigten, erwog man die Schließung oder gar den Abriss des alten Gemäuers. Glücklicherweise blieb das Gotteshaus, das in Teilen noch aus dem 14. Jh. stammt (Turm), erhalten und wurde erst kürzlich renoviert. Kurioserweise gelangt man heute über den ehemaligen Altarraum der alten Kirche (im Erdgeschoss des Chorturms) in das 1750 östlich daran angebaute Langhaus. Die seitlich in die Wand der Eingangshalle eingemauerte Sakramentsnische, geschmückt mit dem Christusantlitz, zeugt noch von der früheren Raumaufteilung. Die vermauerte Öffnung zur Linken führte wohl einst in die frühere Sakristei. Das Kirchenschiff mutet barock an, was sich der erhaltenen Ausstattung ebenso wie mehreren Renovierungen verdankt. So wurde etwa der klassizistische Hochaltar zu Beginn des 20. Jh. entfernt und ein früherer Seitenaltar an dessen Stelle gesetzt. Der heute seitlich des Chors stehende Barockaltar stammt wohl aus Flonheim und wurde erst nach dem Einbau in Lonsheim mit der Figur der Kirchenpatronin Margaretha versehen – bei genauerem Hinschauen fällt der jugendstilhaft gestaltete Drache auf. Bemerkenswert ist das Fenster links des Altars. Wer genau hinsieht, erkennt die Kirchen von Lonsheim und Heimersheim im Hintergrund, die mit ihren Schutzheiligen dargestellt sind.

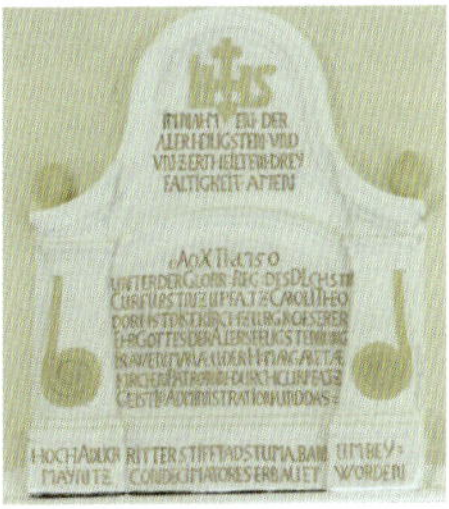

Der 1750 über dem Chorbogen angebrachte Inschriftenstein stammt aus der Zeit, als die Kirche noch simultan genutzt wurde, was in Lonsheim zu Reibereien führte. Die Inschrift benennt demonstrativ katholische Elemente wie die „allerseligste Jungfrau Maria“ und die hl. Margaretha, was wohl als kleine Rache für den „Dr. Martin Luther“, gedacht war, der 1716 von den Evangelischen in Lebensgröße neben die Kanzel gemalt wurde. Dieser war wieder Antwort auf das Aufstellen eines Marienbildnisses durch die Katholiken… damals ernst gemeint, heute zum Schmunzeln!

LÖRZWEILER

St. Michael

Rheinstr. 7
55296 Lörzweiler

Tagsüber geöffnet.
Pfarrbüro:
Rheinstr. 4,
Lörzweiler,
Tel.: 06138 6216

In Lörzweiler fand man gegen Ende der 1960er Jahre eine ganz eigenwillige Form der Kirchenerweiterung. Weil die 1790 errichtete Barockkirche zu klein geworden war, öffnete man die gesamte Südseite des Langhauses und setzte einen großen Gottesdienstraum in moderner Bauweise daran. Von außen könnte man den verglasten Betonbau zunächst für einen Gemeindesaal halten; erst wenn man die Kirche betritt, realisiert man die Verschmelzung beider Gebäude zu einem einzigen Kirchenraum. Dabei blieb die gewachsene historische Ausstattung der alten Kirche weitgehend an Ort und Stelle erhalten, während sich im Neubau mit Zelebrationsaltar und Ambo der liturgische Mittelpunkt befindet. Die modernen Bankreihen – auch fast alle, die im alten Gebäudeteil stehen – sind auf dieses neue Zentrum hin ausgerichtet. Der Chor des Barockbaus dient heute als Sakramentskapelle, angezeigt durch das Ewig-Licht. Der Tabernakel steht im einstigen Hochaltar – ein bedeutendes Werk, das 1683 als Pfarraltar für den Mainzer Dom geschaffen wurde. Im Zentrum des aus rotem und schwarzem Marmor gefertigten Altars ist die Himmelfahrt Mariens dargestellt, ein Werk des Antwerpener Rubens-Nachfolgers Johan Baptist de Ruel. Die hervorragende Kanzel des 18. Jh. besitzt seit dem Umbau der Kirche keinen Aufgang mehr. Zuvor führte der Zugang über eine Treppe in der alten Sakristei dort hinauf. Der Taufstein (1663) wurde im Neubau, separiert in einem kleineren Raum, aufgestellt, wo die leuchtende Farbverglasung mit figürlichen Darstellungen eine ganz eigene, intime Atmosphäre für den Taufort schafft.

Wenn man ganz genau hinschaut, sieht man, dass das Bildmedaillon im Gewölbe des alten Altarraums einen Holzrahmen hat – ein Ölbild also, kein Deckengemälde! 1887 kam ein neuer Pfarrer nach Lörzweiler, dem der Hochaltar des Doms für das Kirchlein zu groß schien: man entfernte den Auszug (den oberen Bereich des Altars) und arbeitete den Rest um. Das wertvolle Gemälde mit der Darstellung der Dreifaltigkeit, geschaffen von Johan Baptist de Ruel, versetzte man an die Decke.

St. Vitus

Kirchstr. 1
55278 Ludwigshöhe

Unregelmäßig geöffnet.
Pfarrgruppenbüro:
Kirchstr. 4, 55276 Oppenheim,
Tel.: 06133 2727

Ein Abstecher nach Ludwigshöhe lohnt sich, denn dort liegt der Paradiesgarten! – oder vielmehr dessen kleine Nachbildung mit Feigen- und Apfelbäumchen auf dem liebevoll als Bibelgarten gestalteten Vorplatz der Kirche St. Vitus. Das idyllisch auf einer Anhöhe gelegene und von Weinbergen umgebene Kirchlein wurde anstelle eines 1836 abgebrannten Vorgängerbaus im Jahr 1848 errichtet. Als Entwerfer kann wohl Kreisbaumeister Franz Beer aus Oppenheim gelten, der einen nach Westen hin orientierten Saalbau mit eingezogenem Chor konzipierte – errichtet in schlichten neoromanischen Formen aus unverputzten Kalksteinquadern. Die Ostfassade besitzt einen auf Freisäulen sitzenden Portalvorbau, darüber ein (heute vermauertes) Rundfenster sowie einen auf Konsolen lagernden, über die Fassade vorspringenden Dachreiter. Ein für die Region Rheinhessens untypisches Zierelement stellt der aus reliefierten Terracottaplatten gebildete Fries unterhalb des Dachgesimses dar. Baukeramik aus Terracotta fand im 19. Jh., befördert durch Architekten wie Friedrich Schinkel in Berlin, jedoch eine gewisse Verbreitung. Im Inneren beherbergt die Kirche einen prächtigen barocken Marmoraltar, der aus dem Kapitelsaal der 1781 aufgelösten Mainzer Kartause stammt. Er war 1715 von Kurfürst Lothar Franz von Schönborn gestiftet und von Maximilian von Welsch entworfen worden. Die Skulpturen von Burkhard Zamels zeigen links den hl. Franz von Sales und rechts die hl. Elisabeth von Thüringen – beides sind Heilige, die sich durch besondere Menschlichkeit und Herzensgüte auszeichneten.

Ein Bild des hl. Vitus, der im siedenden Ölkessel sein Martyrium erfährt, zierte schon1488 das Ortssiegel von Rudelsheim – so der alte Name von Ludwigshöhe, als das Dorf noch am unbegradigten Rhein lag. Nachdem die Bewohner wiederholt von Hochwasserkatastrophen heimgesucht wurden, verlegte man den Ort um 1820 auf eine sichere Anhöhe und benannte ihn nach dem damaligen Landesherren, dem hessischen Großherzog Ludwig I., der die Umsiedlung unterstützt hatte. Die neue Kirche wurde wieder nach ihrem alten Patron St. Vitus benannt.

MAINZ

St. Achatius

Backhaushohl 4
55128 Mainz

Unregelmäßig geöffnet.
Pfarrbüro: Backhaushohl 6, Mainz, Tel.: 06131 34526

Im „Heiligen Thal" unweit der sogenannten Römersteine, den Resten eines römischen Aquädukts, liegt die Kirche St. Achatius auf einer kleinen Erhebung oberhalb des Zaybachs. Ihr äußeres Erscheinungsbild – ein Putzbau ohne nennenswerte Gliederung – täuscht über die Bedeutung dieser Kirche hinweg: die einzige, die in napoleonischer Zeit in Mainz gebaut wurde (1809–1816). Der französische Architekt François-Auguste Cheussey errichtete diesen schlichten Saalbau, belichtet von kleinen Lünettenfenstern und mit einem auffallend niedrigen Chorturm versehen. Dieser war indes nicht dem knappen Baubudget geschuldet, sondern der Lage der Kirche im Schussfeld der Festung Mainz. Der Kirchenraum ist wie der Außenbau nahezu ungegliedert, wodurch der Blick auf die zahlreichen qualitätvollen Ausstattungsgegenstände gelenkt wird. Sie wurden entweder bald nach Vollendung der Kirche geschaffen oder sind ältere Stücke, die aus anderen, aufgegebenen Kirchen erworben wurden. Der klassizistische Hochaltar mit seinem Drehtabernakel entstand um 1780/90 und stammt wohl aus dem benachbarten Kloster Dalheim, das zwischen 1805 und 1812 niedergelegt wurde. Die marmorierte, mit vergoldeten Schnitzereien akzentuierte Kanzel wurde 1823 eigentlich für St. Quintin gefertigt, um 1900 aber hierher verbracht. Trotz verschiedener Herkunft und Entstehungszeit fügen sich all diese Stücke zu einem stimmigen, zurückhaltende Eleganz ausstrahlenden Raumbild zusammen.

Der Architekt François-Auguste Cheussey trat 1806 in den Dienst des Stadtbaumeisters Eustache de St. Far, unter dem er für die Kirchenbauten zuständig war – keine leichte Aufgabe in der säkularisierten „Mainzer Republik". St. Achatius wird sein einziger Kirchenbau in der Region bleiben. Vor allem erstellte er Gutachten über den Zustand kriegsbeschädigter Kirchen. Wieder in Frankreich schuf Cheussey mehrere Kirchen und öffentliche Bauten. Als Stadtbaumeister von Amiens wirkte er an der Renovierung der Kathedrale mit.

St. Alban

An der Goldgrube 44
55131 Mainz

Tagsüber geöffnet (Seiteneingang).
Pfarrbüro: An der Goldgrube 44,
Mainz, Tel.: 06131 53061

Steht man heute vor dem schlichten Bau der 1952 geweihten Kirche St. Alban, fällt es schwer zu glauben, dass sie in der Tradition einer der bedeutendsten Mainzer Kirchen steht: Sie übernimmt das Patrozinium der einst nahe gelegenen Klosterkirche der Benediktiner (ab 1419 Ritterstiftskirche), die sich etwa im Bereich der heutigen Straße „Auf dem Albansberg" befand. Schon im 5. Jh. stand dort eine Kirche, vermutlich über oder nahe beim Grab des Märtyrers Alban. Seit der Karolingerzeit war sie als Grablege der Mainzer Bischöfe und Ort der Bischofsweihe die bedeutendste Kirche nach dem Dom, dessen Ausmaße sie auch annähernd erreichte. Ganz anders zeigt sich die heutige Albanskirche, eine der ersten Nachkriegskirchen im Bistum Mainz, die ihre Wirkung durch größtmögliche Einfachheit erzielt. Im Innenraum wird der Blick durch das nüchtern gestaltete, mit einer Spitztonne überwölbte Langhaus auf die Figuren der Südwand und den Hauptaltar gelenkt. Das von Peter Paul Etz entworfene Mosaik verbindet das Motiv einer Taube mit einer Darstellung des himmlischen Jerusalem – jener Stadt, die nach Vollendung der Apokalypse entstehen soll und in der Offenbarung des Johannes (Offb 21,11-15) genau beschrieben wird. So findet sich auch in Etz` Mosaik die von 12 Toren durchbrochene Stadtmauer, auf denen 12 Engel stehen. In der Mitte befindet sich das Lamm Gottes. Die himmlische Stadt wird in St. Alban auch zum Symbol des Wiederaufbaus und des Wunsches nach Frieden nach den Zerstörungen des 2. Weltkriegs. Bemerkenswert sind auch die von Adam Winter geschaffenen Skulpturen und das Taufbecken aus Terracotta.

Der Legende nach soll Alban zur Mission nach Gallien ausgesandt worden sein. In Mainz wurde er bei einem Angriff der Vandalen gefangen genommen und enthauptet. Daraufhin soll er mit seinem abgeschlagenen Kopf in den Händen zu der Stelle gegangen sein, an der er bestattet werden wollte – eben auf den Albansberg. Darstellungen des Mainzer Ortsheiligen zeigen ihn daher oft mit einem Schwert und dem abgeschlagenen Kopf, die er als Attribute bei sich trägt.

St. Albertus (Katholische Hochschulgemeinde)

Saarstr. 20
55122 Mainz

Tagsüber geöffnet. Zugang über den Innenhof

Schon kurz nach der Wiedereröffnung der Mainzer Universität nach dem Krieg 1946 gründeten die beiden christlichen Konfessionen Studentengemeinden. Erster katholischer Studentenseelsorger war Dr. Ernst Strasser, der den Gottesdienst in einem zur Kapelle umgestalteten Kellerraum im Hauptgebäude der ehemaligen Kaserne hielt. Beliebt waren seine Literaturbesprechungen, vor allem solcher Bücher, die im Dritten Reich verboten gewesen waren. 1950 konnte Strasser, tatkräftig unterstützt von einigen Studenten, mit dem Neubau eines katholischen Wohnheims für Studierende beginnen, das nach Freiburger Vorbild Newman-Haus genannt wurde. Das nahe dem Campus gelegene Haus soll den Studenten nicht nur eine Wohnstatt bieten, sondern auch ein Zuhause und eine geistige Gemeinschaft. 1960/61 kam eine Kirche hinzu – ein moderner, kubischer Bau der Architekten Wagner und Vorländer. Das Gebäude besteht aus einem Stahlbetonskelett, dessen Gefache mit Klinkersteinen ausgefüllt sind, außen mit gelben, innen mit roten Steinen. Zwei Wände sind mit bunten Glasbetonsteinen durchbrochen – eine dritte Wand erhielt 1993 weitere, künstlerisch gestaltete Fenster von Elke Pfaffmann. Viele Ausstattungsstücke wurden von Mainzer Künstlern geschaffen: etwa die Pietà-Szene von Peter Paul Etz, die in ihrer rohen, fast brutalen Ausführung einen starken Kontrast zum organisch-runden Taufbrunnen von Evamaria Brückner von Eiff (1994) bildet. 2015 musste der marode Kirchturm, das markante Erkennungszeichen der KHG abgerissen werden, doch wird ein neuer Turm als Wegmarke entstehen.

Die Hochschulkirche wurde unter das Patrozinium des hl. Albertus Magnus (um 1200-1280) gestellt. Den Beinamen „Magnus" (der Große) erhielt Albertus aufgrund seines umfassenden, vielseitigen Wissens. Der Dominikaner und spätere Bischof von Regensburg setzte sich aktiv für die Aufnahme der bis dahin umstrittenen, weil heidnischen Schriften des Aristoteles in den christlichen Lehrkanon ein und bereitete damit den Weg für die Hochscholastik. Der 1931 heiliggesprochene Albertus ist Schutzpatron der Naturwissenschaften.

St. Antonius - Armklara

Adolf-Kolping-Str. 8
55116 Mainz

Geöffnet in der Regel Mo-Fr 10.00–16.00 h und zu den Gottesdienstzeiten. Katholische Cityseelsorge, Tel.: 06131 221869, www.cityseelsorge-mainz.de

„Zwischen dem Gebäude des städtischen Hochbauamts und der Frauenarbeitsschule versteckt und der Mehrzahl der Mainzer völlig unbekannt […] ein Raum edelster Gotik“, so wird St. Antonius in einem Zeitungsartikel 1925 beschrieben. Auch wenn sich die Umgebung seitdem verändert hat, ist die einzige Mainzer Kirche mit originalen, gotischen Deckenmalereien auch heute noch Wenigen bekannt und daher eine echte Entdeckung! Um 1330 wurde sie für den Orden der Antoniter-Chorherren gemeinsam mit einem Spital am damaligen Stadtrand errichtet. An diese Zeit erinnert das T-förmige Kreuz in den Türstürzen des Hauptportals und des Türchens im Altarraum – das Ordenszeichen der Antoniter. Später diente St. Antonius nacheinander als Herberge für Zisterziensermönche, für Schwestern der Armen Klarissen, aber auch als Lehranstalt für Hebammen, als Ausstellungsraum für Mainzer Künstler sowie als Kapelle des Kolping-Hauses. Aus der Erbauungszeit stammen der Altarraum mit Dreisitz und Wandschrank. Die Deckengemälde zeigen im Chorscheitel einen thronenden Christus, flankiert von Maria und Johannes. Die meisten der übrigen Figuren – Apostel und Heilige – sind durch Beischriften bezeichnet. Nach der Übernahme der Kirche durch die Armen Klarissen um 1620 wurde die große Empore im Langhaus eingezogen, auf der Chorgestühl und Choraltar der Nonnen standen. Heute befindet sich direkt neben St. Antonius die Cityseelsorge „Station Antonius“: eine Anlaufstelle für alle Menschen, gleich welcher Religionszugehörigkeit oder Weltanschauung, die mit ihren Sorgen und Nöten einen Ort der Aussprache suchen. Unter der Empore hat der ökumenische Trauerraum als Ort des Gedenkens seinen Platz gefunden.

In der Klara-Straße sieht man das ehemalige Portal zum Kloster der Armen Klarissen: Oberhalb der Türöffnung steht die Skulptur der hl. Klara, erkennbar an der Monstranz in ihrer Rechten. Sie war eine der ersten Nachfolgerinnen des hl. Franz von Assisi und Gründerin des Ordens der Klarissen. Die Armen Klarissen befolgten das Armutsgebot besonders streng.

Augustinerkirche / Seminarkirche

Augustinerstr. 34
55116 Mainz

Tagsüber geöffnet.
Kontakt: Bischöfliches Priesterseminar St. Bonifatius, Augustinerstr. 34, Tel.: 06131 2660

In der belebten Augustinerstraße im Herzen der Altstadt kann man hautnah „Mainzer Flair" erleben. Hier locken zahlreiche kleine Geschäfte, Lokale und Weinstuben mit ihrem vielfältigen Angebot. Der reizvolle Blick auf Schaufenster und Auslagen lässt manchen einfach vorbeispazieren an einer der schönsten Mainzer Kirchenfassaden. Es lohnt sich daher den Kopf zu heben und einen Moment vor der Augustinerkirche stehenzubleiben. Sie entstand anstelle eines mittelalterlichen Vorgängerbaus zwischen 1768–1771 in Verbindung mit den dahinterliegenden großzügigen Konventgebäuden der Augustiner-Eremiten. Diese hatten sich schon um die Mitte des 13. Jh. in Mainz niedergelassen und an dieser Stelle eine Kirche und ein Konvent errichtet, die nun im 18. Jh. niedergelegt und durch zeitgenmäße Neubauten ersetzt wurden. Es fällt auf, dass dem Hauptportal der Kirche keine ausladende Treppenanlage vorgesetzt ist, wie man sie bei solch prächtigen Barockbauten eigentlich erwarten darf. Auf Anordnung des Erzbischofs hatte man bei der Planung schon damals die schmale und dennoch betriebsame Straße zu berücksichtigen, die keinesfalls durch eine weit vorspringende Fassade beeinträchtigt werden sollte. So entwarf der bis heute unbekannte Architekt diese ganz in der Flucht mit den anschließenden Häusern stehende Fassade, deren üppiger Skulpturenschmuck – eine großartige Darstellung der Marienkrönung, flankiert von den Figuren des hl. Augustinus und dessen Mutter Monika – sich zurückliegend in der zentralen Nische entfaltet. Wer sich hier ein wenig an Rom und seine Barockkirchen erinnert fühlt, liegt nicht ganz falsch, denn der Fassadenaufbau mit seinem Giebel, der auf zwei großen Voluten fußt, greift ein älteres, auf römische Jesuitenkirchen zurückführendes Schema auf. Im Inneren präsentiert sich die Kirche ganz im Sinne des barocken Gesamtkunstwerks, als eine harmonische Einheit von Architektur und Ausstattung: Die reich geschnitzte Kommunionbank folgt in ihrem Schwung dem sanften Verlauf der Wände zwischen Langhaus und Chorraum ebenso, wie die Emporenbrüstung und der prächtige Orgelprospekt aufeinander Bezug nehmen. Organisch-

rankende Stuckverzierungen verschleifen den Übergang von Wand und Decke und rahmen zugleich die illusionistischen Malereien von Johann Baptist Enderle, in denen ein komplexes augustinisches Bildprogramm entfaltet wird. Der ganze Raum ist jedoch auf den imposanten Ziborienaltar und den darauf stehenden Tabernakel hin ausgerichtet. Im Zentrum des Hochaltars wird die plastische Darstellung der Kreuzabnahme Jesu (nach einer Bildvorlage von Peter Paul Rubens) durch das dahinterliegende mit orangefarbenem Glas versehene Fenster in ein überirdisch wirkendes, goldenes Licht getaucht. Ganz im Gegensatz zur bewegten Dramatik barocker Bildwerke steht rechts in einer Wandnische zwischen zwei Seitenaltären in anmutiger Zurückhaltung eine thronende Madonna aus der Zeit um 1400, die das mit einem Vogel spielende Jesuskind auf ihrem Schoß hält. Das hochverehrte Gnadenbild stammt aus der untergegangenen Liebfrauenkirche und angesichts der sanft fallenden Gewandfalten und des lieblichen Lächelns der Muttergottes erübrigt sich die Erklärung, warum die Kunstgeschichte das Werk dem sog. „Weichen Stil" zuordnet. Seit 1805, nach der Auflösung des Augustinerkonvents, gehört die Kirche zum bischöflichen Priesterseminar und wird bis heute als Seminarkirche genutzt. Unmittelbar neben der Kirche befindet sich heute der Eingang zum Seminar – ursprünglich markierte das ebenfalls herausragend gestaltete Portal den Zugang zum Augustinerkonvent. An der Pforte kann man eine ausführliche Beschreibung der Kirche und Postkarten erwerben.

Können die denn nicht richtig schreiben? An der Inschrift über dem Portal des Konvents fällt auf, dass manche Buchstaben größer als andere geschrieben sind. Betrachtet man sich die großen Buchstaben genauer, merkt man, dass es sich um römische Zahlzeichen handelt: ICMIDCLI – in die rechte Reihenfolge gebracht, ergibt sich die Zahl MDCCLIII – 1753, das Baujahr des Klosters. Neugierige finden in der Kirche weitere so genannte Chronogramme zum Entschlüsseln (M = 1000; D = 500; C = 100; L = 50; X = 10; I = 1 – einfach zusammenzählen).

MAINZ

St. Bonifaz

Bonifaziusplatz 1
55118 Mainz

Tagsüber geöffnet.
Pfarrbüro:
Bonifaziusplatz 1,
Tel.: 06131 960910

Wer 1894 mit der Eisenbahn am „Mainzer Centralbahnhof" ankam und auf den Vorplatz hinaustrat, erblickte sogleich den 80 Meter hohen Turm der neugotischen St. Bonifatiuskirche. Von der Bahnhofsseite aus führte über die Turmfassade auch der Zugang in den Innenraum der imposanten dreischiffigen Pfeilerbasilika, die seit 1927 mit einem Wandmalereizyklus, der das Leben des hl. Bonifatius schilderte, geschmückt war. Durch mehrere Bombenangriffe wurde die Kirche im 2. Weltkrieg schwer beschädigt und bei dem verheerenden Bombardement von Mainz am 27.02.1945 vollständig zerstört. 1953 konnte mit dem Wiederaufbau von St. Bonifaz begonnen werden, der in völlig neuer Gestalt, nach Plänen von Hugo Becker erfolgte (Weihe 1954). Es entstand ein klar gegliederter, sachlicher Bau, der durchaus Elemente der Vorgängerkirche übernimmt, etwa den in die Westfassade integrierte Kirchturm, über den nun jedoch nicht mehr der Zugang ins Innere erfolgt. Als Reaktion auf städteplanerische Veränderungen drehte man die Ausrichtung des Gebäudes – die Haupteingangsseite liegt seither im Osten an der Boppstraße. Drei Türen führen zunächst in eine flache vorgelagerte Eingangshalle, die erst einmal Abstand gewinnen lässt zum pulsierenden Verkehr. Innen öffnet sich ein weiter, lichtdurchfluteter Raum, der einlädt zum Atemholen, zum Verweilen und zum Gebet – sei es im Blick auf den thronenden Christus an der Altarwand (Peter Paul Etz 1954) oder die 2001 von Ralf Sander geschnitzte Figur des hl. Dominikus.

Von 1969 bis 1993 wurde St. Bonifaz von Kapuzinern betreut, seit 1993 liegt die Seelsorge bei den Patres und Brüdern des Dominikanerordens, die 2008 in ein neues Klostergebäude in der Gartenfeldstraße eingezogen sind. Sie pflegen in St. Bonifaz eine offene, 3600 Mitglieder umfassende vielfältige Gemeinde und bilden inmitten der Stadt durch viele spirituelle, soziale und kulturelle Angebote ein lebendiges Zentrum. Interessierte sind eingeladen an den Stundengebeten der Dominikaner morgens und abends (Laudes und Vesper) teilzunehmen.

St. Christoph

Christofstr. 8
55116 Mainz

Gedenkstätte zugänglich;
Kirche in den Ostteilen geöffnet zu den Gottesdienstzeiten.
www.cityseelsorge-mainz.de,
Alt-Katholische Gemeinde:
www.alt-katholisch.de/gemeinden/gemeinden/gemeinde-wiesbaden/mainz.html

Mit seinem Turm, dessen Untergeschosse der Zeit um 1240 entstammen und dem einige Jahrzehnte später entstandenen Langhaus zählt St. Christoph zu den wenigen Kirchen mit noch sichtbarer mittelalterlicher Bausubstanz in Mainz. Allerdings wurde sie mehrmals massiv umgestaltet: im Barock entfernte man teilweise den gotischen Bauschmuck und errichtete eine neue Apsis. Im 19. Jh. nahm man die Änderungen zurück und regotisierte den Bau. Aufgrund ihrer schweren Zerstörung im 2. Weltkrieg entschloss man sich 1963/64 zu einer außergewöhnlichen Maßnahme: Einerseits sollte die Kirche als Gottesdienstraum erhalten bleiben, andererseits wollte man einen Ort des Gedenkens für die Opfer von Krieg und Gewalt schaffen. So wurden lediglich die Ostteile als Kirchenraum wiederhergestellt, während Langhaus und Turm ganz bewusst als Ruine konserviert wurden und keine Rekonstruktion erfuhren. Im Ostteil finden heute regelmäßig Gottesdienste und Meditationen der katholischen Cityseelsorge statt und auch die Alt-Katholische Gemeinde hat hier eine Heimat gefunden. In dem kleinen Kirchenraum sind nur noch wenige ältere Ausstattungsstücke versammelt, wie etwa zwei spätgotische Skulpturengruppen oder das romanische Kruzifix aus dem Heilig-Kreuz-Stift (heute in Kopie). Bemerkenswert ist auch der gotische Taufstein, über dem Johannes Gutenberg getauft worden sein soll. Eine hohe Beton-Glaswand markiert den Übergang vom Kirchenraum in den Bereich des Mahnmals für den Frieden. Zwischen den wuchtigen Betonstreben des ergänzten nördlichen Seitenschiffes entfaltet der moderne Relieffries von Heinz Hemrich 2000 Jahre Mainzer Geschichte, Zerstörung und Wiederaufbau. Jährlich finden hier am 27. Februar Gedenkfeiern statt, am Jahrestag des größten Luftangriffs auf Mainz 1945, nach dem nur noch 6 % aller Mainzer Wohnungen unzerstört geblieben waren. Seit 2015 laden Informationstische und Schautafeln ein, sich über die Geschichte von Kirche, Drittem Reich, Zwangsarbeit und Zerstörung zu informieren. Bänke in und vor der Kirche bieten einen Ort zum Verweilen und zum Gedenken.

14 BESONDERE GLOCKEN UND GELÄUTE

Günter Schneider, Glockensachverständiger im Bistum Mainz

Glockenabgabe 1942,
St. Cosmas und Damian,
Gau-Algesheim

MAINZ, ST. QUINTIN

Bienenkorb und Lumpenglöckchen

In der ältesten Mainzer Pfarrkirche läuten im gotischen Eckturm vier Glocken aus ganz unterschiedlichen Epochen. Das kleinste Exemplar ist eine Glocke in der sogenannten „Bienenkorbform", einer archaischen Rippenform der ausgehenden Romanik. Der schmuck- und inschriftenlose Klangkörper kann auf den Zeitraum um 1250 datiert werden und ist somit die älteste erhaltene Glocke des Bistums. Im Volksmund wird sie „Lumpenglöckchen" genannt, weil sie früher zur Sperrstunde der Weinlokale den Zechern läutete. Heute erklingt es abends zum Angelus. Nach der Sanierung des Turmes 1908 entstand ein vierstimmiges Hauptgeläute, dessen kleinste Glocke beide Weltkriege überstanden hat. Die beiden heutigen größten Glocken kamen erst 2005 in den Turm. Es handelt sich um Bochumer Stahlglocken von guter Klangqualität, die aus Nordrhein-Westfalen stammen.

Lumpenglöckchen,
St. Quintin, Mainz

1	Judas Thaddäus	d’	1350 kg	Bochumer Verein, Bochum	Stahl	1920
2	Katharina	e’	1050 kg	Bochumer Verein, Bochum	Stahl	1923
3	Quintin u. Blasius	a’	463 kg	Petit & Edelbrock, Gescher	Bronze	1908
4	„Lumpen-glöckchen“	c’’’	115 kg	Unbekannter Gießer, Mainz	Bronze	ca. 1250

FREI-LAUBERSHEIM, ST. MAURITIUS UND GEFÄHRTEN

Spätgotisches Duo

Im romanischen Seitenturm der Kirche hat sich von den ursprünglich drei spätgotischen Glocken ein klangvolles Duo erhalten. Beide Glocken weisen Jahreszahlen und Inschriften in gotischen Minuskeln auf. Leider wurden bei der zwischenzeitlichen Ablieferung im Zweiten Weltkrieg die Kronen der Glocken beschädigt, kehrten aber wieder in den Turm zurück. Beide historische Glocken werden der Speyrer Glockengießer-Werkstatt des 15. Jh. zugeordnet. Die mittlere Glocke wurde in der Nachkriegszeit ergänzt. Die größte Glocke trägt die liturgische Inschrift in spätgotischen Minuskeln: „gloria in excelsis – osanna filio david benedictus qui venit in nomine domini“.

1	Osanna	gis’	550 kg	Otto von Lautern, Speyer	15. Jh.
2	Pax	h’	361 kg	Petit & Gebr: Edelbrock, Gescher	1949
3	Christus	cis’’	200 kg	Johannes Otto, Speyer	1474

INGELHEIM-GROSSWINTERNHEIM, ST. JOHANNES EVANGELIST

Patenglocken aus Schlesien

Der romanische Wehrturm neben der heutigen Barockkirche weist eine lange Glockengeschichte auf. Nach der letzten Kriegsablieferung blieb die kleinste Glocke des Geläutes von 1863 übrig. Heute ist es die größte eines neu zusammengestellten Ensembles. 1952 wurden der Kirchengemeinde zwei sogenannte „Paten- oder Leihglocken“ aus den deutschen Ostgebieten zugeteilt, die im

Hamburger Hafen auf dem „Glockenfriedhof" vor dem Einschmelzen verschont blieben. Es sind historisch wertvolle Barockglocken aus Schlesien mit aufwändigen Verzierungen. Das Geläute aus drei Jahrhunderten bildet ein spannungsreiches Trio.

1	Johannes	c''	215 kg	Andreas Hamm, Frankenthal	1863
2	Pest-Glocke aus Ziegenhals	es''	140 kg	Samuel Benjamin Mager, Neisse	1784
3	Glocke aus Rogau	g''	75 kg	Unbekannter schlesischer Gießer	1646

MAINZ, ST. PETER

Größte historische Glocke

Für die doppeltürmige Barockkirche goss Johann Peter Bach aus Windecken (Wetterau) 1757 ein repräsentatives, vierstimmiges Geläute. Im 2. Weltkrieg wurden davon drei Glocken vernichtet, nur die größte überstand durch einen Sturz in eine tiefere Etage den Brand der Kirche. Nach dem Wiederaufbau wurden die früheren Töne wieder ergänzt. Die Heilandsglocke ist die größte historische Glocke des Bistums. Nach einer Sanierung im Jahre 2013 hat sie wieder ihren barocken Klangcharakter erhalten.

1	Heilandsglocke	a°	3333 kg	Johann Peter Bach, Windecken	1757
2	Maria	c'	2420 kg	Petit & Gebr. Edelbrock, Gescher	1960
3	Peter u. Paul	d'	1658 kg	Petit & Gebr. Edelbrock, Gescher	1962
4	Franz Xaver	e'	1136 kg	Petit & Gebr. Edelbrock, Gescher	1960
5	Elisabeth	d''	190 kg	Petit & Gebr. Edelbrock, Gescher	1961

WORMS- HERRNSHEIM, ST. PETER

Drei Epochen Frankenthaler Gießer

Die Glockengeschichte der Kirche lässt sich bis in die Spätgotik zurück verfolgen. Zwei Glocken dieser Periode aus Herrnsheim sind sogar an anderer Stelle erhalten geblieben. Heute vereint der gotische Turm Glocken aus drei Epochen der Gießerwerkstätten in Frankenthal, die zu einem „Salve-Regina-Motiv" zusammengefügt wurden. Auf der Magdalenen-Glocke ist in der Inschrift durch ein Chronogramm (große Buchstaben als römische Zahlen) die Jahreszahl 1785 zu errechnen: „oMnI – potentI Deo – patrI VnIVersI – CVI – gLorIa – perrennIs – CIVes hVIates".

1	Petrus	des'	1485 kg	Karl Hamm, Frankenthal	1910
2	Magdalena	f'	950 kg	Georg Friedrich Schrader, Frankenthal	1785
3	Sebastian	as'	510 kg	Hermann Hamm, Frankenthal	1951
4	Schutzengel	b'	350 kg	Hermann Hamm, Frankenthal	1951

INGELHEIM, ST. REMIGIUS

Heidelberger Glockenkunst

Im romanischen Turm aus dem 12. Jh. hängen seit 1957 sechs Glocken aus unterschiedlichen Epochen. Nach dem barocken Umbau des Kirchenschiffes wurde 1789 ein neues Geläute angeschafft, aus dem noch zwei Glocken erhalten sind. Die Gießerfamilie Speck aus Heidelberg goss sie vor Ort mit barocken Verzierungen. Aus der Heidelberger Gießerei von Friedrich Wilhelm Schilling kamen in der Nachkriegszeit drei neue Glocken hinzu. Außerdem gesellte sich noch eine kleine Glocke aus der ehem. Jesuiten-Niederlassung in Ingelheim in das Ensemble.

1	Remigius	des'	1700 kg	Anselm u. Lucas Speck, Heidelberg	1789
2	Kilian	es'	1200 kg	Anselm u. Lucas Speck, Heidelberg	1789
3	Maria	f'	748 kg	Friedrich W. Schilling, Heidelberg	1952
4	Hl. Kreuz	as'	582 kg	Friedrich W. Schilling, Heidelberg	1957
5	Lazarus	b'	405 kg	Friedrich W. Schilling, Heidelberg	1957
6	Sakramentsglocke	e''	130 kg	Georg Christoph Roth, Mainz	1727

MAINZ, DOM ST. MARTIN
Kanonen zu Glocken von Napoleons Gnaden

Bei der Beschießung von Mainz 1793 geriet auch der Dom in Brand und alle 15 Glocken bis auf eine wurden zerstört. Nach der Wiedereinrichtung der Domkirche gelang es Bischof Colmar von Kaiser Napoleon drei eroberte preußische Kanonen zu erhalten, die zum Guss eines neuen Domgeläutes 1809 eingeschmolzen wurden. Joseph Zechbauer, Inhaber der Werkstatt Roth in Mainz, goss die vier neuen Glocken vor Ort im Kreuzgang des Domes. Sie haben beide Weltkriege überstanden und wurden 1960 und 2002 durch weitere Glocken ergänzt. Die Inschrift der Martinusglocke weist auf deren erhabenen und sonoren Klang hin:

„JUBELT MENSCHEN ODER ZITTERT,
WENN MEIN RUF EUCH ERSCHÜTTERT.
NUR DAS ERNSTE, DAS ERHABNE KÜND ICH EUCH,
SIEGESBOTSCHAFT, FRIEDENSKUNDE,
GROßER MÄNNER TODESSTUNDE,
UND AN TAGEN DES TRIUMPHS VON GOTTES REICH
WECK ICH EUCH MIT FEIERLICHEM KLANGE
ZU DES WELTERLÖSERS LOBGESANGE."

1	Martinus	b°	3300 kg	Joseph Zechbauer, Mainz	1809
2	Maria	c'	1900 kg	Joseph Zechbauer, Mainz	1809
3	Albertus	d'	1994 kg	Friedrich W. Schilling, Heidelberg	1960
4	Willigis	es'	1607 kg	Friedrich W. Schilling, Heidelberg	1960
5	Joseph	f'	900 kg	Joseph Zechbauer, Mainz	1809
6	Bonifatius	g'	500 kg	Joseph Zechbauer, Mainz	1809
7	Bilhildis	b'	548 kg	Friedrich W. Schilling, Heidelberg	1960
8	Hl. Geist	d''	274 kg	Ars liturgica Maria Laach, Br. Michael (OSB)	2002
9	Lioba	f''	147 kg	Friedrich W. Schilling, Heidelberg	1960

WORMS, LIEBFRAUEN

Die Melodie des Domkapellmeisters

Im Südturm der gotischen Kirche befindet sich ein dreistimmiges Geläute, das nach der Restaurierung der Türme 1885 von Andreas Hamm aus Frankenthal eingebaut wurde.
Die Disposition hatte der damalige Glockensachverständige der Diözese Mainz, Domkapellmeister Georg Viktor Weber als melodisches Motiv zusammengestellt.
Es gehört zu den wenigen erhaltenen Ensembles des späten 19. Jh. und zeigt die hohe Gießerkunst der Frankenthaler Werkstatt. Der gusseiserne Glockenstuhl und die besonderen Eisenjoche sind eine Spezialität der Gießerei Hamm. Die Inschrift auf allen drei Glocken kann als Zeitdokument des Kulturkampfes gedeutet werden:

„GEGOSSEN VON ANDREAS HAMM ZU FRANKENTHAL IM JAHRE 1885, DA LEO XIII. PAPST, DER BISCHÖFLICHE STUHL ZU MAINZ ERLEDIGT UND NIKOLAUS REUSS PFARRER VON ST. MARTIN UND LIEBFRAUEN ZU WORMS WAR."

1	Maria	des'	1427 kg	Andreas Hamm, Frankenthal	1885
2	Valentinus	es'	1011 kg	Andreas Hamm, Frankenthal	1885
3	Nikolaus	f'	714 kg	Andreas Hamm, Frankenthal	1885

GAU-ALGESHEIM, ST. COSMAS UND DAMIAN

Umfangreichstes Pfarrgeläute

Nach dem Erweiterungsbau der Pfarrkirche und des Turmes wurde 1889 ein neues vierstimmiges Hauptgeläute von Glockengießer Pfeifer aus Kaiserslautern geliefert. Davon erhalten ist noch die Marienglocke, im Volksmund „Römerglocke" genannt. Im Dachreiter über der Vierung hängt vom gleichen Gießer ein prämiertes und überreich verziertes Glöckchen, das nur solistisch verwendet wird. Nach Ablieferungen in zwei Weltkriegen konnten 1950 wieder drei Glocken ergänzt werden.

Todesangstglocke
St. Cosmas und Damian,
Gau-Algesheim

Da im Glockenstuhl noch Platz war, wurde im Zusammenhang der Turmsanierung 2014 ein Zimbelgeläute aus drei kleinen Glocken einer aufgelösten evangelischen Kirche in Frankfurt a. M. eingebaut. Mit den nun acht Klangkörpern ist es das umfangreichste Pfarrgeläute in Rheinhessen.

1	Maria Assumpta	cis'	2000 kg	Pfeifer, Kaisers-lautern	1889
2	Cosmas u. Damian	e'	1168 kg	Feldmann& Marschel, Münster	1950
3	Laurentius	fis'	728 kg	Feldmann& Marschel, Münster	1950
4	Johannes d. T. u. Barbara	gis'	518 kg	Feldmann& Marschel, Münster	1950
5	Johannes XXIII	dis''	184 kg	Rincker, Sinn	1972
6	Josef	fis''	130 kg	Rincker, Sinn	1972
7	Mutter Teresa	gis''	91 kg	Rincker, Sinn	1972
8	Todesangst-glöckchen	g''	69 kg	Pfeifer, Kaisers-lautern	1888

BAD KREUZNACH- PLANIG, ST. GORDIANUS

Glocken aus Bremen

Das Erstgeläute der neuromanischen Kirche ist im Grunde bis heute erhalten geblieben. Die Kirchengemeinde entschied sich im Jahre 1900 für die Gießerei Otto in Bremen, die für ihre tongenauen Glocken in Deutschland bekannt war. So ist auch das Geläute in beiden Kriegen wegen seines hohen musikalischen Wertes vor der Einschmelzung verschont worden. 1933 wurde die Marienglocke wegen eines Schadens in gleicher Form neu gegossen. Das erhaltene Trio ist ein seltenes Beispiel der hohen Gießerkunst der Jahrhundertwende.

1	Maria	as'	763 kg	Gebr. Otto, Bremen - Hemelingen	1933
2	Joseph	b'	495 kg	Gebr. Otto, Bremen - Hemelingen	1900
3	Michael	c''	350 kg	Gebr. Otto, Bremen - Hemelingen	1900

SÖRGENLOCH, MARIÄ OPFERUNG

Eine Frauenglocke im Turm

Die gotische Wallfahrtskirche erhielt 1784 einen Chorturm, in dem zuerst nur zwei Glocken eingerichtet waren. Seit 1920 waren Eisenhartguss-Glocken vorhanden, die aber wegen ihres stark angerosteten Zustands ein Sicherheitsrisiko darstellten. Auch der barocke Holzglockenstuhl benötigte dringend eine Stabilisierung. Das jetzige Geläute wurde deshalb 2003 neu zusammengestellt. Eine Vorratsglocke und eine abgestellte historische Glocke aus Bad Nauheim standen für das Projekt zur Verfügung. Die kleine Kreuzglocke stammt noch aus dem früheren Dachreiter und hat alle Kriege überstanden. Die Inschrift der Bad Nauheimer Glocke geht auf den Deutschen Frauenbund zurück und ist ein zeitbedingtes Zeugnis der Weimarer Republik:

„SANKT ELISABETH HILF AUFERBAUEN - DEUTSCHES LAND DURCH ZÜCHTGE FRAUEN !"

1	Elisabeth	a'	545 kg	Heinrich Ulrich, Apolda	1924
2	Petrus	d''	225 kg	Alfred Bachert, Heilbronn	2000
3	Kreuzglocke	e''	130 kg	Georg Christoph Roth, Mainz	1714

OBER-FLÖRSHEIM, ST. PETER UND PAUL

Glockenguss im Kloster

Über sechzig Jahre läutete in der katholischen Pfarrkirche nur eine einzige Glocke. Sie war aus dem Geläute von 1930 übrig geblieben,

Glockenweihe, St. Peter und Paul, Ober-Flörsheim

während die anderen im Zeiten Weltkrieg abgeliefert werden mussten. 2005 konnte wieder ein dreistimmiges Ensemble zusammengestellt werden. Die Basis bildete eine Stahlglocke mit guter Klangqualität. Sie ist ein Geschenk der katholischen Kirchengemeinde von Netphen bei Siegen. Die Klangkrone des Geläutes wurde in der Benediktiner-Abtei Maria Laach eigens für Ober-Flörsheim gegossen. Bruder Michael (OSB) hat sie in seiner kleinen Gießerei nach der Rippengestaltung der Werkstatt Ulrich/Apolda nachgeformt. Das neue Trio bildet ein akkordisches Motiv und ist auch auf die Glocken der evangelischen Kirche in unmittelbarer Nachbarschaft ökumenisch abgestimmt. Im Chorraum der Kirche hängt noch eine Sakristeiglocke, die 1727 in Mainz für den früheren Dachreiter gegossen wurde.

1	Peter u. Paul	e'	1080 kg	Bochumer Verein für Gussstahl, Bochum	1911
2	Maria	g'	564 kg	Heinrich Ulrich, Apolda	1930
3	Remigius	h'	342 kg	Ars liturgica Maria Laach, Br. Michael (OSB)	2005
(4)	Kreuzglocke	a''	45 kg	Georg Christoph Roth, Mainz	1727

UNDENHEIM, MARIÄ HIMMELFAHRT

Glockenstuhl im Kirchendach

Die ehemalige Wehrkirche hat keinen Turm, besitzt aber Glocken. Als im 18. Jh. der spätgotische Chor durch ein barockes Kirchenschiff erweitert wurde, richtete man einen Holzglockenstuhl auf dem Dachboden über dem Chorgewölbe ein. Wie bei damaligen Pfarrkirchen üblich, ist darin für drei Glocken nebeneinander Platz. Ein Exemplar aus jener Zeit ist im alten Glockenstuhl erhalten geblieben. Fünf Dachgauben dienen als Schallfenster.

1	Josef	g'	642 kg	Friedrich W. Schilling, Heidelberg	1964
2	Maria	b'	385 kg	Georg Friedrich Schrader, Frankenthal	1780
3	Georg	c''	266 kg	Hermann Hamm, Frankenthal	1950

WORMS-PFEDDERSHEIM, MARIA HIMMELFAHRT

Sechs Glocken und drei Eigentümer

Die Kirche wurde nach 1705 für die gleichzeitige Nutzung von zwei Konfessionen neu eingerichtet und durch eine Mauer geteilt. Das Kirchenschiff ist bis heute Eigentum der evangelischen Gemeinde, der Chor ist katholisches und der gemeinsame Kirchturm städtisches Eigentum. Im Turm hängen sechs Glocken, deren Nutzung durch die drei Besitzer in einem Vertrag geregelt ist. Zu evangelischen Gottesdiensten werden die evangelischen und städtischen Glocken geläutet, zu katholischen Gottesdiensten erklingen die katholischen und städtischen Glocken. Bei ökumenischen Anlässen ertönt das volle Geläut.

1	(ev.)	Christus	f'	846 kg	Rincker, Sinn	1952
2	(städt.)	Totengedenkglocke	g'	587 kg	Rincker, Sinn	1952
3	(kath.)	Christkönig	a'	468 kg	Hamm, Frankenthal	1953
4	(städt.)	Friedensglocke	b'	364 kg	Rincker, Sinn	1953
5	(kath.)	Maria	c''	268 kg	Hamm, Frankenthal	1953
6	(ev.)	Luther-Glocke	d''	154 kg	Zimmermann, Mannheim	1769

Glockenabgabe 1942 St. Martin in Bingen.

MAINZ

Dom St. Martin

Liebfrauenplatz 4
(Haupteingang
am Markt)
55116 Mainz

Tagsüber geöffnet.
Weitere
Informationen:
www.mainz-dom.de/
info/info_index.htm

Der Mainzer Dom, unübersehbares Wahrzeichen der Stadt, geht auf eine Gründung des Erzbischofs Willigis zurück, der bald nach seinem Amtsantritt 975 mit dem Bau einer neuen Bischofskirche begann. Nach dem Vorbild der römischen Mutterkirche, Alt-St. Peter, entstand eine doppelchörige Basilika mit weit ausladendem Querhaus, die nach Westen ausgerichtet war und im Osten ein vorgelagertes Atrium besaß. Mit dieser Baugestalt sollte die dem hl. Martin von Tours geweihte Kathedrale den hohen Anspruch des Mainzer Erzbistums zum Ausdruck bringen, als „Zweites Rom" eine herausragende Stellung im Reich einzunehmen. 1009, am Tag seiner Weihe, brannte dieser Dombau nieder – lediglich die unteren Geschosse der beiden runden Flankentürme des Ostchors sind bis heute erhalten geblieben. Nach seiner Wiederherstellung 1036 und erneuten Bränden wurden seit dem frühen 12. Jh. Langhaus und Ostbau neu errichtet; der Westchor erhielt seine heutige Gestalt im frühen 13. Jh. 1239 erhielt er seinen Abschluss mit der Fertigstellung des von dem berühmten „Naumburger Meister" geschaffenen Westlettners (1681/82 abgebrochen; Fragmente heute im Dommuseum). Zahlreiche weitere Um- und Anbauten prägen bis heute den Bau, unter anderem wurden die Obergeschosse der Türme im 18. bzw. im 19. Jh. neu aufgesetzt. Man betritt den Dom üblicherweise durch das Marktportal auf der Nordseite der Kirche. Hier kann man gleich mehrere künstlerische und historische Highlights bestaunen: Die bronzenen Türflügel stammen noch aus dem Bau des frühen 11. Jh. – die Inschrift im Rahmen berichtet stolz, dass Willigis als erster Erzbischof nach dem Tod Karls des Großen Türen aus Metall durch den Handwerker Berenger anfertigen ließ. Eine zweite Inschrift wurde später hinzugefügt: Um 1135 gewährte Adalbert I., Erzbischof von Mainz, seinen Bürgern das Privileg, keine Steuerforderungen auswärtiger Vögte bezahlen zu müssen. Damit bedankte er sich bei ihnen für die Befreiung aus der Haft, in die er während des Investiturstreits geraten war. Die mit 62 laufenden Metern erstaunlich lange Inschrift berichtet von diesem Ereignis. Tritt man ins Innere, beeindruckt die Monumentalität des romanischen Kirchenraums. Trotz

seiner bewegten, von Raub und Zerstörung geprägten Geschichte, beherbergt der Dom noch in weiten Teilen seine Ausstattung. Einzigartig ist die nahezu lückenlose Reihe erzbischöflicher Grabdenkmäler vom 13. bis ins 20. Jh. Viel zu sehen gibt es im Mainzer Dom, und jeder wird wohl Details entdecken, die ihn begeistern – seien es die ausdrucksstarken romanischen Kapitelle und Reliefs rechts neben dem Hochaltar, die feinen gotischen Maßwerkformen der Seitenkapellen, die reichen barocken Grabmäler und Epitaphien oder die im „Nazarenerstil" gemalten Szenen aus dem Leben Jesu in den Bogenfeldern des Langhauses. Menschen, die dem Trubel der Touristengruppen entgehen möchten, finden im spätgotischen Kreuzgang Ruhe und einen Ausblick auf die sonst kaum einsehbare Südseite des Doms. Hier befindet sich auch der Eingang zum Dom- und Diözesanmuseum, in dem der Domschatz sowie kirchliche Kunstwerke aus Mainz und dem Bistumsgebiet gezeigt werden. Wer einen Ort des stillen Gebets sucht, findet diesen in der Gotthardkapelle des 12. Jh., in der sich das beeindruckende romanische „Udenheimer Kruzifix" befindet, sowie in der Sakramentskapelle, die einzige mit modernen Glasfenstern von Johannes Schreiter ausgestattete Kapelle, in der der Tabernakel mit dem „Allerheiligsten" aufbewahrt wird.

Schau' mal hin! Und, haben Sie dieses Wesen bei Ihrem Dombesuch entdeckt? Ganz hinten im Osten, an der Wand links vom nördlichen Ostportal ist es in die Wand eingeritzt, mit Kugelaugen und dickem Bauch – was ist das bloß? Der Vergleich mit den Figuren außen an den Portalen im Norden und Osten verrät es: Da sitzen ganz ähnliche Tiere, blecken die Zähne oder umarmen einen Widder, und es wird klar: Hier ist ein Löwe dargestellt. Die Ritzzeichnung diente vermutlich den Steinmetzen des Mittelalters als Vorzeichnung für die Löwenskulpturen an den Portalkapitellen.

St. Emmeran

Emmeranstr. 17
55116 Mainz

Tagsüber (mit Mittagspause) geöffnet.

Lange hat es gedauert, bis die im 2. Weltkrieg schwer zerstörte Kirche St. Emmeran wieder mit Leben erfüllt wurde: Erst 1978–1981 gelang die Renovierung der brachliegenden Ruine, die aus kaum mehr als den Umfassungsmauern und wenigen Resten der Seitenschiffgewölbe der mittelalterlichen Pfarrkirche bestand. Bei den umfassenden Arbeiten wurden der Ostchor und die östlichen Joche des Langhauses zur gottesdienstlichen Nutzung wiederhergestellt, während man in der westlichen Hälfte des Kirchenschiffs eine zweigeschossige freitragende Beton-Aluminium-Konstruktion einzog, um darin Gruppenräume, eine kleine Küche und eine Caféteria mit Espressomaschine einzurichten – schließlich sollte hier nun die Italienische Gemeinde ihr neues Zentrum erhalten, das bis heute besteht. Seit 1987 wird die Gemeinde von Patres der Salesianer seelsorgerisch betreut. Inzwischen ist auch die Kroatische Mission hinzugekommen. Die Verwaltungsgebäude beider Gemeinden befinden sich vor der Westseite der Kirche mit ihrem 1672 gestifteten Hauptportal. Die Kirche selbst wurde um 1300 in einfachen gotischen Formen errichtet, mit Ausnahme des Turms, der im 12. Jh. entstand (untere Geschosse noch erhalten) und zu einer romanischen Vorgängerkirche gehörte. Im Gewölbejoch vor dem Chorpolygon kann man die rätselhafte Figur eines „Tugendmanns" sehen (Kopie, originale Fragmente im Dommuseum), an dessen ausgestreckten Armen und Beinen die Symbole der vier Kardinaltugenden Stärke, Klugheit, Mäßigung und Gerechtigkeit dargestellt sind.

Außen am Chor, nahe des Eingangs befindet sich eine kleine Nische aus Sandstein, bekrönt von einem spitzen baldachinartigen Aufbau. Darin war jedoch keine Figur aufgestellt, wie man vermuten könnte, sondern ein Licht für die Toten, die auf dem Kirchhof bestattet wurden oder deren Gebeine im Karner (▸ Sonderseite S. 80) der benachbarten Michaelskapelle lagen. Die Totenleuchte stammt aus der Zeit um 1400. Bedient werden konnte die Beleuchtung von Innen über eine kleine Öffnung. Dort an der Chorwand hängt die zugehörige Tafel mit den Stifterfiguren (Kopie).

Kapelle Heiligstes Herz Jesu

Hildegardisstr. 2
(im Hildegardis-
Krankenhaus)
55131 Mainz

Tagsüber geöffnet.
Krankenhauszentrale:
Tel.: 06131 147-0

Eine kluge Wahl traf Bischof Georg Heinrich Kirstein, als er 1912 dem neu gebauten Krankenhaus die hl. Hildegard von Bingen als Schutzpatronin zuwies. Passte die starke und entschlossene Äbtissin des 12. Jh. doch sehr gut zu den 1851 von Bischof Ketteler gegründeten Schwestern von der Göttlichen Vorsehung (▸ Mainz-Finthen), die das neue Hildegardis-Krankenhaus sowie einige weitere Krankenhäuser ebenso engagiert leiteten. Mit der Klinik wurde auch eine Kapelle eingeweiht, die dem Heiligsten Herzen Jesu gewidmet war. Von ihr ist noch die kleine Glocke des Dachreiters übriggeblieben, nachdem in den 1970er Jahren das alte Krankenhaus erweitert und modernisiert wurde und damit einhergehend auch eine neue Kapelle entstand (1972 geweiht). Samstag abends und Sonntag morgens läutet die alte Glocke zu den Gottesdiensten in der neuen, im Innenhof zwischen Hauptgebäude und Gartenbau liegenden Kapelle, die das Patrozinium von ihrer Vorgängerin übernommen hat. Der achteckige Bau ist eine betont schlichte Betonkonstruktion, die von oben über horizontale Lichtbänder sowie zwei großflächige farbige Betonglasfenster belichtet wird. Um die zentrale Altarinsel gruppierte Bänke laden sowohl zum individuellen Gebet als auch zur gemeinschaftlichen Feier der Eucharistie ein. Vor den Skulpturen des Herzen Jesu und der Muttergottes können Kerzen entzündet und private Andacht gehalten werden. In geborgener Atmosphäre finden die Menschen hier einen Raum der Stille und für die Zwiesprache mit Gott.

Der Mainzer Künstler Helimar Schoormans (1925–2013) schuf für die Kapelle ein bemerkenswertes Triptychon, das der hl. Hildegard gewidmet ist. In phantastischen Bildern zeigt er die Heilige schwebend, der Erde und ihrem Kloster entrückt, im Begriff, durch den Engel zu ihrer Rechten eine göttliche Vision zu empfangen. Links von ihr disputieren Päpste, Bischöfe und Kardinäle über diese kluge und couragierte Frau, die sich nicht scheute die Mächtigen der Kirche zu kritisieren und Missstände anzuprangern.

MAINZ

Klosterkapelle St. Klara

Gymnasiumstr. 7
55116 Mainz

Tagsüber geöffnet
(werktags 5.30–18.30 h,
sonntags 7.00–18.30 h)
Kontakt: Tel.: 06131
225981, www.klarissen-kapuzinerinnen-mainz.de

Mitten in Mainz gibt es, verborgen hinter einer unscheinbaren Hausfassade, einen Ort, an dem Tag für Tag und Jahr für Jahr „das Leid und die Nöte der Stadt und der ganzen Welt" vor das Angesicht des Herrn getragen werden: das Kloster der Klarissen-Kapuzinerinnen von der Ewigen Anbetung. Das Leben der Schwestern dieses kontemplativen Ordens könnte kaum gegensätzlicher sein zu dem des modernen Städters. In Klausur lebend, an einen Ort und eine Gemeinschaft gebunden und sich ganz in der Nachfolge Christi der Armut verpflichtend. Ohne geregeltes Einkommen leben sie in tiefem Gottvertrauen von dem, was die Menschen ihnen schenken. Der streng geregelte Tagesablauf beginnt morgens um 5.00 Uhr mit den ersten Stundengebeten in der Kapelle. Es schließt sich die Frühmesse an, nach der die Monstranz mit dem Allerheiligsten auf dem Sockel des Tabernakels zur durchaus wörtlich zu nehmenden „Ewigen Anbetung" ausgesetzt wird: Stündlich wechseln sich die Schwestern in der Anbetung / Betrachtung ab und schließen dabei in ihre Fürbitten die Gebetsanliegen mit ein, die an sie herangetragen werden. Eine halbtransparente Glaswand trennt die betenden Schwestern von den Besuchern, denen die Kapelle tagsüber jederzeit als Ort der Stille oder des Gebets offen steht. Zur Frühmesse und zur Vesper um 17.45 Uhr, die mit allen Anwesenden gebetet wird, kann die Wand geöffnet werden. Als weltabgewandt oder sich abschließend verstehen sich die Klarissen-Kapuzinerinnen aber nicht – im Gegenteil: „Die Schwestern, die hier zuhause sind, tragen immer die ganze Welt im Herzen." Ein tröstlicher Gedanke.

1272 kamen die ersten Klarissen nach Mainz, die bis zum Spätmittelalter eines der vornehmsten Mainzer Klöster, daher auch Reichklaren genannt, errichteten. Ihre Klosterkirche ist noch im Gebäude des Naturhistorischen Museums erhalten, das 1906 dort einzog. Im 17. Jh. entstanden die einem strengeren Armutsgelübde folgenden „Armklaren". Nach der Auflösung der Klöster 1802 wurde unter Bischof Ketteler 1860 am heutigen Ort ein neues Klarissenkloster eingerichtet, das im 2. Weltkrieg zerstört und danach wiederaufgebaut wurde.

Kapelle Heilige Drei Könige

Ballplatz 1
55116 Mainz

Tagsüber geöffnet.
Kontakt:
Congregatio Jesu,
Ballplatz 1, Mainz,
Tel.: 06131 2600

„Eine Oase mitten in der Innenstadt" beschreibt eine ehemalige Schülerin der Maria Ward Schule den Garten und die Kapelle, die sie heute noch beeindrucken und die sie auch, wie viele andere Ehemalige, für ihre Trauung gewählt hatte. Mitte des 19. Jh. erstanden die „Englischen Fräulein" (Maria Ward Schwestern) das Gelände des alten Dalberger Hofs, um ihre Mädchenschule fortzuführen. Von 1858 bis 1862 ließen sie die Kapelle im neuromanischen Stil bauen. Bischof Ketteler weihte sie. Namhafte Künstler wie der Baumeister Ludwig Metternich und die Maler August Gustav Lasinsky und Joseph Anton Settegast gestalteten den Innenraum. 1938 und 1962 wurde er nach dem jeweiligen Zeitgeschmack umgestaltet. 1988 konnten die übertünchten Wandmalereien der Erbauungszeit teilweise wieder freigelegt werden, so etwa der illusionistische Vorhang hinter dem Altar und die Ornamentik in den Seitenschiffen. Der Altar und die Tabernakelstele wurden 1988, angelehnt an den Stil der Bauzeit, neu geschaffen. Der Alte Dalberger Hof dient wie seither, jedoch nur noch bis 2018 den Schwestern der Congregatio Jesu als Wohnstätte. Bei dem vom Garten her sichtbaren massiven Turm handelt es sich übrigens um den einzig erhaltenen gotischen Wohnturm in Mainz, der schon im 15. Jh. erwähnt wurde. In dessen Untergeschoss befindet sich eine Kapelle, die nach dem Schlussstein des gotischen Gewölbes „Pelikan" genannt wird.

Die Statue vor der Kapelle zeigt Mary Ward (1585–1645), Gründerin des Ordens der Congregatio Jesu (früher: Institutum Beatae Mariae Virginis). Mit der Gründung eines Ordens nach dem Vorbild der Jesuiten, der sich dem aktiven Leben in der Gesellschaft und der Mädchenbildung widmen wollte, stieß sie nicht nur auf Gegenliebe. Man warf ihr Häresie vor, was letztlich zur Auflösung der Gemeinschaft führte. Erst um 1900 wurden Mary Ward und ihrem Orden die päpstliche Anerkennung zuteil. Heute läuft das Verfahren ihrer Seligsprechung.

MAINZ

Heilig Kreuz

Weichselstr./Ecke
Schlesische Str.
55131 Mainz

Tagsüber geöffnet.
Weichselstr. 60, Mainz,
Tel.: 06131 52674

Dem Mainzer Bischof Dr. Albert Stohr wurde 1953 ein ungewöhnlicher, geradezu revolutionärer Plan für einen Kirchenneubau vorgelegt und er besaß den Mut, ihn zu genehmigen. Für die 1938 gegründete Gemeinde Heilig Kreuz, deren Absicht eine Kirche zu bauen durch den 2. Weltkrieg vereitelt worden war, hatte Richard Jörg, unter Mitarbeit von Bernhard Schmitz, einen Zentralbau entworfen, in dem die Kirchenbänke halbkreisförmig um eine erhöhte runde Altarinsel angeordnet waren. Zehn Jahre vor der im 2. Vatikanischen Konzil beschlossenen Liturgiereform stellte ein derart konzipierter Kirchenraum in Deutschland ein absolutes Novum dar. Auch in der Konstruktion beschritt Architekt Jörg Neuland: Die den runden Altarraum überspannende, dreifach abgestufte Kuppel ist selbst kein tragendes Element. Die oberste Kuppelschale wird von zwei Betonstützenpaaren getragen. Von ihr sind wiederum die unteren Betonringe abgehängt. Den Raum zwischen den Ringen füllen Glasbausteine, die als einzige natürliche Lichtquelle den darunterliegenden Altarraum „überirdisch" belichten. Seit der jüngsten Renovierung 2005 zeigt die Kuppel wieder – neu interpretiert von Eberhard Münch – die seinerzeit kongenial von Paul Meyer-Speer konzipierte Farbgestaltung. Die sieben raumhohen kupferbeschlagenen Türen mit den 12 eingravierten Engeln vervollständigen symbolisch den Kreis der Gemeinde. Sie lassen sich auffalten und öffnen so die Kirche zum Vorplatz hin, was von der Gemeinde im Sommer sehr geschätzt wird.

Die während des 2. Vatikanischen Konzils (1962–1964) beschlossene Liturgiereform, sollte die „tätige und bewusste Teilnahme" der Gläubigen am gottesdienstlichen Geschehen ermöglichen. Liturgische Texte sollten fortan „leichter erfasst" werden können, weshalb anstelle von Latein auch die jeweilige Landessprache während der Messe gesprochen werden durfte. Sichtbarstes Zeichen der Reform ist der Volksaltar in der Mitte des Altarraums, an dem der Priester nun zur Gemeinde hin zelebriert, statt ihr wie zuvor den Rücken zuzuwenden.

St. Ignaz

Kapuzinerstr. 40
55116 Mainz

Tagsüber geöffnet.
Pfarrbüro: Kapuzinerstr. 36,
Mainz, Tel.: 06131 224264

Eine der prachtvollsten Mainzer Kirchen liegt etwas versteckt in der Kapuzinerstraße. Man muss aufmerksam sein, um hinter dem mächtigen Baum die frühklassizistische Fassade von St. Ignaz hervorblitzen zu sehen, die mit ihrer roten und weißen Farbigkeit dazu einlädt, der Pfarrkirche einen Besuch abzustatten. Erbaut wurde sie zwischen 1763–1773 nach den aufwändigen Plänen des Mainzer Hofstuckateurs Johann Peter Jäger – eine Entscheidung, die der damalige Kurfürst Friedrich Karl von Ostein getroffen hatte. Die zuvor von der Pfarrgemeinde eingereichten, weitaus bescheideneren Baupläne anderer Baumeister waren von Ostein mit der Begründung abgelehnt worden, Seine Gnaden wünsche „keine Bauernkirche in ihrer Residenz". Dieser Wunsch dürfte mehr als erfüllt worden sein. Mit ihrer majestätischen dreigeschossigen Fassade, an der geschickt antikisierende Säulenordnungen, Friese, Giebel und Gesimse mit barocken Puttenköpfchen und Ohrmuschelformen kombiniert sind, mutet St. Ignaz alles andere als provinziell an. Soviel Anspruch kostet Geld. Am Ende reichte es nicht mehr aus, um die vier Fassadennischen mit Figuren zu füllen. Lediglich die überlebensgroße Skulptur des Kirchenpatrons, des hl. Ignatius, Bischof von Antiochien, konnte noch wie vorgesehen durch den Bildhauer Johann Jakob Juncker gefertigt und 1772 in die zentrale Nische über dem Hauptportal gesetzt werden. Erst 1790 wurden die Leerstellen mit älteren, 1752 von dem genialen Rokoko-Bildhauer Nikolaus Binterim geschaffenen Skulpturen gefüllt. Sie waren ein großzügiges Geschenk des damaligen Pfarrers aus Gau-Bickelheim, der die Skulpturen von der aufgelösten Mainzer Kartause ersteigert hatte. Die elegant bewegten Figuren zeigen oben links den Erzengel Michael, der mit seinem Flammenschwert den Teufel besiegt, rechts Johannes den Täufer mit Kreuzstab und dem Lamm. Darunter ist rechts die „Madonna Immaculata"(= die Unbefleckte) und links Christus als Guter Hirte zu sehen. Im dreieckigen Giebelfeld über dem Portal steht in vergoldeten, hebräischen Schriftzeichen das Wort „Jahwe" (= Ich bin da), der

alttestamentarische Name Gottes geschrieben – eine stete Erinnerung an die Gegenwart Gottes unter den Menschen. Durch das Portal tritt man in einen wahren Festraum ein, dessen elegant-heitere Stimmung durch die über und über mit filigranen Stuckverzierungen geschmückten Wände erzeugt wird. Lichtgrüne Ranken scheinen bis in den gemalten Himmel der Deckengewölbe zu wachsen, in den Fensterlaibungen hängen an flatternden Bändern religiöse Embleme und auf der Emporenbrüstung sind 28 verschiedene Musikinstrumente dargestellt, passend zu dem großartigen Orgelprospekt von 1780, der wohl wie die Stuckarbeiten des gesamten Innenraums von Johann Peter Metz entworfen wurde. Ursprünglich barg das Gehäuse eine Barockorgel von Anton Onimus, die jedoch 1836 durch ein neues Instrument von Bernhard Dreymann ersetzt wurde, das inzwischen seinerseits eine Rarität darstellt. St. Ignaz ist eine Kirche, die abgehängt vom städtischen Trubel ihren Reiz entfaltet. Dies wissen auch die Besucher der sonntäglichen Abendmesse, zu der immer öfter auch Menschen aus anderen Stadtteilen kommen, um die besondere Atmosphäre des Gottesdienstes in diesem außergewöhnlichen Raum zu erleben.

Unter der Erde, in den Fundamenten von St. Ignaz verbirgt sich eine Besonderheit, die es in Deutschland nur selten, in Mainz aber gleich dreimal gibt: eine Krypta mit sogenannten Backofengräbern. Es handelt sich dabei um tiefe Wandnischen, in die man den Sarg oder Leichnam hineinschob. Eine andere Bezeichnung ist auch Schiebegrab. Die Öffnung wurde dann mit einer Steinplatte verschlossen. Auch in St. Christoph und in St. Peter gibt es noch solche Backofengräber, doch ist die Krypta von St. Ignaz mit 198 von ursprünglich 261 erhaltenen Grabnischen die größte. Die Inschriften auf den Verschlussplatten verraten, dass unter den hier bestatteten Personen Handwerksmeister sind, die am Bau der Ignazkirche beteiligt waren, wie etwa der Architekt Johann Peter Jäger, der Stuckator Johann Peter Metz, der Zimmerer, der Schreiner und der Wappenmaler. Die Krypta ist nicht öffentlich zugänglich.

St. Jakobus

Berlinerstr. 39a
55131 Mainz

Unregelmäßig geöffnet.
Pfarrbüro: An der Goldgrube 44, Mainz,
Tel.: 06131 53061

1966 blickte man in der Mainzer Südstadt einer freudigen Zukunft entgegen – überall wurde gebaut, die neue „Berliner Siedlung" wuchs und zur Betreuung der dort erwarteten 3000 Katholiken hatte das Bistum die Pfarrkuratie St. Jakobus errichtet. Für den Bau einer Kirche, eines Pfarrhauses und eines Gemeindezentrums war bereits ein Grundstück von 5500 qm erworben worden. Zunächst diente ein Holzpavillon als Kirchenraum – von der Gemeinde schlicht als „unsere Baracke" bezeichnet – die man bald niederzulegen gedachte, um in eine feste Kirche umzuziehen. Die Kölner Architektin Maria Schwarz hatte bereits Entwürfe für ein stattliches Gotteshaus mit 500 Plätzen vorgelegt, die begeistert aufgenommen wurden, aber nie realisiert werden konnten. Ganze 16 Jahre lang sollte die Pfarrei in der Oberstadt auf einen Kirchenbau warten, der am Ende erheblich bescheidener ausfiel, als es die schwungvollen Anfangsjahre erwarten ließen. Der Grund lag unter anderem in der geänderten Stadtplanung, die für das Gebiet weniger Wohnungen vorsah, was auch weniger Gemeindemitglieder bedeutete. Eine Kirche mit 200 Plätzen sollte nun genügen. 1982 konnte das neue Gemeindezentrum St. Jakobus, errichtet durch das gemeinnützige Siedlungswerk, eingeweiht werden, das ganz dem „Zwang zur Sparsamkeit und gestalterischer Strenge" unterworfen ist, wie es in der Festschrift zur Einweihung heißt. Dennoch entstand ein würdevoller, im Inneren durch Holz und Ziegelmauerwerk angenehm warm wirkender Sakralraum – bereichert durch die farbvoll leuchtende Symbolik seiner Fenster von Alois Plum.

Wie schon die nach dem Krieg neu gebaute Kirche St. Alban, knüpft auch St. Jakobus mit der Wahl des Patroziniums an die alte Geschichte eines untergegangenen Klosters an. 1050 hatte der Mainzer Erzbischof Bardo ein Benediktinerkloster auf dem Jakobsberg gegründet, das im Lauf der Jahrhunderte mehrmals zerstört und wiederaufgebaut wurde. Noch bis 1793 blieb die Klosterkirche, die später innerhalb der Zitadellenmauern lag, bestehen. Bei der Beschießung von Mainz ging sie endgültig zugrunde.

MAINZ

St. Johannes Evangelist

Dijonstr. 1
55122 Mainz

Während der Öffnungszeiten des Pfarrbüros zugänglich.
Kontakt: Dijonstr. 1, Mainz, Tel.: 06131 383766

Auf dem Gelände des 1921 gesprengten „Fort Gonsenheim" wurde 1930 das katholische Jugendwerk errichtet – eine Sport- und Bildungsstätte für die katholische Jugend. In der Nachkriegszeit siedelten sich in dessen Umgebung immer mehr Menschen an, für deren seelsorgerische Betreuung 1955 eine Pfarrkuratie eingerichtet wurde. Eine Kirche gab es noch nicht – die erste Messe wurde in der Jugendherberge im Gonsbachtal gefeiert, die folgenden im Jugendwerk. Erst 1966 waren Mittel für einen Kirchenbau vorhanden, an den trotz knappem Budget hohe Ansprüche gestellt wurden: Architekt Bernhard Schmitt wollte eine „großzügige Anlage", die sowohl durch ihre Lage, als auch „von der Form her", städtebaulich als „architektonische Dominante" wirken sollte. Über dem Grundriss eines Dreiecks (Symbol der Dreifaltigkeit) entwickelte er einen zweischaligen Bau, außen mit Bruchsteinen verkleidet, innen in Sichtbeton mit gestalterisch eingesetzten Schalungsfugen. Einzig die Eingangsfassade ist als Lichtwand mit filigraner Betonverglasung konzipiert. Kühn schwebt die Empore auf einem 11 Meter langen, freigespannten Brüstungsbalken, der mit Kreuzmotiven von Reinhold Petermann gestaltet wurde. Auch das den „Brennenden Dornbusch" symbolisierende Stahlrelief für die „Aussetzungswand" mit dem vergoldeten Tabernakel (Theo Graffé), stammt von Petermann – ebenso das Fassadenrelief und der Ambo, die beide den Adler zeigen, Symbol des Evangelisten Johannes. Das hohe Schwebekreuz aus Schmiedeeisen mit goldfarbenem Korpus weist auf den Sieg und Triumph Christi über den Tod hin. Die weit ausgestreckten Arme laden zur Mitfeier am Tisch des Herrn ein.

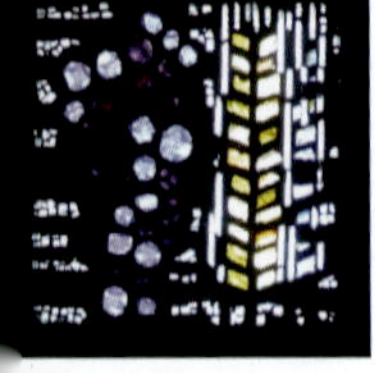

Die blaue Glaswand in der Taufkapelle symbolisiert das reinigende Wasser der Taufe. In sechs weiteren Fenstern sind die folgenden Sakramente versinnbildlicht. Taube und Feuerzungen stehen für den hl. Geist (=Firmung), Ähren und Trauben für Brot und Wein (=Eucharistie), der Hahn als Symbol für die Wachsamkeit gegen das Böse (= Buße), Ölzweig und Krug (= Krankensalbung), Stola und Bischofsstab (= Priesterweihe) und schließlich zwei Kerzen für das Sakrament der Ehe.

St. Joseph

Josefsstr. 74
55118 Mainz

Sonntags 8.00–13.00 h geöffnet.
Pfarrbüro: Josefsstr. 74, Mainz,
Tel.: 06131 611451

„Alles macht einen so beschwingten, fröhlichen Eindruck" – bemerkte Bischof Albert Stohr 1957 bei der Weihe der neu gebauten Pfarrkirche St. Joseph. Und tatsächlich strahlt der Kirchenraum mit seiner eigenwilligen Ellipsenform eine heitere Leichtigkeit aus, die dem äußerst schlichten Gebäude nicht sofort anzumerken ist. Dem Architekten Hugo Becker gelang diese Wirkung durch den Einsatz relativ weniger Mittel: Im Inneren setzte er vor die gebogene Raumschale einen dicht gereihten Kranz filigraner Rundstützen, die sowohl die flache Decke tragen, als auch die nackten Wände wirkungsvoll gliedern. Mit Ausnahme der Altarwand sind die Wandflächen von einem Band dicht aneinander gereihter Fenster in Form halber Ellipsen durchbrochen, die so hoch oben unter der Decke sitzen, dass diese zu schweben scheint. Die Ausstattung, wie etwa die der Ellipsenform folgenden Bankreihen, ordnet sich diesem Raum unter, der ganz auf den Altar hin ausgerichtet ist. Die Altarinsel greift wiederum die Grundform des Raumes auf und ist vom Fußboden über den Altar, den Ambo und den Taufstein einheitlich aus dunkelgrünem Marmor gefertigt, wodurch die liturgischen Hauptorte – abweichend von den hellen Materialien des übrigen Raums – als Einheit gekennzeichnet sind. Seitlich in der Josefskapelle befinden sich eine barocke Skulptur des Kirchenpatrons sowie ein Gemälde der hl. Rita von Cascia, deren Festtag seit einem Gelübde der Gemeinde von 1918 bis heute jedes Jahr am 22. Mai gefeiert wird.

1888 wurde eine Pfarrkuratie zur Betreuung des „Gartenfeldes", der heutigen Neustadt gegründet. 1892 konnte die neu gebaute Kirche St. Josef geweiht werden – den hl. Josef wählte man, weil er als Mann des Volkes ein passender Schutzpatron für die vorwiegend aus Arbeitern bestehenden Bewohner des Stadtviertels war, und weil die Kirche von der Bevölkerung ohne fremde Mittel errichtet wurde. Die neugotische Basilika wurde bei dem Großangriff auf Mainz am 27.02.1945 vollständig zerstört.

Kapelle St. Josef

Hintere Christophsgasse, Zugang über das Städtische Altenheim, Altenauergasse 7, 55116 Mainz

Über den Haupteingang des Altenheims zu erreichen. Tagsüber geöffnet. Kontakt: Tel.: 06131 28550

Wie ein hübscher freistehender Pavillon wirkt die barocke Josefskapelle mit ihrem prachtvollen Säulenportal, wenn man nur einen kurzen Blick von der Schusterstraße in die Hintere Christophsgasse wirft. Diese scheint am Kapellenbau zu enden, tatsächlich vollführt sie aber an dieser Stelle eine Linkskurve und verläuft weiter bis zur gleichnamigen Kirche. Dringt man weiter in die Gasse vor, klärt sich die Situation und man stellt fest, dass sich an die Josefskapelle ein großer Baukomplex anschließt – das städtische Altenheim. Ursprünglich wurde sie 1715–1719 als Hauskapelle des einstigen Mainzer Jesuitennoviziats erbaut und 1723/24 nochmals aufgestockt, um die Bibliothek unterzubringen. 1841 gelangte die Kapelle – bis heute einmalig in Mainz – in städtischen Besitz. 1942 brannte sie bei den Luftangriffen auf die Stadt völlig aus, der Baukomplex des ehemaligen Jesuitennoviziats, das seit Auflösung des Ordens 1773 eine Geschichte häufig wechselnder Nutzungen verzeichnen konnte, wurde komplett zerstört. Die Ruine wurde 1953 abgerissen und an deren Stelle das städtische Altenheim errichtet, wobei man die Kapelle integrierte. Bei deren Sanierung 1954/55 zog man eine Zwischendecke in den Raum ein, um sie für beide christliche Konfessionen nutzbar zu machen, die fortan übereinander Gottesdienst feierten! 2007/08 konnte diese Trennung wieder beseitigt werden – seither nutzt man den Raum gemeinsam. Anstelle der 1817 nach Laubenheim geschenkten Barockaltäre, befindet sich hier seit 2008 der prachtvolle Mönchhofaltar – eine Dauerleihgabe des Hessischen Landesmuseums Darmstadt.

Der sogenannten Mönchhofaltar wurde 1916 aus der Mönchhofkapelle bei Raunheim in das Hessische Landesmuseum überführt. Er wurde vermutlich von Burkhard Zamels und Anton Hirsch für das 1781 aufgelöste Mainzer Kartäuserkloster gefertigt und ist ein Meisterstück Mainzer Schreinerkunst des Barock. Im Zentrum des architektonischen, mit kostbaren Furnierhölzern belegten Altaraufbaus befindet sich ein Ölgemälde mit der Darstellung der Kreuzigung, flankiert von vier großen Heiligenfiguren.

Karmeliterkirche Maria Himmelfahrt

Karmeliterstr. 7
55116 Mainz

Tagsüber geöffnet.
Kontakt: Tel.: 06131 288570

Mitten in Mainz und doch abseits der Touristenströme liegt die Karmeliterkirche mit ihrer meditativen Raumstimmung. Das Kloster wurde 1285 erstmals urkundlich erwähnt, die Kirche entstand zwischen 1326 und 1350. Während das Klostergebäude nach seiner Zerstörung im 2. Weltkrieg neu gebaut wurde, besitzt die Kirche noch ihr gotisches Erscheinungsbild, das ganz den Bauidealen der Bettelorden entspricht: Schlichtheit und Verzicht auf übermäßigen Bauschmuck. Fast hätte Mainz diese Kirche verloren, denn nach der Säkularisierung und Auflösung des Klosters 1802 verfiel das als Lagerraum zweckentfremdete Gotteshaus zusehends und stand 1924 vor dem Abriss. Bürgerproteste und die Wiederbesiedlung durch niederländische Karmeliten führten zur Rettung der Kirche. Bei der Instandsetzung in den 1920er Jahren entdeckte man in den Deckengewölben spätgotische Malereien aus dem frühen 15. Jh., die man abpauste und nach Befund neu anlegte. Dank der damals gefertigten Schablonen konnte die reiche Ausmalung nach den schweren Brandschäden 1942/45 weitgehend originalgetreu wiederhergestellt werden. Erhalten blieb auch der spätgotische Flügelaltar (im Kern 14. Jh.) mit seinen 1517 gestifteten, vergoldeten Reliefs, der in einer raffiniert konstruierten Nische im Chorscheitel steht. 1968–1970 schuf Jan Schoenaker den bildreichen Fensterzyklus, in dem unter anderem Szenen aus der Heilsgeschichte dargestellt sind. Bemerkenswert ist die sogenannten Karmeliter-Madonna, ein Meisterwerk des „Weichen Stils" um 1400.

Im nördlichen Seitenschiff befindet sich der Reliquienschrein für den Karmelitenpater Titus Brandsma (1881–1942), dessen Kritik am Nationalsozialismus zu seiner Verhaftung und Deportation ins Konzentrationslager Dachau führte. 1985 wurde er von Papst Johannes Paul II. seliggesprochen. Auf dem Schrein sind in farbigen Emails Szenen aus Brandsmas Leben dargestellt bis hin zu seiner Ermordung durch die Todesspritze. Im Schrein eingeschlossen sind Stücke seiner Kleidung und Erde aus Dachau.

MAINZ

Liebfrauen

Moselstr. 30
55118 Mainz

Mo–Do 9.00–12.00 h geöffnet.
Pfarrbüro: Moselstr. 30, Mainz,
Tel.: 06131 677502

Ziemlich international geht es zu in der Mainzer Neustadtkirche Liebfrauen: Die Pfarrei bildet nicht nur mit der Spanischsprachigen katholischen Gemeinde eine Einheit, sondern bietet auch Gastgruppen aus Indien und Afrika (Church of Pentecost) einen Treffpunkt. Kinder, Jugendliche, Alleinerziehende und junge Familien werden hier besonders angesprochen und mit zahlreichen Aktivitäten wie Hausaufgabentreffs, Kino, Spielenachmittagen und bezahlbaren Ferienfahrten unterstützt. Zu so vielseitigem und tätigem Handeln passt denn auch das 1964–1966 errichtete Kirchengebäude, das im Ensemble mit Pfarramt, Gemeindesaal und Kindergarten nicht architektonisch spektakulär, aber beeindruckend funktional und weiträumig daherkommt. Der Innenraum mit zum Altar hin ansteigender Holzdecke ist lichterfüllt und mit Fensterwänden von Peter Paul Etz gestaltet. Auf der Nordseite sind Szenen aus dem Alten Testament zu sehen, die auf der Südseite durch Ereignisse des Neuen Testaments vollendet werden. Bemerkenswert sind die zahlreichen frühen Tonarbeiten von Adam Winter, die noch aus der 1930 errichteten Notkirche stammen. Diese bestand aus dem Gemeindesaal eines 1929 begonnenen Kirchenbauprojekts, das jedoch nie fertiggestellt wurde. Das tönerne Altarretabel mit der Abendmahlszene (1937) wurde in die neue Kirche übernommen, ebenso die Relieftafeln mit musizierenden Engeln aus dem Marienaltar, die heute seitlich der Orgel angebracht sind sowie die Kreuzwegstationen und die Krippe.

Die neue Liebfrauenkirche übernimmt bewusst das Patrozinium der mittelalterlichen Liebfrauenkirche, die einst vor der Ostseite des Domes stand. 1311 eingeweiht, gehörte sie zu den hervorragendsten Kirchen der Spätgotik am Mittelrhein. 1793 wurde sie bei der preußischen Belagerung des französisch besetzten Mainz schwer beschädigt. 1803–1807 legte man die Ruine vollständig nieder, was bis heute als großer Verlust empfunden wird. Schon die 1929 geplante neue Liebfrauenkirche sollte an die glanzvolle Vorgängerin erinnern.

Maria Mater Dolorosa

Himmelgasse 18
Pforte Bruder-Konrad-Stift:
Weintorstr. 12, 55116 Mainz

Nur zu den Gottesdienstzeiten geöffnet. Bruder-Konrad-Stift, Tel.: 06131 576260

Mit ihrer fast byzantinischen Anmutung hebt sich die Kirche der „Schmerzhaften Muttergottes" von den übrigen Mainzer Kirchengebäuden ab. Ganz im neuromanischen Stil, aus roten Klinkern und hellem Sandstein wurde sie vom Architekten Clemens Rühl 1900/01 für das Kapuzinerkloster unter dem Namenspatrozinium St. Franziskus erbaut. Bischof Wilhelm Emmanuel von Ketteler hatte bereits 1854 die Neugründung eines Kapuzinerklosters initiiert und damit die seit der Säkularisation unterbrochene Traditionslinie der in Mainz seit 1618 ansässigen Kapuziner (das Kloster lag in der Kapuzinerstraße) wieder fortgeführt. Nachdem die Kirche errichtet war, konnten die Ordensbrüder 1903 in die unmittelbar daran anschließenden Klostergebäude einziehen. 1970 erwarben die Marienschwestern das Kloster und die Kirche und richteten dort ihr Mutterhaus ein, das bis heute besteht. Wer die Kirche betritt, mag überrascht sein ob der stilistischen Einheitlichkeit von Innen- und Außenbau, was unter den oft mehrfach umgestalteten Mainzer Kirchenräumen eine Besonderheit darstellt. Farblich herrschen im Inneren, im Gegensatz zu außen, helle Wandflächen vor, gegen die sich Architekturglieder aus rotem Sandstein absetzen. Höhepunkt des ganz auf die Hervorbringung einer klösterlich-kontemplativen Atmosphäre hin gestalteten Raumes ist das von italienischen Vorbildern angeregte Altarziborium, das von sechs Säulenpaaren getragen wird. Mit ihrer reduzierten, doch im Detail reich ornamentierten Ausstattung gehört die nur Wenigen bekannte Marienkirche zu den stimmungsvollsten Mainzer Kirchen.

Der Kapuzinerpater Hermann Josef Stärk (1879–1956) gründete 1926 zur seelsorgerischen Betreuung der Diaspora in Leipzig eine Schwesterngemeinschaft, für die er einige Schwestern aus dem Rheinland gewinnen konnte. Bereits 1929 verlegte man das Mutterhaus der Schwestern nach Mainz, wo sie die Leitung des Altenheimes Franziskusstift (1932 in Bruder-Konrad-Stift umbenannt) übernahmen, die sie bis heute fortführen. 1943 wurden sie als „Marienschwestern" (Societas Mariae) diözesanrechtlich anerkannt.

Marienkapelle und St. Bernhard-Kapelle

Im Erbacher Hof
Grebenstr. 24–26
55116 Mainz

Während der Öffnungszeiten des Erbacher Hofs geöffnet.
Kontakt: Tel.: 06131 2570

Etwa 100 Meter südlich des Domes liegt der Erbacher Hof, das heutige Tagungszentrum und die Akademie des Bistums Mainz. Gegründet wurde er im 12. Jh. (1177 erstmals urkundlich erwähnt) als Stadthof des im Rheingau gelegenen Zisterzienserklosters Eberbach. Die Mönche lagerten und veräußerten hier ihre landwirtschaftlichen Erzeugnisse, insbesondere den Wein, der die Haupteinnahmequelle des Klosters war. Von dem im Lauf der Zeit stetig anwachsenden Gebäudekomplex sind nach der Auflösung des Klosters 1803 und den schweren Zerstörungen im 2. Weltkrieg nur noch zwei Flügel erhalten geblieben. 1969 konnte das Bistum das gesamte Gelände erwerben und in mehreren Bauabschnitten sowohl alte Gebäudeteile wiederherstellen als auch die Hofanlage durch ergänzende Neubauten vervollständigen. Inmitten des barockisierten Westflügels erhebt sich die gotische Marienkapelle (ursprünglich der hl. Anna geweiht), die das Zentrum des Erbacher Hofes bildet. Bei ihrer Sanierung entdeckte man Reste frühgotischer, etwa um 1250 entstandener Wandmalereien – ein Zyklus mariologischer und christologischer Bilder – sowie Teile des originalen zweifarbigen Tonfliesenbodens, den man ebenso nach Befund rekonstruierte wie die ornamentale Teppichmalerei in der Sockelzone. Nur Wenigen bekannt, gehört die Marienkapelle doch zu den bedeutenden Mainzer Sakralbauten des Mittelalters. Ihr unmittelbar vorgelagert ist die moderne St. Bernhardkapelle. Beide Räume ergänzen einander in ihren liturgischen Aufgaben für den Erbacher Hof.

Das am besten erhaltene Wandmalereifragment zeigt die seltene Darstellung des sogenannten Throns Salomonis – ein bei den Zisterziensern als großen Marienverehrern beliebtes Bildmotiv. Am unteren Bildrand ist der für seine Weisheit berühmte biblische König Salomon in einer Bogennische sitzend zu sehen. Diese bildet den Unterbau für den großen Thron, auf dem die Gottesmutter sitzt, deren Schoß gleichsam zum „Thron" Christi wird. In der Lauretanischen Litanei wird Maria auch als „Sitz der Weisheit" angerufen.

St. Peter

Petersplatz 9
55116 Mainz

Tagsüber geöffnet.
Pfarrbüro:
Petersstr. 3, Mainz,
Tel.: 06131 222035

Die 944 errichtete Stiftskirche St. Peter befand sich einst „extra muros", vor den Stadtmauern von Mainz, bis zu ihrer Zerstörung und völligen Niederlegung 1658. Die Stiftsherren verlegten ihren Sitz nun in die Stadt, wo sie die am Rhein gelegene mittelalterliche Pfarrkirche St. Marien, genannt Odenmünster bezogen. 1747 riss man die Marienkirche ab und baute auf Veranlassung des Erzbischofs Ostein an deren Stelle die neue Peterskirche nach Plänen des Hofarchitekten Johann Valentin Thoman. Jener entwarf eine elegante Rokokokirche mit beeindruckender Doppelturmfassade, doch zurückhaltendem Bauschmuck. Erst beim Eintritt in den Kirchenraum entfaltet sich das ganz auf Überwältigung des Besuchers und dessen Entrückung in eine Welt himmlischer Herrlichkeit zielende künstlerische Gesamtkonzept. Meister Lanz fertigte die Stuckaturen, Giuseppe Appiani die reiche illusionistische Innenausmalung. Johannes Förster und Bildhauer Peter Heinrich Hencke schufen 1756–1762 eine der schönsten deutschen Rokokokanzeln, Franz Anton Herrmann unter anderem den imposanten Hochaltar. 1802 wurde das Stift aufgelöst – St. Peter wurde Pfarrkirche. Dass die französischen Revolutionäre 1793 ein leicht bekleidetes Mainzer Mädchen auf dem Kreuzaltar zur „Göttin der Vernunft" inthronisierten, gehört dagegen ins Reich der Legenden. Nachdem im 2. Weltkrieg Dach und Gewölbe und damit auch die Fresken Appianis zerstört waren, erfolgte 1978–1989 in einer bemerkenswerten Leistung deren Rekonstruktion durch die Würzburger Künstler Karl Manninger und Hermenegild Peiker.

Bis heute findet am 3. Freitag nach Pfingsten, am Fest Herz-Jesu, eine Wallfahrt zu St. Peter statt, bei der die Gläubigen sogenannte Batzekuchen vor dem Herz-Jesu-Altar segnen lassen. Das einem Milchbrötchen ähnliche Gebäck, das in einer Altstadtbäckerei nach geheimem Rezept gebacken wird, erhielt seinen Namen nach seinem einstigen Preis von einem Batzen (=12 Pfennige). Der Ursprung dieser Wallfahrt mit Kerzenprozession und Brotsegnung ist nicht bekannt.

St. Michael, Eich
Historische Ausmalung

KIRCHENRÄUME IM LAUFE DER ZEIT …

Der Zeitgeschmack macht vor Kirchengebäuden nicht halt. Immer wieder werden Ausstattungen entfernt, Wände und Decken umgestaltet, An- und Umbauten vorgenommen.Diese Veränderungen kann man im 20. Jahrhundert durch vorhandene Fotografien besonders leicht nachvollziehen – wir haben aus der großen Vielfalt zwei Kirchen ausgewählt, die beispielhaft für zahlreiche Umgestaltungen dieser Zeit sind.

Die Kirche in Eich zeigte sich kurz im frühen 20. Jahrhundert farbenfroh mit aufgemalten Quadern und Rankenfries im Langhaus, prächtigen Ranken- und figürlichen Malereien an der Stirnwand und im Altarraum.

Nach dem 2. Weltkrieg – in den 50er und 60er Jahren – suchte man Schlichtheit und klare Formen. In Eich wurde dies unter anderem durch die nüchterne Ausmalung in hellen Tönen mit zwei Engeln als einzige figürliche Darstellung erzielt. Kommunionbank, Stipes und Kanzel in modernen Formen unterstützen den Raumeindruck.

In den letzten Jahrzehnten versuchte man, diese starke Reduktion wieder etwas zurückzunehmen und ältere Raumfassungen wiederherzustellen. Aufwendige historistische Ausmalungen werden jedoch selten in ihrer Gänze wiederhergestellt. In Eich etwa hat man sich an der älteren Fassung orientiert, deren Aufteilung und Struktur übernommen, jedoch weniger überbordend und bunt ausgeführt. Einzelne ursprüngliche Ausstattungsstücke wie etwa der Seitenaltar konnten wieder in die Kirche gebracht werden.
Ein ähnliches Bild bietet sich in Bingen-Büdesheim: die opulente historistische Raumfassung wurde 1953 entfernt und durch eine schlichtere figürliche Ausmalung ersetzt.

in den 1950er/
1960er Jahren

2015

St. Aurens und Justina, Bingen-Büdesheim Historische Ausmalung

1973 beseitigte man auch diese und ersetzte sie durch eine noch reduziertere Ausmalung mit hellen Wandflächen und Quadermalerei an den Architekturgliedern. Reicher Figurenschmuck und üppige Ornamente entsprachen nicht mehr dem Zeitgeschmack.

nach 1973

Rund 20 Jahre später empfand man die weiße Raumschale als zu kühl und orientierte sich bei der Renovierung (1990) wieder am Vorbild des Historismus. Man beschränkte sich jedoch mit Ausnahme einer kleinen, ornamentalen Teppichmalerei im Chorscheitel auf eine großflächige Quadermalerei auf blassrotem Hintergrund. Moderne Ausstattungsstücke und die neu gestaltete Altarinsel sind passend dazu gestaltet.

nach 1990

MAINZ

St. Quintin

Quintinstr. 3
55116 Mainz

Geöffnet: täglich
10.00–13.00 h.
Dompfarramt
& St. Quintin:
Domstr. 10, Mainz,
Tel.: 06131 223727

Fast wie ein Bollwerk wirkt der Turm von St. Quintin, der ältesten unter den Mainzer Pfarrkirchen (744 erstmals erwähnt), die sich inmitten des städtischen Trubels erhebt. Wie von alters her schmiegen sich noch heute kleine Ladengeschäfte und Häuser an die Kirchenmauern und zeugen davon, wie sehr kirchliches und städtisches Leben miteinander verbunden waren. Auch der oben im Turm wohnende und Brandwache haltende Türmer (seit 1489) leistete seinen Dienst zum Wohle der Stadt. Tritt man ins Innere, kann man eine weiträumige, gotische Hallenkirche erleben, eine im Mainz des 14. Jh. beliebte Bauform. Fast sämtliche Ausstattungsstücke wurden, nachdem St. Quintin im 2. Weltkrieg ausgebrannt war, aus diversen Mainzer Kirchen zur Verfügung gestellt: So kam unter anderem die großartige Rokoko-Kanzel (1761, J. Förster) aus St. Emmeran hierher, ebenso das monumentale, 7,5 Meter hohe Altargemälde von Anton Maulbertsch (ursprünglich Altmünsterkloster). 1948 war die Pfarrkirche soweit hergestellt, dass man sie nutzen konnte, und 1951 erhielt sie wieder eine Reliquienpartikel ihres Namenspatrons, ein Geschenk des Bischofs von Soissons aus der Kathedrale St. Quentin – ein Akt, der zugleich ein Zeichen deutsch-französischer Versöhnung war. Obwohl der hl. Quintin bei der letzten Reform aus dem Kirchenkalender gestrichen wurde, feiert die Pfarrgemeinde jedes Jahr am 31. Oktober das Fest ihres Titelheiligen, bei dem der Reliquienschrein vor dem prächtigen Hochaltar ausgestellt wird.

In der Adventszeit bis zum 2. Februar ist in St. Quintin die außergewöhnliche Advents- und Weihnachtskrippe zu sehen, die 1929–1931 (weitere Figuren 1935) von Philipp Müller geschaffen wurde, und eingelagert im Dom den Krieg überstand. Sie zeigt nicht nur die Geburt Jesu, sondern auch heilsgeschichtliche Ereignisse davor, beginnend mit der Vertreibung von Adam und Eva aus dem Paradies. Sie wird am 1. Advent aufgestellt und „wächst" dann bis zur Weihnacht jede Woche um eine weitere Szene.

St. Rabanus Maurus

Am Judensand 31
55122 Mainz

Zu den Gottesdienstzeiten geöffnet. Pfarrbüro: Dijonstr. 1, Mainz, Tel.: 06131 383766

Auf dem Hartenberg, oberhalb des ehemaligen Jüdischen Friedhofs (daher der Straßenname Am Judensand) entstand Anfang der 1960er Jahre eine Neubausiedlung, die rasch anwuchs. Dem Wunsch nach einer eigenen Pfarrei kam das Bistum 1963 nach und schon ein Jahr darauf begann man mit dem Bau einer Kirche – im Übrigen die einzige Kirche des Bistums, die dem um 780 in Mainz geborenen Heiligen und „Lehrer der Deutschen", Rabanus Maurus, gewidmet ist. Nach Plänen von Diözesanbaurat Karl Josef Dicke entstand ein ganz der Moderne verpflichteter kubischer Bau aus Beton und Klinkersteinen, der aus dem Grundmodul des Quadrats heraus entwickelt ist. Aneinandergereiht zu großflächigen Rastern bilden sowohl die „leeren" Quadrate der hohen Betongitterwände des Altarraums als auch die Farbquadrate der Glasflächen in Fassade und Langhaus das bestimmende Gestaltungsmotiv im Innenraum. Außen schafft ein von flachgedeckten Säulenhallen umschlossenes Rasengeviert die Verbindung zum freistehenden Glockenturm und zitiert zugleich das antike Motiv eines Atriums, bzw. eines Kreuzgangs – vielleicht auch im Hinblick auf das nebenliegende Oblatenkloster. Bis auf die Neugestaltung der Altarinsel (1976) und einige neuere Ausstattungsstücke, zeigt sich die Kirche ganz im Stil der 1960er Jahre. Von der Eingangsfassade herab grüßt die monumentale, aus Bronze gegossene Figur des Rabanus Maurus, ein Werk des niederländischen Künstlers Cornelis Hoogenboom. Die beeindruckenden Glasfenster schuf der Mainzer Künstler Alois Plum.

Eng mit der Kirche verbunden ist die Geschichte des Klosters der Oblaten der Makellosen Jungfrau Maria, das sich in unmittelbarer Nachbarschaft befindet: Das funktionale Klostergebäude aus Beton und Backstein besaß ursprünglich ein Flachdach und wurde weitgehend von den Klosterbrüdern in Eigenleistung erbaut. In ihrer Tiefgarage richteten sie eine Notkirche für die neu gegründete Pfarrgemeinde ein, bis diese mit ihrem Kirchenbau fertig war. Ein ausrangierter Eisenbahnwaggon diente als Gruppenraum.

Klinikkapelle St. Rochus

Kath. Klinikpfarramt
Universitätsmedizin
Langenbeckstr. 1
55131 Mainz

Tagsüber geöffnet.
Katholisches Klinikpfarramt
St. Rochus, Haus 204, Mainz,
Tel.: 06131 177220

1911–1914 wurde in der Mainzer Oberstadt nach Plänen des damaligen Stadtbaumeisters Adolf Gelius ein neues Stadtkrankenhaus errichtet. Seit 1848 hatte man das im 18. Jh. erbaute St. Rochusspital in der Altstadt genutzt, doch die beengten Verhältnisse dort machten einen großzügigen Neubau erforderlich. Das Krankenhaus (seit 1952 Universitätskliniken) wurde im damals modernen Pavillonstil erbaut, als ein Ensemble eigenständiger Gebäude. Haus 204 beherbergt die Krankenhauskapelle St. Rochus. Lange Zeit war es auch das Schwesternhaus der Vinzentinerinnen, die zuvor das alte Rochusspital geleitet hatten und noch bis 1975 in der Krankenpflege der Universitätskliniken tätig waren. Heute sind hier das katholische Klinikpfarramt und die Klinikseelsorge untergebracht. Die Kapelle ist tagsüber allen geöffnet, die einen Ort der Stille und des Gebets suchen. Man erreicht sie durch die Hauptpforte der Universitätsmedizin, linker Hand nach wenigen Metern. Der Eingang ist durch ein Mosaik der Muttergottes und die Inschrift: „Haus Gottes und Himmelspforte" ausgezeichnet. Im Inneren eröffnet sich den Besuchern ein schlichter, warm wirkender Raum – ein einfacher Saal mit Kassettendecke und einer halbrunden, gold-schimmernden Apsis. Im Triumphbogen hängt ein spätgotisches Kruzifix (15. Jh.), eingefasst von kunstvoll geschmiedeten Rankenmotiven. Im Fußboden um den Altar ist eine Steinintarsie nach dem Vorbild des Labyrinths von Chartres eingelassen. Das Motiv des Labyrinths kehrt an den Konsolen wieder, auf denen die barocken Skulpturen der Madonna und des hl. Rochus stehen.

Das Motiv des Labyrinths wurde bewusst im Kirchenraum einer Klinik verwendet: Als Symbol steht es sowohl für die Ängste und Nöte der Patienten deren Angehörigen und Besucher, als auch für Lebenserfahrungen von Um- oder Irrwegen in Zeiten von Krankheit und Not. Mögen solche Lebenswege lang und verschlungen sein, steht das Labyrinth auch für die hoffnungsvolle Botschaft, dass ein Weg einen Anfang und ein Ziel hat und stets zur Mitte, zu Gott hin führt.

St. Stephan

Stefanstr. 9
55116 Mainz

Tagsüber geöffnet.
Pfarrbüro: Kleine Weißgasse 12, Mainz, Tel.: 06131 231640

Für viele Touristen, die nach Mainz kommen, führt der erste Weg nicht etwa in den Dom, sondern auf den Stephansberg, wo die Pfarrkirche St. Stephan liegt. Die um 990 von Erzbischof Willigis erbaute Stiftskirche steht der Altehrwürdigkeit der Kathedrale zwar in nichts nach, doch das, was solch eine Anziehungskraft auf rund 200.000 Besucher pro Jahr ausübt, entstammt der jüngsten Geschichte: Einmalig in Deutschland besitzt St. Stephan neun Fenster, die der in Russland geborene jüdische Künstler Marc Chagall 1978–1985 für den Ostchor und das Querhaus geschaffen hatte. Als ein Beitrag zur jüdisch-deutschen Aussöhnung und zur Völkerverständigung wollte Chagall sein Werk verstanden wissen. Dass dies in St. Stephan gelingt, zeigen die faszinierten Besucher aus aller Welt, denen die biblischen Szenen zwar oft fremd sind, die aber gleichwohl die darin enthaltene Friedensbotschaft durch Chagalls universale Bildsprache wahrnehmen. Bewusst hinter das Werk Chagalls zurücktretend gestaltete dessen langjähriger Mitarbeiter Charles Marq die übrigen Fenster rein ornamental und ganz in Blautönen gehalten, die den Raum der gotischen Hallenkirche in ein mystisches Licht tauchen. Der übrigen Ausstattung wird weitaus weniger Aufmerksamkeit geschenkt, doch lohnt sich ein Blick etwa auf den um 1290 entstandenen Hochaltar, den man 1947 bei der Wiederherstellung der im 2. Weltkrieg schwer zerstörten Kirche im Boden entdeckte, oder die hohen spätgotischen Messingsäulen (1509), die einst den Altar umstanden. Mit Stangen verbunden, an denen Tücher hingen, verhüllten sie ihn bei der Wandlung.

Oft übersehen wird der spätgotische Kreuzgang, den man über ein Seitenportal an der Südseite im Langhaus erreicht. Er wurde 1462–1499 errichtet und gilt mit seinen aufwändig konstruierten Gewölbeformationen als der schönste Kreuzgang in Rheinland-Pfalz. An den Wänden finden sich zahlreiche Grabplatten und Epitaphien vom 11. bis zum 16. Jh. Ein besonders schöner, mit einem Kreuzigungsrelief geschmückter Gedenkstein stammt aus dem Jahr 1485, gestiftet von den Brüdern Strohhut – beides Stiftsherren von St. Stephan.

Kapelle im St. Vincenz und Elisabeth-Hospital (KKM)

An der Goldgrube 11
55131 Mainz

Ständig geöffnet.

Das St. Vincenz und Elisabeth-Hospital ist neben dem Hildegardiskrankenhaus der zweite Standort des Katholischen Klinikums Mainz (KKM) und damit eine Einrichtung in kirchlicher Trägerschaft. Die Krankenhausseelsorge hat hier einen ganz besonderen Stellenwert. Im zweiten Obergeschoss des 1982 bezogenen Hospitals führen Kreuzwegreliefs im Flur zur stets geöffneten Kapelle hin – ein schlichter Raum, der ganz im Stil seiner Zeit eingerichtet ist. Beide Seitenwände sind von einer durchlaufenden Folge gestalteter Buntglasfenster durchbrochen, durch die warmes Licht in den Raum dringt. Der Künstler Robert Köck schuf diesen Zyklus biblischer Szenen, deren Bedeutung zum Teil auch Bezug nimmt auf ihre jeweilige Position im Raum: So findet sich links vom Altar, in unmittelbarer Nähe zur barocken Skulptur der Maria Immaculata, eine Darstellung des Mose vor dem brennenden Dornbusch, da dieser zugleich ein marianisches Symbol ist. Rechts findet sich die Darstellung der Engel am leeren Grab Christi direkt neben der Tabernakelstele, dem Ort, an dem der gekreuzigte und auferstandene Herr im Sakrament des eucharistischen Brotes gegenwärtig ist. Sämtliche Bilder künden vom Erbarmen Gottes, von Heilung, Rettung und Verheißung und setzen sich auf diese Weise in Beziehung zu den Menschen, die im Krankenhaus eine kritische Zeit ihres Lebens durchstehen. Eine Beschreibung der Szenen des Fensterzyklus liegt in der Kapelle aus.

Neben der für barmherziges Handeln stehenden hl. Elisabeth von Thüringen ist der hl. Vincenz von Paul der Schutzpatron des Hospitals. Er wurde 1581 in Frankreich geboren, studierte Theologie und wurde 1600 zum Priester geweiht. Im Kontakt mit den Ärmsten der Gesellschaft engagierte er sich zunehmend leidenschaftlich für deren Versorgung, unter dem Leitspruch: „Liebe sei Tat". Er gilt damit auch als Begründer der neuzeitlichen Caritas. 1737 wurde er von Papst Clemens XII. heiliggesprochen.

St. Bernhard

Hans-Böckler-Str. 19–21
55128 Mainz

Tagsüber geöffnet.
Pfarrbüro: Hans-Böckler-Str. 19–21, Mainz, Tel.: 06131 34990

„Nichts als nackte Mauern" soll Papst Innozenz II. 1131 bei seinem Besuch der Klosterkirche von Cîteaux gesehen und bemängelt haben – der Reformorden der Zisterzienser gab sich äußert schlicht und verzichtete auch in der Architektur auf jeglichen Zierrat. Insbesondere Bernhard von Clairvaux, einer der frühen und bedeutendsten Ordensbrüder sprach sich gegen übermäßigen Kirchenschmuck aus. Auch St. Bernhard in Mainz besitzt „nackte Mauern", aber modern interpretiert: Die 1992 eingeweihte Kirche zeigt außen Backstein, innen jedoch Sichtbeton, der von romanisch anmutenden kleinen Rundbogenfenstern durchbrochen wird. Helligkeit bringt die achteckige, ganz verglaste Taufkapelle, die zugleich als Eingangsfoyer dient und einen Teil der Fassade bildet. In Anlehnung an ältere Vorbilder leitet ein großer Rundbogen vom Langhaus in den bewusst von der Kirchenachse abgeknickten Altarraum über – Symbol für das geneigte Haupt Christi am Kreuz. Außer den Skulpturen des hl. Bernhard (19. Jh.) und einer spätgotischen Madonna mit Kind (Kopie) sowie der 1999 aus Frankreich erworbenen Cavaillé-Coll-Orgel (19. Jh.) ist die Ausstattung ganz modern: Altar, Ambo, Leuchter und Kreuzwegstationen wurden von Ulrich Henn entworfen und sind ganz aus Bronze gefertigt. Von leuchtender Farbigkeit ist das von Adolf Gerhard geschaffene Auferstehungsbild. Zwei Ikonen (1993) sind Geschenke der makedonischen Gemeinde, die hier ebenfalls Gottesdienst hält.

Das 1994 von dem Veroneser Künstler Don Luciano Carnessali geschaffene Bronzeportal zeigt Szenen aus dem Leben des hl. Bernhard und dessen Umfeld, darunter auch eine, die den Ordensgründer der Zisterzienser eng mit der Mainzer Historie verknüpft: Während des 2. Kreuzzugs, den Bernhard durch zahlreiche Predigten und Reisen unterstützte, rief im Mainz des Jahres 1147 ein Mönch zur Judenverfolgung auf. Vom Bischof um Hilfe gerufen, soll Bernhard nach Mainz geeilt sein und ein Pogrom verhindert haben.

MAINZ-BRETZENHEIM

St. Georg

An der Wied 5
55128 Mainz

Vorraum zugänglich zu den Öffnungszeiten des Pfarrbüros: An der Wied 9, Mainz, Tel.: 06311 34803

In der Bretzenheimer Georgskirche kann man dem Jesuskind beim Ballspielen zusehen – gemeinsam mit seiner Mutter Maria und der Großmutter Anna. Diese anrührende Szene wird in einer frühbarocken Skulpturengruppe dargestellt, die 1804 zusammen mit weiteren hervorragenden Ausstattungsstücken aus dem niedergelegten Zisterzienserinnenkloster Dalheim nach St. Georg verbracht wurden. Dazu gehört auch das bedeutende, um 1740 von Johannes Zick gemalte Hochaltarbild mit der Darstellung der Himmelfahrt Mariens. Sie dienten als Ersatz für die einst ebenso hochrangige barocke Kircheneinrichtung, die 1793 von französischen Revolutionstruppen in Flammen gesteckt worden war. Die Kirche selbst wurde 1720 errichtet, ihr Turm erhielt 1896 ein neues Glockengeschoss mit Zwiebelhaube und 1963 fügte man im Westen eine Eingangshalle hinzu, ebenso eine achteckige Sakristei mit Verbindungsgang zum Turmraum. Wie Bretzenheim selbst einer der ältesten nahe Mainz gelegenen Orte war (1930 wurde er nach Mainz eingemeindet), führt auch die Geschichte seiner Kirche viel tiefer als ins 18. Jh. hinab. Von einem romanischen Vorgängerbau zeugen noch die beiden unteren Turmgeschosse, doch Schriftquellen erwähnen hier bereits 775 eine Salvatorkirche. Irgendwann zwischen dem 11. und dem 13. Jh. änderte man das Patrozinium zugunsten des zur Zeit der Kreuzzüge besonders beliebten „Ritterheiligen" Georg.

Das zwischen Zahlbach und Bretzenheim im „Heiligen Thal" gelegene Frauenkloster Dalheim besaß seit 1296 die Ortsherrschaft über Bretzenheim und verfügte über beachtlichen Grundbesitz. Erst mit Zerstörung des Klosters durch die Franzosen 1793 und seiner Aufhebung 1802 endete seine Herrschaft über den Ort. Das Familienwappen einer seiner Äbtissinen – drei ineinander verschlungene Ringe – zierte lange Zeit auch das Ortswappen. Seit etwa 1790 zeigt es statt der Ringe eine Bretzel.

Kapelle Heilige Familie

Bahnstr. 32
55128 Mainz

Tagsüber geöffnet.
Caritasbüro: Tel.: 06131 28260,
Pfarrbüro St. Bernhard: Tel.: 34990

Im Provisorium ein Zuhause finden – darin besitzen die Missionare von der Heiligen Familie Erfahrung. 1972 errichteten sie in Bretzenheim das „Berthier-Haus" als Ordensseminar, um junge Missionare auszubilden, doch wurde es bereits damals so neutral gebaut, dass es jederzeit wieder veräußert werden konnte. 2007 war es soweit: Aufgrund mangelnden Nachwuchses war es für den Orden zu groß geworden und man trat es an die Caritas ab (heute Albert-Stohr-Haus). In unmittelbarer Nähe entstand das neue „Berthier-Haus", ein wesentlich kleinerer, multifunktionaler Bau, der zugleich Kloster, Provinzialat und Gästehaus war – auch dies ein Gebäude, dem etwas Provisorisches anhaftete. Im März 2016 mussten die Ordensbrüder diesen Standort tatsächlich aufgeben, um nach Betzdorf an der Sieg umzuziehen. Vielleicht ist es kein Zufall, dass auch die 1993 errichtete Kapelle so nomadenhaft anmutet, ganz so, als ob hier inmitten des Getümmels parkender Autos, Gott sein Zelt aufgeschlagen hätte. Ein Kubus mit einem Pyramidendach – mehr ist es nicht, weder außen noch innen, doch der kleine Raum vermag schützende Enge und befreiende Weite zugleich zu erzeugen. Wer nach oben schaut, kann in der gläsernen Kuppeldecke den Kosmos erblicken und abends fügt der ringförmige Leuchter einen Kranz von „Sternen" hinzu. In den glasierten Keramikkacheln des Altars sind zahlreiche Symbole dargestellt, die nicht nur auf die Eucharistie verweisen, sondern auch auf die Kraft der vertrauensvollen Bitte – oder auf das Finden eines Zuhauses in einer sich stetig wandelnden Umgebung.

Am Altar finden sich unter anderem ein Fisch und eine Schlange, ein Stein und ein Brot, ein Ei und ein Skorpion dargestellt. Dies geht auf das biblische Gleichnis vom bittenden Freund zurück (Lukas 11, 9–13). Jesus vergleicht darin Gott mit einem Vater, der niemals seinem Sohn einen Skorpion geben würde, wenn dieser um ein Ei bittet, eine Schlange anstelle eines Fischs oder einen Stein statt eines Brotes. Das Gleichnis lädt zum vertrauensvollen Gebet ein.

MAINZ-DRAIS

Maria Königin

Daniel-Brendel-Str. 1a
55127 Mainz

Tagsüber geöffnet.
Pfarrbüro:
Rubensallee 1–5,
Mainz,
Tel.: 06131 71519

Maria Königin ist schon die dritte Namenspatronin in der Geschichte der Draiser Dorfkirche. 1357 wird sie erstmals erwähnt, aus späteren Urkunden geht hervor, dass sie der hl. Walburga gewidmet war. Sie gehörte zu einem Klosterhof der Propstei Hirzendorf, der 1670 von den Jesuiten erworben wurde. Mit diesem Besitzerwechsel änderte man wohl auch das Patrozinium der Kirche, die fortan St. Petrus in Ketten hieß. Der Schlussstein mit dem Petrusschlüssel über dem Westportal scheint jedenfalls älter zu sein als die 1737/38 von Grund auf neu errichtete Kirche. Nach der Auflösung des Jesuitenordens (1773) und ihrer Plünderung während der Französischen Revolution wurde die Draiser Peterskirche eine Filiale von Finthen, weshalb sie ihren Taufstein an die dortige Martinskirche abgeben musste, wo er bis heute steht. Dennoch wurde der spätbarocke Saalbau 1934 um ein Seitenschiff mit Sakristei erweitert. Erst 1952 erhielt Drais seine Pfarrrechte zurück. In dieser Zeit wird auch die Kirche modernisiert; dabei wird fast die gesamte im 19. Jh. erworbene Ausstattung zerstört, die figürlich gestalteten Fenster werden ausgebaut. 1974 erhielt die Kirche schließlich ihren heutigen Namen Maria Königin. Von der ursprünglichen Ausstattung ist kaum etwas erhalten geblieben. Älteste Stücke sind eine Totenfahne aus dem Pestjahr 1632 sowie eine aus Ton gebrannte Pietà (um 1670). Der imposante Hochaltar (um 1730) wurde 1844 aus St. Quintin erworben und zeigt im Relief die Himmelfahrt Mariens, darüber im Ölgemälde des Auszugs die hl. Dreifaltigkeit, die bereits die Krone für die Gottesmutter bereithält.

Im oberen Altargemälde ist die Taube des hl. Geistes originellerweise gleich zweimal zu sehen. Einmal am oberen Bildrand, wo sie zusammen mit Jesus und Gottvater die hl. Dreifaltigkeit bildet, dann noch einmal am unteren Rand, wo sie unter der Krone und den Putten schwebt. Diese untere Taube ist eine spätere Zutat, zu deren Gunsten man die obere Taube übermalte. In den 1960er Jahren wurde die übermalte Taube wieder freigelegt – seither kann man die Heilig-Geist-Taube doppelt sehen.

Marienkapelle

Ober-Olmer Str. 24
55127 Mainz

Unregelmäßig geöffnet.
Pfarrbüro:
Rubensallee 1–5,
Mainz,
Tel.: 06131 71519

Kaum zu glauben, dass das schmucke Kapellchen am südlichen Dorfeingang von Drais in einem Zeitungsartikel von 1976 noch als „Schandfleck" betitelt wurde. Grund dafür war der verwahrloste Zustand des umgebenden Grundstücks sowie eingeschlagene Fenster und allerhand Schäden an der 1862 errichteten Marienkapelle. Zeitweise wurde sogar ihr Abriss erwogen. Mit viel Engagement der Draiser gelang 1990 eine komplette Innenrenovierung, bei der die Wände neu gestrichen, mit zarten Ornamenten versehen und 1993 sogar neue Fenster eingesetzt wurden. Sie sind figürlich gestaltet und zeigen Stationen aus dem Leben Marias, von der Verkündigung bis zu ihrer Verherrlichung als Himmelskönigin. Die beiden Rundfenster verweisen nur symbolisch auf Maria – sie zeigen eine Rose ohne Dornen und eine Lilie. Die Entwürfe für die Fenster lieferte die isländische Künstlerin mit dem klingenden Namen Halla Haraldsdottir. Die ehemalige Mitarbeiterin von Georg Meistermann ist weltweit mit Glaskunstwerken vertreten. Heute wird die Kapelle vor allem für Taufen und Mariengottesdienste genutzt. Die Stifter des 19. Jh., Andreas Kimpling und Kaplan Lenges, hatten ursprünglich zwei Festtage festgelegt: Maria Hilf und der Nothelfertag des hl. Georg – von letzterem zeugen noch die Figürchen der 14 Nothelfer (um 1830), die früher in der Kapelle aufbewahrt wurden, nach ihrer Restaurierung jedoch in der Pfarrkirche Maria Königin zu sehen sind. Gleiches gilt für das große Kruzifix (1862), das seit 2008 als Kopie die Fassade der Kapelle schmückt.

MAINZ-EBERSHEIM

St. Laurentius

Römerstr. 21
55129 Mainz

Unregelmäßig geöffnet.
Pfarramt:
Römerstr. 23, Mainz,
Tel.: 06136 43465

Der Mainzer Stadtteil Ebersheim (1969 eingemeindet) steht ganz im Zeichen des hl. Laurentius. An jedem Ortseingang ist das Ebersheimer Wappen mit dem stilisierte Feuerrost zu sehen, auf dem der Heilige gemartert wurde, und in der katholischen Kirche St. Laurentius ist der frühchristliche Märtyrer in zahlreichen Gemälden und Skulpturen dargestellt. Die Kirche selbst wurde 1725–1729 erbaut und erhielt 40 Jahre später, um 1769, ihren 42 Meter hohen, in die Westfassade integrierten Turm. Diese einfache Saalkirche wurde 1908/09 unter der Leitung von Ludwig Becker um einen größeren Altarraum sowie zwei querschiffartige seitliche Anbauten erweitert. Der Altarraum wurde nicht zuletzt vergrößert, um ganz besonderen Schmuckstück der Kirche mehr Platz zu verschaffen: 1739 hatten die Ebersheimer den alten, um 1650 geschaffenen Hochaltar aus St. Quintin zu einem günstigen Preis erwerben können. Der zweigeschossige, über 12 Meter hohe Altar konnte jedoch erst nach dem Bau des erhöhten Altarhauses in seiner ganzen Größe aufgerichtet werden. Sehenswert sind auch die beiden Nebenaltäre aus der Mitte des 18. Jh. – links der Marienaltar mit Figuren der hll. Aloysius und Nepomuk sowie einem Ölbild, das die Legende der Übergabe des Rosenkranzes an Dominikus zeigt, rechts ein Altar mit dem hl. Nikolaus sowie Darstellungen der hll. Katharina, Margaretha und Barbara, erkennbar an ihren Attributen, für die es den alten Merkspruch gibt: „Barbara mit dem Turm, Margaretha mit dem Wurm, Katharina mit dem Radl, das sind die drei Heiligen Madl“.

Der Namenspatron Laurentius findet sich in den 1903 gestifteten Glasfenstern, im Hauptbild des Hochaltars oder mehrfach in den Deckengemälden von 1925. Besonders bemerkenswert ist jedoch die schöne barocke Figur neben der Kanzel, die wohl, wie noch weitere Skulpturen in der Kirche, aus der Kapelle im sogenannten Töngeshof stammt, einem ehemaligen Gutshof des Alzeyer Antoniterklosters. Alljährlich wird die Figur von den hiesigen Winzern zum Namenstag des Heiligen mit Reben geschmückt.

St. Hedwig

Rosmerthastr. 46
55126 Mainz-Finthen

Unregelmäßig geöffnet.
Pfarrbüro:
Borngasse 1,
Mainz-Finthen,
Tel.: 06131 40262

1984 weihte Bischof Karl Lehmann eine der jüngsten Kirchen des Bistums ein: St. Hedwig, die als Filialkirche von St. Martin im Finther Neubaugebiet „Römerquelle" errichtet wurde. Das aus mehreren Baukörpern mit schrägen Dachformen zusammengesetzte Kirchengebäude wurde nach Plänen des späteren Paderborner Diözesanbaumeisters Peter Ruhnau unter der Leitung von Günter Roßellit vom Gemeinnützigen Siedlungswerk Frankfurt gebaut. Unter dem Eindruck des nüchtern-kühlen Außenbaus überrascht die Raumwirkung im Inneren: Die zum Altarraum hin steil ansteigende Holzdecke mit ihrem warmen Naturton ist wie ein schützendes Zeltdach konstruiert, unter dem sich die Gemeinde in den halbkreisförmig angeordneten Bankreihen versammelt. Die Rauchglaskugeln der in unregelmäßigen Gruppen mal höher mal tiefer hängenden Pendelleuchten scheinen wie Luftblasen im Raum aufzusteigen und bilden einen auflockernden Kontrast zur strengen Linienführung der Architektur. Zwei besondere Ausstattungsstücke durchbrechen die konsequent moderne Formensprache: zum einen das gotische Sakramentshäuschen aus der alten Vorgängerkirche von St. Martin, das hier wieder zur Aufbewahrung des Allerheiligsten genutzt wird, zum andern eine spätgotische, um 1500 geschaffene Skulpturengruppe der hl. Sippe, die aus Wackernheim stammt und der Hedwigskirche zum Geschenk gemacht wurde. Das Bildthema stellt auch eine Verbindung zum unmittelbar neben der Kirche gelegenen Kloster der „Missions- und Anbetungsschwestern von der Heiligen Familie" her.

Mit der hl. Hedwig wählte man eine Kirchenpatronin, die die Verbindung zu den Gemeindemitgliedern aus den schlesischen Gebieten verdeutlichen sollte. Die schon im 13. Jh. heiliggesprochene Schlesische Herzogin hatte sich in besonderem Maße um die polnische Bevölkerung gekümmert und sich für ein gutes Zusammenleben zwischen Polen und Deutschen eingesetzt. Sie wird in beiden Ländern verehrt und gilt als „christliche Brückenbauerin".

Klosterkapelle St. Josef

Poststr. 71
55126 Mainz

Zum stillen Gebet tagsüber geöffnet (an der Klosterpforte klingeln).
Kontakt: 06131 40230

Es begann 1851 mit vier Schwestern in einem kleinen Haus in der Finther Kirchgasse: Bischof Wilhelm Emmanuel von Ketteler hatte die Kongregation der Schwestern von der göttlichen Vorsehung gegründet, mit dem Ziel, die religiöse Bildung der Bevölkerung zu heben und vor allem den Bildungsnotstand von Mädchen in ländlichen Gebieten zu beseitigen. Die Vorsehungsschwestern sollten aktiv im Kranken- und Schuldienst wirken. Anders als die sonst abgeschiedenen Orden, verstanden sich die Vorsehungsschwestern als „Frauen in der Welt und für die Welt", eine in Deutschland im 19. Jh. recht neue Idee, durch die die Finther Schwestern zu Vorbildern des entstehenden katholischen sozialen Engagements wurden. Der Kulturkampf setzte 1872 ihrem Wirken in öffentlichen Schulen ein Ende; die Schwestern arbeiteten in Kindergärten und der häuslichen Krankenpflege weiter, ein Teil von ihnen wanderte 1876 in die USA aus. Dies führte zur Gründung weiterer Ordensprovinzen (USA, Dominikanische Republik, Puerto Rico und Südkorea). In Finthen selbst konnten die Schwestern 1857 in das in der Poststraße neu gebaute Haupthaus ziehen. Die kleine Kapelle wurde 1887 durch einen Neubau ersetzt. Wer dort in Ruhe ein Gebet sprechen möchte, kann an der Klosterpforte klingeln. Der kleine Kapellenraum ist erwartungsgemäß schlicht, besitzt aber eine außerordentlich schöne, spätgotische Skulpturengruppe der „Anna Selbdritt", die mit dem gramvollen Gesicht der hl. Anna, der Lieblichkeit Mariens und dem heiteren Jesusknaben ganz verschiedene emotionale Facetten zu zeigen vermag.

Als „Anna Selbdritt" wird in der christlichen Kunst eine Darstellung bezeichnet, in der stets die hl. Anna, deren Tochter Maria sowie deren Sohn Jesus als kleiner Knabe zu sehen sind. Auf diese Dreiergruppe bezieht sich der Name „selbdritt" – ein altes Wort für „zu Dritt". Bilder der Anna Selbdritt, die als Andachtsbilder geschaffen wurden, entstanden seit dem 13. Jh. und erfreuten sich wachsender Beliebtheit. Dies hing unter anderem mit der zunehmenden Popularität der hl. Anna zusammen, die vielerorts sehr verehrt wurde.

St. Martin

Kirchgasse 4
55126 Mainz-Finthen

Marienkapelle mit Blick in die Kirche tagsüber geöffnet. Pfarrbüro: Borngasse 1, Mainz-Finthen, Tel.: 06131 40262

Die Geschichte der auf einem kleinen Hügel im Ortskern von Finthen gelegenen Martinskirche lässt sich bis ins Jahr 1092 zurückverfolgen, in dem erstmals eine dem hl. Georg geweihte Kirche erwähnt wird. Diese alte Georgskirche wurde mehrere Male umgebaut, zerstört und zuletzt um 1700 wiederhergestellt, bis man sich zu einem Neubau entschloss, der 1852–1854 nach Plänen des Baurates Joseph Roedler in neuromanischen Formen errichtet wurde. Dabei integrierte man den spätgotischen Glockenturm (eine Inschrift in einem Maßwerkfenster nennt das Jahr 1519), den man 1910 um ein neues Glockengeschoss mit Spitzhelm erhöhte. Im Inneren der dreischiffigen Pfeilerbasilika sind zahlreiche originale Ausstattungsstücke erhalten geblieben, wie der Hochaltar (1900) und der Kreuzaltar (1907) in der linken Seitenapsis aus der Bildhauerwerkstatt Busch in Steinheim. Aus der barocken Vorgängerkirche stammen noch einige Heiligenfiguren des 17./18. Jh. Die berühmteste Skulptur ist die „Finther Schutzmantelmadonna", die Anfang des 16. Jh. von dem namentlich unbekannten „Meister mit dem Brustlatz" geschaffen wurde. Die einst reiche Ausmalung des Langhauses im Stil der „Nazarener" fiel der Modernisierung 1963 zum Opfer, doch in der Chorapsis blieb das von August Lasinsky geschaffene Gemälde (später teilweise übermalt) erhalten. Unter den dargestellten Heiligen findet sich auch die nicht offiziell kanonisierte Lokalheilige Agnes Pfeifer als junges Mädchen mit einem Lilienkranz, ein Körbchen mit bunten Ostereiern neben sich. Noch heute werden an ihrem Gedenktag Ostereier gesegnet.

1754 kehrte die in Finthen geborene Jungfrau Agnes Pfeifer von einem Besuch ihrer Verwandten in Ober-Olm, denen sie bunte Ostereier gebracht hatte, zurück. Im Wald begegnete ihr ein junger Schäfer, dessen unsittlichen Annäherungsversuchen sie sich beharrlich widersetzte. Der zurückgewiesene Mann erstach sie daraufhin mit 13 Messerstichen. Die tugendhafte Agnes wurde in der Finther Kirche beigesetzt und bald als Heilige verehrt. Ihre Reliquien sind in einem Wandschrein aufbewahrt.

MAINZ-GONSENHEIM

Petrus Canisius

Alfred-Delp-Str. 64
55124 Mainz

Unregelmäßig geöffnet.
Pfarrbüro:
Alfred-Delp-Str. 64, Mainz,
Tel.: 06131 41530

„Bei uns ist die ganze Kirche etwas Besonderes!" Das erhält als Antwort, wer in der Gemeinde nach den Besonderheiten im Kirchenraum fragt. In der Tat gibt es kaum eine Kirche der 1950er Jahre, deren Ausstattung so vollständig erhalten geblieben ist. Beim Entwerfen dieses ungewöhnlichen Gotteshauses ließ sich der Architekt Hugo Becker vom Bild des himmlischen Jerusalem (Offb 21) inspirieren. Im Brennpunkt einer Parabel stehend wird die runde Altarinsel von oben nur durch indirektes Licht erhellt – denn „die Stadt braucht weder Sonne noch Mond, die ihr leuchten". Die Eingangsfassade mit den kristallin angeordneten Betonstreben und mundgeblasenen Gläsern lässt den Raum „glänzen wie einen Edelstein". Ganz besonders beeindrucken die geschickt gearbeiteten Türen mit Einlagen in Betonverglasung – bunt leuchten die Taube des Heiligen Geistes, das „Apokalyptische Weib" und weitere Darstellungen der Apokalypse (Offb 12; 1; 5). Namhafte Künstler der Region waren bei der Ausgestaltung beteiligt: Peter Paul Etz schuf Entwürfe für die Portale und den Altar mit dem Mosaik der 24 Ältesten (Offb 4), Adam Winter fertigte die Skulptur der Madonna mit Kind, Tabernakel und Ewiges Licht entstanden in der Werkstatt des Goldschmieds Weiland. Farbenprächtige Keramikreliefs aus der Werkstatt des Klosters Maria Laach und der Taufstein mit der Skulptur des Petrus Canisius ergänzen die Ausstattung. 1997 entstand die Werktagskapelle, die das älteste Stück der Kirche beherbergt – das spätbarocke Relief einer Marienkrönung, ein Geschenk aus der Mutterpfarrei St. Stephan.

Hoch oben schwebt die rote Glasschale für das Ewige Licht, aufgehängt an Metallstangen mit stilisierten Engelfiguren. Es handelt sich um eine künstlerische Interpretation der Jakobsleiter (Gen 28,11): Auf der Flucht vor seinem Bruder Esau träumte Jakob von einer Leiter zwischen Himmel und Erde – Engel stiegen auf und ab, während oben der Herr stand und Jakob das Land verhieß, auf dem er schlief. Tatsächlich kehrte Jakob später an jenen Ort (Bet-El) zurück und ließ sich mit seiner Familie dort nieder.

MAINZ-GONSENHEIM

St. Stephan

Kirchstr. 1
55124 Mainz

Tagsüber geöffnet.
Pfarrbüro:
Pfarrstr. 3, Mainz,
Tel.: 06131 41409

Pfarrer Grimm muss eine eindrucksvolle Persönlichkeit gewesen sein: 1868 hielt er eine flammende Predigt an sein Pfarrvolk, in der er die bedrängten Verhältnisse in der Kirche beklagte – so eng, dass man nicht einmal mehr niederknien könne – und seine Schäfchen um Spenden für einen Erweiterungsbau bat. Er wollte dabei die alte Kirche, die bis in das Mittelalter zurückreichte, und bereits im 17. und 18. Jh. erweitert worden war, beibehalten, die Giebelwand im Westen abreißen und dort ein neues Querhaus mit Chor anbauen. Ein kompletter Neubau kam für ihn nicht in Frage, da dies „nicht liebevoll" gegenüber einem Bau sei, mit dem sich so viele persönliche Erinnerungen verbinden. Seine Rede hatte Erfolg – 1870 konnte der Erweiterungsbau eingeweiht werden. Trotz allem fielen das alte Langhaus und der Turm zu Beginn des 20. Jh. – gegen den Einspruch der Kommission für Denkmalschutz – einem stilreinen neuen Langhaus zum Opfer. Damit war der mächtige „Rheinhessendom" vollendet, der heute das Wahrzeichen Gonsenheims ist. Einen Großteil seiner neugotischen Ausstattung hat St. Stephan während der großen Innenrenovierung 1963–1969 zwar verloren, doch auch qualitätvolle Kunst hinzugewonnen – etwa die Taufkapelle oder den Ambo mit der Darstellung der Kirchenväter.

„Steine fallen gleich dem Regen allenthalben auf sein Haupt; doch sein Mund erbittet Segen dem, der ihm das Leben raubt" so lautet ein Vers des früher beim Stephansfest (26.12.) gesungenen Liedes. Stephanus war der erste Diakon in der urchristlichen Gemeinde in Jerusalem. Nach einer flammenden Predigt umringte ihn eine über die „Gotteslästerung" empörte Menge und steinigte ihn. Stephan aber starb mit den Worten: „Herr, rechne Ihnen diese Sünde nicht an". Seit 2003 gilt der Stephanstag als Fürbittetag für die „verfolgten Christen heute".

MAINZ-GONSENHEIM

14-Nothelfer-Kapelle

Kapellenstr. 46
55124 Mainz

Unregelmäßig geöffnet.
Pfarrbüro St. Stephan:
Pfarrstr. 3, Mainz,
Tel.: 06131 41409

Am Ende der Kapellenstraße beginnt der Lennebergwald, der mit seinen auf sandigem Boden wachsenden Kiefern und Eichen ein besonders beliebtes Naherholungsgebiet für Jogger, Radler, Reiter und Spaziergänger ist – so beliebt, dass es sonntags bei schönem Wetter nicht leicht ist, einen Parkplatz zu finden. Hat man einen ergattert und steht nun am Anfang des weit verzweigten Wegenetzes, empfiehlt es sich, den Blick auf die rechter Hand gelegene Kapelle zu richten. Sie wurde 1894/95 zu Ehren der Heiligen 14 Nothelfer errichtet, doch ist sie bereits die dritte Kapelle an diesem Ort. 1729 lösten die Gonsenheimer Bürger ein Gelübde ein, weil sie vor Krankheit und Viehseuchen verschont geblieben waren, und bauten die erste Nothelferkapelle mitten im Kiefernwald. Die Stelle war nicht zufällig gewählt, stand hier doch schon lange der „Heilgenbaum", eine hohe Fichte, an die die Menschen Heiligenbilder hefteten. Dieses erste Kapellchen wurde wenige Jahrzehnte später, 1795 von den Franzosen zerstört. Die daraufhin 1815 neu erbaute Kirche stand auf schlechtem Grund und musste 1892 wegen Baufälligkeit geschlossen werden. Die heutige, ganz im Stil des Historismus gebaute Wallfahrtskapelle beherbergt einen reich verzierten Hochaltar mit Skulpturen der 14 Nothelfer (Gebrüder Busch, Steinheim) sowie hinter Glas noch einmal 14 kleinere Nothelferfigürchen aus dem 18. Jh., die aus der ersten Kapelle stammen. Die Tradition der Nothelfer-Wallfahrt wird bis heute fortgeführt. Sie wird jedes Jahr am 3. Sonntag nach Pfingsten gefeiert, beginnt in der Pfarrkirche St. Stephan und verläuft dann in Prozession zur Nothelferkapelle, wo am Außenaltar, der Festgottesdienst gefeiert wird.

MAINZ-HECHTSHEIM

St. Pankratius

Bergstr. 43
55129 Mainz

Tagsüber geöffnet.
Pfarrbüro: Bergstr. 22, Mainz,
Tel.: 06131 509030

Hoch über dem alten Ortskern von Hechtsheim, umgeben von dem weitläufigen Friedhof liegt die katholische Kirche St. Pankratius. Bereits 808 wird eine Kirche in Hechtsheim im Besitz des Mainzer Heiligkreuzstifts erwähnt, seit 1279 auch eine selbstständige Pfarrei. Von dieser mittelalterlichen Kirche ist bis heute lediglich der Flankenturm (Spitzhelm 1949 aufgesetzt) erhalten geblieben. Das übrige Kirchengebäude riss man aus Platzmangel 1752 ab und errichtete dem Zeitgeschmack entsprechend eine barocke Saalkirche, die 1758 geweiht werden konnte. Um der stetig anwachsenden Zahl von Gemeindemitgliedern gerecht zu werden, entschloss man sich Ende des 19. Jh. zur Niederlegung des barocken Chorraums, an dessen Stelle man ein dreischiffiges Altarhaus im Stil der Neugotik setzte (1902 geweiht). Dass heute dieser neugotische Ostbau so überraschend unvermittelt an das barocke Langhaus stößt, war indes nicht beabsichtigt, denn man plante bereits die Niederlegung des alten Kirchenschiffs. Geldmangel ließ die Realisierung dieser Idee jedoch scheitern und so kann man in St. Pankratius nahtlos von einer Epoche in die nächste wechseln. Hatte man in den 1960er Jahren diese Situation durch einheitlich grau-weiße Farbe zu übertünchen versucht, so wurden bei der letzten Innenrenovierung 1999 wieder die individuellen Besonderheiten dieser beiden Raumteile betont, etwa durch (teilweise) Rekonstruktion der barocken, bzw. neugotischen Raumfassung (Marienkapelle) oder der Freilegung der hervorragenden Marmorierung der Kanzel.

Der neugotische Hochaltar, ein mit Reliefs und Ölgemälden geschmückter Flügelaltar, entstand 1910 in der Bildhauerwerkstätte Georg Busch u. Söhne in Steinheim. Der Altaraufsatz mit einer Kreuzigungsgruppe, die von einem hohen Spitzgiebel bekrönt wird, war 1965 entfernt worden. 2013 konnte er unter Verwendung von Originalteilen, die auf dem Dachboden gefunden wurden, rekonstruiert werden. Den Kruzifixus entdeckte man im nahe gelegenen Schwesternhaus.

MAINZ-LAUBENHEIM

Mariä Heimsuchung

Pfarrer-Goedecker-Str. 29
55130 Mainz

Tagsüber geöffnet. Pfarrbüro: Pfarrer-Goedecker-Str. 29, Tel.: 06131 987600

Weit und licht öffnet sich den Besuchern von Mariä Heimsuchung der Kirchenraum, der mit seinen Renaissanceformen so harmonisch wirkt. Man mag kaum glauben, dass hier nichts aus einem Guss, sondern alles das Ergebnis geschickten Arrangierens, Hinzufügens und Umgestaltens ist. Von einer mittelalterlichen Kirche (1211 erstmals erwähnt) blieb wohl noch lange Zeit der Chor erhalten, den man beim Neubau der Kirche 1717–1720 integrierte, dann aber bei der großen Erweiterung 1908 niederlegte und durch einen neuen Altarraum ersetzte (eine Inschrift im Boden markiert noch den alten Standort des Altars). Das barocke Langhaus blieb bestehen, doch man fügte ihm ausladende Seitenschiffe an und überspannte den gesamten Raum mit Rabitzgewölben, die auf mit Stuckmarmor überzogenen Säulen und Pilastern ruhen. Sie nehmen die Materialität der drei hervorragenden Barockaltäre auf, die gleichwohl nicht für diese Kirche geschaffen, sondern um 1820 aus dem Mainzer Jesuitennoviziat erworben wurden, als Ersatz für die von den Revolutionstruppen zerstörte Kirchenausstattung. 1981 schuf Alois Plum einen neuen Zelebrationsaltar, der sich auf der geschwungenen Altarinsel so ausnehmend gut in den Raum einfügt, als sei er schon immer da gewesen. Die hierbei entfernte Kommunionbank fand als Orgelempore, äußerst gelungen, wieder Verwendung. Amüsant ist die Skulptur der hl. Margaretha (18. Jh.), die ein recht harmlos wirkendes „Drächlein" elegant an der Kette führt.

Beim Verlassen der Kirche übersieht man womöglich die älteste Skulptur, den im 15. Jh. aus Sandstein gefertigten Erzengel Michael. Die Figur ist stark beschädigt, sodass man genauer hinsehen muss. Zu Füßen des Erzengels windet sich der Teufel in Gestalt eines Drachen, der in die Spitze des Schildes beißt, mit dem Michael den Angriff abwehrt. Der Schild ist – recht ungewöhnlich – mit dem Kopf eines Löwen geschmückt, der hier als Symbol für Stärke gilt, aber auch als Symbol für Christus als Überwinder des Todes stehen kann.

MAINZ-LERCHENBERG

St. Franziskus

Rubensallee 1–5
55127 Mainz

Tagsüber geöffnet.
Pfarrbüro:
Rubensallee 1–5,
Tel.: 06131 71519

Auf dem Lerchenberg befindet sich eine der unkonventionellsten Kirchen des Bistums. Schon die Entscheidung für deren Namenspatron verlief ungewöhnlich: 1968 führte die noch junge Gemeinde eine geheime Wahl durch, in der man sich für den hl. Franziskus entschied, dem bis dahin noch nie eine Kirche in der Diözese gewidmet worden war. Es sollte aber noch 16 Jahre dauern, bis man die jüngste der Mainzer Stadtkirchen fertigstellen konnte. Aus einem Wettbewerb waren die Kölner Architekten Hans Schilling und Peter Kulka als Sieger hervorgegangen und ihr Entwurf verblüfft noch heute jeden, der das Gotteshaus zum ersten Mal betritt. Über zwei Vorräume, einer davon ist die Werktagskapelle, gelangt man in den Hauptraum, dessen terracottarote Wände von einem dunkelblauen „Himmelszelt" überspannt werden. Ein zentraler Holzmast scheint die Decke zu stützen, auf dessen Fuß stehen das griechische und lateinische Alphabet geschrieben – Erinnerung an einen alten Kirchweihritus. Im Raum schweben unzählige „Engel" – kegelförmige Leuchtkörper mit stilisierten Köpfen und Flügeln. In 23 Fenstern von Georg Meistermann werden neben weiteren Darstellungen die Stationen des Kreuzwegs auf eine Weise erzählt, die nicht sofort anspricht. In die sperrigen Bilder, wie etwa das des gesichtslosen auferstandenen Christus, muss man sich erst länger einsehen. Fast surreal mutet auch die 1987 von Jürgen Goertz gestaltete Tabernakelstele sowie der Taufbrunnen an, auf dessen Deckel ein kleines Kind sitzt, umschlungen von einer mächtigen Hand, die gleichermaßen schützend wie bedrohlich wirkt.

Georg Meistermann (1911–1990) war ein deutscher Maler, Zeichner und Grafiker, der sich seit 1937 intensiv mit Glasmalerei auseinandersetzte. Seine ausdrucksstarken, eigenwilligen Glasfenster, die er sowohl für kirchliche wie profane Räume schuf, sind in ganz Europa zu finden. St. Franziskus besitzt einen der umfangreichsten Fensterzyklen Meistermanns, an dem der Künstler über sieben Jahre lang gearbeitet hatte.

DIE KUNSTWERKSTATT DER FAMILIE BUSCH IN HANAU GROSS-STEINHEIM

In zahlreichen rheinhessischen Kirchen befinden sich Ausstattungsstücke aus den Bildhauerwerkstätten der Familie Busch aus Groß-Steinheim, die sich seinerzeit großer Beliebtheit erfreuten.

Bereits 1863 gründet der Urahn Georg Busch d.Ä. die „Werkstätten für christliche Kunst". Alle vier Söhne Georgs ergreifen aus seinen Wunsch hin künstlerische Berufe und arbeiten zu Anfang in der Werkstatt mit – Architekt Jean (1871–1922) und Bildhauer Georg d. J. (1862–1943) verlassen den Betrieb. Georg wird als Professor für Bildende Kunst in München seine Meriten verdienen, während der Bildhauer Jakob (1860–1916) und Kirchenmaler Joseph (1865–1922) die Werkstatt unter dem Namen „Georg Busch Söhne" weiterführen und sich in ihrem Können ideal ergänzen werden. 1889 ziehen sie in die Räume der Vorstadt die von den Nachkommen noch über 100 Jahre als Werkstatt genutzt wurden. Der stetigen Nutzung ist es wohl zu verdanken, dass auch heute noch eine ungeheure Menge an Skizzen, Blaupausen und Modellen erhalten ist, die dem Kunst- und Handwerksinteressierten Auskunft über Planung, Ausführung und Umfang des Familienunternehmens gibt. Fotos aus der Zeit zeigen das emsige Treiben der Meister, Gesellen und Lehrjungen und geben einen Eindruck vom damaligen Arbeitsalltag in der Werkstatt, die – nahezu einzigartig – noch heute fast unverändert erhalten geblieben ist. Gefertigt wurde hier vom Kirchengestühl über Beichtstühle, Altäre, Kanzeln und Heiligenfiguren alles, was man in einer Kirche so braucht.

Die Generation der vier Brüder ist wohl diejenige mit dem größten und renommiertesten Oeuvre: allein von Jakob sind weit über 100 Bildwerke bzw. Altäre bekannt, die vor allem in Orte des damaligen Großherzogtums Hessen geliefert werden. Die von der Werkstatt feinst in gebranntem Ton ausgearbeitete Kanzel für die Kirche in Gengenbach (Baden), die 1900 auf der Weltausstellung in Paris gezeigt wird, gewinnt dort eine Goldmedaille.

Anhand der vorhandenen Zeichnungen und Modelle kann man genau nachverfolgen, welche Änderungen noch während der Planungsphase vorgenommen wurden. So plante der Künstler bei seinem Entwurf des Hochaltars in Hechtsheim, die (noch heute) vorhandene barocke Kreuzigungsgruppe zu integrieren, was der damalige Architekt jedoch verwarf. Zur Ausführung kam daher eine wesentlich kleinere Kreuzigungsdarstellung als Bekrönung des

Hochaltar,
St. Kilian,
Nierstein
(2016)

Hochaltar,
St. Kilian,
Nierstein
Entwurfs-
zeichnung

Retabels. An anderen Orten – wie etwa in Nierstein – konnten die Entwürfe dagegen fast unverändert ausgeführt werden.

Georg d.J. verlässt die Werkstatt zwar für sein Studium in München, kehrt jedoch in den Semesterferien zurück, um mitzuhelfen. Er bleibt der christlichen Kunst treu und trägt durch Gründung unterschiedlicher Vereine (unter anderem der Gesellschaft für christliche Kunst) dazu bei, den zeitgenössischen, auf rasche Vervielfältigung und günstige Preise ausgerichteten Markt für christliche Kunstgüter zu verändern und die Wertschätzung für individuell gefertigte, qualitätvolle Stücke zu heben. Unter anderem entwirft er mehrere Kreuzweg-Zyklen, von denen einer in Gau-Bickelheim zu sehen ist.

Die Nachkommen von Georg Busch, insbesondere sein Enkel Peter Georg (1891–1972) und dessen Sohn Peter Paul (1926–1999) führten die Holzbildhauerei fort. Obgleich nicht mehr in Betrieb, befinden sich die Werkstätten noch heute in einem nahezu unberührten und unerforschten Zustand. Aktuell engagieren sich eine Stiftung und ein Verein für den Erhalt der Gebäude und die wissenschaftliche Erforschung des spannenden Nachlasses.

Ein Blick in die Werkstatt der Gebrüder Busch.

Die 1900 auf der Weltausstellung in Paris prämierte Kanzel.

Steinheimer Vorstadt 15
63456 Hanau

Geschlossen.
Kontakt: bildhauerfamilie-busch@busch-steinheim.de
www.bildhauerfamilie-busch-platz-stiftung.de
www.busch-steinheim.de

MAINZ-MARIENBORN

St. Stephan

Im Borner Grund 43
55127 Mainz

Tagsüber geöffnet.
Pfarrbüro:
Gottfried-Schwalbach-Str. 38, Mainz,
Tel.: 06131 331323

Bis Mitte der 1960er Jahre konnten Wallfahrer, die zum Gnadenbild „Maria Trösterin" in St. Stephan pilgerten aus dem nahe der Kirche in einer kleinen Gasse gelegenen „Marienborn" trinkbares Wasser schöpfen, um es zu Heilzwecken zu sich zu nehmen. Der Überlieferung nach soll man im 14. Jh. oder noch früher in diesem Brunnen ein Marienbild gefunden haben, das als wundertätig galt und eine bis heute bestehende Wallfahrtstradition begründete. Um 1420 wurde es durch das heutige Gnadenbild ersetzt. Zu jener Zeit strömten die Gläubigen noch zu der um 1000 von Erzbischof Willigis errichteten Stephanskapelle, die jedoch bald zu klein war, um den Zustrom der Wallfahrer aufzunehmen. 1729 konnte man die ohnehin im 30-jährigen Krieg schwer beschädigte Kapelle abreißen und die heutige, imposante Barockkirche errichten. Erst 1760 war sie vollständig ausgestattet und wer in den Kirchenraum eintritt, kann erahnen, weshalb dies so viel Zeit kostete: Kein Geringerer als der damalige Hofschreiner Franz Anton Herrmann schuf um 1750 den spektakulären bühnenartigen Hochaltar in kongenialer Zusammenarbeit mit dem Bildhauer Peter Heinrich Hencke und dem Vergolder Schwank. Auch die prächtige Kanzel und die elegant geschnitzte Kommunionbank sind Werke von Herrmann und Meisterleistungen lokaler Handwerkskunst. Die Seitenaltäre mit den Figuren der Maria und des hl. Josef (Johann Georg Biterich, um 1750) kamen dagegen erst 1881 aus Gernsheim hierher. Weitgehend verschont von kriegsbedingten Zerstörungen ist St. Stephan sicher eine der schönsten rheinhessischen Kirchen.

Das um 1420 geschaffene Gnadenbild Maria „Trösterin der Betrübten" zeigt die Gottesmutter auf einer Mondsichel stehend, den Jesusknaben auf ihrem rechten Arm. Mit ihrer Linken greift sie an dessen Füßchen. Lange Zeit bekleidete man Maria und Kind mit kostbaren Gewändern, doch 1881 wurde dieses „fromme Kleiderspiel" beendet. Hauptwallfahrtstag ist noch heute das Fest Mariä Heimsuchung am 2. Juli. Das Festamt findet jeweils am darauffolgenden Sonntag statt.

MAINZ-MOMBACH

Herz-Jesu-Kirche

Hauptstr. 65
55120 Mainz

Zu den Öffnungszeiten des Pfarreienverbundbüros zugänglich:
Tel.: 06131 681294

Während die St. Nikolauskirche im alten landwirtschaftlich geprägten Ortskern als „Bauernkeerch" galt, sollte mit der neuen Herz-Jesu-Kirche ein Gotteshaus für die Arbeiter entstehen, die in dem wachsenden, zunehmend industriell geprägten Viertel von Mombach wohnten. Die 1911–1913 nach Plänen von Ludwig Becker errichtete Kirche sollte zudem eine Gedächtniskirche für den großen Mainzer „Arbeiterbischof" Wilhelm Emmanuel Freiherr von Ketteler (1811–1877) sein. Ihr Patrozinium erinnert an Kettelers tiefe Verehrung des Heiligsten Herzen Jesu. Die im neugotischen Stil komponierte Kirche mit ihrem unverwechselbaren kupfernen Dachreiter ist das Wahrzeichen des Stadtteils. Von der Dietzestraße aus ist sie in voller Pracht mit Chor, Querhaus und Sakristei zu sehen. Von der Hauptstraße aus, der Hauptzugangsseite, bietet das weit von der Straße zurückgesetzte Gebäude indes ein etwas merkwürdiges Bild; denn hier zeigt sich, dass die Kirche nie vollendet wurde: der 1. Weltkrieg hatte die Errichtung des Kirchenschiffs verhindert. Vor die abschließende Notwand setzte man 1969/70 einen niedrigen, modernen Vorbau, der zugleich als Eingangshalle fungiert. In dieser Zeit hat die Gemeinde auch im Inneren aus der Not eine Tugend gemacht: Der durch das fehlende Langhaus überproportional breite Kirchenraum wurde als Communio-Raum umgestaltet, mit halbkreisförmig um den Altar angeordneten Bänken. Polarisierend wirkt bis heute die 1999/2000 entstandene Ausmalung der drei Apsiden, die eine zeitgenössische Interpretation historistischer Kirchenmalerei in starken Farben umsetzte.

Links des Eingangs findet man den Zugang zur Ketteler-Gedächtnis-Kapelle. Ist sie heute auch schlicht gestaltet, sprechen die abgewetzten Bänke doch von der ausgiebigen Nutzung durch die Gläubigen. Wilhelm Emmanuel Freiherr von Ketteler war von 1850–1877 Bischof von Mainz. Beeinflusst von Adolph Kolping widmete er sich intensiv der „Sozialen Frage" in einer sich industrialisierenden Gesellschaft. Er wurde zum Mitbegründer der Katholischen Soziallehre.

MAINZ-MOMBACH

Kreuzkapelle

Hauptstr. 171
55120 Mainz

Zugänglich.
Pfarreien-
verbundbüro:
Hauptstr. 65, Mainz,
Tel.: 06131 681294

Unmittelbar am Mombacher Kreisel befindet sich die kleine Kreuzkapelle, die zur katholischen Pfarrgemeinde St. Nikolaus gehört. An der heutigen Stelle befindet sich die Kapelle zwar erst seit 1967 – damals musste sie den Platz an der Karlsstraße zugunsten einer geänderten Verkehrsführung räumen – doch hat die Kreuzverehrung in Mombach eine lange Tradition, die sogar weit über die 1814 errichtete Kapelle hinausgeht. Bereits im 18. Jh. wallfahrteten die Mombacher zu einem Wegekreuz, das jedoch 1795 zerstört wurde. Aufgrund ihrer Bedeutung trägt die Kreuzkapelle auch einen kleinen Dachreiter mit einer Glocke, die 1479 gegossen wurde und sogar eine der ältesten im Bistum Mainz ist (heute durch eine Kopie ersetzt – Original im Dom- und Diözesanmuseum). Eine Nachbildung ist auch der von Adam Winter aus Ton gefertigte Christuskorpus – das hölzerne Original, wohl von Johann Baptist Scholl d. Ä., wurde 1955 von Kunsträubern gestohlen. Nicht zuletzt beeindruckt die Kapelle durch ihre klassizistische Bauform. In den drei Giebelfeldern sind Putti mit den Leidenswerkzeugen Christi dargestellt. Die beigefügten Inschriften laden zur Andacht ein. Jeweils im September, am Sonntag nach dem Fest Kreuzerhöhung (14.09.) nimmt hier die Kreuzwallfahrt ihren Anfang. Danach geht die Gemeinde in Prozession, bei der ein Kreuzreliquiar mitgetragen wird, zur St. Nikolauskirche, wo der Festgottesdienst gefeiert wird.

Über die Zerstörung des Mombacher Wegekreuzes berichtet der frühere Pfarrer Franz Falk, dass einer der französischen Revolutionssoldaten, die 1795 Mombach besetzten, „mit dem Säbel nach dem Kreuzbilde schlug und ihm die Beine abhieb. Doch die Strafe für diesen Frevel ließ nicht lange auf sich warten". Ein feindliches Geschoss soll daraufhin „dem Gottlosen" die Beine zerschmettert haben. Auf seinen Schmerzensschrei: „Mon Dieu, venez mon Dieu!" entgegneten seine Kameraden: Gott könne nicht kommen, da er ihm die Füße abgeschlagen habe.

St. Nikolaus

Hauptstr. 153
55120 Mainz

Tagsüber geöffnet.
Pfarreienverbundbüro:
Hauptstr. 65, Mainz,
Tel.: 06131 681294

Über den 200. Geburtstag von Rheinhessen kann Mombach 2016 nur müde lächeln. Feiert der Ort doch in diesem Jahr das 760. Jubiläum seiner urkundlichen Ersterwähnung. Die Pfarrkirche St. Nikolaus ist dagegen noch jung und kann ihre Einweihung vor exakt 60 Jahren feierlich begehen. Die auf dem Grundriss eines griechischen Kreuzes errichtete Kirche bot damals im Inneren eine echte Neuerung, denn hier wurde – wie auch in der Mainzer Heilig-Kreuz-Kirche – bereits vor dem 2. Vatikanum die Altarinsel in die Mitte der Gemeinde gerückt und damit die Liturgiereform bereits baulich vorweggenommen. Darüber hinaus war es dem Architekten ein Anliegen, einen Ort zu schaffen, in dem der Einzelne „Sammlung, Gebet, Demut und Friede" findet. Und in der Tat ist es eine ganz eigene Stimmung, in die der Besucher versetzt wird. An den Stirnwänden sitzen in einem Raster quadratischer Betonrahmen leuchtend blaue Glasbausteine, die den Raum in ein gedämpftes, überirdisches Licht tauchen. In das ganz auf Reduktion bedachte Gesamtkonzept fügen sich auch die direkt in die Glaswände eingelassenen, als massive Betonreliefs gestalteten Kreuzwegstationen ein. Der Bildhauer Heinz Hemrich schuf den eigenwilligen Altar als Monolith aus schwarzem Stein mit einer in die Front gravierten Darstellung der Hochzeit zu Kana. Seine aus Stahlguss gefertigte Madonna stellt auch einen regionalen Bezug her.

Schau genau! Anstelle eines Apfels oder einer Weintraube, hält die Madonna mit dem Jesuskind eine „Malede" in der Hand – mundartlich für Aprikose – und stellt damit eine Verbindung zur Geschichte von Mombach her, das bis in die Nachkriegszeit hinein das größte zusammenhängende Anbaugebiet für Aprikosen (die Sorte heißt Mombacher Frühe) in Deutschland war. Sie werden in jeglicher Form auch heute noch gern genossen.

MAINZ-WEISENAU

Mariä Himmelfahrt

Jakob-Sieben-Str. 35
55130 Mainz

Tagsüber geöffnet.
Pfarrbüro: Jakob-Sieben-Str. 36, Mainz,
Tel.: 06131 85162

Seit 1982 leuchtet die majestätisch über dem Rhein thronende Kirche Mariä Himmelfahrt in sattem Gelb – eine Farbwahl, die seinerzeit zwar auf wenig Begeisterung stieß, doch letztlich dem Weisenauer Wahrzeichen noch mehr Fernwirkung verlieh. Dabei beginnt ihre Geschichte ganz unten im „Dorf", wo 1312 erstmals eine kleine Pfarrkirche erwähnt wird, die dem reichen, schon im 10. Jh. gegründeten St. Viktorstift einverleibt worden war, das sich im oberen Teil von Weisenau befand. Doch während das mächtige Stift seinen Untergang erlebte – 1552 wurde es zerstört, die Stiftsherren zogen in das Mainzer St. Johannesstift – ging es mit der Pfarrkirche buchstäblich bergauf. 1740 bauten sich die Katholiken ihre Kirche neu, oben auf der Anhöhe, unweit des untergegangenen Viktorstifts, als einfachen Saalbau mit Dachreiter. 1793 wurde sie bei der Belagerung von Mainz bis auf die Grundmauern zerstört und 1825 mühsam wiederaufgebaut. 1912 erfolgte eine umfangreiche Erweiterung um einen neoklassizistischen Anbau mit kleinem Querschiff, Empore und Taufkapelle sowie den markanten, 45 Meter hohen Turm. Ein Fliegerangriff zerstörte die Kirche 1945 zum zweiten Mal, doch erneut gelang ihr Wiederaufbau. Nur wenige, in Sicherheit gebrachte Skulpturen befinden sich heute in dem schlichten, weitläufigen Innenraum: eine Madonna mit Kind (um 1720), ein hl. Nikolaus und eine Pietà (um 1750) sowie der bemerkenswerte Kruzifixus aus dem Anfang des 16. Jh. Die modernen Glasfenster von Alois Plum tauchen den Raum in ein angenehm farbiges Licht.

Die Beine des gekreuzigten Christus stehen nebeneinander auf einem Fußbrett (suppedaneum) und sind einzeln mit einem Nagel an das Kreuz geheftet. Die von der Kunstwissenschaft etwas nüchtern als „Viernageltypus" bezeichnete Darstellungsform war vor allem in der Romanik beliebt, wurde aber im 13. Jh. vom „Dreinageltypus" abgelöst, bei dem die Beine übereinandergeschlagen und von einem einzigen Nagel durchbohrt sind. Erst im frühen 16. Jh. taucht vereinzelt, wie hier in Weisenau, der ältere Typus wieder auf.

Wegekapelle

Langentalstr. 26
55130 Mainz

Durch Gittertür einsehbar.
Pfarrbüro: Jakob-Sieben-Str. 36, Mainz, Tel.: 06131 85162

Die kleine Marienkapelle ist wohl nur den Weisenauern bekannt und als Fremder muss man die Augen schon offenhalten, um in der eng bebauten Langentalstraße das ganz von Grün umgebene Heiligenhäuschen zu erkennen. Die Einheimischen nutzen im Vorübergehen indes häufig die Gelegenheit, kurz vor der Figur der Muttergottes innezuhalten – sei es für ein Gebet oder ein einfaches Bekreuzigen, wie ein Anwohner zu berichten weiß, der zusammen mit seiner Frau dafür sorgt, dass das Kapellchen gepflegt bleibt und stets mit Blumen und Kerzen geschmückt ist. Einmal im Jahr trifft sich die Kirchengemeinde hier im Maimonat zu einer Andachtsfeier mit gemeinsamen Gebeten und Liedern. Einer religionsübergreifenden Initiative von Weisenauer Bürgern ist es zu verdanken, dass das Heiligenhäuschen in den 1970er Jahren nicht dem Verfall preisgegeben wurde. Man ließ es renovieren und brachte die originale, um 1740 in der Werkstatt des Hofbildhauers Burkhard Zamels geschaffene Skulptur der Maria Immaculata zu ihrem Schutz in die Pfarrkirche, wo sie heute im Chorraum zu bewundern ist. An ihrer Stelle wurde hier eine schön gefasste Kopie der Muttergottes untergebracht. Der Sockel unterhalb der Skulptur trägt die Inschrift: „O Maria / ohne Sünd empfangen / bitt für uns / die wir unser Zuflucht zu dir nehmen / Junggesellen Sodalität zu / Weisenau im Jahr / 1854“. Die Junggesellenvereinigung hatte das Häuschen damals renoviert und sich mit dieser Inschrift verewigt.

MÖLSHEIM

St. Ägidius und Hl. Bruder Konrad

Hauptstr. 65
67591 Mölsheim

Unregelmäßig geöffnet.
Pfarrbüro: Mittelgasse 1,
67592 Flörsheim-Dalsheim,
Tel.: 06243 8565

Bereits den dritten Standort belegt die kleine Kirche St. Ägidius in Mölsheim: Die alte Pfarrkirche wurde seit der Glaubensspaltung von der evangelischen Gemeinde benutzt, sodass sich die Katholiken 1740 eine neue, wiederum dem hl. Ägidius geweihte Kirche auf einem Hanggrundstück errichteten. 1935 wurde das Barockkirchlein infolge eines Hangrutsches derart beschädigt, dass es abgebrochen werden musste. So entstand an der heutigen Stelle ein Neubau. Aus dem alten Gotteshaus wurden die Bänke und die Orgel übernommen, einige Jahre stand auch der frühere Hochaltar an der Stelle des heutigen (und bauzeitlichen) Seitenaltars. Bei der letzten Renovierung 1990 erhielt die Kirche ein neues Wandbild und Kreuzwegstationen, ansonsten zeigt sie weitgehend unverändert das Bild der Bauzeit: Glasfenster, Kanzel, Beichtstühle und das hölzerne Taufbecken stammen aus den 1930er Jahren. Die Bauzeit zog sich etwas in die Länge: Auf Bildern um 1940 sieht man den Außenbau noch unverputzt und die Orgelempore ohne Brüstung. Die Orgel selbst wurde 1942 eingebaut. Etwas oberhalb der Kirche verläuft der Jakobsweg, der am alten Kirchplatz entlangführt. Heute ist dort auf der Terrasse ein kleiner Park angelegt. Im Sommer finden Pilger und Besucher sonntags hier die Gelegenheit, sich bei einer Rast zu erholen und den Ausblick über das Zellertal zu genießen.

Ein Kirchenfenster zeigt den zweiten Namenspatron der Kirche, den Heiligen Konrad von Parzham (1818–1894). Es entstand nur zwei Jahre nach dessen Heiligsprechung im Jahr 1934. Als Laienbruder des Kapuzinerklosters in Altötting versah Konrad 41 Jahre lang seinen Dienst als Pförtner – entsprechend trägt er auf vielen Abbildungen einen Schlüsselbund. An der Pforte war er Ansprechpartner und Helfender für Pilger, Arme und Menschen in Not. Seine „nicht zu zerstörende Güte" (Benedikt XVI) trug zu seiner Heiligsprechung 40 Jahre nach seinem Tod bei.

St. Martin

Gaustr. 5
55287
Mommenheim

Unregelmäßig geöffnet.
Pfarrgruppenbüro:
Rheinstr. 4,
55296 Lörzweiler,
Tel.: 06138 6216

Wie an vielen Orten Rheinhessens reicht die Kirchengeschichte Mommenheims bis in früheste Zeit hinab. So gab es auf dem hiesigen Nazarienberg schon im 8. Jh. eine dem hl. Nazarius geweihte Kapelle, die bis ins 14. Jh. eine beliebte Wallfahrtskirche war. Für ihre Zerstörung im 30-jährigen Krieg liefert die „Sage von den drei Schwestern" eine besondere Erklärung. Heute steht dort ein markanter Wingertsturm, zu dem eine Wanderung lohnt, wird man doch mit einem grandiosen Ausblick auf die Landschaft und auf den Ort belohnt. Gut zu sehen sind die beiden malerisch nebeneinander stehenden Kirchen – die spätgotische, heute evangelische Kirche und die katholische St. Martinskirche, die 1719 errichtet wurde. Bis dahin hatte man die ältere Kirche simultan genutzt. Die Martinskirche wurde 1964 nach Westen hin erweitert, ohne dabei den schönen barocken Saal zu beeinträchtigen. Mit seinen durch Pilaster gegliederten Wänden und der 2003 angelegten hellen Farbfassung wirkt der Raum festlich und heiter. Seit 1806 besitzt die Kirche den prächtigen, um 1766 von Michael Henle gefertigten Hochaltar, der aus der Kirche des aufgelösten Mainzer Kapuzinerklosters stammt. Um ihn aufstellen zu können, musste man den Altaraufsatz mit der Figur des Erzengels Michael und weitere Teile entfernen. Trotzdem füllt er den gesamten Altarraum der Martinskirche aus. Mit der kunstvollen Kreuzigungsgruppe, über der die letzten Worten Jesu „consummatum est – es ist vollbracht" geschrieben stehen, bildet der Altar einen würdevollen Hintergrund für den modernen, im Kirchenschiff stehenden Zelebrationsaltar.

Einst erbten drei Schwestern ein großes Vermögen, das sie zu teilen hatten. Eine von ihnen war blind und wurde von den anderen übervorteilt. Zuvor hatten die Drei vereinbart, dass jede von ihnen eine Kirche bauen solle – je auf einer Anhöhe, von der aus die beiden anderen zu sehen seien. Als die Blinde den Betrug bemerkte, prophezeite sie ihren Schwestern, dass deren Kirchen keine lange Dauer beschieden sei. So liegen die Kirchen auf dem Mommenheimer Nazarienberg und dem Petersberg bei Gau-Odernheim längst in Trümmern, während die Bergkirche in Udenheim heute noch steht.

MONSHEIM-KRIEGSHEIM

St. Josef

Metzgasse 9
67590 Monsheim-Kriegsheim

Unregelmäßig geöffnet.
Pfarrgruppenbüro: Karlsstr. 2[illegible]
67551 Worms, Tel.: 06247 244[illegible]

Nicht überall in Rheinhessen pflegten Katholiken und Evangelische im 19. Jh. ein so gutes Miteinander wie hier in den kleinen Gemeinden rund um Worms. So stellte etwa in Horchheim der katholische Pfarrer der evangelischen Gemeinde sein Gotteshaus zur Verfügung, damit sie es bei Beerdigungen nutzen konnten, während hier in Kriegsheim ein – wie die Pfarrchronik berichtet – „gutester Nicht-katholik" eifrig Spenden sammelte, um für die 1864 neu erbaute katholische Kirche zwei Glocken anzuschaffen. Deren Namen, „Eintracht" und „Friede", hätten kaum passender gewählt werden können. Bis 2006 wurden sie sogar noch von Hand geläutet! Die katholische Gemeinde in Kriegsheim hatte sich lange Zeit mit einem kleinen Gottesdienstraum im örtlichen Rathaus begnügen müssen, bis sie – finanziert durch Spenden aus zahlreichen Orten des Bistums – das neue Kirchlein errichten konnte. Der schlichte, unverputzte, aus Bruchsteinen aufgeführte Bau in neugotischen Formen ist ein typisches Kind seiner Zeit. Von der bauzeitlichen Innenausstattung ist heute nur noch wenig erhalten geblieben – so etwa der schöne, mit rot-gelben Fliesen als Rautenmuster gelegte Fußboden, die hölzerne Eingangstüre sowie die mit gotisierenden Bogenmotiven verzierte Empore, die gestalterisch mit dem Orgelprospekt eine Einheit bildet. Die schlichte Ausstattung aus jüngerer Zeit ermöglicht die Konzentration auf das große Kruzifix und auf das liturgische Geschehen im Altarraum.

MONZERNHEIM
St. Johann Baptist

Am Pfarrhof 1
55234 Monzernheim

Unregelmäßig geöffnet.
Pfarrgruppenbüro:
Am Markt 7,
67593 Westhofen,
Tel.: 06244 9072787

Monzernheim ist auf einer der höchsten Erhebungen des Wonnegaus gelegen und noch ein Stückchen höher liegt innerhalb des Weindorfes die spätmittelalterliche Kirche St. Johann Baptist. Eine Kirche zu Monzernheim wird 1273 erstmals erwähnt und ein Reliquienverzeichnis von 1319 lässt darauf schließen, dass sie zu jener Zeit auch ein beliebtes Ziel für die Pilger auf dem vorbeiführenden Jakobsweg war: Die damals noch St. Alban von Mainz geweihte Kirche besaß fünf Altäre und bedeutende Reliquien, wie etwa ein Stück vom Schweißtuch Christi oder der Tunika Mariens. An Hochfesten wurden den Kirchenbesuchern sogar Ablässe gewährt. Im Inneren des schmucken, 1993–2003 restaurierten Kirchleins finden sich zahlreiche Spuren in die vergangene Zeit der einstigen Wallfahrtskirche. Im Putz freigelegte „Sichtfenster" zeigen Reste von figürlichen Wandmalereien aus dem 14. Jh. An den alten Kirchenpatron St. Alban erinnert noch dessen Darstellung auf dem spätgotischen Taufstein (Fuß heute ergänzt, Original in einem Wohnhaus eingemauert). Jener gehört zu dem im Wormser Raum verbreiteten Typus des Löwentaufsteins. Eine ausdrucksstarke, spätgotische Pietà stammt ursprünglich aus der ehemaligen Laurentiuskirche in Hochborn. Nach dem Verlust der eigenen Pfarrei wurde diese Skulptur für die Hochborner Katholiken besonders bedeutsam. Der barocke Hochaltar mit der Darstellung der Taufe Christi scheint erst im 19./20. Jh. in die Kirche gekommen zu sein, als man hier nun den hl. Johann Baptist verehrte, den man 1908 offiziell zum Patron der Kirche erklärt hatte.

Außen am Chor, an der Nordwestecke des Schiffs und am Rahmen der Pfarrtüre befinden sich sogenannte Wetzmarken. Das sind in den Stein gegrabene Längs- oder Querrillen, die an vielen Kirchen zu beobachten sind, und für die die Forschung bislang keine nachweisbare Erklärung gefunden hat. Manche vermuten, man habe von den Kirchen Gesteinspulver zu Heilzwecken entnommen, eine andere Hypothese geht davon aus, dass Ritter, bevor sie in einen Krieg zogen, ihre Schwerter an den Kirchen schärften, um sie dadurch gewissermaßen zu weihen.

NACK

Maria Himmelfahrt

Hauptstr. 59
55234 Nack

Unregelmäßig geöffnet.
Pfarrgruppenbüro:
Niedergasse 2,
55234 Erbes-Büdesheim,
Tel.: 06731 41289

Nachdem das Kirchlein in Nack 2000/01 außen saniert wurde, hat die Gemeinde jüngst auch den Innenraum in Eigenleistung renoviert. Die Sache selbst in die Hand genommen haben bereits deren Vorväter: Die 162 Seelen zählende Gemeinde wollte nicht länger den Weg nach Erbes-Büdesheim auf sich nehmen, um einen Gottesdienst besuchen zu können und errichtete 1901 ihre eigene Kirche. Die Steine für den Neubau stammen aus dem nahen Wendelsheim, die Fenster wurden von Familien aus Nack gestiftet. Leider ist nur eines erhalten geblieben – es zeigt die hl. Barbara. Die übrigen Fenster wurden in den 1960er Jahren ersetzt. Ursprünglich war die Kirche farbenfroh ausgemalt – ein blauer Himmel mit Regenbogen zierte die Fläche oberhalb des Chorbogens. Im Zuge der Modernisierung wurde jedoch der Kirchenraum vollständig in kühlem Weiß und Blaugrau überstrichen. Inzwischen konnte ein Teil der ursprünglichen Wandfassung im Eingangsbereich wieder sichtbar gemacht werden – eine Quadermalerei mit Blumenbordüre. Der übrige Raum wurde in freier Interpretation der historischen Fassung wieder farbenfroh angelegt. Die zuvor graue Holztonnendecke zeigt sich nun blau und mit Sternen bemalt, Chorbogen und Fensterlaibung erhielten sandsteinrote Umrahmungen. An der Orgelempore setzen rote Sternornamente freundliche Farbakzente. Vor der Wand im zuvor kahlen Chorraum steht nun ein barocker Hochaltar – das Geschenk eines privaten Stifters – der mit dem marmorierten Zelebrationsaltar ein ansprechendes Ensemble bildet.

Im einzigen erhaltenen Kirchenfenster von 1901 ist die hl. Barbara zu sehen, die meist mit ihrem bekanntesten Attribut, dem Turm ihrer Gefangenschaft, in der Hand dargestellt wird. Hier wird der Turm jedoch durch die Architekturformen über dem Kopf der Heiligen angedeutet – der Glaskünstler zeigt sie also in ihrem Turmzimmer stehend. In Händen trägt sie Kelch und Hostie als Zeichen ihrer Bekehrung zum christlichen Glauben. Die beiden Engel halten die Werkzeuge ihres Martyriums – Geißel und Schwert.

NACKENHEIM

St. Gereon

Kirchberg 8/10
55299 Nackenheim

Sonntags meist geöffnet.
Pfarrbüro:
Weinbergstr. 1,
Nackenheim,
Tel.: 06135 2201

Ältere Gemeindemitglieder nutzen heute gerne die unten im Ort gelegene Kapelle des Gemeindezentrums, denn der Weg hinauf zur Pfarrkirche ist steil. Wer ihn erklimmt, wird jedoch mit einer grandiosen Aussicht belohnt und betritt überdies einen uralten historischen Ort: Bereits im 7. Jh. gab es hier eine dem hl. Gereon geweihte Kirche. Zunächst im Besitz der Kölner Bischöfe wurde sie dem dortigen St. Gereonsstift übertragen – das erklärt die Namensgebung der Nackenheimer Kirche. Das mittelalterliche Gebäude wurde ab 1716 durch einen barocken Neubau ersetzt – das Epitaph des Bauherrn, Pfarrer Engelbert Maubeuge, ist im Eingangsbereich zu sehen. 1901–1911 wurde St. Gereon um den Westquerbau mit seinen schmucken, neobarocken Schweifgiebeln und den Turm erweitert. Im Inneren erwartet den Besucher ein beeindruckender Raum, angefüllt mit Höhepunkten barocker Bildkunst: Der Hochaltar aus schwarzem und rotem Lahnmarmor (1697) verrät mit den Skulpturen der hl. Mainzer Bischöfe Crescens und Bonifatius sowie dem hl. Martin seine Herkunft aus dem Mainzer Dom – 1869 hatte man ihn von dort für Nackenheim erworben. Die beiden Seitenaltäre mit den Figuren der Immaculata und des hl. Josef (um 1770) sind wohl der Werkstatt Nikolaus Binterims zuzuordnen, ebenso die Figur des hl. Gereon, der mit einer Schmuckrüstung des 18. Jh. angetan, als Offizier der „Thebäischen Legion" dargestellt ist, in der Hand den Palmzweig als Zeichen des Märtyrers. Das aus der Bergkapelle hierher gebrachte Relief der Marienkrönung gehörte wohl zum ursprünglichen Hochaltar der Kirche.

Auf halbem Weg hinauf zur Kirche bietet die Wegekapelle eine willkommene Möglichkeit zur Rast. Schon 1747 stand an dieser Stelle ein Kruzifix, das um 1900 durch dieses Heiligenhäuschen ersetzt wurde. Im Inneren des mit einem Schweifgiebel bekrönten Klinkerbaus, steht eine Kreuzigungsgruppe mit gefassten Tonfiguren. Bei genauem Hinschauen sind verschiedene Inschriften auf dem Sockel zu erkennen, wo sich mehrere Generationen von Stiftern und Renovierern verewigt haben.

NACKENHEIM

Bergkapelle

Gemarkung:
„Auf der Koppel / Am Kapellchen"

Unregelmäßig geöffnet.
Durch Türöffnung einsehbar.
Pfarrbüro:
Weinbergstr. 1,
55299 Nackenheim,
Tel.: 06135 2201

Es gibt kein schriftliches Zeugnis über Bau und Bestimmung der stattlichen, oberhalb von Nackenheim auf der Koppel gelegenen Bergkapelle. Man schätzt, dass es dort vor über 200 Jahren aus Steinen des hier vorkommenden „Rotliegenden" errichtet wurde, vermutlich als Feldkapelle und Schutzhütte für die Wingertsleute. Eine alte Inschrift auf der Giebelseite unter einem Wandkreuz lautet: „Vor Blitz und Ungewitter, bewahre uns o Herr." Im Volksmund wurde die Kapelle auch Dreifaltigskeitskapelle genannt, weil seit 1869 fast hundert Jahre lang ein Holzrelief mit der Darstellung der Dreifaltigkeit bei der Krönung Mariens darin aufgestellt war. Das Relief der Marienkrönung, das 1963 von Dieben vorübergehend seiner Marienfigur beraubt worden war, hängt seither wieder in der Pfarrkirche. Seit 1946 ist die Bergkapelle im Besitz der Pfarrgemeinde St. Gereon, die sich seit 2000 um die statische Sicherung und Sanierung des zunehmend baufälligen Kapellchens bemühte. Durch Unterstützung des Bistums, der Ortsgemeinde und vieler privater Spender konnte von 2002 bis 2007 – unerwartete Schäden und Hindernisse hatten die Bauzeit verzögert – umfassend renoviert und neu gestaltet werden. Die Künstlerin Damaris Wurmdobler schuf im Innenraum, inspiriert von den lichten Farben der umgebenden Natur, ornamentale Wandmalereien sowie eine Darstellung der Dreifaltigkeit in der Rundnische der Altarwand. Zwei neu geschaffene Skulpturen der Muttergottes und des „Weinheiligen" St. Urban bereichern den Kapellenraum. „Freuen wir uns auf unsere ‚neue' Bergkapelle und holen wir uns hier wieder neue Kraft und Stärke für unseren Alltag" – so die Worte des Pfarrers am Tag der Einweihung.

St. Dionysius

Schlossgasse 39
55546 Neu-Bamberg

Unregelmäßig geöffnet.
Pfarrgruppenbüro:
Bennstr. 1,
55546 Fürfeld,
Tel.: 06709 429

Hoch über dem Ort erheben sich die Reste der ehemaligen Burg der Raugrafen aus dem 13. Jh. Schon zu dieser Zeit gab es im Bereich der Vorburg eine Kapelle und während die Festung mittlerweile in Ruinen liegt, wird die Kirche auch heute noch regelmäßig für Gottesdienste genutzt. Allerdings nicht mehr im mittelalterlichen Gebäude: Die heutige Kirche entstand wohl unter Einbeziehung alten Mauerwerks um 1756 und wurde zuletzt 1881/82 umgebaut und erweitert. Ihr Erscheinungsbild ist daher vorwiegend neugotisch geprägt. Die Fassade besitzt ein Giebeltürmchen, wie es in ähnlicher Form auch in ▸ Osthofen oder der Templerkapelle in Hof Iben bei Fürfeld zu finden ist. Blickfang im Inneren sind die barocken Figuren: unter anderem der hl. Johannes Nepomuk, eine Maria Immaculata sowie die hll. Barbara und Dionysius. Ein weiteres Glanzstück ist die Orgel: Bei der letzten Restaurierung wurde im Inneren eine Inschrift aufgefunden, die Jahreszahl und Herstellungsort angibt: „geferdiget in Saarbrück 1[7]76". Bis dahin galt die Orgel als ein Werk der Brüder Stumm aus dem Hunsrück – nun aber steht fest, dass einer ihrer Schüler, Johann Georg Geib, der einzige Saarbrücker Orgelbauer dieser Zeit, das Instrument anfertigte. Eine weitere Signatur findet sich in der Pedalwindlade: Der Geselle Johann Philipp Hartung hat hier unterzeichnet. Mit den Familien Stumm, Geib und Hartung kreuzen sich in Neu-Bamberg die Wege dreier wichtiger Orgelbaudynastien der Region.

Die Geste zählt! Nur durch seine segnende rechte Hand und die Weltkugel in seiner Linken kann man das goldige, auf einem Wölkchen schwebende Knäblein als Christus den Weltenretter erkennen. Das rechts an der Wand hängende Figürchen stammt aus der Mitte des 18. Jh., aber bereits im 15. Jh. waren solche „Jesusknäblein" als Teil des Weihnachtsbrauchtums sehr beliebt. Man stellte sie dann anstelle eines Kinds in der Krippe auf den Altar.

St. Maria

Kapellenstr. 24
55437 Nieder-Hilbersheim

Unregelmäßig geöffnet.
Pfarrbüro: Hauptstr. 1,
55437 Ober-Hilbersheim,
Tel.: 06728 94013

Die kleine Kirche der Allerseligsten Jungfrau Maria liegt von hohen Bäumen umgeben am Rande des Ortes. 1705 erhielt die katholische Gemeinde das Recht, eine Kapelle im Rathaus einzurichten – 35 Jahre später folgte ein eigenständiger Bau unterhalb der evangelischen Kirche (an der Hauptstraße gelegen). Das heutige Gotteshaus wurde jedoch erst 1862 errichtet. Der kleine Saalbau wird durch hoch gelegene Rundbogenfenster gegliedert und von einem Dachreiter mit Spitzhelm bekrönt. Einziger Fassadenschmuck sind das Sandsteinportal mit kassettierter Holztür sowie die in einer Nische stehende Madonna auf der Mondsichel. Das Innere mit Flachdecke und halbrunder Apsis ist heute nurmehr sparsam ausgestattet. Bemerkenswert ist das an der Altarwand hängende Gemälde von 1742, das eine Darstellung der italienischen Loreto-Madonna zeigt. Neben dem Eingang hängt ein weiteres Gemälde aus der Mitte des 18. Jh. mit einer Darstellung des Apostels Judas Thaddäus. Vor seiner Brust hält er ein Bildmedaillon mit einem sogenannten „Acheiropoíeton" – griechisch für ein „wahres", das heißt nicht von Menschenhand gemachtes Abbild Christi. Der Legende nach soll der König von Edessa durch solch ein Bild, das ihm Jesus gesandt hatte, von der Lepra geheilt worden sein. Judas Thaddäus nahm den Dank des genesenen Königs entgegen. Die Bildunterschrift nennt den Apostel: „S. JUDAS THADDAEUS groser Patron deren sehr Beträngten und von der Welt verlassenen Menschen." Er gilt bis heute als Helfer in schweren Nöten und verzweifelten Situationen.

Loreto ist einer der wichtigsten Wallfahrtsorte Italiens. Der Legende nach haben Engel das Haus der Heiligen Familie (Santa Casa) aus Nazareth nach Loreto übertragen. Die Santa Casa ist heute mit Marmor ummantelt und von einer mächtigen Kirche überbaut. Darin befindet sich das Gnadenbild von Loreto, eine vom Ruß der Kerzen geschwärzte Muttergottesstatue mit dem Jesuskind im Arm. Das Original der sogenannten „Virgo Lauretana" verbrannte 1921 und ist heute durch eine Kopie ersetzt.

St. Georg

Pariser Str. 99
55268 Nieder-Olm

Tagsüber geöffnet.
Pfarrbüro:
Alte Landstr. 30,
Nieder-Olm,
Tel.: 06136 91590

Platzbeherrschend steht die St. Georgskirche an der Pariser Straße und sieht bei genauerer Betrachtung ein wenig merkwürdig aus: Das große, ockergelb und sandsteinrot gefasste Kirchenschiff mit seiner geschwungenen Fassade lässt sich unschwer der Barockzeit zuordnen. Doch der im rechten Winkel dazu stehende, steinsichtige Turm weist mit seiner Lisenen- und Rundbogengliederung in die Romanik und die unmittelbar an diesen anschließende weiß verputzte Apsis mit Strebepfeilern ist ganz klar ein Bau der Gotik. Erklärbar wird dies dadurch, dass die mittelalterliche Kirche geostet war und über einen Chorturm verfügte. Die gotische Apsis wurde um 1400 neu an den Chorturm angebaut, wodurch ein größerer Altarraum entstand. Im 18. Jh. scheint die Kirche zu klein geworden zu sein, weshalb man einen größeren Neubau plante, dessen Achse wohl aus Platzgründen um 90° zur alten Kirchenausrichtung gedreht werden musste. Auf diese Weise konnten der Turm und der alte Altarraum, nun als Sakristei genutzt, erhalten bleiben. 1986 richtete man die Sakristei in einem kleinen Raum im hinteren Kirchenschiff ein, um die gotische Apsis als Katharinenkapelle neu zu gestalten. Dabei fand man in der barocken Bodenaufschüttung den gotischen Altarstipes, der heute als Unterbau für den Kapellenaltar dient. Der großzügige Kirchenraum wirkt trotz der inzwischen reduzierten brocken Formen einheitlich. Bemerkenswert sind der monumentale Altar-Baldachin und das Orgelprospekt aus dem 18. Jh.

Der über dem heutigen Zelebrationsaltar stehende Baldachin wirkt in den Proportionen etwas groß geraten, wurde er doch ursprünglich für ein mächtiges, barockes Altarretabel geschaffen. Altar und Baldachin bildeten zusammen einen sogenannten Ziborienaltar – ein Altartypus, der besonders im 18. Jh. beliebt war. Der Baldachin wurde meist durch vier bis sechs Säulen gebildet, die ein Gebälk mit geschwungenen Voluten trugen. Ein bekanntes Beispiel ist der Ziborienaltar von Balthasar Neumann im Wormser Dom.

NIEDER-OLM

Heiligenhäuschen

Am Woog
55286 Nieder-Olm

Durch ein Gitter einsehbar.

Biegt man von der Georg-Taulke-Allee kommend in die Straße „Am Woog" ein und folgt ihr ein Stück entlang der linker Hand gelegenen Stellplätze, kann man, nachdem man die parkenden Autos hinter sich gelassen hat, eine kleine, inmitten von Bäumen gelegene Wegekapelle finden. Bereits im Jahr 1491 wurde an dieser Stelle eine kleine Kapelle erwähnt, die jedoch nicht mehr erhalten geblieben ist. Eine Bank lädt Spaziergänger und Radfahrer zu einer kurzen Pause ein – Zeit, um einen Blick auf das im 19. Jh. aus Kalksteinquadern errichtete Heiligenhäuschen mit seinem schmucken Rundbogenportal zu werfen. Wer die Rast dafür nutzen möchte, ein Gebet zu sprechen, kann es an die im Inneren stehende Muttergottes auf der Mondsichel richten, die – voller Zuversicht – das Böse in Gestalt der sich ihr zu Füßen windenden Schlange überwindet.

Als „Woog" werden, abgeleitet von einem mittelhochdeutschen Wort für Wasser, insbesondere im süddeutschen Raum stehende Gewässer bezeichnet, die sowohl natürlichen Ursprungs, als auch künstlich angelegt sein können. Die Nieder-Olmer Straße „Am Woog" übernahm den Namen vom „Kleinen Woog" – ein früher am südlichen Ortsrand (am heutigen Bussolengo-Platz) gelegener Stauweiher, der den sogenannten Schlosslauf, den Wassergraben um das einstige Schloss der Ortsherren speiste.

St. Kilian

An der Bergkirche 32
55283 Nierstein

Vorraum und Werktagskapelle tagsüber geöffnet.
Pfarrgrupppenbüro:
Kirchstr. 4, 55276 Oppenheim,
Tel.: 06133 2727

Mitten in den Weinbergen des „Roten Hangs" auf einer Anhöhe liegt die St. Kilianskirche, die das Ortsbild von Nierstein – eine der größten weinbautreibenden Gemeinden Deutschlands – weithin sichtbar prägt. Ihre Ursprünge reichen zurück bis in fränkische Zeit. Im Jahr 742 schenkte der Hausmeier Karlmann, Bruder des Königs Pippin, die der Muttergottes geweihte Kirche dem Bischof von Würzburg. Daraufhin wurde sie dem hl. Kilian – Patron des Würzburger Bistums – geweiht. Aus dieser Zeit blieb baulich nichts erhalten, vielleicht stammt ein außen an der Nordostecke vermauerter Sturzstein mit Spiralornamenten noch aus karolingischer Zeit. Ältester Teil ist der mächtige Chorturm aus dem 12. Jh., der von einer geschweiften Haube aus dem 18. Jh. bekrönt wird. Das Kirchenschiff wurde, nachdem ein Blitzschlag im Jahr 1767 den Vorgängerbau in Brand gesetzt hatte, 1776 neu errichtet. Der Innenraum, ein großzügiger Saal, wird von Ausstattungsstücken verschiedener Epochen, von der Spätgotik bis ins 20. Jh. geprägt. Ein einheitliches Ensemble bilden der Hochaltar und die Seitenaltäre, die 1902 von der Bildhauerwerkstätte Busch aus Steinheim in historisierenden Formen gefertigt wurden. Durch den tagsüber geöffneten Vorraum gelangt man rechts in die 1963 angebaute Taufkapelle, die heute als Marienkapelle dient. Drei Stufen führen hinab in diesen stimmungsvollen Raum, der durch ein buntes Glasband und eine Lichtkuppel sowie die zahlreichen Opferkerzen vor der Muttergottesfigur in ein warmes Licht getaucht wird – eine schöne Einladung zum Innehalten und zum Gebet.

Die Niersteiner Bergkirche, wie St. Kilian auch genannt wird, liegt an einer Etappe des Rheinterrassenwegs, der von Worms bis Mainz führt. Wanderer werden hier mit einer großartigen Aussicht auf den Rhein und die Reben belohnt.
Infos unter: www.rheinhessen.de/rheinterrassenweg

NIERSTEIN-SCHWABSBURG

St. Pankratius

Backhaustr. 7
55283 Nierstein

Unregelmäßig geöffnet.
Pfarrgrupppenbüro:
Kirchstr. 4,
55276 Oppenheim,
Tel.: 06133 2727

Seit 1970 ist Schwabsburg keine eigenständige Gemeinde mehr, sondern ein Stadtteil von Nierstein. Dabei kann der Ort auf eine lange und nicht unbedeutende Geschichte zurückblicken, gehörte Schwabsburg doch im frühen Mittelalter zusammen mit Nierstein und Dexheim zu den freien Reichsdörfern, das heißt sie unterstanden direkt dem Kaiser. Der im Ortswappen geführte schwarze Adler zeugt noch von diesem alten Privileg. Die hoch über dem Ort thronende staufische Schwabsburg, von der nurmehr ein mächtiger Turm erhalten blieb, ist das hiesige Wahrzeichen, ebenso wie die hochaufragende Turmspitze der imposanten evangelischen Kirche, die 1894 erbaut, sich wohl an der Stelle erhebt, an der eine 1363 erstmals erwähnte St. Pankratiuskapelle stand. Dieses alte Patrozinium übernahm die katholische Gemeinde für ihre 1959 neu gebaute Kirche, die eine Filiale der Niersteiner Pfarrgemeinde St. Kilian ist. Sie liegt idyllisch an dem liebevoll gestalteten Weedplatz, der mit seinen kleinen Brücken, die über den durch Schwabsburg laufenden Flügelbach führen, zum Verweilen einlädt. Der Architekt Karl Moser gestaltete die St. Pankratiuskirche denkbar schlicht, als rechteckigen Baukörper mit Satteldach und Flankenturm. Im reduzierten Innenraum – ein einfacher Saal mit flach gewölbter Decke – kommen die farbigen Glasfenster besonders gut zur Geltung. Das Fenster im Altarraum mit einer Kreuzigungsszene hinterfängt zugleich sinnhaft den Zelebrationsaltar. Nur durch einzelne Symbole angedeutet wird das Passionsthema in den Langhausfenstern fortgesetzt.

Pankratius wurde im 3. Jh. in Phrygien als Sohn eines reichen Römers geboren. Nach einer Romreise bekehrte er sich zum Christentum und half dort fortan seinen verfolgten Glaubensgeschwistern. Der erst 14 Jahre alte Pankratius wurde schließlich auch gefangengenommen und vom Kaiser dazu gedrängt, seinem Glauben abzuschwören. Der standhafte Jüngling wurde enthauptet und seine Leiche den Hunden vorgeworfen. Eine Christin barg heimlich seinen Leichnam und bestattet ihn in einer Katakombe.

St. Peter und Paul

Hauptstr. 37
55234 Ober-Flörsheim

Tagsüber geöffnet.
Pfarrbüro:
Weyerstr. 1,
Ober-Flörsheim,
Tel.: 06735 371

Die inmitten des alten Friedhofs gelegene Kirche betritt man über ihren neuesten Bauteil, den Kirchturm – lediglich die Sakristei der Südseite ist noch jünger. Beide wurden im 20. Jh. errichtet. Im Erdgeschoss des Turms, das gleichzeitig als Vorhalle der Kirche dient, befindet sich eine kleine Gedächtnisstätte für die Gefallenen des 1. Weltkriegs. Über den Windfang gelangt man in den Kirchenraum. Langhaus und Chor entstanden um 1780 – sie wurden wohl vom Kurpfälzer Hofbaumeister Rabaliatti entworfen. Aus der Vorgängerkirche wurden der Hochaltar, die Sakristeiglocke und die Orgel übernommen. Der Hochaltar stand früher weiter vorn im Chor – seitliche Öffnungen ermöglichten den Umgang. Über den Öffnungen befanden sich die Statuen von Petrus und Paulus, die heute im Langhaus aufgestellt sind. Die Altarschranke wurde nach der Liturgiereform zum Volksaltar umgebaut, der Tabernakel fand als Ambo Verwendung. Die Nebenaltäre und die Kanzel mussten dagegen weichen, um einen klareren Raumeindruck zu erhalten. Die für die Sakristei etwas überdimensionierte Glocke hing wohl einst in einem Dachreiter. Gerade kleinere Glocken befinden sich häufig nicht mehr an ihrem ursprünglichen Bestimmungsort – hier ist die Herkunft jedoch unstrittig: neben dem Namen des Gießers und dem Jahr der Herstellung 1729 nennt die umlaufende Inschrift ganz eindeutig: OBER FLERSHEIM.

Besonders stolz ist die Gemeinde auf ihre Orgel. Sie hat nach Abbau und Zerlegung in den 1970er Jahren, und der folgenden Odyssee (vom Dachboden ins Diözesanmuseum und in ein Firmenlager) 2007 wieder einen Platz auf der Empore gefunden. Ihre Restaurierung ermöglichte es, eine der ältesten Orgeln im Bistum Mainz wieder spielbar zu machen. Sie wurde um 1740 vom Seebacher Orgelbauer Valentin Senn gebaut und kam 1774 von Oppau nach Ober-Flörsheim. Als dessen einziges vollständig erhaltenes Werk ist sie etwas ganz Besonderes.

WALLFAHRTSORTE

ALZEY-HEIMERSHEIM, PFARRKIRCHE ST. MAURITIUS UND GEFÄHRTEN

Herz-Jesu-Wallfahrt am Sonntag nach dem Herz-Jesu-Fest (Freitag der 3. Woche nach Pfingsten). Die Wallfahrt geht zurück bis ins Jahr 1867 und wird heute mit einer festlichen Eucharistiefeier begangen.

BINGEN (ROCHUSBERG)

Wallfahrtsoktav zum heiligen Rochus (Gedenktag: 16. August) vom Sonntag nach Maria Himmelfahrt (15. August) bis zum darauf folgenden Sonntag.

Die Binger Bürger legten während der großen Pest im Jahr 1666 ein Gelübde ab, wenn die Stadt davon verschont bliebe: sie versprachen, am Festtag des hl. Rochus in einer feierlichen Prozession zum Berg zu pilgern, eine Kapelle für den Pestheiligen zu errichten und einen halben Tag lang zu feiern. Im Laufe des 19. Jh. wurden aus dem halben Festtag acht Tage, die sog. „Oktav".

Die Wallfahrt beginnt mit einer Prozession ausgehend von der Basilika St. Martin in Bingen zum Rochusberg und einem Festgottesdienst am Außenaltar der Rochuskapelle. Mit täglichen Wallfahrtsgottesdiensten klingt das Rochusfest mit einer großen Lichtprozession am Samstagabend und einem feierlichen Festamt am Sonntag aus.

Rochusfest, Bingen

BODENHEIM, MARIA OBERNDORF

Marienwallfahrt zum Fest Mariä Heimsuchung (2. Juli). Wird heute am Sonntag danach begangen.

Eine Marienkapelle „im oberen Dorf" („Maria Oberndorf") wird im Jahr 1271 erstmals urkundlich erwähnt.

Die Prozession zieht von der Pfarrkirche zur Wallfahrtskapelle, vor der die heilige Eucharistie gefeiert wird. Mit einer Andacht in der Pfarrkirche und dem gemeinsamen Essen schließt die Wallfahrt. Am Vorabend ist die Jugend zu einem eigenen Gottesdienst eingeladen.

ERBES-BÜDESHEIM, ST. BARTHOLOMÄUS

Wallfahrt zum hl. Johannes von Nepomuk am Sonntag nach dessen Festtag (16. Mai).

Die Verehrung des in Prag als Märtyrer gestorbenen Heiligen wird in Erbes-Büdesheim um 1750 durch den damaligen Pfarrer eingeführt. Heute beginnt die Wallfahrt mit einer Eucharistiefeier am Sonntagmorgen. Eine feierliche Vesper mit anschließender Reliquienprozession durch die Straßen des Ortes beschließt den Festtag.

GAU-ALGESHEIM (LAURENZIBERG)

Wallfahrt zu Ehren des hl. Laurentius am Sonntag, der dem Fest des Heiligen (10. August) am nächsten liegt.

Die Wallfahrt geht bis ins 7. Jh. zurück, als die St. Laurentiuskirche Mutterkirche der umliegenden Orte war. Die Prozession führt von der Pfarrkirche auf den Laurenziberg. Die traditionelle Pferdesegnung lebte nach einer Tierseuche im 17. Jh. wieder auf und wird bis heute fortgeführt.

GAU-BICKELHEIM (WISSBERG) KREUZKAPELLE

Wallfahrt zum hl. Kreuz an den Sonntagen, die dem 3. Mai (früher: Fest der Kreuzauffindung) und dem Fest der Kreuzerhöhung (14. September) folgen.

Die Wallfahrt zur Kreuzkapelle wurde durch die Schenkung einer Kreuzreliquie durch Papst Benedikt XIV. im Jahr 1757 begründet. Durch die mit der Wallfahrt verbundenen Ablässe wurde die Wallfahrt bald sehr beliebt. Auch heute noch besuchen Wallfahrtsgruppen von außerhalb das ganze Jahr über den Wißberg.
An den Wallfahrtstagen zieht die Prozession von der Pfarrkirche St. Martin bzw. vom Dorfkreuz hinauf zum Wißberg, wo die Eucharistie gefeiert wird. Seit 1995 findet am Samstag vor der Maiwallfahrt ein ökumenischer Bittgang der Männer statt.

GAU-HEPPENHEIM, ST. URBAN

Wallfahrt zu Ehren des hl. Papstes Urban (Gedenktag: 25. Mai). Die Wallfahrt findet am Pfingstmontag statt.

Wann genau die Wallfahrt zum hl. Urban begonnen hat, ist unklar – jedenfalls wurde noch bis ins 17. Jh. das St. Urbansfest zu Ehren des Pfarr- und Dorfpatrons gefeiert. Die bald nach der Reformation untergegangene Tradition wurde 1999 wieder belebt und wird seitdem durch einen Festgottesdienst vor der historischen Kirche und eine anschließende Prozession in die Weinberge mit Weinbergssegnung begangen. Bei der Prozession tragen ortsansässige Winzer die Statue des hl. Urban.

MAINZ, KARMELITERKIRCHE

Wallfahrt zu Ehren der heiligen Theresia vom Kinde Jesu (1. Oktober) und zum heiligen Valentinus (14. Februar).

Seit 1925 wird die Wallfahrt zur hl. Theresia von Kinde mit einer festlichen Eucharistiefeier und mit der Segnung von Rosen begangen, die die Gläubigen anschließend mit nach Hause nehmen. Ein Ostensorium (Schaugefäß) mit Reliquien der Heiligen wird in der Kirche aufbewahrt.
Die Wallfahrt zum hl. Valentinus wurde spätestens seit 1491 in St. Christoph begangen – Reliquien und Wallfahrt wurden 1948 in die Karmeliterkirche übertragen. Die Wallfahrt zum hl. Valentin wird

am 14. Februar mit Eucharistiefeier und Festpredigt gefeiert. Nach dem Gottesdienst werden die Gläubigen einzeln unter Auflegung der Valentinusreliquie gesegnet.

MAINZ, ST. JOSEPH

Wallfahrt zu Ehren der Hl. Rita von Cascia (22. Mai).
Die auf ein privates Gelöbnis zurückgehende Wallfahrt wurde 1918 erstmals begangen. Die hl. Rita, die der Legende nach den Mördern ihres Mannes vergeben hat, wird auch für Frieden und Versöhnung angerufen. Zur Wallfahrt wird in der St. Josephskapelle ein eigener Rita-Altar hergerichtet, auf dem auch das Reliquiar ausgestellt ist. Nach allen Gottesdiensten werden die Rita-Rosen und das Rita-Öl gesegnet.

MAINZ, ST. QUINTIN

Wallfahrt zu Ehren des hl. Judas Thaddäus (28. Oktober).
Auf das hohe Alter der Wallfahrtstradition (15. Jh.) weist der Name der hinter der Kirche liegenden Gastwirtschaft „Zum Flehlappe" hin. Dort konnten die Wallfahrer Tücher ausleihen, die sie in der Kirche unter ihre Knie legen konnten. Die Wallfahrt wird heute mit einem abendlichen Festamt begangen, an das sich eine Lichterprozession zum Wallfahrtsaltar mit dem Gnadenbild anschließt.

MAINZ, ST. PETER

Wallfahrt zum Heiligsten Herzen Jesu (3. Freitag nach Pfingsten).
Ursprünglich im Welschnonnenkloster beheimatet, wurde die Wallfahrt 1805 auf die Kirche St. Peter übertragen. Die Wallfahrt wird heute zusammen mit dem Großen Gebet am Herz-Jesu-Fest begangen. Nach der festlichen Eucharistiefeier finden Betstunden vor dem ausgesetzten Allerheiligsten statt, eine abendliche Andacht beschließt den Wallfahrtstag. Den ganzen Tag über werden „Batzekuchen" – eine Art Milchbrötchen – verkauft und zu jeder halben Stunde auf einem Tisch vor dem Herz-Jesu-Altar gesegnet.

MAINZ-FINTHEN, KÄSBROT-HEILIGENHÄUSCHEN UND HEIDESHEIM, ST. GEORGSKAPELLE

Wallfahrt am Sonntag vor oder nach dem Hochfest der Aufnahme Mariens in den Himmel (15. August).
Schon im Mittelalter pilgerten nachweislich Gläubige aus Budenheim und Finthen nach Heidesheim. Stationen waren eine heute untergegangene Kapelle, die dem hl. Bernhard von Clairvaux geweiht war, ferner die Georgskapelle in den Weinfeldern außerhalb von Heidesheim sowie ein Heiligenhäuschen. An der letzten Station wurden auf dem

Heimweg die bei der Wallfahrt gesegneten Gaben (Brot und Käse) verzehrt („Käsbrot-Heiligenhäuschen").
Die Wallfahrt beginnt heute mit einer Station in der Kirche St. Hedwig in Mainz-Finthen / Römerquelle, von dort führt eine Fußwallfahrt mit einer weiteren Station am „Käsbrot-Heiligenhäuschen" und weiter über den Sandhof (Ort der untergegangenen St. Bernhardskapelle) zur St. Georgskapelle, wo die Eucharistie gefeiert wird. Hier werden nach alter Tradition Brot und Käse gesegnet und an die Wallfahrer verteilt.

MAINZ-GONSENHEIM, 14-NOTHELFER-KAPELLE

Wallfahrt zu den hl. 14 Nothelfern am 3. Sonntag nach Pfingsten.
Nach dem Bau der ersten Kapelle 1729 gaben wiederholt von den Päpsten gewährte Ablässe der Wallfahrt Aufschwung. Verehrt werden in zwei Reliquiaren Reliquien der hl. 14 Nothelfer.
Am Wallfahrtstag zieht die Prozession, bei der das Reliquiar mitgetragen wird, von der Pfarrkirche St. Stephan zur 14-Nothelferkapelle. Die Eucharistiefeier findet dort am Außenaltar statt.

MAINZ-MARIENBORN, ST. STEPHAN

Wallfahrt zur „Trösterin der Betrübten" in den Monaten März bis September; Hauptwallfahrt am Sonntag nach Mariä Heimsuchung (2. Juli). Weitere Wallfahrten an den Marienfesten (25. März, 15. August, 8. September).
Die Wallfahrt besteht mindestens seit dem 14. Jh. Das ursprüngliche Gnadenbild wurde während kriegerischer Auseinandersetzungen in dem Brunnen unterhalb der Kirche verborgen; nach seiner wundersamen Wiederauffindung verfiel es jedoch und wurde 1425 durch das heutige Gnadenbild ersetzt. Die Wallfahrt wird mit einem festlichen Hochamt und einer Marienandacht am Nachmittag gefeiert.

MAINZ-MOMBACH, KREUZKAPELLE

Wallfahrt am Sonntag vor oder nach dem Fest der Kreuzerhebung (14. September).
Der Wallfahrtstag beginnt an der Kreuzkapelle; von dort führt die Prozession mit dem Kreuzreliquiar in die Pfarrkirche St. Nikolaus. Hier findet der Festgottesdienst (Eucharistiefeier) statt. Die Wallfahrt endet mit einer Abschlussandacht mit einer Kreuzverehrung, wie sie am Karfreitag üblich ist.

OCKENHEIM, KLOSTERKIRCHE JAKOBSBERG

Wallfahrt zu den hl. 14 Nothelfern am Sonntag, der dem Festtag des Hauptpatrons, St. Christophorus (24. Juli) am nächsten liegt;

Margareten-Wallfahrt am 2. Sonntag im Juli; Dionysius-Wallfahrt mit Weinlaubfest am 2. Sonntag im Oktober; Herz-Jesu-Wallfahrt am 3. Sonntag nach Pfingsten.
Die Wallfahrt wurde 1720 durch den Ockenheimer Pfarrer Blasius Caesar begründet. Seit 1961 betreuen die Missionsbenediktiner von St. Ottilien (Oberbayern), die im angrenzenden Kloster leben, den Wallfahrtsort.
Zur Hauptwallfahrt führt eine Prozession von der Ockenheimer Pfarrkirche St. Peter und Paul hinauf zum Jakobsberg, wo am Außenaltar vor der Kirche Eucharistie gefeiert wird.

PFAFFEN-SCHWABENHEIM, MARIA HIMMELFAHRT

Marienwallfahrt am Hochfest der Aufnahme Mariens in den Himmel (15. August).
Mitte des 18. Jh. kam eine Kopie des Gnadenbildes aus dem Kölner Karmel, „Maria Königin des Friedens", nach Pfaffen-Schwabenheim, das daraufhin Ziel einer Wallfahrt wurde. Die nach der Säkularisation untergegangene Tradition wurde 1977 neu belebt.
Die Wallfahrt wird mit einem festlichen Hochamt am Vormittag gefeiert; am Abend mit einem Rosenkranzgebet für den Frieden, einer weiteren Eucharistiefeier und der anschließenden Lichterprozession durch die Straßen des Ortes.

SÖRGENLOCH, PFARRKIRCHE MARIÄ OPFERUNG

Marienwallfahrt am Sonntag nach Mariä Geburt (8.September).
Sörgenloch wird als Wallfahrtsort erstmals 1225 erwähnt und besitzt damit die älteste fassbare Wallfahrt des Bistums Mainz.
Die Wallfahrt wird heute mit einem festlichen Hochamt und anschließender Prozession durch den Ort gestaltet.

WORMS, LIEBFRAUEN

Marienwallfahrt am ersten Sonntag im Mai und Valentinuswallfahrt am 14. Februar.
Die seit 1478 belegte, aber wohl wesentlich ältere Marienwallfahrt führt zu einem Gnadenbild aus der Zeit des späten 13. Jh. und wird heute mit einem festlichen Hochamt begangen.
Die Valentinuswallfahrt geht vermutlich auf den hl. Valentin von Terni zurück. Die bereits im 14. Jh. in Worms verehrte Reliquie des Heiligen befindet sich heute in der Liebfrauenkirche. Neben dem Wallfahrtsgottesdienst gibt es einen weiteren Gottesdienst, bei dem Kranke mit der Reliquie gesegnet werden. Seit jüngerer Zeit sind am Abend des Wallfahrtstages auch Paare zu einem besonderen Segnungsgottesdienst eingeladen.

OBER-HILBERSHEIM

St. Josef

Hauptstr. 3
55437 Ober-Hilbersheim

Unregelmäßig geöffnet.
Pfarrbüro: Hauptstr. 1, Ober-Hilbersheim, Tel.: 06728 94013

Nach Entwürfen des Mainzer Dombaumeisters Joseph H. A. Lucas wurde das Gotteshaus 1883 an der Hauptstraße am Ortseingang errichtet. Der niedrige Saalbau mit Querschiff und gedrungenem Turm ist mit Bruchsteinen verkleidet, was der Kirche ein eher schlichtes Erscheinungsbild verleiht. Beim Eintritt in das Innere offenbart sie sich jedoch als wahres Schmuckstück. Der Raum besticht nicht nur durch die originalgetreu wiederhergestellte Ausmalung, sondern ebenso durch die nahezu unveränderte neugotische Ausstattung. Grundgedanke dieser Raumgestaltung war das Sich-Hineindenken in die längst vergangene, aber als wahrhaftig empfundene Zeit des Mittelalters und zugleich eine Gegenreaktion auf den als geschmacklos und „unecht" geltenden Barockstil. Das Langhaus ist durch einen Triumphbogen vom Querschiff abgesetzt. Der ganze Raum wird von einer auf Gurtbögen aufliegenden und ornamental bemalten Holzdecke überspannt. Die Sockelzone der Wände trägt eine zeittypische Teppichmalerei. Ganz ähnliche Motive sind in der Martinskirche in Ober-Olm zu entdecken, ebenfalls ein Werk des Dombaumeisters Lucas. Die reiche Ausstattung erzeugt mit der Architektur einen harmonischen Gesamteindruck. Neben dem Hochaltar und den Seitenaltären sind sowohl die Kreuzwegtafeln als auch die Fenster (Bernhard Kraus, Mainz) im neugotischen Stil erhalten. Bemerkenswert ist die Kreuzigungsgruppe, die in Anlehnung an mittelalterliche Triumphkreuze auf einen Querbalken gestellt wurde. Auch die aus dem 18. Jh. stammenden Figuren der hll. Bruno, Nikolaus Albergati, Anna und Joachim fügen sich gut in den stimmungsvollen Kirchenraum ein.

Der Mainzer Glasmaler Bernhard Kraus hat in vielen Kirchen Rheinhessens seine Handschrift hinterlassen. Neben der Pfarrkirche in Ober-Hilbersheim finden sich seine figürlich gestalteten Fenster etwa auch in den Kirchen von Appenheim, Dietersheim, Bingen-Kempten und Worms-Hochheim, um nur eine Auswahl zu nennen. Seine Arbeiten in meist neugotischen Kirchen wurden immer mit der klassischen Bleiverglasung und Echt-Antik-Glas (mundgeblasenes Glas) ausgeführt, wodurch ihre Farben besonders intensiv leuchten.

St. Martin

Schulstr. 1
55270 Ober-Olm

Tagsüber geöffnet.
Pfarrgruppenbüro:
Pariser Str. 21,
55270 Klein-
Winternheim,
Tel.: 06136 996424

Frühchristliche Steinsarkophage, die auf dem Gelände des alten Friedhofs ausgegraben wurden, weisen auf die lange Geschichte der Martinskirche hin, die im Jahr 900 erstmals schriftlich erwähnt wird. Sie steht auf einer Anhöhe am Ortsrand von Ober-Olm und ist an ihrer Nord- und Ostseite von besagtem, noch heute genutzten Friedhof umgeben. Aus mittelalterlicher Zeit blieben wohl vier Geschosse des romanischen Turms erhalten, dem im 15. Jh. ein Glockengeschoss und der Spitzhelm aufgesetzt wurden. Das Kirchenschiff wurde mehrmals zerstört und wieder aufgebaut; zuletzt errichtete Dombaumeister Petrus J. H. Cuypers 1879–1881 unter Einbeziehung von Teilen des barocken Vorgängerbaus ein neues Langhaus. Dieses wurde 1899/1900 durch Dombaumeister Ludwig Becker um ein Seitenschiff erweitert. 1995 rekonstruierte man nach Befund die originale Ausmalung des Innenraums, die in den 1970er Jahren weiß übertüncht worden war. Die ornamentalen Teppichmalereien, die floralen Rankenmotive und Schriftbänder bringen nicht nur leuchtend warme Farben in den Raum, sondern schaffen auch eine Verbindung zwischen den einzelnen Ausstattungsstücken: seien es die Heiligenfenster von Bernhard Kraus (um 1893), der Hochaltar (um 1900) und der Kreuzaltar (1911) mit Skulpturen von Joseph Landmann, die Schlimbach-Orgel (1880) oder ältere Bildwerke, wie die kleine spätgotische Pietà, die Immaculata und der hl. Valentin aus dem 18. Jh. – sie alle fügen sich harmonisch zu einem großen, heiter-feierlichen Ganzen.

Eine ungewöhnliche Darstellung des hl. Franz von Assisi findet sich rechts außen im Hochaltar. Der Heilige zeigt nicht nur auf seine Seitenwunde (in Anspielung auf seine Stigmatisation auf dem Berg La Verna) sondern tritt mit seinem linken Fuß auf einen Sack voller Münzen – ein bildstarker Hinweis auf Franziskus` Armutsgelübde. Die Franziskanische Kritik an der kapitalistischen Geldwirtschaft, die sich in Italiens Städten des 13. Jh. herausbildete, erweist sich heute, in einer globalisierten Gesellschaft als hochaktuelles Thema.

OBER-OLM

Valentinuskapelle

Kapellenstr. 12
55270 Ober-Olm

Unregelmäßig geöffnet.
Pfarrgruppenbüro:
Pariser Str. 21,
55270 Klein-Winternheim,
Tel: 06136 996424

Von den Einheimischen wird sie nur die „Kapell" genannt, die am Ortsrand gelegene Valentinuskapelle. An ihre Südseite grenzt schon der erste Weinberg und von hier aus hat man einen schönen Blick über das Selztal, der an klaren Tagen sogar bis zum Donnersberg reicht. Seit ihrer ersten Erwähnung 1342 hat die Valentinuskapelle (zeitweise auch als St. Ägidiuskapelle bezeichnet) einiges erlebt: Brandzerstörungen sind für die Jahre 1603 und 1705 belegt, eine große Erneuerung 1717 und etliche Renovierungen 1771, 1908, 1976 und zuletzt 2005. Zeitweise war sie in derart baufälligem Zustand, dass ihr der Abbruch drohte, dann wieder wurde sie profaniert und diente als Ölmühle, doch letztlich blieb die Kapelle „durch den Glauben der Menschen erhalten", wie der örtliche Pfarrer 1992 anlässlich des 650. Jubiläums betonte. Die Kapelle präsentiert sich heute als ein im Kern spätgotischer, barock überformter Saalbau mit einer stuckverzierten Flachdecke, in deren Vouten ebenfalls stuckiert die hll. Valentin und Urban sowie Cherubim dargestellt sind. Unter den barocken, entlang der Wände aufgestellten Heiligenfiguren ragt die Sitzfigur des „Weinheiligen" Urban mit Patriarchenkreuz und Weintraube hervor (Anfang 16. Jh.). Die in den Hochaltar eingelassenen Ölgemälde zeigen den Kirchenpatron Valentinus sowie darüber Jesus Christus mit einer Weltkugel in der Hand. Auf der Empore, deren Brüstung mit Brustbildern der Apostel geschmückt ist, stehen Bänke aus dem 18. Jh. Sie wurden 1805 aus dem in der Französischen Revolution zerstörten Birkerhof in die Kapelle gebracht.

Ein Stück des seit dem frühen Mittelalter dem Erzstift Mainz gehörenden Ober-Olmer Waldes wurde 1144 dem Kloster Eberbach im Rheingau geschenkt. Sechs Zisterziensermönche rodeten das Waldstück und errichteten ein landwirtschaftliches Hofgut, das dem Kloster unterstellt war – den Birkerhof. Zu dem Hof gehörte auch eine kleine Kapelle. Nach der Enteignung durch die Franzosen wurde der Birkerhof 1805 von Bauern aus Essenheim erworben. Ausstattungsstücke, wie die Bänke wurden verkauft.

Zwei Heiligenhäuschen

Grabenstr. 38
und in der Flur
„Am Mühlweg"
55270 Ober-Olm

Stets zugänglich.
Pfarrgruppenbüro:
Pariser Str. 21,
55270 Klein-
Winternheim,
Tel.: 06136 996424

Zwei bauliche Zeugnisse gelebter Volksfrömmigkeit sind bei einem Spaziergang in und um Ober-Olm zu finden: In der Grabenstraße steht seit 1905 das kleine, aber bemerkenswert gut erhaltene Wegekapellchen mit seinen rustikalen Steinquadern und dem ziegelgedeckten Satteldach. Die Füllungen der zweiflügeligen Holztür und das spitzbogige Oberlicht tragen Bleirutenverglasungen mit floralen Motiven. Sie erlauben den Blick ins Innere mit einer farbig gefassten Kreuzigungsgruppe. Der seitliche Inschriftenstein weist das Heiligenhäuschen, wie so viele andere auch, als private Stiftung aus: „Erbaut von Andreas Wambach und dessen Ehefrau Anna Maria geb. Kleemann" ist dort zu lesen und auf der Altarmensa werden die Stifter noch einmal genannt. An dem pittoresken Heiligenhäuschen, das von dem originalen schmiedeeisernen Zaun umgeben ist, wird noch heute am Fronleichnamsfest Station gehalten. Etwas außerhalb, südlich des Ortes kann man ein weiteres Heiligenhäuschen entdecken, das, ganz mit weißem Kalk geschlämmt, hell aus der Umgebung hervorsticht. Der kleine Bau ist im Giebelfeld mit der Jahreszahl 1906 bezeichnet, doch dürfte er im Kern noch älter sein. Früher befand sich ein Steinkreuz in der rundbogigen Nische, seit 2002 steht dort hinter dickem Glas die Figur eines hl. Wendelinus mit Hirtenschippe und einer Inschrift auf dem Sockel: „Gott segne unsere Fluren". Auch dieses Heiligenhäuschen wird noch immer von Privatleuten liebevoll gepflegt und instand gesetzt.

OCKENHEIM

St. Peter und Paul

Bahnhofstr. 41
55437 Ockenheim

Tagsüber geöffnet.
Pfarrbüro:
Hindenburgplatz 1,
Ockenheim,
Tel.: 06725 2364

Die den Aposteln Petrus und Paulus geweihte Kirche steht inmitten der dichten Dorfbebauung Ockenheims und wurde in den Jahren 1774 bis 1779 von Johann Hotter aus Groß-Ostheim errichtet. Der spätbarocke Saalbau fällt durch seine Farbigkeit in Ockergelb mit kräftig roten Gliederungselementen auf. Das hübsche Portal mit gesprengtem Schweifgiebel und die aus einer Rundbogennische grüßende Maria laden den Besucher ein, hereinzukommen. Im Inneren beeindruckt die barocke Ausstattung, aber auch das 1893 von Hans Kögl geschaffene Deckengemälde mit einer Darstellung der Marienkrönung. Die übrigen Gemälde wurden um 1920 vom Bretzenheimer Künstler Hans Thumann ausgeführt und zeigen die sogenannte Heimsuchung, das heißt die Begegnung der beiden schwangeren biblischen Frauen Elisabeth und Maria. In den Medaillons sind die beiden Kirchenpatrone sowie die vier Kirchenväter dargestellt. Bemerkenswert ist zum einen die Skulptur der hl. Bilhildis aus dem 15. Jh., die sie mit dem Äbtissinnenstab und dem Modell ihrer Stiftung, der Kirche des Mainzer Altmünsterklosters zeigt. Zum andern die in einem Seitenaltar thronende Muttergottes mit dem Jesuskind, das auf ihren Knien steht, und mit den Locken der Mutter spielt, während es in seiner linken Hand einen kleinen Distelfinken hält. Das um 1390 entstandene Bildwerk ist ein gutes Beispiel für den „Schönen Stil" der spätgotischen Kunst. Beim Hinausgehen lohnt ein Blick auf die Malereien der Doppelempore und die Orgel, ein eindrucksvolles Werk von Franz Stumm von 1775.

Kaum zu glauben, dass der kleine Vogel ein Todesbote sein soll. Doch in der christlichen Symbolik steht der Distelfink mit seiner Vorliebe für die Distel (=Dornen) für die Passion Christi. Mittelalterliche Madonnenbilder zeigen häufig den kleinen Distelfinken in der Hand der Maria oder des Jesusknaben. Wie hier in Ockenheim verleiht der Vogel dem Bildwerk eine besonders anrührende Wirkung – spielt doch der kleine Jesus munter mit dem Tier, während seine Mutter, den Tod ihres Sohnes ahnend, versonnen auf dieses Spiel blickt.

Kloster Jakobsberg – Kirche zu den 14 Nothelfern

Kloster Jakobsberg 1
55437 Ockenheim

Tagsüber geöffnet.

Hoch oben über dem Rheintal mit Blick auf den Binger Rochusberg liegt das am Jakobs-Pilgerweg gelegene Kloster Jakobsberg. Seit nahezu 300 Jahren pilgern Menschen zu den dort verehrten 14 Nothelfern. Bei der Hauptwallfahrt, die alljährlich am 4. Sonntag im Juli stattfindet, gehen die Menschen in Prozession von der Ockenheimer Pfarrkirche hinauf zur Klosterkirche, um den Beistand aller 14 Heiligen zu erbitten. Da der hl. Christophorus Patron aller Reisenden ist, findet auch eine Fahrzeugsegnung statt. 1720 wurde diese Wallfahrt begründet und eine erste Kapelle gebaut, die 1857–1862 durch den heutigen, nach Plänen des Mainzer Stadtbaumeisters Ignaz Opfermann errichteten Saalbau ersetzt wurde. 1921 folgte der Bau des Klosters, zuerst für die Ordensbrüder der Trappisten, ab 1950 ließen sich die Jesuiten und ab 1960 die Missionsbenediktiner von St. Ottilien hier nieder. Letztere betreuen heute sowohl die Wallfahrten, als auch das in den 1980er Jahren eingerichtete Bildungshaus. Die Kirche bietet den Pilgern in einem kleinen Vorraum die Möglichkeit der Anbetung der 14 Nothelfer, deren Reliquien im ovalen Schaukasten des Barockaltars aufbewahrt werden. In der Altarnische steht eine um 1720 geschaffene Pietà. Im Kirchenraum wird der Blick von dem monumentalen, 1953 von Peter Paul Etz geschaffenen Mosaikbild des Christus als Weltenherrscher angezogen, das auf der gelben Apsiswand zu leuchten scheint. Ungewöhnlich ist der mit einem Bildrelief aus glasierten Keramikplatten überzogene Triumphbogen. 1972 von Bruder Luzius Glanzer aus Münsterschwarzach gefertigt, zeigt es die Nothelfer farbig betont, inmitten einer von tiefem Dunkel umgebenen, grauen Menschenkette.

Neben der Hauptwallfahrt zu den 14 Nothelfern finden weitere Wallfahrten zum Jakobsberg statt. Am 2. Sonntag im Juli wird die hl. Margareta als „Wetterfrau" für gute Ernte angerufen. Als Schutzpatronin sowohl der Jungfrauen als auch der Schwangeren ist sie bei vielen Frauen beliebt. Am 2. Oktobersonntag findet die Dionysius-Wallfahrt zum Patron der Winzer statt. Eine weitere Wallfahrt am 3. Sonntag nach Pfingsten ist dem Herzen Jesu gewidmet, um die erlösende Liebe Gottes zu den Menschen zu feiern.

OFFENHEIM

St. Martin

Untergasse 5
55234 Offenheim

Unregelmäßig geöffnet.
Pfarrgruppenbüro:
Niedergasse 2,
55234 Erbes-Büdesheim,
Tel.: 06731 41641

Mitten im Ort, zwischen Untergasse und Hubergasse, steht die Kirche St. Martin. Von außen lohnt sich noch ein Blick auf den kleinen Anbau Richtung Untergasse, der ehemals die katholische Schule beherbergte und heute als Sakristei genutzt wird. Die Fassade mit den leicht vortretenden Ecklisenen, dem rundbogigem Portal und den querovalen, sogenannten Ochsenaugenfenstern entspricht ganz dem Schema vieler ländlicher Barockkirchen. In Offenheim wird es jedoch durch kleine kreative Details wie etwa den urig geformten Voluten unter segmentbogigen Verdachungen bereichert. Der stimmungsvolle Innenraum wurde zuletzt 1993 renoviert. Seitdem schmückt die in duftigen Farben von Damaris Wurmdobler gemalte Darstellung der „Verklärung des Heiligen Martin" die Decke. Ein originelles Stück ist auch der geschnitzte Engel, der als Pultträger fungiert und als Ambo genutzt wird. Das Kirchengestühl stammt noch aus der Erbauungszeit der Kirche (Mitte des 18. Jh.), ebenso die Kanzel und die Ewig-Licht-Ampel. Der Hochaltar wurde aus zwei verschiedenen Teilen zusammengefügt: Während die steinerne Altarmensa mit ihren neugotischen Formen aus dem 19. Jh. stammt, präsentiert sich der hölzerne Aufbau mit der Skulptur der Muttergottes als eindeutig barock. Letzterer stammt aus Undenheim und wurde 1962 hierher versetzt. Offenbar gefiel der neugotische Aufbau nicht mehr. Bei der jüngsten Restaurierung wurde auch ein neuer Zelebrationsaltar aus hellem Sandstein geschaffen, der mit emporwachsenden Weinstöcken verziert ist.

Schau genau! Woher man so genau weiß, dass die Kirchenbänke aus der Zeit um 1760 stammen? Nun, weil zwei Herren sich dort mit Namen und Jahreszahl verewigt haben – ob es sich dabei um die Handwerker, gelangweilte Schuljungen, oder die Besitzer der zugehörigen Plätze gehandelt hat, darüber lässt sich spekulieren. Sicher ist, dass die Bänke zum Zeitpunkt der Beschriftung zumindest in der Fertigung, wenn nicht bereits vor Ort in der Kirche waren. Insgesamt drei Inschriften sind zu entdecken. Haben Sie sie gefunden?

OFFSTEIN

St. Martinus

Neuoffsteiner Str. 17
67591 Offstein

Unregelmäßig geöffnet.
Pfarrgruppenbüro:
Goldbergstr. 1,
67551 Worms,
Tel.: 06241 33137

Die Pfarrei St. Martin in Offstein blickt auf eine lange Geschichte zurück – bereits lange vor 1212 gab es hier eine Martinskirche. Über ihr Aussehen ist indes nichts bekannt. 1780 riss man sie wegen Baufälligkeit nieder und errichtete zwei Jahre später an gleicher Stelle die neue Kirche. Sie bildet heute zusammen mit dem aus der gleichen Zeit stammenden Pfarrhaus ein schmuckes Ensemble. Von der Straße aus betritt man den Kirchhof durch einen Sandsteinbogen. Blickt man nach rechts, sieht man einen in die Mauer gesetzten Schlussstein, der einst zu dem älteren Eingangsbogen gehörte. Er zeigt das Relief eines Totenkopfs und die Inschrift „MEMENTO MORI" – ein klarer Hinweis darauf, dass man sich auf dem Gelände des alten Friedhofs von Offstein bewegt. In die Kirche gelangt man heute über einen Windfang der 1960er Jahre, dessen Betonverglasung die Mantelteilung des hl. Martin zeigt. Die daneben stehende Skulptur des Erzengels Michael mit der Seelenwaage scheint die Besucher dabei an ihre eigene Barmherzigkeit zu gemahnen. Während der Außenbau in den 1960ern weitgehend unverändert blieb, wurden der Innenraum neu gestaltet: Er verfügt jetzt über einen „barock" einschwingenden Chor und eine Flachdecke – das Gewölbe des 19. Jh. wurde entfernt. Ebenso mussten Ausstattungsstücke, die nicht mehr dem Geschmack entsprachen, weichen. Nicht so die barocken Figuren der Maria Immaculata, der hll. Thekla und Aloysius sowie die Kreuzigungsgruppe in der Apsis. Kaum bekannt ist bislang, dass nicht nur in der Wormser Martinskirche sondern auch in Offstein eine Reliquie des hl. Martinus aufbewahrt wird. Sie ist an prominenter Stelle im Altar sichtbar hinter Glas eingelassen.

Memento mori! – Bedenke, dass Du sterblich bist! Dieser von mittelalterlichen Mönchen verbreitete Satz sollte an die Vanitas, das heißt die Vergänglichkeit des irdischen Lebens erinnern. In Zeiten geringer Lebenserwartung und Pestepidemien war dieser Aufruf zur Vorbereitung auf den eigenen Tod und die Sorge um das Seelenheil stets aktuell. Heute erscheinen uns Darstellungen von Tod und Verwesung oft makaber und geradezu anstößig – die Vanitas bleibt davon indes ungerührt.

OFFSTEIN

Wendelinuskapelle

Neuoffsteiner Str., zwischen Nr. 41 und 43
67591 Offstein

Innenraum durch eine Gittertür einsehbar.
Pfarrgruppenbüro:
Goldbergstr. 1,
67551 Worms,
Tel.: 06241 33137

Folgt man der Neuoffsteiner Straße von der Pfarrkirche in Richtung Grünstadt, gelangt man in wenigen Gehminuten zum ältesten Bauwerk Offsteins: der Wendelinuskapelle. Der kleine Bau mit dem Pyramidendach und großem Eingangsbogen befand sich als Wegekapelle einst außerhalb des Dorfes und wurde erst durch die Ortserweiterung in den bebauten Bereich einbezogen. Obwohl eher klein und bis auf den Eingang völlig ohne Belichtung, wirkt die Kapelle durch das massive steinerne Dach mit dem aufgesetzten Kruzifix beeindruckend. Im Innenraum befindet sich auf dem Altar eine Statue Johannes des Täufers – heute eine Kopie der durch die Zeitläufte mitgenommenen älteren Figur des 17. Jh. Im Putz des Innenraums zeichnen sich deutlich die Bruch- und Feldsteine ab, mit denen die Mauern errichtet wurden. Möglicherweise wurde die Kapelle des Heiligen für Flur und Vieh von der Bevölkerung in Eigeninitiative gebaut. Das steinerne Kruzifix auf dem Dach gab früher die Jahreszahl des Baus an: 153 war zu lesen, sodass mit dem Bau in den 1530er Jahren zu rechnen ist. Heute bildet die Kapelle eine Station der Fronleichnamsprozession in Offstein.

Wendelinus soll der Legende nach ein iroschottischer Königssohn gewesen sein, der sich auf der Rückreise von einer Pilgerfahrt nach Rom in der Gegend des heutigen Ortes St. Wendel demütig in den Dienst eines Gutsherren begab, um dessen Schafe zu hüten. Wendelinuskapellen finden sich häufig gerade im ländlichen Raum, gilt der Heilige doch als Schutzpatron der Hirten und Bauern, als Helfer gegen Viehseuchen und für eine gute Ernte. So lautet auch die Bauernregel: Wendelin verlass uns nie, schirm unsern Stall, schütz unser Vieh!

St. Bartholomäus

Kirchstr. 4
55276 Oppenheim

Tagsüber geöffnet.
Pfarrgrupppenbüro:
Kirchstr. 4, Tel.: 06133 2727

In Oppenheim kann man zwei gotische Kirchen besichtigen, die nach unterschiedlichen Prinzipien gebaut wurden. Zum einen die majestätische Katharinenkirche – das Wahrzeichen der Stadt – in deren reichem Bauschmuck und hoch aufragendem Turm sich auch der Bürgerstolz der einst freien Reichsstadt widerspiegelt. Zum anderen die versteckt zwischen den Häusern liegende, in äußerster Einfachheit errichtete Franziskanerkirche, die heutige katholische Pfarrkirche. Ob sich die Franziskaner schon im 13. Jh. hier niederließen, ist nicht belegt, doch wird ihr Kloster 1318 erstmals erwähnt. Im 14. Jh. entstand auch die Klosterkirche, und der gewählte Bautyp – ein schlichter Saalbau ohne Querhaus und Seitenschiffe – entspricht ganz dem Armutsgebot einer Bettelordenskirche. Von den Konventgebäuden (Kreuzgang und Klausur), die südlich auf der Hangseite an die Kirche angrenzten, ist bis auf wenige Reste nichts mehr vorhanden. Da sich die Franziskanermönche stets nahe bei den Menschen, inmitten der Städte ansiedelten, nehmen ihre Kirchen oft Rücksicht auf die vorhandene Bebauung. So ist der abgeknickte Chor wohl dem Straßenverlauf der Kirchgasse geschuldet. Im Innenraum konnte in den 1990er Jahren nach Befund die ursprüngliche Ausmalung (rotes Fugennetz auf weißem Grund) rekonstruiert werden. Unter der durchgehend qualitätvollen Ausstattung ragen die um 1500 vom „Meister mit dem Brustlatz" geschaffenen Skulpturen der hll. Katharina, Barbara und Valentin heraus. Eine Seltenheit ist die 1939–1942 eingerichtete Marienkapelle, die von dem Benediktiner Notker Becker vollständig im Stil der Beuroner Kunstschule ausgemalt wurde.

Die kunstvoll sich überkreuzenden Gewölberippen im Kirchenschiff sind nur scheinbar aus Stein gemauert. Der mit Ausnahme des Chors ursprünglich flachgedeckte Kirchenraum wurde erst 1905 mit einem sogenannten Rabitzgewölbe überspannt. Hierbei wird eine Unterkonstruktion aus Metall mit Schilfmatten oder Drahtgittern bespannt, auf die der Putz aufgetragen wird. Mit der passenden Stuckierung und Bemalung fällt der Unterschied zum „echten" Gewölbe meist nicht auf.

St. Remigius

Friedrich-Ebert-Str. 51
67574 Osthofen

Unregelmäßig geöffnet.
Pfarrgruppenbüro: Friedrich-Ebert-Str. 49, Osthofen,
Tel.: 06242 1434

Die Ritter des Templerordens waren nicht nur im Heiligen Land unterwegs – auch in Rheinhessen unterhielten sie Niederlassungen. Zu einer solchen Templerniederlassung gehörte etwa die berühmte Kapelle von Hof Iben bei Fürfeld aus dem 13. Jh. Aber auch in Osthofen gab es Templer – an sie erinnern noch die Straßennamen Tempelgässchen bzw. -gasse rund um die Kirche St. Remigius, die einstmals wohl zu ihrem Besitz gehörte. Nach der Auflösung des Ordens ging die Ordenskapelle im frühen 14. Jh. an die Johanniter über, bis sie schließlich 1713 von der katholischen Gemeinde erworben wurde. Spannenderweise ist die Westwand mit Giebeltürmchen, kleiner Treppenspindel und Strebepfeilern noch mittelalterlich; im späten 18. Jh. wurde sowohl die Wand als auch die Kirche insgesamt erhöht und erweitert. So ist das tatsächliche Alter der Kirche nur im Westen abzulesen, an den übrigen Fassaden unterscheidet sie sich in Nichts von einer einfachen Barockkirche. Die Hauptstücke der Kirche stammen ebenfalls aus der Barockzeit. Der Hochaltar mit der Kreuzigungsgruppe (unter dem Kruzifix Maria und Johannes), Beichtstuhl und Kanzel wurden um die Mitte des 18. Jh. geschaffen. Die Nebenaltäre mit ihren Figuren stammen dagegen erst aus dem 20. Jh. Die Kreuzwegstationen und die Orgel kamen im 19. Jh. in die Kirche, die Malereien in den Deckenfeldern (im Zentrum Christi Himmelfahrt) wurden 1927 geschaffen.

Schau genau! Der Überlieferung nach brachte der Karmelitermönch Gensert die Kanzel um 1820 aus dem aufgelösten Karmeliterkloster in Worms nach Osthofen. Es war eine kleine Sensation, als bei Renovierungsarbeiten der 1960er Jahre das Wappen des Karmeliterordens auf der Rückwand der Kanzel zum Vorschein kam. In dünn aufgebrachtem Furnier aus unterschiedlichen Hölzern ist der Berg Karmel mit drei Sternen dargestellt – jener am Fuß des Berges steht symbolisch für den Karmelitern, der sich noch auf dem Weg befindet, die zwei oberen für diejenigen, die das Ziel ihres Wegs bereits erreicht haben.

PARTENHEIM

Mariä Himmelfahrt

Pfarrgasse 8
55288 Partenheim

Unregelmäßig geöffnet.
Pfarrgruppenbüro:
Mittelgasse 26–28, 55578
Gau-Weinheim, Tel.: 06732 4025

Das Weindorf Partenheim liegt im Herzen von Rheinhessen und kann nicht nur mit lokalen Weingütern aufwarten, sondern auch mit interessanten historischen Gebäuden. Da ist zum einen Schloss Wallbrunn, dessen Mauern zum Teil noch aus dem 13. Jh. stammen, und zum andern, direkt gegenüber, die mächtige evangelische Kirche, ehemals St. Peter geweiht, die als ein Kleinod spätgotischer Baukunst aus dem 15. Jh. gelten kann. Zwischen beiden Sehenswürdigkeiten verläuft die Pfarrgasse. Folgt man ihr ein Stück abwärts, trifft man nach wenigen Metern auf ein recht unscheinbares kleines Gebäude, das sich kaum von den umgebenden Wohnhäusern unterschiede, wäre da nicht der verschieferte Dachreiter mit Schallluken und das Emailschild mit der Jakobsmuschel – Zeichen für den Pilgerweg nach Santiago de Compostela. Es handelt sich um die katholische Kirche des Orts, 1720 errichtet und Mariä Himmelfahrt geweiht. In dem schlichten Kirchlein haben die Modernisierungsmaßnahmen der 1960er Jahre mit Ausnahme einiger schöner Skulpturen sämtliche Spuren der Barockzeit getilgt. Dennoch stellt sie ein wichtiges Zeugnis für die historischen Ereignisse im beginnenden 18. Jh. dar, als im Zuge der Pfälzischen Kirchenteilung die vorhandenen Kirchengebäude unter den Konfessionen aufgeteilt wurden. In Partenheim fand dies recht spät statt – die alte Peterskirche wurde den Lutherischen erst 1720 zugesprochen. Die wenigen verbleibenden Katholiken richteten sich hier in diesem kleinen Saalbau ein und halten ihn bis heute als Ort des Glaubens lebendig.

Die heute evangelische Kirche verdankt ihre prächtige Ausstattung insbesondere dem „Partenheimer Hostienwunder", von dem ein Relief auf der Außenwand kündet: Als der romanische Vorgängerbau der Kirche 1435 vollständig abbrannte, überstanden einzig die geweihten Hostien den Brand unbeschadet. In der Folge wurde der Ort ein beliebtes Ziel für Pilger und Wallfahrer. Die Begebenheit wurde unter anderem auf dem einstigen Hochaltar (um 1500) dargestellt. Die bemalten Flügel des „Partenheimer Altars" sind heute im Landesmuseum in Mainz zu bewundern.

PFAFFEN-SCHWABENHEIM

Maria Himmelfahrt

Im Kloster 2
55546 Pfaffen-Schwabenheim

Vorraum tagsüber geöffnet.
Pfarrbüro:
Pfarrgasse 6,
55576 Sprendlingen,
Tel.: 06701 432

Wer der Hektik auf der Autobahn 61 zwischen Bad-Kreuznach und Alzey entkommen will, sollte einen Abstecher nach Pfaffen-Schwabenheim machen und der Beschilderung zur Ehemaligen Klosterkirche folgen. Denn mitten in dem beschaulichen Ort liegt ein wahres architektonisches Kleinod. Es offenbart sich erst auf den zweiten Blick. Steht man nämlich vor der barocken Wallfahrtskirche Maria Himmelfahrt mit ihrer schlichten Westfassade, ist kaum zu erahnen, dass sich auf der Ostseite des Kirchenschiffs noch ein Chorbau aus dem frühen 13. Jh. in nahezu unverändertem Zustand erhalten hat. Zu sehen ist noch ein Chorjoch auf trapezförmigem Grundriss, an das sich eine polygonale Apsis anschließt, die von zwei runden Treppentürmen flankiert wird. Die mit Schiefer gedeckten Turmhelme und das Dach sind eine jüngere Zutat. Trotz seiner geringen Dimensionen gehört dieser Ostbau zu den bedeutendsten Sakralbauten des Mittelrheingebiets seiner Zeit – des Übergangs zwischen Spätromanik und Frühgotik. Diesen Stilwechsel kann man etwa an den aus kleinen Bögen gebildeten Friesen beobachten, die jeweils den oberen Abschluss eines Turmgeschosses markieren. Sind sie in den unteren Geschossen noch rundbogig, so zeigen sie am obersten Geschoss bereits die gotische Spitzbogenform. Auch an den Fenstern kann ein Wechsel vom Rundbogen (Apsis) zum Spitzbogen (Chorjoch) festgestellt werden. Wann genau mit dem Bau begonnen wurde, ist schriftlich nicht überliefert. Aufgrund stilistischer Vergleiche wird allgemein ein Zeitraum zwischen 1220 und 1235 angenommen. Möglicherweise – so die Tendenz einer 2013 durchgeführten Bauforschung – kann der Baubeginn noch früher angesetzt werden. Die Errichtung der Ostteile geschah wohl auf Initiative der seit 1130 in Pfaffen-Schwabenheim ansässigen Augustinerchorherren, die zunächst ein älteres, um 1040 gegründetes Stift bezogen. Ob sie ihre neue Stiftskirche fertigbauen konnten, ist bis heute nicht geklärt: Ein Ölgemälde von 1610 zeigt den Chor und das Querhaus (von dem heute nur noch Mauerreste vorhanden sind), aber kein Langhaus. Das heutige Kirchenschiff entstand 1765. Der Innenraum ist ganz von seiner barocken Ausstattung geprägt. Als echtes Juwel kann die 1779

von dem Mainzer Orgelbauer Matthäus Heilmann geschaffene Barockorgel gelten, die von Veränderungen nahezu unberührt geblieben ist. Sehenswert sind ferner die Kanzel (1720), die Beichtstühle (1770) und das geschnitzte Chorgestühl (1716) mit seinen in die Rückwände eingelassenen Ölgemälden. Blickfang ist der monumentale Hochaltar (1714), der den spätromanischen Chor zunächst verbirgt. Es ist ein kleines Erlebnis, hinter dem Altar in den mittelalterlichen Raum zu treten, der sich überraschend reich mit Säulen, Bögen und Kapitellen präsentiert. Fast zu übersehen ist dabei das kleine, rechts vor dem Hochaltar hängende Ölgemälde der „Maria, Königin des Friedens". Dabei ist sie das Ziel der jährlichen Marienwallfahrt am 15. August, die sich überregionaler Beliebtheit erfreut. Gefeiert wird mit zwei Festämtern (um 10 und um 20 Uhr) mit Kräuterweihe und abendlicher Lichterprozession sowie einem Rosenkranzgebet für den Weltfrieden. Zum Ausklang findet ein gemeinsames Pilgermahl statt.

2013 wurde im Auftrag der Denkmalpflege des Bistums Mainz am Chor der Klosterkirche eine Bauforschung durchgeführt. Doch was bedeutet das genau? Bauforscher können das Mauerwerk eines Gebäudes lesen wie ein Buch und gehen dazu, wie ein Kriminalist, auf Spurensuche. So zeugen etwa die Bearbeitungsspuren auf der Steinoberfläche vom Einsatz bestimmter Werkzeuge, was wiederum einen Datierungshinweis geben kann. Baunähte, Fugen und Unstimmigkeiten im Mauerverband können auf Unterbrechungen im Bauverlauf hindeuten und Auskunft darüber geben, welche Gebäudeteile zuerst und welche später errichtet wurden, oder ob es Änderungen im Bauplan gegeben hat. Steinmetzzeichen, Putzkanten, Gerüstlöcher und vieles mehr liefern Indizien für die Rekonstruktion des Bauablaufs.

SAULHEIM

St. Bartholomäus

Weedengasse 1
55291 Saulheim

Unregelmäßig geöffnet.
Pfarrgruppenbüro:
Weedengasse 4,
Saulheim,
Tel.: 06732 61588

Wie in manch anderem Ort stehen auch in Saulheim die evangelische und katholische Kirche dicht beieinander – mit einer ähnlichen Bauzeit und aus dem gleichen Material gefertigt, wirken sie fast wie Geschwister. Beide entstanden gegen Ende des 19. Jh., nachdem die mittelalterliche, simultan genutzte Vorgängerkirche wegen Baufälligkeit abgerissen worden war. Dass sie sich so ähnlich sehen, mag daran liegen, dass der Planer der katholischen Kirche, Josef Wessicken, unter Friedrich von Schmidt, dem Vater des Architekten der evangelischen Kirche, Heinrich von Schmidt, gearbeitet hatte. Im Inneren ist von Wessickens Handschrift indes kaum etwas zu sehen, da die reiche historistische Ausstattung bei der Innenrenovierung 1955 weitgehend entfernt und die Wandmalereien überstrichen wurden. Auch die aufwändige Hammerbalkendecke nach englischem Vorbild musste „Federn lassen" – man entfernte statisch nicht relevante Schmuck- und Zierteile des Gebälks. Im Zuge der letzten Renovierungen in den 1980er und 1990er Jahren wurde versucht, diese Bereinigung etwas zurückzunehmen. Seitdem findet sich ein neugotisches Retabel im Altarraum, das von den Maria Ward-Schwestern in Mainz gestiftet wurde. Auch die Fugenmalerei und Ornamente auf den Wänden wurden in reduzierter Form wiederhergestellt. Ein interessantes Wechselspiel bilden die älteren, in warmen Farben gehaltenen Langhausfenster mit den kühlen Tönen der jüngeren Fenster im Altarraum. Letztere entstanden 1957 nach einem Entwurf von Alois Plum. Zusätzliche Informationen zu Ausstattung, Bau und Geschichte gibt ein im Internet abrufbarer Kirchenführer, der von der Pfarrgruppe herausgegeben wird.

An der L401 zwischen Wörrstadt und Saulheim steht der „Lange Stein", einer der größten Monolithe Rheinhessens. Wann und warum er aufgerichtet wurde, ist unklar, aber im 13. Jh. war hier ein Gerichtsort. Der Legende nach soll der Teufel aus Wut darüber, dass man in Udenheim statt eines Wirtshauses die Bergkirche gebaut hatte, den Stein vom Donnersberg hierher geschleudert haben. Darunter vergrub er einen Schatz. Zwei Männer sollen im 19. Jh. beim Versuch den Schatz zu heben, vom „Langen Stein" erschlagen worden sein.

SCHORNSHEIM

St. Wigbert und Lioba

Kirchstr. 19
55288 Schornsheim

Unregelmäßig geöffnet.
Pfarrgruppenbüro:
Weedengasse 4,
55291 Saulheim,
Tel.: 06732 61588

Ein echter Geheimtipp verbirgt sich, dicht von Bäumen umwachsen, auf dem hochgelegenen Friedhof in Schornsheim. Von außen wirkt die kleine Kirche unscheinbar – innen jedoch entfaltet sie einen ganz besonderen Reiz. Das etwas gedrungen wirkende Erscheinungsbild des Kirchengebäudes verdankt sich dem Umstand, dass es heute nur noch zur Hälfte vorhanden ist. Im 19. Jh. hatte man das Langhaus abgebrochen, sodass lediglich der romanische Chorturm (um 1170), der daran anschließende gotische Altarraum (um 1380) sowie die seitlichen Anbauten (um 1500) erhalten geblieben sind. Die Ausmaße der alten Kirche lassen sich in etwa anhand der westlich des Turms gepflanzten Baumreihen ablesen – die Bäume stehen an Stelle der ehemaligen Mittelschiffpfeiler. Nach einem Brand 1881 wurden dem Turm, der bis dahin einen barocken Schweifhelm trug, die Giebel und das Rautendach in romanisierenden Formen aufgesetzt. Über den seitlichen Eingang betritt man eine kleine Vorhalle, die wohl einmal ein Teil des Seitenschiffs der Kirche war. Hier sind Reste der früheren Bemalung freigelegt, und seit 1986 trägt einer der Schlusssteine das Schornsheimer Wappen. Durch eine spätgotische, mit einem Kielbogen ausgezeichnete Tür gelangt man in den unteren Turmraum, dessen Gewölbe und ein Teil der Wände mit einem gemalten Sternenhimmel auf blauem Grund geschmückt sind – die Malerei wurde in den 1980er Jahren nach originalem Befund wiederhergestellt. Rechts in einer Wandnische – es ist der zugemauerte Rundbogen zum ehemaligen Kirchenschiff – steht die kleine, sehr schmucke Orgel. Wendet man sich nach links, blickt man in einen der schönsten und stimmungsvollsten Kirchenräume im Bistum Mainz. Der gotische Altarraum ist von den Wänden bis zu den Gewölbefeldern fast vollständig mit ornamentalen und figürlichen Malereien ausgeschmückt. Sie wurden erst 1910 unter mehreren Tüncheschichten entdeckt und in den Folgejahren freigelegt. Allerdings wurde dabei auch der Originalbefund weitgehend übermalt. Dennoch erhält man einen Eindruck davon, wie farbenfroh und prächtig gotische Kirchen häufig ausgestattet waren. Über einer Sockelzone mit Teppichmalerei sind Heilige und Apostel dargestellt, die in ihren Händen

Spruchbänder halten, worauf, bei Petrus beginnend, das Glaubensbekenntnis geschrieben steht. Die Fenstergewände zeigen ausschließlich weibliche Heilige, darunter bekanntere wie Barbara, Katharina und Margaretha, aber auch selten dargestellte wie die hl. Apollonia, erkennbar an einer Zange mit einem Backenzahn (ihr wurden bei ihrem Martyrium die Zähne ausgeschlagen). Im Fenster hinter dem Hochaltar, man muss ein wenig hinter diesen herantreten, ist die hl. Lioba dargestellt. Eine Reliquie der Heiligen befindet sich im Tabernakel des ehemaligen Hauptaltars. Jener wurde von mehreren Schornsheimer Bürgern gestiftet und 1886/87 durch den Mainzer Bildhauer Joseph Landmann passend zum Kirchenraum im neugotischen Stil errichtet. Die Skulpturen der hll. Wigbert, Lioba und Bonifatius schuf der als Vertreter der „Nazarener" geltende Münchner Bildhauer Michael Hintner. Beachtenswert sind ferner das gotische Sakramentshäuschen und die Gewölbekonsolen. Sie zeigen Engel mit zeitgenössischen Musikinstrumenten. Gemeinsam mit den gemalten Engeln im Gewölbe laden sie die Kirchenbesucher dazu ein, in den himmlischen Lobgesang einzustimmen.

Wigbert und Lioba, lebten im 8. Jh., stammen aus dem angelsächsischen Raum und wurden vom hl. Bonifatius gebeten, ihn bei der Mission im deutschen Sprachraum zu unterstützen. Die Beziehungen von Lioba zu Schornsheim sind besonders eng: Nachdem die gebildete Frau als Äbtissin in Tauberbischofsheim gewirkt und dort eine Klosterschule gegründet hatte, zog sie sich im Alter auf ein Gut mit Kirche (möglicherweise an der Stelle des heutigen Baus) in Schornsheim zurück. Ihr Hauptattribut ist eine Glocke auf einem Buch, ein Verweis darauf, dass ihre Mutter vor der Geburt davon träumte, eine Kirchenglocke auf ihrem Schoß habe bei der Berührung mit ihrem Bauch zu läuten angefangen. Im Fenstergewände ist Lioba aber mit einer Garnrolle dargestellt: In einer Vision sah sie einen Purpurfaden aus ihrem Mund kommen, den sie aufwickelte. Eine Mitschwester deutete dies als Symbol für die Weisheiten, die aus Liobas Mund strömten.

St. Bartholomäus

Zur Probstei 1
(Zugang von der Faltenstraße)
55270 Schwabenheim

Vorraum tagsüber geöffnet.
Pfarrbüro: Faltenstr. 34,
Schwabenheim, Tel.: 06130 293

Schon so mancher Radler, der dem Selztalradweg folgend in Schwabenheim die Faltenstraße passierte, ist schon an einer der ältesten Kirchen Rheinhessens vorbeigefahren, ohne es zu bemerken. Kein Wunder, denn St. Bartholomäus liegt von der Straße zurückgesetzt und etwas versteckt hinter dem modernen Pfarrheim. Eine neue Wegeführung auf das Gelände soll bald Abhilfe schaffen, denn es lohnt sich, die kleine, im Kern um 1000 errichtete Kirche zu besuchen, die einst zur Benediktinerpropstei Pfaffenhofen gehörte. Diese war dem Trierer Kloster St. Maximin unterstellt. Ein an der Außenwand vermauerter Türsturz gibt bis heute Rätsel auf, denn seine Verzierung mit zwei Vögeln, die Fische in den Schnäbeln halten, umrahmt von Schlangen, könnte noch in vorkarolingische Zeit weisen. An und in der Kirche haben verschiedene Epochen ihre Spuren hinterlassen: An der Südecke ist ein römischer Viergötterstein in Zweitverwendung vermauert; der in den romanischen Triumphbogen eingelassene Inschriftenstein nennt zwar das Weihedatum der Kirche, den 8. Oktober, doch nicht das Jahr. Im Altarraum befindet sich noch ein spätgotisches Sakramentshäuschen (um 1400) und der Hochaltar mit einer Figur des Kirchenpatrons sowie der Seitenaltar, der „Maria Immaculata" gewidmet, sind Werke des 18. Jh. und werden den Mainzer Bildhauern Hiernle zugeschrieben. Das 1989 hinter dem Seitenaltar entdeckte Fresko (heute an der Langhauswand) zeugt von der einst reichen Ausmalung der Kirche.

Das Fragment einer Wandmalerei stammt aus dem 15. Jh. und wurde 1989 hinter dem Seitenaltar entdeckt. Von dort wurde es abgenommen, gesichert und an dieser Stelle aufgehängt. Obwohl es stark beschädigt ist, kann man die Darstellung, die Anbetung der hl. Drei Könige, in Umrissen gut erkennen. Rechts sieht man Maria mit dem Jesuskind im Arm, vor ihr die Könige. Der erste ist bereits auf die Knie gefallen und hat seine Kopfbedeckung abgenommen.

SELZEN

Mariä Geburt

Friedhofstr. 7
55278 Selzen

Unregelmäßig geöffnet.
Pfarrgruppenbüro:
Kirchstr. 14,
55278 Undenheim,
Tel.: 06737 335

Ein Begrüßungsschreiben für neue Gemeindemitglieder aus dem Jahr 1930 wirft ein Schlaglicht auf die damaligen sozialen Verhältnisse in Selzen: „Sie haben Heimat und Elternhaus verlassen und hier in unserer Gegend Arbeit und Brot gefunden [...] In Selzen ist jeden Montag um 6 Uhr heilige Messe, im Winter um 7 Uhr", heißt es dort, und tatsächlich bestand die katholische Gemeinde zum Großteil aus Personen mit geringem Einkommen – häufig Mägde und Knechte, die aus Bayern auf der Suche nach Arbeit nach Rheinhessen gekommen waren. Dies dürfte auch zur Zeit des Kirchenbaus im Jahr 1876 nicht anders gewesen sein. Bis dahin gab es lediglich eine Kapelle, die im Rathaus untergebracht war, das jedoch aufgrund von Bauschäden abgebrochen werden musste. Das neu gebaute Kirchlein wurde zwar mit den alten Bänken bestuhlt, erhielt aber einen neuen Altar, Kommunionbank und Kanzel sowie bald darauf auch einen Kreuzweg und die kleine Orgel, die sich heute noch auf der schönen Holzempore befindet. Das älteste Kunstwerk der Kirche, die „Madonna Immaculata" stammt aus dem späten 18. Jh. Die Rankenmalereien auf dem Spitztonnengewölbe des Langhauses sind um 1929 von Hermann Velte geschaffen worden. 1995 fand eine Umgestaltung des Altarbereichs statt. Seitdem führt die Sakristeitür auch in einen Anbau, der den Mitgliedern der gewachsenen Gemeinde als multifunktionales Gemeindezentrum dient.

Mitten im Leben ... direkt gegenüber der Kirche steht in der kleinen Remise ein prächtiger, einst von Pferden gezogener Leichenwagen, der um 1911 gebaut und noch bis in die 1960er Jahre hinein genutzt wurde. Die großen Fenster erlaubten den Teilnehmern und Passanten beim Trauerzug durch den Ort einen letzten Blick auf den Sarg des Verstorbenen.

St. Martin

Friedhofstr. 13
55599 Siefersheim

Unregelmäßig geöffnet.
Pfarrgruppenbüro: Bennstr. 1,
55546 Fürfeld, Tel.: 06709 429

Die Zugehörigkeit von Siefersheim zur Muttergemeinde Wöllstein zeigt sich auch in den Kirchenbauten. Mit August Greifzu wählte man denselben Architekten, wobei die Siefersheimer ihre Kirche bereits vier Jahre vor dem größeren Bau in Wöllstein einweihen konnten. 1903/04 errichteten die Katholiken das neue Gotteshaus, nachdem man das bis dahin bestehende Simultanverhältnis gelöst hatte und aus der alten, heute evangelischen Kirche ausgezogen war. Bei den Renovierungen der 1970er/80er Jahre wurde die neugotische Kirche den Erfordernissen der Liturgiereform angepasst, wobei man die steinerne Kommunionbank zum Volksaltar umgestaltete und aus Teilen der Kanzel einen Ambo schuf. Die barocken, noch aus der Simultankirche stammenden Figuren der hl. Anna und der „Immaculata" sowie das Weihwasserbecken blieben erhalten, ebenso der neugotische Hochaltar aus der Bildhauerwerkstatt Busch (Groß-Steinheim). Auf dessen Flügeln sind die hll. Barbara und Katharina dargestellt. Die inneren Bildfelder zeigen links den hl. Augustinus und rechts den 1839 heiliggesprochenen Bischof Alfons von Liguori. Der wasserschöpfende Engel zu Füßen des Augustinus spielt auf die Legende vom kleinen Jungen an, der mit einer Muschel das Wasser aus dem Meer herausschöpfte. Als Augustinus ihn fragte, was er da Unsinniges tue, antwortete der Knabe: „Dasselbe, was du tust! Du willst die Unergründlichkeit Gottes mit deinen Gedanken ausschöpfen – ich versuche, das Meer auszuschöpfen!"

August Greifzu (1873–1949) ist ein noch wenig beachteter Architekt des Späthistorismus. Als Schüler des Mainzer Dombaumeisters Ludwig Becker war er bis 1910 einer der aktivsten Kirchenbaumeister im Bistum. Nach seiner Ehescheidung und erneuten Heirat war es ihm offiziell nicht mehr möglich, kirchliche Aufträge anzunehmen. Er gab sein Büro auf und fertigte seine Entwürfe fortan als Angestellter eines Ludwigshafener Architekturbüros. In Rheinhessen finden sich zahlreiche Zeugnisse seiner Arbeit.

SÖRGENLOCH

Mariä Opferung

Dörrgasse 18
55270 Sörgenloch

Vorraum geöffnet.
Pfarrbüro:
Alte Landstr. 30,
55268 Nieder-Olm,
Tel.: 06136 91590

Als Pfarrer Dienst sich Ende des 18. Jh. über die Renovierung der Kirche empörte, die der Amtmann ohne seine Zustimmung vornehmen ließ, hatte er vor allem die hohen Kosten im Sinn, die auf die Gemeinde zukamen, und die unter anderem durch die Verpachtung der Sitzplätze in der Kirche getilgt wurden – ein unerhörter Vorgang, selbst wenn die Kirche „in der hiesigen Gegend wirklich die schönste wäre". So blieben der ärmeren Bevölkerung sowie Kindern und Jugendlichen seit 1777 lediglich die Stehplätze auf der Empore übrig. In den folgenden Jahren wurde die Kirche, die Ziel der ältesten Marienwallfahrt im Bistum Mainz ist, umfassend umgestaltet. Der alte Kirchturm, der sich zwischen Langhaus und Chor befand, wurde abgetragen, das Langhaus erweitert und ein neuer Turm errichtet, der Hochaltar und zwei (nicht mehr erhaltene) Seitenaltäre aufgestellt. Von der langen Tradition der Kirche zeugen auch der gotische Taufstein, die Sakristei, die laut der Inschrift an ihrem Eckquader 1482 angebaut wurde, und natürlich das Gnadenbild im Hochaltar. In und an der Kirche lassen sich weitere interessante Details und Skulpturen entdecken, etwa die von Martin Biterich geschaffenen Figuren („Maria Immaculata", Franziskus, Mariensäule), die gut gearbeiteten Grabmale oder die eisernen Notglocken aus der Zeit des 1. Weltkriegs. Beim Abstieg über die Treppe auf den schön gestalteten Vorplatz kann man einen letzten Blick auf die Kirche werfen und sich im neu eingerichteten Dorfladen mit dem nötigen Proviant für die Weiterfahrt versorgen.

Am Sonntag nach dem 8. September (Mariä Geburt) findet die Wallfahrt zum Gnadenbild von Sörgenloch statt. Die Madonna selbst stammt aus der Zeit um 1420. Dass sie aus Ton gefertigt ist, sieht man ihr nicht an. Dieses Material war in der 1. Hälfte des 15. Jh. beliebt und für den „Weichen Stil" mit seinen fließenden Formen besonders gut geeignet. Dabei konnte der Ton in Negativformen gedrückt und nach der Entnahme individuell mit Details versehen werden, was eine gewisse Rationalisierung der Arbeit ermöglichte.

St. Stephanus

Kirchstr. 9
55288 Spiesheim

Unregelmäßig geöffnet.
Pfarrgruppenbüro:
Pariser Str. 44,
55286 Wörrstadt,
Tel.: 06732 3855

Die Baugeschichte von St. Stephanus gleicht der vieler anderer Kirchen in Rheinhessen – denn auch hier musste das mittelalterliche Langhaus einem barocken Neubau weichen, während man den alten Turm beibehielt und in die neue Kirche integrierte. In Spiesheim geschah dies 1726–1728, wohl nach Plänen von Kaspar Valerius, doch das Ergebnis entspricht in keiner Weise dem von ihm entwickelten Bauschema, wie es etwa in ▸ Erbes-Büdesheim realisiert wurde. Hier überrascht zunächst die Dominanz des romanischen Turms, der mit seiner gedrungenen, kaum das Langhaus überragenden Form das gesamte Erscheinungsbild maßgeblich prägt. An diesen schließt ein so auffallend kurzes Langhaus an, dass es im Inneren querrechteckig erscheint. Ein mächtiger Triumphbogen markiert den Übergang zu dem nicht eingezogenen und dadurch ungewöhnlich breiten Altarraum. Diese merkwürdige Disposition wirft die Frage auf, ob Valerius seinen Neubau vielleicht auf älteren Grundmauern errichtete, ob die Form der Lage am Hang geschuldet ist oder eine bewusste, nach ästhetischen Kriterien getroffene Entscheidung war? Im Innern befindet sich, trotz Modernisierungen im 20. Jh., noch ein Großteil der barocken Ausstattung. Diese vermittelt mit ihrer ländlich schlichten Ausführung einen sehr guten Eindruck davon, wie eine Dorfkirche im 18. Jh. ausgesehen haben mag. Sogar eine Orgel der Brüder Stumm hat hier einen Platz gefunden. Älter sind zwei Epitaphien, auf denen beide Male – noch eine Besonderheit – Helena von Erenberg dargestellt ist: auf ihrem eigenen Grabdenkmal sowie auf dem ihres Gatten Philipp Wilch († 1555) – beide an der Langhauswand zu sehen.

Schau genau! Die kleine, aber schmucke Stumm-Orgel ist – typisch Barock – mit ihrem Prospekt in die Emporenbrüstung integriert, wodurch sie mit der Raumausstattung eine gestalterische Einheit bildet. Aber was macht das quadratische Loch da mitten in der Brüstung? Es dient dem hinter dem Gehäuse sitzenden Organisten als Guckloch, um das Geschehen im Gottesdienst verfolgen zu können, damit er seine Einsätze nicht verpasst. An anderen Orten löste man das Problem durch seitliche Spieltische oder die Anbringung von Spiegeln.

St. Ignaz, Mainz

BEDEUTENDE ORGELN IN RHEINHESSEN

Zusammengestellt von Dr. Achim Seip, Abteilung Orgeln und Glocken des Bistums Mainz

Barock (17./18. Jh.)

ALSHEIM, MARIÄ HIMMELFAHRT

Orgel mit 1 Manual, Pedal und 14 Registern

Die Orgel wurde 1764 von Johann Ignaz Seuffert (Offenburg) erbaut. Sie ist in hohem Maß original erhalten (Gehäuse, Prospektpfeifen, die meisten Innenpfeifen, Windladen). Seit 1994 ist die Alsheimer Orgel still gelegt.

BUDENHEIM, ST. PANKRATIUS

Orgel mit 1 Manual, Pedal und 11 Registern

1747 wurde die Orgel von Johannes Kohlhaas d. Ä. (Mainz) erbaut. Sie ist die einzig erhaltene Orgel von Johannes Kohlhaas d. Ä. und nahezu vollständig im originalen Bestand.

FRIESENHEIM, ST. WALBURGA

Orgel mit 1 Manual, Pedal und 10 Registern

Die Friesenheimer Orgel wurde 1763 von Joseph Anton Onimus (Mainz) erbaut und ist die einzige von ihm erhaltene Orgel. Sie ist weitgehend original erhalten.

GAU-BISCHOFSHEIM, ST. PETRUS IN KETTEN

Orgel mit 1 Manual, Pedal und 12 Registern

Johann Peter Geissel (Gernsheim) baute 1667 für die Kirche St. Christoph in Mainz eine Orgel, die 1773 nach Gau-Bischofsheim verkauft wurde. Um 1974 erfolgte ein Umbau durch die Werkstatt Oberlinger. Von der Geissel-Orgel sind 5 Register sowie die Gehäusevorderfront erhalten.

GAU-ODERNHEIM, ST. RUFUS

Orgel mit 2 Manualen, Pedal und 22 Registern

Die Orgel wurde 1773 von Johann Philipp und Johann Heinrich Stumm (Rhaunen-Sulzbach) erbaut. Sie ist in hohem Maß original erhalten (Gehäuse, Prospektpfeifen, die meisten Innenpfeifen, Windladen).

INGELHEIM-GROSSWINTERNHEIM, ST. JOHANNES EVANGELIST

Orgel mit 2 Manualen, Pedal und 26 Registern

Die große zweimanualige Barockorgel im Mainzer Stil wurde 1769 von Johannes Kohlhaas d. J. erbaut. Im Jahr 2012 wurde sie von Orgelbaumeister Rainer Müller (Merxheim) restauriert und vollendet.

MAINZ, AUGUSTINERKIRCHE/SEMINARKIRCHE

Orgel mit 2 Manualen, Pedal und 34 Registern

Eine der größten zweimanualigen Orgeln aus der Werkstatt Stumm findet sich in der ehemaligen Augustinerkirche in Mainz. Sie wurde 1773 von Johann Philipp und Johann Heinrich Stumm (Rhaunen-Sulzbach) erbaut und ist zum großen Teil original erhalten (Gehäuse, Prospektpfeifen, die meisten Innenpfeifen, Windladen).

NEU-BAMBERG, ST. DIONYSIUS

Orgel mit 1 Manual, Pedal und 9 1/2 Registern

Die 1776 von Johann Georg Geib (Saarbrücken) erbaute Orgel ist in hohem Maß original erhalten (Gehäuse, Prospektpfeifen, die meisten Innenpfeifen, Windladen). Sie ist baugleich mit der Geib-Orgel (ebenfalls aus dem Jahr 1776), die sich in der evangelischen Kirche von Neu-Bamberg befindet.

PFAFFEN-SCHWABENHEIM, MARIA HIMMELFAHRT

Orgel mit 2 Manualen, Pedal und 22 Registern

Für die katholische Kirche St. Aureus und Justina in Bingen-Büdesheim erbaute Matthäus Heilmann (Mainz) 1779 eine große zweimanualige Barockorgel im Mainzer Stil. Diese wurde 1847 nach Pfaffen-Schwabenheim durch den Orgelbauer Johann Heinrich Schäfer (Heilbronn) versetzt. Sie ist die einzig erhaltene Orgel von Heilmann und hat einen hohen originalen Bestand.

Romantik (1800–1915)

EIMSHEIM, ST. PIRMIN

Orgel mit 1 Manual, Pedal und 11 Registern

Die Eimsheimer Orgel wurde 1846 von Friedrich Engers und Johann Schlaad (Waldlaubersheim) erbaut. Sie hat ein klassizistisches Gehäuse und fällt klanglich in den Übergang vom barocken zum romantischen Stil.

FREI-LAUBERSHEIM, ST. MAURITIUS UND GEFÄHRTEN

Orgel mit 2 Manualen, Pedal und 24 Registern

Die große zweimanualige und mächtig klingende Dorforgel wurde von Bernhard Dreymann (Mainz) 1845 erbaut. Sie hat ein klassizistisches Gehäuse und einen hohen Originalbestand (Innenpfeifen, Windladen, Mechanik, Bälge).

GAU-BICKELHEIM, ST. MARTINUS

Orgel mit 2 Manualen, Pedal und 19 Registern

1853 wurde die große Dorforgel von Bernhard Dreymann (Mainz) erbaut. Sie ist fast vollständig original erhalten und hat ein neugotisches Gehäuse.

HAMM, HEILIG KREUZ

Orgel mit 1 Manual, Pedal und 4 Registern

Die Orgel in Hamm wurde von einem unbekannten Orgelbauer für eine Darmstädter Synagoge erbaut. Um 1875 konnte sie in Heilig Kreuz aufgestellt werden. Bis auf die Gehäuserückwand und die Windanlage ist die Orgel im Originalzustand. Sie zählt zu den noch wenigen erhaltenen ehemaligen Synagogenorgeln in Deutschland.

MAINZ, ST. IGNAZ

Orgel mit 2 Manualen, Pedal und 36 Registern

Die größte Orgel von Bernhard Dreymann (Mainz) wurde 1837 erbaut. Sie hat ein klassizistisches Gehäuse von 1781. Bis 2017 ist sie wegen Restaurierungsarbeiten ausgebaut.

MAINZ-BRETZENHEIM, ST. BERNHARD

Orgel mit 2 Manualen, Pedal, 11 Registern + 4 Transmissionen

Die Orgel wurde 1877 von Aristide Cavaillé-Coll (Paris) für die Kirche St. Ferdinand et Thérèse de l'enfant de Jésu in Paris erbaut. Zwischen 1997 und 1999 wurde sie verkauft und konnte schließlich in St. Bernhard aufgestellt und restauriert werden. Sie ist nahezu vollständig original erhalten und die einzige Cavaillé-Coll-Orgel in Deutschland.

NACKENHEIM, ST. GEREON

Orgel mit 2 Manualen, Pedal und 17 Registern

1904 wurde die Nackenheimer Orgel von Martin Schlimbach (Würzburg) erbaut. Sie ist nahezu vollständig original erhalten und hat ein Gehäuse von 1739.

NIERSTEIN, ST. KILIAN

Orgel mit 2 Manualen, Pedal und 17 Registern

Die Orgel wurde 1897 von Martin Schlimbach (Würzburg) erbaut. Sie hat einen hohen Originalbestand. Die Disposition (Registerzusammenstellung) erfolgte durch Domkapellmeister Georg Victor Weber (Mainz).

OBER-OLM, ST. MARTIN

Orgel mit 2 Manualen, Pedal und 19 Registern

Die zum großen Teil im Original erhaltene Orgel wurde 1887 von Martin Schlimbach (Würzburg) erbaut. Das neugotische Gehäuse mit Kreuzblumen- und Krabbenornamentik wurde vom Mainzer Bildhauer Josef Landmann geschaffen.

VENDERSHEIM, ST. MARTIN

Orgel mit 1 Manual, Pedal und 10 Registern

Johann Schlaad (Waldlaubersheim) erbaute 1872 die Orgel in Vendersheim. Sie präsentiert sich fast im Originalzustand. Das Gehäuse stammt aus dem 18. Jh., vielleicht aus der Werkstatt Stumm.

WÖLLSTEIN, ST. REMIGIUS

Orgel mit 2 Manualen, Pedal und 14 Registern + 1 Windabschwächung

Klanglich repräsentativ für die Spätromantik erweist sich die 1915 von der Werkstatt Heinrich Voit & Söhne (Durlach) erbaute Wöllsteiner Orgel. Sie hat einen hohen Originalbestand (Pfeifen, Windladen, Pneumatik, Windanlage).

Einbau der Orgel 1953, St. Quintin, Mainz

20./21. Jahrhundert

BODENHEIM, ST. ALBAN

Orgel mit 2 Manualen, Pedal und 30 Registern.

Das größte erhaltene Werk von Michael Körfer (Gau-Algesheim), nahezu vollständig im Original erhalten, wurde 1930 erbaut. Klanglich ist sie noch der Spätromantik verhaftet.

MAINZ, ST. STEPHAN

Orgel mit 3 Manualen, Pedal und 44 Registern + 3 Transmissionen

Erst im Jahr 2013 wurde die Orgel in St. Stephan von der Werkstatt Johannes Klais (Bonn) erbaut. Sie ist als ebenerdig stehende Skulptur gestaltet. Prospektpfeifen sind an der Vorderfront sowie an der linken und rechten Seite vorhanden. Die glänzend metallene Oberfläche der Prospektpfeifen spiegelt die Blautöne der Chagall-Fenster zu allen Tageszeiten wider.

MAINZ-HECHTSHEIM, ST. PANKRATIUS

Orgel mit 2 Manualen, Pedal und 28 Registern + 1 Transmission

Die Orgel wurde 1928 von der Werkstatt Willibald Siemann (München) erbaut, das Gehäuse stammt noch aus dem Jahr 1766. Die

Orgeleinbau durch Firma Siemann. (von links: Herr Siemann, Herr Hartmann, Organist, ein Mitarbeiter der Firma)

Orgel weist einen hohen Originalbestand auf (Pfeifen, Spieltisch, Windladen, Pneumatik). Sie ist klanglich noch der Spätromantik verhaftet.

WORMS, DOM

a) HAUPTORGEL

Orgel mit 3 Manualen, Pedal und 34 Registern.

Die Hauptorgel des Wormser Domes wurde 1985 von der Werkstatt Johannes Klais (Bonn) erbaut (2008 Dispositionsänderung). Sie ist eine sogenannte Schwalbennestorgel und befindet sich an der akustisch besten Stelle im Dom.

b) CHORORGEL

Orgel mit 2 Manualen, Pedal und 18 Registern

Die Chororgel des Domes wurde 1996 von der Werkstatt Oberlinger (Windesheim) im Stil von Aristide Cavaillé-Coll erbaut.

c) NIKOLAUSKAPELLE

Orgel mit 2 Manualen, Pedal und 10 Registern

In der Nikolauskapelle wurde 1972 eine Orgel im neobarocken Stil von Erich Breitmann (Nieder-Olm) erbaut.

INDEX

Disposition: Gesamtanlage einer Orgel

Manual: Tastenreihen des Spieltisches

Pneumatik: durch einen Tastendruck wird ein Druckluftmechanismus in Gang gesetzt

Prospekt: Schauseite der Orgel

Register: Tonreihen, aus denen sich das Pfeifenwerk zusammensetzt

Transmission: aus vorhandener Pfeifenreihe wird mehr als ein spielbares Register gewonnen

Windabschwächung: tiefe Register können leiser gemacht werden

Windlade: luftdichter Kasten als Verbindung zwischen Spieltisch und Orgelpfeifen

Windwerk (Windanlage): alle Bauteile der Orgel, die für Erzeugung und Transport des Windes notwendig sind

SPRENDLINGEN

St. Michael

Schulstr. 44
55576 Sprendlingen

Tagsüber geöffnet.
Pfarrbüro:
Pfarrgasse 6,
Sprendlingen,
Tel.: 06701 432

Im Chor der Sprendlinger St. Michaelskirche findet sich ein gotischer Gewölbeschlussstein in Form einer Blattmaske eingemauert – ein Überbleibsel aus der mittelalterlichen Pfarrkirche. Sie war dem hl. Valentinus geweiht und wurde nach Einführung der Reformation lange Zeit simultan genutzt, bis man sie 1810 wegen Baufälligkeit abriss. Der spätgotische Rundturm blieb jedoch stehen und wurde in den 1820 begonnenen Neubau miteinbezogen. Jener zog sich aufgrund zahlreicher Baumängel so sehr in die Länge, dass das Gotteshaus erst 1830 eingeweiht werden konnte – nun unter dem Patrozinium des Erzengels Michael und weiterhin von beiden Konfessionen genutzt. 1897 löste sich das Simultaneum auf. Die Michaelskirche wurde evangelisch und die katholische Gemeinde errichtete ein neues Gotteshaus, das 1899/1900 nach Plänen des Kölner Diözesanbaumeisters Heinrich Renard im neugotischen Stil entstand. Laut Grundsteinurkunde wurde die Kirche zunächst dem seligen Bernhard von Baden als Hauptpatron geweiht, während die hll. Michael und Valentinus nur als Nebenpatrone genannt werden. Dies dürfte eine Reminiszenz an die Zeit von 1707 bis zur Französischen Revolution gewesen sein, als Sprendlingen im Besitz der Markgrafen von Baden war. Danach erklärte man wieder den Erzengel zum Hauptpatron, sodass Sprendlingen heute zwei Michaelskirchen besitzt. Das Innere zeigt sich nach den Umgestaltungen der 1960er Jahre betont schlicht. Bemerkenswert sind die von der Benediktinerschwester Ehrentrud Trost 1967 entworfenen Wandgemälde und Fenster sowie der Kreuzweg.

Die Skulpturengruppe der Heiligen Dreifaltigkeit links am Triumphbogen ist das einzige erhaltene Stück des ehemaligen Hochaltares (1913), der 1967 abgebrochen wurde. Christus sitzt neben Gottvater, der ihm das Zepter reicht, über ihnen die Taube des Heiligen Geistes. Diese Darstellung verbildlicht eine Beschreibung im Neuen Testament, wo von Gott als einer Einheit aus Vater, Sohn und Heiligem Geist gesprochen wird. Der 1. Sonntag nach Pfingsten ist der Dreieinigkeit Gottes gewidmet.

STADECKEN-ELSHEIM

St. Walburga

Ingelheimer Str. 2
55271 Stadecken-Elsheim

Unregelmäßig geöffnet.
Pfarrbüro: Faltenstr. 34, 55270 Schwabenheim, Tel.: 06130 293

Mitten im Ortsteil Elsheim gelegen, ist St. Walburga eine typische barocke Landkirche, wie sie nach der Pfälzischen Kirchenteilung häufig in Rheinhessen gebaut wurden. Nachdem 1707 die alte, simultan genutzte Kirche den Protestanten zugefallen war, dauerte es noch 40 Jahre, bis die Elsheimer Gemeindemitglieder den Neubau – einen schlichten Saal mit kleinem Dachreiter – errichten konnten. Der jüngst neu gestaltete, hübsche Vorplatz lädt zu einem Besuch der Kirche ein. Sie ist im Inneren reich mit Mobiliar aus unterschiedlichen Entstehungszeiten ausgestattet, das man damals aus abgebrochenen Kirchen des Umlandes erwerben konnte. Durch die einheitlich blaugraue und rote Marmormalerei wirken Hochaltar, Zelebrationsaltar, Beichtstuhl, Empore und Portalrahmungen jedoch wie aus einem Guss. Das Altargemälde zeigt die Kirchenpatronin von Engeln umgeben, die ihr den Äbtissinenstab reichen, und mit einer Krone auf ihrem Haupt – ein Verweis auf ihre fürstliche Herkunft. Unter den zahlreichen qualitätvollen Barockskulpturen ist jene der hl. Wilgefortis aufgrund ihrer kuriosen Heiligenlegende sicher die bemerkenswerteste. Spannend und noch baulich unerforscht ist die heute sogenannte Mauritiuskrypta, eine zweiräumige Gewölbehalle im Kellergeschoss eines Nachbarhauses. Es wurde 1973 von der katholischen Gemeinde erworben, die den Raum, der zu einem Kloster des 13. Jh. gehört haben soll, auch als Kapelle nutzt.

Die hl. Wilgefortis wurde besonders seit dem 18. Jh. verehrt. Der Legende nach soll die sich zum Christentum bekennende Tochter eines heidnischen Königs Gott um Hilfe gebeten haben, weil sie nicht verheiratet werden wollte. Als ihr daraufhin ein Bart wuchs, ließ ihr Vater sie kreuzigen. Vor dem Bildnis der gekreuzigten Heiligen soll ein armer Geiger einst so schön gespielt haben, dass ihm Wilgefortis einen goldenen Schuh schenkte. Da ihm niemand glaubte, sollte er als Dieb hingerichtet werden, doch er bat darum nochmals vor dem Bild spielen zu dürfen und das Wunder ereignete sich erneut.

SULZHEIM

St. Philippus und Jakobus

Kirchplatz 3
55286 Sulzheim

Vorraum sonntags geöffnet.
Pfarrgruppenbüro:
Pariser Str. 44,
55286 Wörrstadt,
Tel.: 06732 3855

Schon im 8. Jh. gab es in Sulzheim eine Kirche, doch erst 1360 wird ein den hll. Philippus und Jakobus geweihtes Gotteshaus erwähnt. Diese gotische Kirche verfügte über einen Chorturm, dessen unteres Geschoss erhalten geblieben ist und heute als Sakristei dient. Der Schlussstein mit dem schön gearbeiteten Relief des hl. Jakobus – erkennbar an Pilgermuschel und -flasche, ist daher für die Besucher üblicherweise nicht zugänglich, er ist jedoch im Informationsflyer, der in der Kirche ausliegt, abgebildet. Bis auf die Sakristei wurde das heutige Kirchengebäude 1715–1720 von Grund auf neu errichtet, da 1689 ein Brand den Altbau weitgehend zerstört hatte. Die außen recht schlichte Dorfkirche verfügt über ungewöhnlich prächtige Ausstattungsstücke. Diese verdankt sie dem Mainzer Domkapitel, dem Sulzheim gehörte. Aus Mainzer Beständen stammen denn auch die Seitenaltäre – beide sind Meisterwerke der Schreinerkunst des 18. Jh. – sowie der Taufstein, dessen Jahreszahl 1701 die fremde Herkunft verrät: Zu dieser Zeit lag nämlich die Sulzheimer Pfarrkirche noch in Schutt und Asche. Die Nebenaltäre wurden erst 1953 mit gut geschnitzten Heiligenfiguren (Herz Jesu und Maria) in barockisierenden Formen ergänzt. In den Nischen seitlich des um 1720 geschaffenen Hochaltars stehen seit 1853 die Figuren der beiden Kirchenpatrone. In den um 1900 eingesetzten Glasfenstern mit Szenen aus dem Leben Jesu wird mit Engelchen und Muschelwerk die barocke Formensprache der Kirche fortgeführt. Für Jakobspilger steht draußen vor der Kirche ein Kasten mit dem Pilgerstempel bereit.

Schau genau! Wenn man nahe genug an die Kommunionbank herantritt, bemerkt man, dass sich gegenüber den Figurennischen mit Philippus und Jakobus zwei weitere befinden. In einer davon steht die Figur des „Guten Hirten" mit einem im Busch verfangenen Schaf. Bei dieser Allegorie handelt es sich um eines der ältesten und beliebtesten Motive in der christlichen Kunst. So wie ein guter Hirte sich um jedes einzelne Tier seiner Herde kümmert, so kümmert sich auch Gott um jeden einzelnen Menschen.

St. Johannes Maria Vianney

Schlossstr. 10
55288 Udenheim

Unregelmäßig geöffnet.
Pfarrgruppenbüro:
Weedengasse 4, 55291 Saulheim,
Tel.: 06732 61588

Die Kirche mit dem eher seltenen Namen St. Johannes Maria Vianney ist ein relativ junges Gebäude. Sie wurde 1960 gebaut, ein Jahr nachdem das Simultaneum vertraglich aufgelöst wurde. Bis dahin hatten beide Konfessionen die aus dem 11. Jh. stammende Bergkirche St. Pankratius genutzt – die heutige evangelische Kirche. Nachdem zweimal die Geldentwertung die katholischen Kirchenbaupläne vereitelt hatte, konnten sie endlich durch den Architekten Heinz Laubach realisiert werden. Er entwarf eine bescheidene, aus Backsteinen gemauerte Kirche mit Glockenturm, Sakristei und Pfarrsaal. Straßenseitig zeigt sich der Baukörper nahezu geschlossen, rückseitig jedoch durchbrochen von einer monumentalen Glasfassade, die ein lichtes und offenes Raumgefühl erzeugt. 2002 wurde sie, in dezenten Farbtönen neu gestaltet. Das einzige original erhaltene, großformatige Fenster wurde von Alois Plum geschaffen und ist dem Patron der Kirche gewidmet – Jean-Marie Vianney: Der 1786 geborene Bauernsohn, der es durch seinen tiefen Glauben geschafft hatte, Pfarrer zu werden, wurde 1818 in das bei Lyon gelegene Dorf Ars-sur-Forman geschickt, wo er auf 240 religiös desinteressierte Einwohner traf. Es gelang ihm durch teils drastische Maßnahmen (Schließung von Tanzlokalen und Trinkstuben) sowie einfühlsames Zuhören und Predigen, die Gemeinde neu zu beleben. Als Beichtvater war er bald so beliebt, dass hunderttausende Menschen nach Ars strömten, wo er bis zu 16 Stunden am Tag im Beichtstuhl saß. 1859 starb er entkräftet und wurde 1925 heiliggesprochen. Er gilt als Schutzpatron der Pfarrer.

Außen an der Kirche hängt eine von Adam Winter aus Ton geschaffene Kopie des sogenannten „Udenheimer Kruzifixus`". Das originale aus Holz gefertigte Bildwerk stammt aus dem 11. Jh. und wurde vermutlich für die Mainzer Kirche St. Emmeran gefertigt. Später kam es nach Udenheim, zunächst in die Bergkirche, dann in den katholischen Neubau. Heute hängt es zur Andacht in der Gotthardkapelle des Mainzer Doms.

UNDENHEIM

Mariä Himmelfahrt

Kirchstr. 19
55278 Undenheim

Unregelmäßig geöffnet.
Pfarrgruppenbüro:
Kirchstr. 14, Undenheim,
Tel.: 06737 335

Anfang des 18. Jh. fiel die Kirche in der Pfälzischen Kirchenteilung den Katholiken zu, doch scheint ihre Ausstattung eher karg gewesen zu sein, wie der damalige Pfarrer im Kirchenbuch vermerkt: „Als ich hierher kam, fand ich überhaupt nichts an Paramenten, die Kirche glich einem Stall." Dass sich der Bau heute als reich ausgestattetes Kleinod zeigt, ist auch ihm und seinen Zeitgenossen zu verdanken: aus dem 18. Jh. stammen heute noch die Gestühlswangen, der Taufstein (1709) und der Tabernakel sowie die meisten der sehr qualitätvollen Skulpturen. Teile der Kanzel wurden zum Lesepult umgearbeitet. Auch das frühe 20. Jh. hinterließ seine Spuren in Form des neugotischen Hochaltarretabels (von der Jakobskirche in Saarbrücken erworben) oder den historisierenden Glasfenstern. 1926 wurde das Gehäuse des Nothelferaltars vollendet, die Figuren darin bereits 1767, wohl vom Mainzer Augustinerkloster, erworben. Die Kirche selbst wurde um 1450 (Chor) bzw. im 18. Jh. (Langhaus) errichtet, doch bestand an dieser Stelle schon ein wesentlich älterer Vorgängerbau. Lange Zeit besaßen die Mönche des Mainzer St. Albanskloster das Patronatsrecht der Undenheimer Pfarrkirche. Mit dem sehenswerten Friedhof und der Wehrmauer bildet die Kirche ein reizvolles Ensemble – ein Besuch lohnt sich.

Ein bisschen eng geht es zu im Retabel des 14-Nothelferaltars, wo sich die Figuren jener Heiligen drängen, die bei allen Nöten des Lebens um Hilfe gebeten werden können. Das in der Kirche ausliegende Informationsblatt benennt die Zuständigkeiten (von Geburt über Krankheiten bis zu Ängsten oder Gewissensnöten) der einzelnen Heiligen Vitus, Blasius, Cyriakus, Pantaleon, Georg, Eustachius, Katharina, Margarete, Barbara, Achatius, Ägidius, Dionysius, Erasmus und Christophorus.

VENDERSHEIM
St. Martin

Hauptstr. 1
55578 Vendersheim

Unregelmäßig geöffnet.
Pfarrgruppenbüro:
Mittelgasse 26–28,
55578 Gau-Weinheim,
Tel.: 06732 4025

Die Kirchen von Vendersheim scheinen bislang von der Forschung weitgehend ignoriert worden zu sein – wer sich im Internet auf die Suche nach Informationen begibt, findet so gut wie nichts zu deren Geschichte. Zu Unrecht, wie man vor Ort feststellt: Die evangelische Kirche wurde 1870/71 anstelle der mittelalterlichen, lange Zeit simultan genutzten alten Martinskirche errichtet und ist ein schmucker Bau im neuromanischen Stil. Die katholische Kirche wurde in den 1790er Jahren nach Aufgabe des Simultaneums erbaut und in Erinnerung an die alte Pfarrkirche wieder dem hl. Martin geweiht. Von außen wirkt der Bau mit den einfachen Rundbogenfenstern und dem kleinen Dachreiter unscheinbar, erst der Innenraum mit seinen dynamisch zum Chor hin einschwingenden Langhauswänden erzeugt „Barockatmosphäre". Trotz mehrerer Renovierungsmaßnahmen im 19. und 20. Jh. blieb die bauzeitliche Ausstattung weitgehend erhalten. Das Prunkstück ist zweifellos der um 1755 ursprünglich wohl für die Mainzer Hauskapelle des Grafen von Eltz-Kempenich geschaffene Hochaltar. Aus Nussbaumholz gefertigt und mit Vergoldungen akzentuiert, gehört er mit zum Besten, was die Mainzer Schreinerkunst des 18. Jh. hervorgebracht hat. Sein Pendant befindet sich heute in der katholischen Kirche zu ► Badenheim. Bemerkenswert sind ferner die aus mehreren Jahrzehnten (von etwa 1650 bis 1724) stammenden reich geschnitzten Wangen der Kirchenbänke. Der Taufstein (1750) trägt das Wappen der einstigen Ortsherren Faust von Stromberg. Die Kanzel, die Buntglasfenster und das Deckengemälde mit der „Himmelfahrt Christi" sind Zutaten des 19. Jh.

Dem Schutzpatron des Bistums Mainz, dem hl. Martin von Tours, sind viele rheinhessische Kirchen geweiht. 2016 werden nicht nur 200 Jahre Rheinhessen gefeiert, sondern auch der 1700. Geburtstag des hl. Martin. 316 als Sohn eines römischen Offiziers in Ungarn geboren, wurde er Soldat der kaiserlichen Armee, fühlte sich aber vom christlichen Glauben angezogen. 36-jährig wurde er in Frankreich getauft, lebte eine Weile als Einsiedler, gründete das Kloster Marmoutiers und wurde zuletzt zum Bischof von Tours geweiht.

VOLXHEIM

St. Matthäus

Hintergasse 4
55546 Volxheim

Vorraum tagsüber geöffnet.
Pfarrgruppenbüro:
Gordianusstr. 1,
55545 Bad Kreuznach-Planig,
Tel.: 0671 65043

Heute gilt das spätbarocke Matthäuskirchlein als Schmuckstück der Pfarrgemeinde und ist besonders bei Brautleuten beliebt, die dort ihre Trauung feiern möchten. Es wurde 1790 errichtet, nachdem 1769 der baufällige und simultan genutzte Vorgängerbau während einer Vesper eingestürzt war. Auch die evangelische Gemeinde errichtete sich daraufhin eine eigene Kirche in unmittelbarer Nähe. Der schmucke Barockbau strahlt jedoch erst seit 1990 wieder in seinem einstigen Glanz – als man zur 200-Jahrfeier die Kirche umfassend restaurierte und teilweise rebarockisierte. Denn gegen Ende des 2. Weltkrieges war sie schwer beschädigt und in der Nachkriegszeit eher nüchtern ausgestattet worden. Nun erhielt sie wieder eine passende Raumfassung in hellem Rosé und lichtem Grau. An der Nordwand wurde die ehemalige Kanzel installiert, die man auf einem Heuboden wiederentdeckt hatte – heute zwar ohne Funktion, doch stellt sie ein wichtiges Zeugnis der Kirchengeschichte dar und bildet mit dem auf dem Schalldeckel sitzenden Putto, der die Tafeln mit den Zehn Geboten hält, einen symbolträchtigen Blickfang. Im Zentrum des Hochaltars, der von einem „Auge Gottes" bekrönt wird, befinden sich heute eine von Eberhard Münch gemalte Landschaft (1991) und eine Kreuzigungsgruppe anstelle des 1945 zerstörten Altarblatts. Die Replik eines barocken Engelpultes aus dem Mainzer Dom- und Diözesanmuseum dient als Ambo – als „Tisch des Wortes" – der Verkündigung und ergänzt den in der Mitte stehenden modernen Steinaltar, der als „Tisch des Brotes" Ort der Eucharistie ist.

Ein von einem Dreieck umschlossenes, Strahlen aussendendes Auge bekrönt den Volxheimer Hochaltar – es ist ein „Auge Gottes" oder auch „Auge der Vorsehung" – ein besonders seit dem 17. Jh. verbreitetes christliches Symbol für die Allgegenwart und Wachsamkeit Gottes. Im 18. Jh. wurde es von den Freimaurern unter anderem als Symbol der „enthüllenden Wahrheit" übernommen und heute wittern Verschwörungstheoretiker darin ein Symbol diverser Geheimgesellschaften.

Schmerzen Mariens

Neustr. 7
55263 Wackernheim

Pfarrbüro:
Pfarrstr. 1,
55262 Heidesheim,
Tel.: 06132 5212

Die kleine Kirche Schmerzen Mariens liegt inmitten der dichten Bebauung des Dorfes und fällt besonders durch ihre Farbigkeit in einem kräftigen Ockergelb mit sandsteinroten Gewänden auf. Der Mainzer Freiherr Geduld von Jungenfeld hatte der katholischen Gemeinde, die vor allem aus zugezogenen Hunsrücker Landarbeitern bestand, 1729 ein Grundstück für die neue Kirche geschenkt. Zwei Jahre später begann der Bau, wurde allerdings erst 1766 geweiht – so feiert Wackernheim dieses Jahr 250 Jahre Kirchweihe. Der schlichte Bau mit Rundbogenfenstern wird auf dem Satteldach von einem sechsseitigen Dachreiter mit Schweifhaube bekrönt. Der Innenraum öffnet sich unter der westlichen Orgelempore, die in das Kirchenschiff hineinragt. Im Chor fällt der Blick auf den barocken, architektonisch aufgebauten Hochaltar, dessen Rundbogennische eine schöne Pietà mit Strahlenkranz aufnimmt. An der linken Langhauswand befindet sich eine barocke Madonnenskulptur mit dem Christuskind, an der rechten ein Vortragekreuz mit Korpus und zwei Assistenzfiguren von Johann Georg Biterich. Die Fenster aus dem Jahr 1895 sind überwiegend ornamental gestaltet. Lediglich die Chorfenster zeigen eine betende Maria und eine Christusdarstellung, die jeweils in einen Vierpass eingebettet sind. Skulpturen des 19. Jh. wie die des hl. Josef an der Orgelempore, der hll. Augustinus und Antonius neben dem Hochaltar sowie eine Kreuzigungsgruppe bereichern den Raum.

Der hl. Antonius von Padua war ein Franziskanermönch des 13. Jh. Da er als hervorragender Prediger galt, wird er in frühen Darstellungen nur mit einem Buch gezeigt. Seit dem 16. Jh. wird er oft mit dem Christuskind dargestellt, teils auf dem Buch sitzend, teils in seinem Arm liegend. Dies geht auf eine Legende zurück, derzufolge Graf Tiso von Camposampiero, der Antonius in seinem Haus beherbergte, sich nach dem Befinden seines Gastes erkundigen wollte und den Heiligen in seiner Kammer vorfand – lächelnd, das hell leuchtende Christuskind haltend.

St. Simon und Judas Thaddäus

Agnesienstr. 7
55789 Wallertheim

Unregelmäßig geöffnet.
Pfarrgruppenbüro:
Mittelgasse 26–28,
55578 Gau-Weinheim,
Tel.: 06732 4025

Im Zentrum von Wallertheim, unweit des Marktplatzes steht die katholische Kirche, die auf den ersten Blick wie ein typisches Dorfkirchlein aussieht. In der Tat ist es dem barocken, im 19. und 20. Jh. überformten Gebäude kaum anzumerken, dass es ursprünglich ein Kapellenkarner war – das heißt, eine auf einem Friedhof gelegene Kapelle, die über ein Beinhaus verfügte. In zahlreichen Orten gab es einst solche Kapellenkarner, doch nur wenige sind bis heute erhalten geblieben. Eines der bekanntesten Beispiele stellt die unmittelbar neben der Katharinenkirche in Oppenheim gelegene Michaelskapelle dar, in deren Untergeschoss noch die bis an die Decke gestapelten Gebeine vorhanden sind. Die Umnutzung des Wallertheimer Beinhauses zur katholischen Kirche geht auf das Jahr 1695 zurück. Bis dahin hatten beide Konfessionen die mittelalterliche, heute evangelische Kirche simultan genutzt. Nachdem diese baufällig war, nutzten beide Gemeinden den Kapellenkarner für ihre Gottesdienste. Die lutherische Gemeinde setzte derweil die alte Pfarrkirche auf ihre Kosten instand, weshalb man vereinbarte, dass sie ganz in deren Besitz überging. Die wesentlich kleinere katholische Gemeinde richtete sich dauerhaft im alten Beinhaus ein und weihte die Kirche den hll. Simon und Judas Thaddäus. Die auffallend hoch liegenden Rundfenster auf der Nordseite könnten womöglich auf eine Zwischendecke hindeuten, die einst den oberen Kapellenraum vom darunterliegenden Beinhaus trennte. Heute ist der Innenraum vor allem durch die Ausstattung des 19. und 20. Jh. geprägt.

Rechter Hand am Triumphbogen der Kirche steht eine Schnitzfigur des hl. Judas Thaddäus. In seiner linken Hand hält er eine Keule als Zeichen seines Martyriums – der Jünger Jesu soll mit einer Keule erschlagen worden sein. In seiner Rechten hält er eine Schriftrolle mit tröstenden Worten. Judas Thaddäus gilt als Helfer in besonders schweren und ausweglosen Notsituationen und wurde seit Ende des 19. Jh. besonders verehrt. Auch in Wallertheim erwies er sich als Nothelfer, wovon die kleinen Dankestäfelchen zeugen.

St. Peter

Kirchgasse 6
55278 Weinolsheim

Sonntags 14.30–16.30 h geöffnet.
Pfarrgruppenbüro:
Kirchstr. 14,
55278 Undenheim,
Tel.: 06737 335

Am höchsten Punkt von Weinolsheim liegt die kleine Peterskirche, umgeben von alten Kirchhofmauern, auf einem möglicherweise schon in der Römerzeit bebauten Areal. Ihre Geschichte reicht weit ins Mittelalter zurück, urkundlich wird sie im 9./10. Jh. erwähnt. Aus dieser Zeit sind jedoch kaum bauliche Spuren erhalten. In die Epoche der Spätgotik verweisen die Sakristei mit ihrem Kreuzrippengewölbe sowie die heute im Kirchhof aufgestellte Grabplatte, die bemerkenswerterweise zweimal verwendet wurde: zuerst für eine Frau, Gudela Barfuszen, und später für einen Pfarrer mit Namen Veldeshalp. Ob die auf dem Portal eingehauene Jahreszahl 1727 an den Neubau von Kirchenschiff und Chor erinnern oder nur an deren Renovierung ist ungewiss, doch sprechen die typisch ländlich-barocken Bauformen für eine Entstehung um diese Zeit. Aus der alten Kirche stammen noch der Taufstein, der heute neben dem Eingang stehend als Weihwasserbecken dient, sowie die gotische Sakramentsnische mit dem Relief eines Christuskopfes. An barocker Ausstattung sind der Hochaltar mit den zwei Anbetungsengeln, die früher einen größeren Altar bekrönten, und der Nebenaltar sehenswert. Die Orgel des 18. Jh. stammt möglicherweise aus der Werkstatt von Joseph Anton Onimus.

Die im frühen 20. Jh. tätigen Kirchenmaler Franz und Georg Schilling hatten als ehemalige Pfarrkinder einen besonderen Bezug zu Weinolsheim. Sie gestalteten um 1930 nicht nur die Wand- und Deckengemälde, sondern fassten auch die Altäre, Empore und Orgel neu (in den 1980er Jahren jedoch zum Teil wieder abgebeizt). Erhalten ist neben den wappentragenden Putten das eigenwillige Hauptbild im Langhaus, das die siegreiche Kirche darstellt: unten Ecclesia mit Kreuz und Kelch sowie der hl. Petrus als Papst, oben die Dreieinigkeit – seit 1957 verbunden durch ein blutrotes Kreuz.

WELGESHEIM

Allerheiligen

Kirchstr. 4
55576 Welgesheim

Unregelmäßig geöffnet.
Pfarrgruppenbüro:
Pfarrgasse 6,
55576 Sprendlingen,
Tel.: 06701 432

In Welgesheim stehen die evangelische und die katholische Kirche so dicht beieinander, dass man sie von Weitem fast für ein einziges Gebäude halten könnte. Mit ihren unterschiedlich gestalteten Türmen bilden sie die markante „Skyline" des Orts. Tritt man näher heran, fällt auf, dass die katholische Allerheiligen-Kirche selbst nicht ganz aus einem Guss erscheint. In der Tat ist sie im Kern ein barockes, 1784 errichtetes Kirchengebäude, das wiederum 1897/98 durch den Baumeister Jakob Röder aus Frankfurt a. M. in eine neugotische Kirche „verwandelt" wurde. Röder baute einen neuen Chor und eine Sakristei an und ließ im Inneren gotisch wirkende Gewölberippen einziehen. Auch die barocke Innenausstattung wurde mit Ausnahme weniger Skulpturen entfernt und durch neue Stücke (Hochaltar, Seitenaltäre, Kanzel) im neogotischen Stil ersetzt. 1925 wurde die Kirche um den Flankenturm bereichert, der mit seinen massigen Formen und grobem Bruchsteinmauerwerk einen eigenwilligen Kontrapunkt zum verputzten Kirchenschiff setzt. Die Hauptfassade mit hohem Spitzgiebel wird von dem Portal mit bildlich gestaltetem Tympanon sowie drei Skulpturen geschmückt. Im Giebel der Erzengel Michael, in den Nischen je eine Bischofsfigur. Im Gewände des spitzbogigen Turmeingangs finden sich die 1993 gestalteten Figuren der Hildegard von Bingen und des Papstes Urban I. In den Seitenaltären sind noch einige barocke Skulpturen erhalten. Besonders qualitätvoll sind die zwei kleinen Assistenzfiguren (wohl von Martin Biterich) neben dem hl. Aloysius im rechten Altar, die als Katharina von Alexandrien und hl. Josef gedeutet werden.

Als Tympanon wird unter anderem die über einem Portal liegende und von einem Bogen gerahmte Fläche bezeichnet. An Kirchen ist dieses Bogenfeld oftmals mit Reliefs geschmückt. Häufigste Bildthemen sind das Weltgericht, oder, wie hier in Welgesheim, die „Majestas Domini" (lat. Herrlichkeit des Herrn), die den thronenden Christus zeigt, umgeben von den vier Evangelisten oder deren Symbolen: Löwe (Markus), Stier (Lukas), Adler (Johannes) und Mensch (Matthäus).

WELGESHEIM

Drei Heiligenhäuschen

Backhausstr. (bei Nr. 1),
Kreuzstr. (bei Nr. 16),
Bergstr. 4
55576 Welgesheim

Durch Gittertür einsehbar.
Pfarrbüro:
Pfarrgasse 6,
55576 Sprendlingen,
Tel.: 06701 432

Nur einen Straßenzug voneinander entfernt finden sich in Welgesheim zwei bemerkenswerte Heiligenhäuschen, die zwar in einem zeitlichem Abstand von 14 Jahren errichtet wurden, sich aber stilistisch sehr ähnlich sind. Beide wurden als private Stiftungen einzelner Familien erbaut und zeugen so von der tief im Leben verwurzelten Volksfrömmigkeit. Das Heiligenhäuschen in der Backhausstraße wurde 1910 von der Familie Lukas erbaut, wie im Scheitel des Treppengiebels zu lesen ist. Es ist eingebunden in eine Vorgartenmauer und aus gelben Klinkersteinen errichtet. Den spitzbogigen Zugang mit schöner Sandsteinlaibung ziert noch das originale schmiedeeiserne Gitter. Jenes erlaubt den Blick ins Innere, wo die Skulptur des Herzen Jesu in einer Nische Platz gefunden hat und noch heute mit Blumen geschmückt wird. In der Kreuzstraße befindet sich die fast baugleiche, aber erst 1924 von den Eheleuten Klein aus Wiesbaden erbaute Wegekapelle, in der eine Muttergottes verehrt wird. Bevor der Ort gewachsen ist, lag dieses Kapellchen noch in der Feldflur und diente als Station bei Wallfahrtsprozessionen. Eine weitere Kapelle in der Bergstraße 4 wurde von Katharina Hönig im Jahre 1931 erbaut. Durch ein Eisentor sieht man im Inneren ein großes Kreuz mit einer darunter stehenden Christusstatue. Auch diese Kapelle wird als Wallfahrtsstation genutzt. Sie wurde im Jahre 2000 im Auftrag von Hildegard Schwarz grundlegend renoviert.

WESTHOFEN

St. Peter und Paul

Am Markt 18
67593 Westhofen

Unregelmäßig geöffnet.
Pfarrbüro:
Am Markt 7,
Westhofen,
Tel.: 06244 9072787

Eingelassen in die Stützmauer wartet ein steinerner Totenschädel mit einer grausigen Inschrift auf die Besucher der katholischen Kirche in Westhofen: „uich sparet auch nit aus, der würmerfraß im knochenhaus, bet und geh vorbei, bald ist an dir die reih." Diese Erinnerung an die eigene Sterblichkeit macht deutlich, auf welchem historischen Terrain man sich bewegt: Der heutige Marktplatz war lange Zeit Begräbnisstätte und dort, wo nun die katholische Kirche steht, befand sich eine dem hl. Michael geweihte Friedhofskapelle, in deren Untergeschoss tatsächlich ein „Knochenhaus", ein sogenanntes Beinhaus eingerichtet war. Nachdem die alte St. Peter und Paul geweihte Kirche (heute evangelisch) im 16. Jh. den Reformierten zugefallen war, nutzten die Katholiken zunächst das baufällige Rathaus, bevor sie sich 1712 auf den Trümmern der 1621 zerstörten Friedhofskapelle ein neues Gotteshaus errichteten. Aufgrund schlechter Fundamente musste dieser Bau regelmäßig renoviert werden. Um 1892 erweiterte man die Kirche um den Altarraum und gestaltete sie im Stile der Neugotik um. 1919 wurde der reich verzierte Flügelaltar aus der Bildhauerwerkstatt Busch in Steinheim erworben. Auch die Seitenaltäre, der Kreuzweg und das bemerkenswerte Taufbecken mit einer plastischen Darstellung der Taufe Christi auf seinem Deckel entstanden zwischen 1904 und 1908. Aus der Barockzeit ist noch die Stumm-Orgel (1750) auf der Empore erhalten geblieben. 1981 entdeckte man bei Bauarbeiten unter dem Fußboden das alte Beinhaus wieder, in dem sich nach wie vor aufgetürmte Schädel und Knochen befinden.

In einem Visitationsbericht von 1496 wird das Beinhaus von Westhofen erstmals erwähnt. Bei dessen Wiederauffindung 1981 entdeckte man an der Wand ein kleines Fresko mit der Darstellung des gekreuzigten Christus und den trauernden Maria und Johannes. Stilistisch ist es an den Anfang des 15. Jh. zu datieren. Zum Schutz vor Feuchtigkeit wurde es vorsichtig von der Wand abgenommen und kann heute in der Kirche, neben dem Abgang zum Beinhaus, als ein wichtiges Zeugnis spätgotischer Wandmalerei in Rheinhessen bewundert werden.

St. Martin

Ringstr. 18
55578 Wolfsheim

Unregelmäßig geöffnet.
Pfarrgruppenbüro:
Mittelgasse 26–28, 55578 Gau-Weinheim, Tel.: 06732 4025

In Wolfsheim gibt es heute zwei Martinskirchen. Die ältere der beiden ist die evangelische Kirche – ein schöner, im Kern noch aus dem 12. Jh. stammender Bau, der lange Zeit von beiden Konfessionen simultan genutzt wurde. In starkem Kontrast dazu steht die 1973 erbaute katholische Martinskirche mit ihrer eigenwilligen, an einen Schiffsbug erinnernden Formensprache. Manch einen Besucher hat diese Assoziation dazu verführt, ihr den scherzhaften Namen „Wellenbrecher Gottes" zu verleihen. Und ein wenig kommt es einem tatsächlich so vor, als ob das an zwei Ecken schräg in die Höhe gezogene Gebäude mit seinem markanten freistehenden Glockenturm tapfer den Gezeiten trotzt. Allerdings erwies sich das ganz aus Sichtbeton errichtete Gebäude in den Jahren 2000/01 als nicht ganz so standfest – korrodierte Armierungseisen brachten die dünne Betonhaut zum Abplatzen. Durch eine aufwändige Sanierung konnte der Bau zwar gerettet werden, doch ging dabei die bauzeitliche Sichtbetonoberfläche unter einem Anstrich verloren. Im Inneren herrscht eine freundliche Atmosphäre, die insbesondere durch die in warmen Farben gestalteten Lichtbänder aus Betonglas erzeugt wird. Typisch für Kirchen, die nach dem 2. Vatikanischen Konzil konzipiert wurden, ist die Ausrichtung auf eine zentrale Altarinsel hin, um die sich die Bankreihen gruppieren. Damit soll der Gedanke der sich um den Tisch des Herrn versammelnden Gemeinde betont werden, im Gegensatz zu den älteren „Wegekirchen", in denen die Gläubigen in Bankreihen hintereinander sitzen.

Schau genau! Aus der alten Martinskirche stammt noch die kleine Skulptur des Erzengels Michael, der mit seiner Lanze den am Boden liegenden Teufel bezwingt. Jener ist hier als ganz besonders grausiges Wesen dargestellt, wofür der Bildhauer Teile von Tieren zusammenfügte, die damals dem Bereich des Bösen zugewiesen wurden. So zeigt es nicht nur Hauer und Hörner, sondern auch einen Schlangenschwanz, auf dem eine Schnecke kriecht. Solche drastischen Darstellungen waren vor allem im späten Mittelalter beliebt.

WÖLLSTEIN

St. Remigius

Kirchstr. 20
55597 Wöllstein

Unregelmäßig geöffnet.
Pfarrgruppenbüro:
Bennstr. 1,
55546 Fürfeld,
Tel.: 06709 429

Wer die Pfarrkirche in Wöllstein betritt, kann eine nahezu komplett erhaltene neuromanische Kirche erleben – ein eher seltener Anblick. Schon von außen zeigt das 1908 geweihte Kirchengebäude mit seinen zahlreichen Anbauten, Türmchen und scheinbar „zugemauerten" Fensteröffnungen jenes pittoreske Erscheinungsbild, das der Architekt August Greifzu bewusst angestrebt hatte. Auch im Inneren setzt sich die gewollte Asymmetrie mit unterschiedlich gestalteten Seitenschiffen und Fensterformen fort. Beeindruckend ist die durchgehend handwerklich aufwändig gestaltete Ausstattung, vom Beichtstuhl mit seinen vergoldeten Rankenornamenten und eingelegten Halbedelsteinplättchen bis zu den Altären mit steinernen Figurenreliefs und vergoldeten Aufsätzen. Bemerkenswert ist auch das vollständig erhaltene Bildprogramm der Kirchenfenster: in der Apsis des Altarraums finden sich Darstellungen der sieben katholischen Sakramente (Ehe, Taufe, Buße, Eucharistie, Firmung, Weihe und Krankensalbung); über der Orgelempore sind die Patrone der Kirchenmusik (Cäcilia, Gregor von Tours, David), musizierende Engel und die Namenspatrone der Stifterfamilie zu sehen; über dem Beichtstuhl findet sich der „Gute Samariter". Auch die kleine Taufkapelle mit dem kunstvollen, von vier Löwen getragenen Taufstein ist einen Besuch wert. In den Fenstern der halbrunden Apsis sind Schutzpatrone der früheren vier Filialgemeinden von Wöllstein versammelt: Eckelsheim, Siefersheim, Volxheim und Gumbsheim.

In der schönen Fensterrose über der Orgelempore ist die orgelspielende hl. Cäcilia dargestellt. Die Verehrung der jungfräulichen Römerin, die ihren heidnischen Bräutigam zum Christentum bekehrte, setzt etwa um die Mitte des 5. Jh. ein. Zahlreiche Legenden machen sie zu einer der beliebtesten Heiligen. Sie gilt als eine der 14 Nothelfer und als Patronin der Kirchenmusik. Letzteres geht wohl auf einen Übersetzungsfehler in ihrer Lebensgeschichte zurück, demzufolge sie bei ihrer eigenen Hochzeit die Orgel gespielt haben soll.

Heilig Kreuz

Stein-Bockenheimer Str. / Ecke Flutgraben, 55599 Wonsheim

Unregelmäßig geöffnet. Pfarrgruppenbüro: Bennstr. 1, 55546 Fürfeld, Tel.: 06709 429

Die Gottesdienste der kleinen Wonsheimer Gemeinde fanden bis 1966 in der barocken Rathauskapelle statt. Der Raum war Ende der 1950er Jahre stark renovierungsbedürftig und bot der in den Nachkriegsjahren gewachsenen Gemeinde ohnehin wenig Platz. Deshalb bemühte man sich um einen Neubau, der 1966 in Angriff genommen werden konnte. Deutlich werden die Auswirkungen der Liturgiereform auf die zeitgenössische Architektur: der Zentralbau mit quadratischem Grundriss lädt dazu ein, die Bänke rund um den Altar anzuordnen und die Menschen aktiver am Geschehen teilhaben zu lassen. Blickfang ist von innen wie von außen der Glockenstuhl, der die Kirche als steile Pyramide überragt. Er wird im Inneren auf vier Stahlstreben zum Boden geführt, die damit gleich mehreren Zwecken dienen. Sie unterteilen den Raum optisch, sind zugleich Auflager der Dachkonstruktion, Aufhängungspunkt der Glocken und Rahmung der Buntglasfenster. Die Lichtführung „von oben" besitzt ebenso Symbolkraft wie der Grundriss des Gebäudes. Angetan vom Kirchenneubau zeigte sich die damalige Presse, deren Worte auch den Zeitgeist der 1960er Jahre verraten: „Die neue katholische Kirche in Wonsheim ist ein Beispiel dafür, wie aus dem Material unseres Jahrhunderts auch der moderne Mensch des Atomzeitalters sein Gotteshaus als Zeichen des Glaubens errichten kann."

Die farbenfrohen Majolika-Reliefs des Kreuzwegs und des Altarbildes wurden vom damaligen Pfarrer selbst entworfen und anschließend in den Kunstwerkstätten der Abtei Maria Laach ausgeführt. Das Altarbild – eine Kreuzigungsgruppe – erläutert der Künstler vielschichtig: so steht Maria für die Mutter Kirche, Johannes für die lehrende Kirche. Die Hand Gottes und der Leib Christi im gleichen Farbton stehen für die Einheit von Vater und Sohn, während die grüne Taube die Hoffnung auf das ewige Leben darstellt.

Dom St. Peter

Domplatz 1
67547 Worms

Tagsüber geöffnet.
Pfarrbüro: Lutherring 9,
Worms, Tel.: 06241 6115

Wer sich der alten „Nibelungenstadt" Worms nähert, wird schon von Ferne die Turmlandschaft des Domes erblicken, der wie eine Krone die Stadtsilhouette beherrscht. St. Peter ist neben Speyer und Mainz der jüngste der drei „romanischen Kaiserdome", doch mit seinen schlanken, in die Höhe strebenden Bauformen zugleich der eleganteste. Seit der Aufhebung des Domstifts 1802 ist St. Peter heute Pfarrkirche und seit 1925 auch päpstliche Basilica minor. Bischof Burchard begann wohl bald nach seiner Amtseinführung im beginnenden 11. Jh. mit dem Bau einer neuen, größeren Bischofskirche, die eine ältere, fränkische Gründung ersetzen sollte. Im Jahr 1018 konnte er seinen Dom – eine flachgedeckte, doppelchörige Basilika – bereits weihen. Von diesem Bau sind lediglich die unteren Geschosse der beiden Westflankentürme erhalten geblieben, denn Burchards Nachfolger (Burchard II. u. Konrad II.) veranlassten seit etwa 1030 die schrittweise Niederlegung dieser ersten Bischofskirche. Im Laufe des 12. Jh. entstand in mehreren Bauabschnitten der romanische Dom, wie er im Wesentlichen noch heute zu erleben ist. Begonnen wurde mit den liturgisch wichtigsten Teilen, dem Ostchor mit seinen Flankentürmen und dem anschließenden Querschiff, die gegen 1144 vollendet waren. Das nun eingewölbte Langhaus dürfte um 1170 fertiggestellt worden sein und der zweite Chor im Westen war spätestens im Jahr der abschließenden Weihe 1181 aufgerichtet. Rund 100 Jahre später fügte man auf der Südseite die gotische Nikolauskapelle (heute Taufkapelle) an, die mit ihren Maßwerkfenstern und filigranen Bauteilen bereits einer anderen Formensprache verpflichtet ist (1315 fertiggestellt). Unmittelbar neben der Kapelle befindet sich das prachtvolle Hauptportal des Domes (um 1300), unter dessen zahlreichen Skulpturen die ganz außergewöhnliche Darstellung der „Triumphierenden Kirche" herausragt, versinnbildlicht durch die auf einem vierköpfigen Tier (sog. Tetramorph) reitende Maria. Im Inneren herrscht eine angenehme und zugleich überwältigende Raumstimmung – hervorgerufen durch die warmen Farbtöne des roten Sandsteins und den klaren, mächtigen

Baugliedern der Spätromanik. Trotz mehrerer Kriegszerstörungen im 17., 18. und 20. Jh. blieb diese Architektur weitgehend erhalten, was insbesondere der umsichtigen Sanierung Anfang des 20. Jh. durch Karl Hofmann geschuldet ist. Als bautechnische und denkmalpflegerische Meisterleistung kann die Sicherung des Westchors in den Jahren 1901–1906 gelten, bei der man den baufälligen Chor zwar vollständig niederlegte, doch sämtliche Steine sorgfältig durchnummerierte, um sie beim Wiederaufbau an ihre ursprüngliche Stelle setzen zu können. Von der einstigen Ausstattung blieb dagegen kaum etwas erhalten: einzig der Renaissancealtar in der spätgotischen Georgskapelle überstand den Dombrand im Pfälzischen Erbfolgekrieg. Die mittelalterlichen Glasfenster wurden dagegen allesamt bei der Explosion eines Stickstoffwerkes 1921 zerstört. Der Ostchor besitzt indes mit dem von Balthasar Neumann entworfenen Hochaltar (1738/40) und dem Chorgestühl von Franz Anton Herrmann (um 1760) eine der großartigsten barocken Einrichtungen, die sich äußerst harmonisch in die mittelalterliche Architektur einfügt. Man braucht etwas Zeit, um diese und viele weitere Besonderheiten zu entdecken und die Stimmung dieses beeindruckenden Gotteshauses zu erspüren.

Bischof Burchard wäre wohl „not amused" über den sog. Dreijungfernstein, der aus dem 1802 aufgelösten Wormser Bergkloster in seinen Dom verbracht wurde. Zeigt das spätgotische Steinrelief in der Nikolauskapelle doch die drei „Beden" genannten Jungfrauen, Embede, Warbede und Willebede, deren kultische Verehrung wohl in keltische Zeit zurückführt und in Worms noch im 11. Jh. rege betrieben wurde. Burchard verdammte die Beden-Verehrung Aufgrund ihres heidnischen Ursprungs als Sünde, und doch wurde das Relief mit dieser „weiblichen Dreifaltigkeit" noch im 15. Jh. für ein Frauenkloster geschaffen. Längst waren da die heidnischen Schicksalsgöttinnen christlich umgedeutet worden, ob als Gefährtinnen der hl. Ursula, oder als die „drei heiligen Madeln", Barbara, Katharina und Margaretha.

WORMS

Liebfrauen

Liebfrauenstift 22
67547 Worms

Vorraum geöffnet.
Pfarrgruppenbüro:
Liebfrauenring 21, Worms,
Tel.: 06241 44267

Die britische Schriftstellerin Dorothy Sayers ließ schon ihren weltberühmten Romandetektiv und Lebemann Lord Peter Wimsey eine Flasche der Wormser Liebfrauenmilch genießen – jenen Wein, der heute unter dem Namen „Liebfrauenstift Kirchenstück" im Schatten der Liebfrauenkirche angebaut wird. Noch immer ist die einzige erhaltene gotische Wormser Kirche von Weingärten umgeben. Fast 200 Jahre hat es gedauert, bis der Bau vollendet war: Das Südportal entstand um 1276, zwischen 1310 und 1465 dann Westbau, Langhaus, Chorumgang und schließlich die Obergeschosse und Annexbauten. Nach den Zerstörungen im 17. Jh. wurden zu Beginn des 18. Jh. die Gewölbe in gotischer Form erneuert – ein frühes Beispiel für die Bemühung um eine denkmalgerechte Sanierung. Eines der ältesten Ausstattungstücke befindet sich am südöstlichen Vierungspfeiler: das Gnadenbild der Madonna mit Kind aus dem 13. Jh. Eine Marienwallfahrt findet mindestens seit dem 15. Jh. statt. Im Mittelalter soll sie in einem Atemzug mit den großen Wallfahrten nach Aachen, Rom und Santiago genannt worden sein und sogar Kaiser Maximilian I. nahm 1495 daran teil. Es gibt viel zu sehen in diesem großartigen Kirchenraum – zahlreiche qualitätvolle und teilweise noch mittelalterliche Skulpturen und Ausstattungsstücke laden zur genaueren Betrachtung ein – unter anderem das Westportal und der Hochaltar, in denen der Tod Mariens dargestellt ist oder eine Anna-Selbdritt-Darstellung. Die 1966–1995 von Alois Plum geschaffenen Glasfenster zeigen in leuchtend bunten Farben Szenen aus der Heilsgeschichte.

Im südlichen Turmraum steht ein sogenanntes Heiliges Grab (um 1470). Die Skulpturengruppe illustriert eine biblische Erzählung, derzufolge Josef von Arimathäa Pilatus um den Leichnam des toten Jesus bat, um ihn gemeinsam mit Nikodemus zu Grabe zu tragen. Auch die trauernde Maria und Johannes, die Frauen aus Galiläa und die Grabwächter sind, wie hier, oft dargestellt. Besonders im Spätmittelalter waren Heilig-Grab-Gruppen beliebt und wurden in die Osterliturgie miteinbezogen.

St. Martin

Martinsgasse 4
67547 Worms

Tagsüber geöffnet.
Zugang über das Nordportal (vom Ludwigsplatz Fußgängertor zwischen Kirche und Pfarrhaus),
Pfarrgruppenbüro: Lutherring 9, Worms, Tel.: 06241 6115

Lässt man den belebten Ludwigsplatz hinter sich und betritt den ehemaligen Kreuzhof der Stiftskirche St. Martin, wird man durch den Anblick eines grünen Idylls belohnt, das sich die Anwohner geschaffen haben. Hier lohnt ein Blick auf den großen vermauerten Bogen in der Nordwand des Seitenschiffs, der möglicherweise im Zusammenhang mit dem Kerker steht, in dem der hl. Martin gefangen gesetzt worden war. Dieser in eine Kapelle umgewandelte Kerker bestand bis ins 17. Jh. und war ein beliebter Ort der Martinsverehrung. Wohl bereits unter Bischof Burchard entstand die Kirche, die im 12./13. Jh. im Wesentlichen ihre heutige Gestalt erhielt – eine Basilika mit Kreuzgrat- und Rippengewölben, Polsterkapitellen und frühgotischen, figürlich verzierten Kapitellen. St. Martin blieb nicht vor Zerstörungen und darauffolgenden Umgestaltungen verschont – im südlichen Seitenschiff befinden sich drei Architekturmodelle, die wichtige Phasen dieser Veränderungen anschaulich machen. Von der mittelalterlichen Ausstattung ist kaum etwas erhalten geblieben. Ältestes Stück ist die thronende Madonna aus der Zeit um 1300. Die barocken Seitenaltäre und die Kanzel stammen aus dem untergegangenen Kloster Maria Münster, der moderne Hauptaltar mit Szenen aus der Johannes-Offenbarung und die Empore mit Darstellungen der Martinslegende wurden von Gustav Nonnenmacher entworfen. Dass es sich bei St. Martin auch um eine beliebte Grablege handelte, zeigen die zahlreichen, heute an den Wänden angebrachten Grabplatten.

Auf den Steinen der Martinskirche sind häufig die immer gleichen Zeichen zu finden. Auffällig ist, dass sie sich in jeder Steinschicht bzw. an zueinander gehörenden Bauteilen befinden. Es handelt sich dabei nicht um individuelle Steinmetzzeichen sondern um sogenannte Versatzzeichen, die dazu dienten, den Bauleuten die Arbeit zu erleichtern, indem sie zusammengehörende Steine markierten. Man findet sie an zahlreichen Bauten, in Worms etwa auch am Dom.

DIE FUSSFÄLLE IN BINGEN-DROMERSHEIM

Viele Pilger- oder auch „helgen weege" (Heilgenwege) ziehen sich noch heute durch die Weinberge und Felder Rheinhessens. Die häufig entlang dieser Wege stehenden Heiligenhäuschen, Kapellen, Wegekreuze oder Bildstöcke sind Ausdruck religiöser Volksfrömmigkeit. Eine besondere Art solcher Wege sind die sogenannten „Sieben Fußfälle".

Die Fußfälle sind die ältere Form der Kreuzwegandacht, die im Spätmittelalter entstand und besonders in der Barockzeit beliebt war. Der heute übliche Kreuzweg mit 14 Stationen entstand erst im Laufe des 17. und 18. Jh.. An sieben Standorten wird an den Leidensweg Christi gedacht, an das siebenmalige Hinfallen Christi, von der Gefangennahme bis zur Kreuzigung. Als die sieben Fußfallstationen gelten:

1. Jesus wird zum Tode verurteilt; 2. Jesus begegnet seiner Mutter; 3. Simon von Cyrene hilft Jesus das Kreuz zu tragen; 4. Veronika reicht Jesus das Schweißtuch; 5. Jesus fällt unter dem Kreuz; 6. Jesus stirbt am Kreuz; 7. Jesus wird ins Grab gelegt.

In Bezug auf die sieben Hauptkirchen in Rom, in denen in der Karwoche die päpstlichen Stationsgottesdienste gefeiert werden, gibt es mancherorts auch die Bezeichnung „Römerfahrt" für die sieben Fußfälle.

Üblicherweise wurde zwischen den einzelnen Stationen der schmerzhafte Rosenkranz gebetet und vor den Stationen das Vaterunser. Der Name „Fußfall" geht darauf zurück, dass man vor den Stationen eine Kniebeuge („Fußfall") machte, zum Zeichen der Buße und der andächtigen Verehrung.

In Bingen-Dromersheim gibt es noch einen solchen Weg der sieben Fußfälle. Er geht auf eine private Stiftung des 18. Jh. zurück, jedoch sind die einzelnen Stationen, die jahrhundertelang der Witterung ausgesetzt waren, nur noch in Teilen original erhalten. Ihre über die Jahre hinweg immer wieder vorgenommenen Sanierungen, Um- oder Neugestaltungen zeugen indes von einer anhaltenden Wertschätzung. Heute wird der Weg der Dromersheimer Fußfälle wieder in einer Prozession gegangen; Ziel des Weges ist die Laurenzikirche, die damalige Hauptkirche der Region, heute eine Wallfahrtskapelle.

1 Fußfall – Klosterweg 2

Der erste Fußfall verweist auf den Erbauer der Stationen, Daniel Balthasar (1692-1722) aus Dromersheim. Er verstarb jedoch vor der Fertigstellung der Fußfälle. Der in den 1990er Jahren erneuerte Bildstock zeigt unter einem Rundbogenrelief mit der Darstellung des Einzuges Jesu in Jerusalem folgende Inschrift: „ANNO 1722, DEN 5. AUGUSTI HAT ZU EHREN DES BITTEREN

LEYDEN UNDT TODT CHRISTI JESU DANIEL BALTHASAR DIESE 7 FUSSFÄLLE AUFRICHTEN LASSEN. R.I.P."

2 Fußfall – Profferweg
Der Sockel des zweiten Fußfalls ist aus dem Jahr 1722 original erhalten und lässt im oberen Bereich eine barock geschwungene Ornamentik erkennen. 1979/80 wurde das schlichte Kreuz mit Schutzdach erneuert.

3 Fußfall – Profferweg
Aufgrund starker Verwitterung zerbrach das originale Kreuz des dritten Fußfalls im Winter 2000/01, woraufhin die heutige Station gestaltet wurde. Das Kreuz steht auf einem schlichten Sockel, der folgende Inschrift trägt „MEIN HERR UND MEIN GOTT / Renov. Nov. 2001".

4 Fußfall – Profferweg
Der vierte Fußfall ist ebenfalls als schlichtes Wegekreuz gestaltet und wurde 1953 durch einen ansässigen Glasermeister erneuert, dabei wurde der Christuskorpus silberfarben angelegt, um ihn von dem Steinkreuz abzusetzen.

5 Fußfall – Wegabzweigung zum Dromersheimer Wäldchen
Als verschollen gilt der fünfte Fußfall. Steinreste, die möglicherweise zu dieser Station gehörten, sollen vor längerer Zeit an oben genannter Stelle gelegen haben.

6 Fußfall – Kühweg
Wie der zweite Fußfall ist auch der Sandsteinsockel der sechsten Station im Original aus dem Jahr 1722 erhalten. Er ist an den oberen Ecken abgerundet und an der Front befindet sich ein Kassettenfeld, das früher wohl eine Inschrift trug. Das schlichte Holzkreuz ist mit einem Schutzdach versehen und wurde von einem ortsansässigen Schreiner Ende der 1980er Jahre erneuert.

7 Fußfall – nahe der Laurenzikirche
Die letzte Station ist als Bildstock gestaltet. In einer Nische findet sich oben ein Kruzifix. Neben dem Kreuz sind unter rötlicher Farbe noch schemenhaft die Umrisse von Maria und Johannes zu erkennen Das stark verwitterte Relief im unteren Bereich zeigte möglicherweise eine Kreuzabnahme. Heute füllt die Figur einer Pietà die Nische aus.

St. Paulus

Paulusplatz 3/5
67547 Worms

Tagsüber geöffnet.
Kontakt: Dominikanerkloster St. Paulus,
Paulusplatz 5,
Tel.: 06241 920400

In der heutigen Dominikanerklosterkirche St. Paulus haben sämtliche Epochen ihre Spuren hinterlassen: Ab 1002 wurde sie als Kirche eines von Bischof Burchard gegründeten Stifts gebaut. Die unteren Bereiche der Türme stammen noch aus dem 11. Jh., die orientalisch anmutenden Turmhelme aus dem frühen 12. Jh. Mehrere Brände im 13. Jh. machten einen durch Spenden finanzierten Wiederaufbau erforderlich, für den der Westbau, über den man die Kirche betritt, Zeugnis gibt. An Wänden und Kapitellen findet man noch die Stifterinschriften der Spender. Hier stehen auch zwei in den 1950er Jahren errichtete Altäre für Josef und Maria (Fatima-Altar). Durchquert man die Vorhalle, gelangt man unterhalb der Empore aus dem frühen 18. Jh. in den eigentlichen Kirchenraum, der nach seiner Zerstörung 1689 völlig neu im Stil des Barock errichtet wurde. Seine Gewölbe mit den schönen Stuckverzierungen wurden im 2. Weltkrieg erneut zerstört, bei der Wiederherstellung wurde jedoch auf die barocken Deckenmalereien verzichtet. In den 1990er Jahren kamen ein moderner Zelebrationsaltar und ein Ambo hinzu. Der 1713 geschaffene Hochaltar mit Skulpturen von Martin Biterich beherbergt den Tabernakel mit dem Allerheiligsten. Er stammt ursprünglich aus der Herrnsheimer Kirche St. Peter und Maria Magdalena. Der Chorraum und die Apsis führen wieder zurück ins Mittelalter, ans Ende des 12. Jh. Hier sind bemerkenswerte, zum Teil mit Fratzen, Menschen und Tieren geschmückte Kapitelle zu bewundern.

„Heiden-“ oder „Sarazenentürme“, so werden die eigentümlich morgenländisch wirkenden Turmhelme in Worms genannt. Mit ihrem polygonalen Aufbau und abschließender Kuppel sind sie eine Ausnahmeerscheinung in der mitteleuropäischen Architektur. Wohl nicht zufällig tauchen sie just in dem Jahrzehnt nach dem ersten Kreuzzug auf, bei dem Jerusalem eingenommen wurde. Sicher stammen die Anregungen dafür aus dem Orient, möglicherweise diente die Golgathakirche, die Teil der Grabeskirche war, als Vorbild.

St. Bonifatius

An der Kirche 4
67550 Worms

Tagsüber geöffnet.
Pfarrgruppenbüro:
Herrnsheimer Hauptstr. 18,
Worms, Tel.: 06241 59962

Als die mittelalterliche Abenheimer Kirche um 1730 dem heutigen Bau weichen musste, wurde lediglich der Turm in seinen unteren Geschossen übernommen. St. Bonifatius erhielt damals eine komplett neue Ausstattung, die noch fast vollständig erhalten ist. Haupt- und Nebenaltäre, Beichtstühle, Empore und Kanzel wurden im 18. Jh. geschaffen und bieten durch die in harmonierenden Farbtönen ausgeführte Marmormalerei einen einheitlichen Gesamteindruck. Bei späteren Renovierungen wurde versucht, im Sinne der Erhaltung des als „Gesamtkunstwerk" angelegten Kirchenraums, die neuen Elemente in den barocken Stil einzufügen. So geben sich die in Medaillons eingefügten Deckenmalereien mit Szenen aus der Petruslegende erst auf den zweiten Blick als Zutat des frühen 20. Jh. zu erkennen. Auch der in den 1960er Jahren neu geschaffene Zelebrationsaltar sowie der als buchtragender Putto gestaltete Ambo greifen spielerisch barocke Formen auf. Beim Hinausgehen lohnt ein Blick auf die Orgelempore mit ihrem auskragenden Unterbau. Hier ist mittig der hl. Bonifatius dargestellt, erkennbar an dem von einem Messer durchbohrten Buch. Der Legende nach hielt er bei einem Angriff die Heilige Schrift zu seinem Schutz vor sich. Links sind der biblische, auf der Harfe spielende König David und rechts die hl. Cäcilia an der Orgel dargestellt. Auf die Brüstungsfelder gemalte musizierende Engel vervollständigen das ganz im Zeichen der Kirchenmusik gestaltete Bildprogramm.

Häufig entpuppt sich der vermeintlich teure Marmor als kunstvoll ausgeführte Malerei. Dabei werden Leim- oder Ölfarben in unterschiedlichen Schichten, Farben und Äderungen auf das Trägermaterial – Holz oder ein günstigerer Stein – aufgetragen. Viel Können und Erfahrung gehört zur Beherrschung dieser Maltechnik. Um einen möglichst natürlichen Marmoreffekt zu erzielen, wurden die Adern unter anderem mit in Farbe getauchten Vogelfedern aufgemalt.

WORMS-ABENHEIM

Kapelle St. Michael

Klausenbergstr. 22
67550 Worms

Unregelmäßig geöffnet.
Pfarrgruppenbüro:
Herrnsheimer Hauptstr. 18,
67547Worms,
Tel.: 06241 59962

Weithin sichtbar liegt das Wahrzeichen von Abenheim inmitten des „Rebenmeeres" auf dem Klausenberg, der mit 141 Metern höchsten Erhebung der Stadt Worms. Wer den kurzen Aufstieg nicht scheut, wird bei guter Sicht mit einem Ausblick bis in den Pfälzer Wald und zum Donnersberg belohnt. Es wird spürbar, dass man sich hier an einer besonderen Stelle befindet, die in der Tat auf eine lange Tradition als Ort des Rückzugs und des Gebets zurückblicken kann: Schon 975 wird hier eine dem Erzengel Michael geweihte Kapelle urkundlich erwähnt. Seit 1298/99 wohnten Zisterzienserinnen in einer Klause bei der Kirche, die um 1500 verfallen war, 1572 und im 18. Jh. jedoch wieder umfassend erneuert wurde. Zuletzt lebte hier von 1758 an Joseph Ziegler als Eremit „Bruder Joseph" bis zu seinem Tod 1782. Bei der letzten Renovierung um 1980 erhielt die Kapelle einen neuen Altar, eine dezente Deckenmalerei und bunte Glasfenster im Chorraum. Heute findet alljährlich am letzten Septembersonntag die traditionelle Prozession von der Abenheimer Pfarrkirche St. Bonifatius hinauf zur Michaelskapelle statt. Entlang des Weges standen einst steinerne Kreuzwegstationen von 1902, die aufgrund ihres beschädigten Zustandes in den 1960er Jahren abgebaut wurden. Auf Initiative des örtlichen Heimatvereins entstand 2007 ein neuer Kreuzweg zum Klausenberg in Form moderner Granitstelen mit Reliefs des Osnabrücker Künstlers Walter Mellmann.

Warum befinden sich dem Erzengel Michael geweihte Kirchen und Kapellen häufig auf Bergen und Hügeln oder innerhalb von Gebäuden stets in höhergelegenen Räumen? Vermutlich stellen sie so eine Verbindung zu dessen Hauptheiligtum, dem Monte Sant' Angelo im apulischen Ort Gargano her. Auf diesem Berg soll der Erzengel im Jahr 493 erschienen sein. Von dort aus scheint sich der Michaelskult weit verbreitet zu haben. Ein weiterer berühmter Michaelsberg ist der Mont-Saint-Michel in der französischen Normandie.

St. Laurentius

Zum Wiesengrund 7
67551 Worms

Unregelmäßig geöffnet.
Pfarrgruppenbüro: Goldbergstr. 1, Worms,
Tel.: 06241 33137

Die kleine katholische Kirche St. Laurentius ist nicht ganz leicht zu finden – man folgt der Beschilderung und der Stichstraße „Zum Wiesengrund" bis an den Feldrand, wo sich zur Rechten ein schlichtes kubisches Gebäude aus Sichtbeton befindet – und damit ein recht junger Bau. Die katholische Gemeinde in Heppenheim hielt zwischen 1701 und 1970 ihren Gottesdienst im alten Rathaus ab, was in Rheinhessen zwar nichts Ungewöhnliches war (► Rathauskapellen in Flomborn und Albig), aber doch oft als Provisorium empfunden wurde. Erst 1971 konnte man sich hier den Traum von einer neuen und modernen Kirche erfüllen. Von weitem wirkt der Sichtbetonbau eher nüchtern – nähert man sich aber, bemerkt man die Auflockerung der Fassaden durch plastisch hervortretende Flächen mit den Abdrücken der Schalbretter, die hier bewusst als Gestaltungsmittel eingesetzt wurden. Die Eingangsfassade zeigt in drastischer Bildsprache ein Relief des Martyriums des hl. Laurentius. Innen lenken die strahlenförmig von einem Pfeiler ausgehenden Deckenbalken den Blick auf eine Statue der Maria Immaculata – gleich hinter dem Eingang findet der Besucher auch ein Stück aus der alten Kirche: das hölzerne Antependium eines barocken Altars, das ein Motiv der Apokalypse zeigt – das Lamm Gottes auf dem Buch mit den sieben Siegeln. Den Reiz der Raumgestaltung bildet aber vor allem die klare Raumgliederung mit wenigen kräftigen Farbakzenten, die insbesondere durch die Verglasung erzeugt werden. Im Jahr 2015 erhielt die Kirche zu Ostern ihren lang ersehnten Abschluss: ein Geläut aus zwei Glocken, 44 Jahre nach ihrer Erbauung.

Zahlreiche Kirchen, insbesondere der Nachkriegszeit, wurden in Sichtbeton errichtet. Bei dieser Art zu betonieren wird die Textur der Oberfläche durch das Material der Schalung geprägt, in die der Beton hineingegossen wird. Die Schalung wird so zu einem Gestaltungsmittel, das durchaus künstlerisch eingesetzt werden kann. Die 1908–10 gebaute Pauluskirche in Ulm und die Lutherkirche in Bad Steben gehören zu den ersten Kirchen, bei denen Sichtbeton in großem Maße eingesetzt wurde.

WORMS-HERRNSHEIM

St. Peter

Herrnsheimer Hauptstr. 11
67550 Worms

Tagsüber geöffnet.
Pfarrbüro: Herrnsheimer Hauptstr. 18, Worms,
Tel.: 06241 59962

Dass St. Peter heute so imposant über Herrnsheim thront, verdankt sich einer kühnen Baumaßnahme des frühen 20. Jh.: Damals wurde der spätgotische Altarraum abgetragen, ein querschiffartiger Zwischenbau neu errichtet und der Chor schließlich über einer offenen Unterkapelle wieder aufgebaut. Das Ergebnis ist ein pittoreskes Gefüge aus Türmen, Giebeln, Dächern und Strebepfeilern, das dem Betrachter immer wieder neue Ansichten bietet. Im Kern geht der Bau auf romanische Zeit zurück (1221 erwähnt) von dessen Substanz sich noch Teile des Westturmes sowie einige Mittelschiffpfeiler erhalten haben. Ortsherren von Herrnsheim waren ab dem späten 14. Jh. die Mitglieder der Familie von Dalberg, die das Erbamt der Kämmerer von Worms innehatten und sich im Lauf der Zeit beträchtliche Besitzungen und wichtige Ämter sichern konnten. Diese Macht schlug sich im Umbau der romanischen Kirche nieder, die die Dalberger als ihre Grablege gewählt hatten. Ab 1470 wurde St. Peter durch den Baumeister Jakob von Landshut im Stile der Spätgotik umgestaltet. Aus dieser Zeit sind noch die Kanzel, das Chorgestühl und der Sockel des Sakramentshäuschens im Altarraum erhalten. Beeindruckend ist die Grabkapelle der Dalberger auf der Südseite des Langhauses mit ihren aufwändig gestalteten Grabmälern. Trotz der massiven Umbaumaßnahmen des frühen 20. Jh. bietet St. Peter einen harmonischen Raumeindruck, in den sich auch die jüngsten Elemente einfügen. Der Zelebrationsaltar in Form eines detailreichen Lebensbaums wurde 1994 von Gernot Rumpf geschaffen. Ebenso die Türgriffe in Form phantasievoller Fische – Symbole für den „Menschenfischer" Petrus.

Herrnsheim befindet sich an einem alten Pilgerweg, der von Worms-Neuhausen in Richtung Monzernheim führte. An diesem Weg befanden sich mehrere kleine Andachtsstätten. Geht man vom Ort kommend nördlich des Schlossparks zur Gabelung der K6/L439 und hält sich links, sieht man ein unscheinbares Wegekreuz, das wohl noch aus vorreformatorischer Zeit stammt, sowie die um 1900 entstandene Anna-Kapelle, die mit ihren byzantinischen Bauformen einen ungewöhnlichen Anblick inmitten der rheinhessischen Landschaft bietet. Sie befindet sich in Privatbesitz.

Maria Himmelskron

Celtesstr. 3
67549 Worms

Vorraum der Kirche geöffnet.
Pfarrgruppenbüro:
Liebfrauenring 21,
67547 Worms,
Tel.: 06241 44267

Neben der Bergkirche mit ihren romanischen Bauteilen verfügt Hochheim mit Maria Himmelskron über eine weitere bedeutende mittelalterliche Kirche – der einzigen erhaltenen Dominikanerinnenkirche im Wormser Raum. Das Kloster wurde 1278 von dem Patriziereheрaar Ritter Dirolf von Hochheim und Agnes vom Rosenbaum an der Stelle ihrer Burg gestiftet. 1287 wurde der Konvent in den Dominikanerorden aufgenommen. Die schlichten Formen der einschiffigen, flachgedeckten Kirche mit ungegliederten Außenwänden sind typisch für Bettelordenskirchen. Die Fenster nehmen auf den einst südlich angrenzenden Kreuzgang Rücksicht: damit dessen Dach die Fenster nicht überdeckt, reichen sie nicht ganz so weit hinab wie auf der Nordseite. Vom Kreuzgang, dem Konventsgebäude sowie der Nonnenempore ist heute nichts mehr zu sehen. Sie wurden nach der Vertreibung der Nonnen im Zug der Reformation 1570 sukzessive abgerissen. Ein Gedenkstein für den Stifter Dirolf und weitere mittelalterliche Grabsteine sind heute in der 1951 angebauten Eingangshalle aufgestellt (weitere im Städtischen Museum). Der Kirchturm ist eine spätere Zutat von 1905/06, zuvor diente der hölzerne Dachreiter als Glockenstuhl. Sehenswerte Ausstattungsstücke sind ein Vesperbild (um 1510), der Hochaltar aus dem 18. Jh. und der mittelalterliche Löwentaufstein, der nach der Kirchenteilung aus der nun evangelischen Bergkirche hierher übertragen wurde. Solche Taufsteine mit Löwen als Tragefiguren und Astwerk finden sich in einigen Kirchen im weiteren Umkreis. Die Deckengestaltung stammt noch aus dem frühen 20. Jh. Sechs Bilder von Fritz Muth illustrieren Szenen aus der Lauretanischen Litanei, die sich an die Gottesmutter richtet.

Als Bettelorden oder Mendikanten (vom Lateinischen mendicare = betteln) werden jene christlichen Ordensgemeinschaften bezeichnet, die sich dem Gebot der Armut verpflichtet haben. Sie wurden meist im 13. Jh. als Reformorden gegründet. Zu den vier wichtigsten zählen die Dominikaner, Franziskaner, Karmeliten und Augustiner-Eremiten. Ihre Kirchengebäude zeichnen sich meist durch betont schlichte Bauformen und den Verzicht von übermäßigem Bau- und Bilderschmuck aus.

WORMS-HORCHHEIM

Heilig-Kreuz-Kirche

Goldbergstr. 1
67551 Worms

Sonntags bis 17 h geöffnet, werktags geschlossen.
Pfarrgruppenbüro nebenan:
Goldbergstr. 1, Worms
Tel.: 06241 33137

Schon bei ihrer Einweihung 1910 nannte man die neue Heilig-Kreuz-Kirche auf dem Horchheimer Goldberg respektvoll „Dom des Eisbachtals". Das war keine Übertreibung, denn der Architekt August Greifzu hatte einen monumentalen Baukomplex aus Pfarrhaus, Zwischenbau und Kirche realisiert, der wahrhaftig wie eine Kathedrale weithin sichtbar und malerisch von Weinreben umgeben über Horchheim thront. Es lohnt sich einmal um Kirche und Pfarrhaus herumzuspazieren, nicht nur, um immer wieder reizvolle Ansichten der Gesamtanlage zu entdecken, sondern auch, weil man von der Rückseite aus einen schönen Blick auf den Wormser Dom erhaschen kann. Das Kircheninnere verblüfft durch die fast vollständig erhaltene Ausstattung des frühen 20. Jh., denn gerade Objekte aus jener Zeit fielen den Modernisierungsmaßnahmen der 1960er Jahre verstärkt zum Opfer. Hier ist dagegen vom Fußboden über die Kirchenbänke, die Beichtstühle, Kanzel und Altäre bis hin zur Beleuchtung im Art-Déco-Stil nichts wesentlich verändert worden. In der rechten Seitenkapelle befindet sich im Altar eine Reliquie des Heiligen Kreuzes, die der Kirche ihren Namen gibt. Sie wurde aus der alten Heilig-Kreuz-Kirche übertragen, die sich noch heute am unweit gelegenen Friedhof befindet und inzwischen als Trauerhalle der Gemeinde genutzt wird. Diese Vorgängerkirche stammt in ihren unteren Mauerbereichen noch aus romanischer Zeit, die oberen Partien aus dem 18. Jh.

Horchheim versus Mercedes – 1953 unternahm der schwäbische Automobilkonzern einen Angriff auf eine Horchheimer Besonderheit: den Dreizackweck. Denn das sternförmige Brötchen ähnelte sehr dem Markenzeichen der Autobauer, weshalb sie es gerne verboten hätten. Doch Horchheim gewann den Patentstreit, da der Weck nachweislich schon seit 1754 gebacken wurde. Jener geht der Legende nach auf die zum Tode verurteilte Kindsmörderin „Elsbeth vom Fronhof" zurück, die als Sühne ihr Vermögen einer Brotstiftung für hungernde Kinder vermachte. Noch heute erhalten die Horchheimer Kinder am Sonntag Laetare, dem 4. Fastensonntag, bei einem Umzug auf den Fronberg einen Dreizackweck.

St. Laurentius

Friedhofstr. 7,
67549 Worms

Unregelmäßig geöffnet.
Pfarrgruppenbüro:
Liebfrauenring 21,
67547 Worms,
Tel.: 06241 44267

Dass die kleine Kirche St. Laurentius sich innerhalb des alten, noch genutzten Friedhofs befindet, ist ein klarer Hinweis darauf, dass hier vor der heutigen, 1933/34 erbauten Kirche bereits ein älterer Kirchbau stand. Diese mittelalterliche Kirche wurde 1367 erstmals erwähnt und überdauerte mehrere Jahrhunderte, bis sie 1831 wegen Baufälligkeit abgetragen wurde. An sie erinnern die beiden gotischen Maßwerkbögen, die über einer Gedenktafel neben dem Eingang als Spolie eingemauert sind. Erst im 20. Jh. erhielt die katholische Gemeinde in Leiselheim, die von Hochheim aus betreut wird, wieder eine eigene Kirche im damals beliebten „Heimatstil". 1934 konnte der vom Mainzer Architekten Philipp Preis geplante Bau geweiht werden. Die Fenster mit den Fürbitten an die Heiligen und das Kruzifix auf der Ostwand stammen noch aus dieser Zeit, ebenso die Skulptur des hl. Laurentius, die den Besuchern aus einer Nische an der Südwestecke entgegenblickt. Der Altar und die Skulptur des Kirchenpatrons auf der rechten Seite des Chores wurden im späten 20. Jh. ergänzt. Auf dem schönen, baumbestandenen Kirchhof befinden sich noch einige Grabmäler des 19. Jh.

Von Spolie spricht man, wenn qualitätvolle Bauteile älterer Gebäude, wie Säulen, Kapitelle, Teile von Fenstern und Ähnliches, in einem Neubau wiederverwendet sind. Das kann absichtlich, wie in St. Laurentius als Erinnerung an den älteren Bau geschehen, oder auch zum reinen Nutzen – dann findet man sie oft zu handlichem Baumaterial zurechtgearbeitet im Mauerwerk verbaut.

WORMS-NEUHAUSEN

St. Amandus

Bebelstr. 71
67549 Worms

Unregelmäßig geöffnet.
Pfarrgruppenbüro:
Liebfrauenring 21,
67547 Worms,
Tel.: 06241 44267

Eins steht fest: Die katholische Gemeinde von Neuhausen zeichnet sich durch Geduld aus. Obwohl der 1898 der Stadt Worms eingemeindete Ort zum bevölkerungsreichsten und am schnellsten expandierenden Stadtteil avancierte, mussten die Katholiken lange auf eine eigene Pfarrkirche warten. Erst 1928 wurde die Pfarrei St. Amandus gegründet, und man besaß nur die St. Cyriakuskapelle (1880), die zu abgelegen lag (heute als Wohnhaus umgenutzt). Die Mittel reichten gerade für den Ankauf einer ausrangierten Kirchenbaracke aus Holz, die seit 1915 auf dem Gelände eines ehemaligen Kriegsgefangenenlagers in Pfiffligheim stand. In Neuhausen aufgebaut, versah sie ihren Dienst nur notdürftig „ein schlechtes Dach, Fußboden, der das Gras durchwachsen ließ, der Wind fährt durch die Ritzen" vermerkt die Pfarrchronik. 1936 beauftragte man den Darmstädter Architekten Pinand mit einem Vorentwurf – doch die Zeit des Nationalsozialismus vereitelte die Baupläne. Erst 1952 entstand die heutige St. Amanduskirche nach Plänen des Würzburger Architekten Boßlet – zunächst als Gemeindesaal mit kirchlicher Nutzung. 1972 wurde ein Altarraum angebaut, 1986 der freistehende Glockenturm. Aus der mittelalterlichen Amanduskirche bei Liebfrauen stammt die Konsole rechts des Altars. Links davon steht die Figur des Kirchenpatrons über einem Schrein mit einer Reliquie des Heiligen. Eine kleine Seitenkapelle dient der Andacht vor einem spätgotischen Vesperbild.

Vesperbild – hat das was mit Essen zu tun? Bei einem Vesperbild – auch Pietà, mater dolorosa oder Schmerzensmutter genannt, handelt es sich um die Darstellung Mariens, die den vom Kreuz abgenommenen Leichnam Jesu auf dem Schoß hält. Der Name Versperbild leitet sich aus der Vorstellung ab, dass Maria ihren Sohn um die Zeit des Abendgebets, der liturgischen Vesper (lat. vespera = Abend), in die Arme schloss. Vor allem seit dem 14. Jh. ist diese Darstellung beliebt, die den Betrachter zu Mitgefühl und Andacht auffordert.

WORMS-PFEDDERSHEIM

Maria Himmelfahrt

Jochen-Klepper-Str. 9/15
67551 Worms

Unregelmäßig geöffnet.
Pfarrbüro: Karlsstr. 25,
Worms, Tel.: 06247 244

Biegt man von der Karlsstraße kommend in den kleinen Weg neben dem prachtvollen barocken Pfarrhaus ein, erreicht man die Südseite der Pfeddersheimer Simultankirche und blickt damit auf den Besitz gleich dreier Gemeinden: die katholische Pfarrgemeinde ist im Chor der Kirche beheimatet, die evangelische im Langhaus und der Kirchturm (der ehemalige Eingang in die Kirche) gehört der Ortsgemeinde. Als noch genutzte Simultankirche mit erhaltener Trennmauer stellt der Bau eine Besonderheit dar – die meisten Simultaneen wurden früher oder später aufgegeben. Die Pfeddersheimer Kirche lässt sich urkundlich bis ins 8. Jh. zurückverfolgen, doch alle baulichen Spuren dieser Zeit wurden Opfer mehrerer Umbauphasen. Die spätmittelalterliche Kirche wurde wie so viele in Rheinhessen im Pfälzischen Erbfolgekrieg zerstört. Nach der Kirchenteilung 1705 blieb der gotische Chor noch eine Zeitlang erhalten, bevor die katholische Gemeinde 1789 den heutigen errichtete. Da auch von dessen Ausstattung nur wenige Stücke erhalten geblieben sind, wurde in den 1990er Jahren der Hochaltar des untergegangenen Wormser Klosters St. Maria Münster hier wiederaufgestellt. Das prachtvolle Stück war im Keller des Herrnsheimer Schlosses lagernd entdeckt worden, zusammen mit einer Skulptur Johannes des Täufers, der hier nun ebenfalls eine neue Heimat gefunden hat. Verschollen ist indes sein Pendant, ein Johannes Evangelist, der 1898 von einer Dame aus Dresden-Loschwitz aufgekauft wurde.

Das etwas unscheinbare Gnadenbild an der Nordwand hat einen weiten Weg nach Pfeddersheim zurückgelegt. Das gestickte Marienbild aus dem 17. Jh. befand sich im Besitz einer Familie am Niederrhein. Nachdem deren Hof 1869 völlig ausbrannte, fand man das Bild im zerstörten Rahmen unversehrt vor und schätzte es umso mehr wert. Ein Pfeddersheimer Pfarrer, der aus dieser Gegend stammte, erhielt das Bild als Geschenk, ließ es neu rahmen und stiftete es seiner Gemeinde. Hier hängt es seit 1927.

WORMS-RHEINDÜRKHEIM

St. Peter

Kirchstr. 7
67550 Worms-Rheindürkheim

Unregelmäßig geöffnet.
Pfarrgruppenbüro:
Friedrich-Ebert-Str. 49,
67574 Osthofen,
Tel.: 06242 1434

Wohl nur wenige Kirchen haben eine bessere Anbindung an den öffentlichen Nahverkehr als die Peterskirche in Rheindürkheim – die Bushaltestellen befinden sich hier quasi direkt vor der Tür. Auch das Rheinufer mit schönen Rastplätzen ist nur wenige Schritte entfernt. Dass über dem alten, der Straße zugewandten Seitenportal eine Büste des hl. Andreas zu finden ist, mag damit zu tun haben, dass 1281 das Stift St. Andreas in Worms das Zehntrecht besaß – das heißt, die Rheindürkheimer Pfarrgemeinde war verpflichtet, einen Teil ihrer Einkünfte – meist in Naturalien – an das Andreasstift abzugeben. Über einen großzügig angelegten Vorplatz mit Sitzgelegenheiten erreicht man das Westportal und damit den Haupteingang der Kirche, die als eine von nurmehr sieben im Bistum Mainz noch simultan genutzt wird. Doch in Rheindürkheim gibt es keinen abgetrennten evangelischen oder katholischen Raumteil. Ebenso wie in ▸ Bechenheim wird die gesamte Kirche von beiden Konfessionen genutzt. Bis 1971 gab es noch zwei verschiedene Altäre – doch beide Gemeinden wünschten sich einen gemeinsamen Altar, der nun mittig im Sanktuarium steht. Noch aus dem Barock stammen Hochaltar, Kanzel und Figuren. Über der Sakristeitür hängt ein Kruzifix, auf dem Plaketten angebracht sind, die an die Volksmissionen 1867 und 1959 erinnern.

In vielen rheinhessischen Kirchen erinnern Kreuze mit der Inschrift „Rette Deine Seele" oder, wie hier in Rheindürkheim, nur mit Datum und dem Wort „Volksmission" versehen, an diese Aktivitäten, die zur Stärkung des Glaubens innerhalb der eigenen Konfession dienen sollten. Besonders im 19. Jh. wurden die Pfarreien von Ordensbrüdern besucht, die Vorträge und Veranstaltungen abhielten. Auch heute finden an manchen Orten noch solche Missionswochen mit einer Vielzahl von Angeboten statt.

St. Bonifatius

Weinsheimer Hauptstr. 22
67551 Worms

Unregelmäßig geöffnet.
Pfarrgruppenbüro: Goldbergstr. 1, Worms,
Tel.: 06241 33137

Als die barocke Weinsheimer Kirche 1825 durch einen Blitzeinschlag zerstört worden war, entschied man sich, die Kirche vom Ortsrand ins Dorf zu holen. 1835–1838 entstand der heutige Bau in schlichten, historisierenden Formen. Da er entsprechend der Ortsbebauung mit dem Giebel zur Straße hin ausgerichtet ist, liegt der Altarraum nicht im Osten, sondern im Norden. Von außen prägen die roten Sandsteine – sie wurden zum Teil von der alten Kirche wiederverwendet – das Bild des Baus, während das Innere eine bunte Mischung aus älterer und neuerer Ausstattung zeigt. Der Küster, der als Kind noch die historistische Ausmalung des Altarraums mit einem Schäfchen-Fries und Gottvater in der Apsis gesehen hat, erzählt von den Umgestaltungen der 1960 Jahre: Die erweiterte Empore, neue Buntglasfenster und der betonverglaste Eingangsbereich brachten moderne Formen und Farbe in die Kirche. In den 1980er Jahren wurde der Altar verkleinert – aus dem übrigen Material fertigte man die beiden Figurensockel an der Chorwand. Auch die Altarrückwand, die bewegliche Ausstattung und der Rahmen um das Mosaik der Ikone der „Mutter der immerwährenden Hilfe" entstanden um diese Zeit. Noch aus dem Barock stammt hingegen die Marienfigur links des Altars. Eine weitere alte Skulptur befindet sich vor dem Haus Hauptstraße 59: dort erinnert ein über 400 Jahre altes Kruzifix an den gewaltsamen Tod des Christoph Lerch von Dirmstein. Es ist heute in eine Gedenkstätte für die Gefallenen des 2. Weltkriegs einbezogen.

Am 13. Mai 1531 wurde der 21-jährige Christoph Caspar Lerch von Dirmstein, Sohn aus dem Hause eines niederen Adelsgeschlechts in Weinsheim bei einem Duell von Hans Sigmund von Plenningen getötet. Letzterer musste der Familie von Dirmstein ein Sühnegeld von 350 Gulden bezahlen, eine Schuld, die erst im Jahr 1563 beglichen wurde. Die von Dirmstein gründeten mit diesem Sühnegeld als Grundkapital eine Stiftung für das Hospiz Dirmstein, das bis heute als Katholische Hospitalstiftung Dirmstein fortbesteht.

WORMS-WIESOPPENHEIM

St. Martinus

Oberwiesenstr. 5
67551 Worms

Unregelmäßig geöffnet.
Pfarrgruppenbüro:
Goldbergstr. 1,
Worms,
Tel.: 06241 33137

Seit 1876 steht die Martinskirche an der Stelle einer wesentlich älteren, 1234 erstmals urkundlich erwähnten Pfarrkirche, die in ihrem Kern womöglich noch aus karolingischer Zeit stammte. Von dieser alten Martinskirche, die 1875 wegen angeblicher Baufälligkeit abgerissen wurde, existieren nur Beschreibungen, die von einem schlichten Bau in romanischen Formen berichten. Die damals freigelegten spätgotischen Wandmalereien mit biblischen Szenen (unter anderem der Urteilsspruch König Salomos) hatte man nicht gerettet, die davon angefertigten Abzeichnungen sind im Darmstädter Kupferstichkabinett bei Luftangriffen im 2. Weltkrieg verbrannt. Für die neue Kirche wählte Kreisbaumeister Obenauer neuromanische Formen und er bediente sich dabei konkreter lokaler Vorbilder: So findet sich das verschlungene Rankenornament im Bogenfeld über dem Eingangsportal auch an einem früheren Portal des Domkreuzgangs oder an einem Seitenportal der Wormser Martinskirche. Im Inneren wurden dagegen im Zuge der Renovierung 1972/73 historistische Ausstattungsstücke wie der „unschöne, verschnörkelte Altar" und die ornamentalen Wandbemalungen beseitigt und ein zeitgemäßer Raumeindruck angestrebt. Aus der Vorgängerkirche stammen noch die Skulptur des hl. Martin mit dem Bettler (heute in Kopie, Original um 1540 im Mainzer Diözesanmuseum), ein hl. Sebastian (um 1600) sowie der Taufstein mit der Jahreszahl 1674.

Im April 2015 wurde die Wiesoppenheimer Martinskirche zu einer offiziellen Station entlang des europäischen Martinspilgerwegs erklärt und trägt seither das bronzene Wegzeichen „Via sancti Martini". Die noch im Aufbau begriffene Pilgerroute soll vom Geburtsort des hl. Martin in Ungarn bis ins französische Tours, wo er bis zu seinem Tode im Jahr 397 als Bischof wirkte, führen.

Kapelle zur Schmerzhaften Muttergottes

Borngasse 19
67551 Worms

Durch vergitterte Glastür einsehbar.
Pfarrgruppenbüro: Goldbergstr. 1,
Worms, Tel.: 06241 33137

1899 wurde in Wiesoppenheim anstelle eines alten Heiligenhäuschens eine neue Feldkapelle zu Ehren der Schmerzhaften Muttergottes errichtet. Nur wenige Jahre zuvor hatte man ganz in der Nähe ein fränkisches Gräberfeld aus dem 5./6. Jh. ausgegraben, in dem man unter anderem als Grabbeigabe einen bronzenen Becher fand; darauf Darstellungen von Adam und Eva, Christus sowie die Inschrift: „wahrlich, ich sage Dir, bevor in der Nacht der Hahn kräht, wirst Du mich dreimal verleugnen" (Mt 26,34). Dies zeugt wohl von frühem christlichen Leben in dieser Gegend. Ob auch die Vergangenheit des alten Kapellchens so weit zurückreicht, bleibt ungewiss. Malerisch erhebt sich heute der neugotische Bau am oberen Ende der Borngasse, umgeben von Feldern und Rebstöcken. Vor allzuviel Idylle bewahrt jedoch die mahnende Inschrift über dem Eingang „Oh Ihr Alle, die Ihr vorübergehet am Wege! Gebet Acht und schauet, ob ein Schmerz gleich sei meinem Schmerze" (Klagelieder 1,12). Eindringlich werden diese Worte durch die Skulptur der trauernden Maria mit ihrem toten Sohn verdeutlicht – Anregung zu einem Moment des Nachdenkens, denn „unsere jetzige Zeit erschöpft sich in einer wilden Jagd nach materiellen, sinnlichen Gütern … und so gibt der Mensch sorglos die höheren geistigen Güter, die Erkenntnis, die Liebe und den Dienst Gottes preis." – so ein Satz aus der Festpredigt zur Kapellenweihe im Jahr 1899.

Mitten im 30-jährigen Krieg wütete auch die Pest im Land. Vor allem in den Jahren nach 1630 fielen ihr zahlreiche Menschen zum Opfer. In dieser Zeit gelobten die Wiesoppenheimer, jedes Jahr eine Prozession zu halten, wenn niemand mehr an der Pest erkranke. Das Gelübde wird bis heute gehalten: Jährlich am Michaelstag geht eine Prozession zur Feldkapelle in der Borngasse, die man von der Pfarrkirche aus der Theodor-Storm-Straße nach Westen folgend erreicht.

WÖRRSTADT

St. Laurentius

Pariser Str. 42
55286 Wörrstadt

Unregelmäßig geöffnet.
Pfarrbüro:
Pariser Str. 44,
Wörrstadt,
Tel.: 06732 3855

Steht man vor der Fassade der Wörrstädter Kirche mit ihrem schlichten Portal und geradlinigem Turm, würde man kaum glauben, dass sie in drei unterschiedlichen Bauphasen entstanden ist. Im 19. Jh. hatten die Wörrstädter genug davon, dass sie bereits seit über hundert Jahren in andere Gemeinden gehen mussten, um am Gottesdienst teilzunehmen. 1837–1842 errichteten sie sich eine eigene kleine Kirche. Mitte des 20. Jh. war diese jedoch zu eng geworden, weshalb man sie großzügig erweiterte: das alte Langhaus wurde verlängert, ein neuer Altarraum, Sakristei und Kirchturm wurden angebaut. Der ursprünglich mit einem Flachdach abschließende Turm erhielt jedoch erst 1999 seinen heute so markanten, kupfernen Helm in Form eines Rautendachs. Dieser an einer Nachkriegskirche ungewöhnliche Turmhelm ist einem Gemeindemitglied mit rheinländischen Wurzeln zu verdanken – erinnert das Rautendach doch an die zahlreichen romanischen Kirchtürme im Kölner Raum. Im Inneren musste die üppige Ausmalung des 19. Jh. einer nüchternen Farbfassung weichen, ebenso verschwand die historistische Ausstattung. Vor ein paar Jahren wurden vier Bildtafeln der ehemaligen Kanzel mit Darstellungen der vier Evangelisten wiederentdeckt und in der Kirche aufgehängt, ebenso der Kreuzweg aus dem frühen 20. Jh. Auch die St. Laurentiusfigur stammt noch aus der alten Kirche. Altar, Ambo und Tabernakel mit ihren massig-kubischen Formen verraten ihre Entstehung in den 1960er Jahren. Eine kleine Glasvitrine zeigt Einblicke in die Geschichte der Kirche und historische liturgische Geräte.

Man sieht dem schlichten Gehäuse nicht wirklich an, was darin steckt: die alte Orgel aus der Werkstatt Schlimbach war bis zum großen Umbau der Kirche ebenfalls in die Jahre gekommen und hatte eine Überholung dringend nötig. Teile von ihr sowie von der alten Mainzer Domorgel aus dem Jahr 1929 wurden von Orgelbauer Späth gekonnt zu einem Gesamtwerk kombiniert, dessen Klangfülle nicht nur die Gemeinde, sondern auch besonders den Pfarrer Clemens Klein erfreute, der diesen Umbau initiiert hatte.

St. Bartholomäus

Kirchgasse 6
55270 Zornheim

Tagsüber geöffnet.
Pfarrbüro:
Alte Landstr. 30,
55268 Nieder-Olm,
Tel.: 06136 91590

Von der mittelalterlichen und barocken Bausubstanz der Kirche ist nur wenig Mauerwerk erhalten: Das Untergeschoss des Kirchturms stammt noch aus dem frühen 17. Jh., wovon ein Eckquader mit der Inschrift „1615" kündet. Zahlreiche Steine der alten Kirche sind jedoch für den Neubau von 1894/95 wiederverwendet worden. In Eigenleistung trugen Gemeindemitglieder die alte Kirche ab, um möglichst viel Material zu gewinnen und den knappen Bauetat zu entlasten. Von großem privatem Engagement zeugen die zahlreichen Stifterinschriften in den Fenstern, und viele durch Spenden finanzierte Ausstattungsstücke. Der damalige Pfarrer stiftete den Hochaltar, der sich zusammen mit einer Marien- und einer Bartholomäusfigur im Chor befindet. Bei den letzten Renovierungsmaßnahmen wurde die ältere Ausmalung nach Befund in Teilen und in helleren Farben wiederhergestellt. Seitdem bietet die Kirche einen harmonischen und ansprechenden Raumeindruck. Mitte des 20. Jh. wurde – unschwer zu erkennen – der Kirchturm erhöht und ein neues Geläut eingebracht. Als jüngste, und unter den Gemeindemitgliedern kontrovers diskutierte Veränderung, ist die Versetzung des Taufsteins im Jahr 2013 zu nennen, der seinen Platz im hinteren Kirchenschiff mit einer Pietà tauschte und nun in dem kleinen Gewölberaum rechts des Chores steht, wodurch eine Taufkapelle geschaffen wurde.

Der Ort der Taufe ist seit 2013 durch ein Werk der Mainzer Künstlerin Angela Garner betont, das sich an der Ostwand befindet. Auf sechs mal sechs aneinandergehängten, bemalten Leinwänden zeigt sie in leuchtenden Farben die Bedeutungsebenen der Aufnahme des Täuflings in die Gemeinschaft: Die Farbe Weiß symbolisiert die Taufe, Grün steht für das Hineinwachsen in die Gemeinschaft, Rot für deren Freude über den Täufling. Die über die Bildgrenzen hinweg verlaufenden „Lebenslinien" versinnbildlichen das lebendige Netzwerk der Gemeinde.

ZOTZENHEIM

St. Martin

Bahnhofstr. 11
55576 Zotzenheim

Unregelmäßig geöffnet.
Pfarrbüro:
Pfarrgasse 6,
55576 Sprendlingen,
Tel.: 06701 432

Das hübsche Weindorf Zotzenheim liegt am Fuße einer Anhöhe, die von den Einwohnern liebevoll „Zotzenheimer Hörnchen" genannt wird. Wer eine Wanderung dort hinauf unternimmt, wird mit einem grandiosen Blick über das rheinhessische Hügelland belohnt und auf den Ort selbst, durch den sich malerisch der Wiesbach schlängelt. Zotzenheim hat zwei Martinskirchen, die ältere, heute evangelische, ist im Kern noch mittelalterlich, während die katholische Kirche erst 1900 errichtet wurde. (Bis dahin hatte man die alte Martinskirche simultan genutzt.) Der einfache Saalbau wurde im neugotischen Stil mit einem markanten Dachreiter erbaut. Das Kircheninnere zeigt sich heute außerordentlich schlicht und sparsam ausgestattet. Umso stärker wird der Blick von dem monumentalen Wandgemälde auf der Chorwand angezogen. Es zeigt eine fast märchenhaft anmutende Darstellung des thronenden Christus mit leuchtendem Kreuznimbus, gekleidet wie ein ottonischer Kaiser mit Krone und Reichsapfel.

Die Schrift auf seinem goldenen Gürtel zeichnet ihn als REX REGUM als „König der Könige" aus und die auf der Thronbank stehenden Buchstaben Alpha und Omega künden von seiner Herrschaft vom Anfang bis zum Ende aller Zeit. Die Darstellung vereint verschiedene Strömungen der Kunst um 1900. Sowohl die Beuroner Schule als auch Jugendstil und Symbolismus boten dem unbekannten Maler Anregung. Dass das Gemälde bis heute erhalten geblieben ist, stellt eine absolute Seltenheit dar – wurden doch die Kirchenausmalungen des Historismus im Bistumsgebiet bis auf wenige Ausnahmen vernichtet. Auch in Zotzenheim hat man einst die Raumausmalung überstrichen – der „König der Könige" blieb glücklicherweise verschont.

Sieben Glocken wurden am 18. November 1900 in Sprendlingen geweiht. Zwei davon waren für Zotzenheim bestimmt: das Jakobus- und das Martinusglöckchen. Beide tragen eine lateinische Inschrift. Die der Jakobusglocke lautet übersetzt: „In frommen Gedenken unserer Ahnherrn für drei Jahrhunderte Lehnherrn in Zotzenheim d. d. Jakobus Kaestler, der letzte seines Geschlechts 1900." Die der Martinsglocke lautet: „St. Martin, unser Schutzherr, Beschützer der Gemeinde, dir vertraue ich mich an. 1900."

Anhang

Appiani, Giuseppe (Joseph Ignaz; 1706–1785)
Maler (u.a. Mainz / Würzburg); Hofmaler, Gründer der Mainzer Bau- und Kunstakademie (1758)
Einer der wichtigsten Freskomaler seiner Zeit in Südwestdeutschland.

Arnold aus Frankfurt (15./16. Jh.)
Baumeister (Frankfurt)
Erbaut 1497–1507 den Chor von St. Rufus in Gau-Odernheim.

Backoffen, Hans (um 1460–1519)
Steinbildhauer (Mainz)
Lehre verm. bei Tilman Riemenschneider (Würzburg). Erzbischöflicher Hofbildhauer und bedeutendster Bildhauer seiner Zeit in Mainz.

Becker, Hugo (1897–1967)
Architekt (Mainz)
Vor allem im Kirchenbau tätig, als Sohn von Ludwig Becker teilweise auch dessen Mitarbeiter. Seine Entwürfe zeigen ein breites Spektrum an Formen und Stilen.

Becker, Ludwig (1855–1940)
Steinmetz/-bildhauer, Architekt
Seit 1884 Kirchenbaumeister in Mainz, ab 1909 Dombaumeister. Mit über 300 neu- und umgebauten Kirchen im Rheingebiet einer der wichtigsten Vertreter des Späthistorismus.

Becker, Notker Heinrich (1883–1978)
Maler, Radierer, Kunsthandwerker; Mönch im Benediktinerkloster Maria Laach
Hauptvertreter der Schule von Maria Laach. Besonders in den 20er/30er Jahren gefragter Künstler für Wandbilder und Mosaiken in ganz Mitteleuropa.

Berdellé, Philipp Ludwig (19. Jh.)
Architekt, Kreisbaumeister (Erbach)
Beim Bau der Dienheimer Kirche beteiligt.

Berdellé, Philipp Johann (1838–1903)
Architekt (Mainz)
Ist als Vertreter des Historismus für wichtige öffentliche Gebäude in Mainz (Hauptbahnhof) und Darmstadt verantwortlich.

Berenger (10./11. Jh.)
Handwerker, Bronzegießer
Möglicherweise aus Oberitalien stammender Bronzegießer, der die monumentalen Portaltüren des Mainzer Doms schuf.

Binterim (Binderiem / Bindrim), **Nikolaus** (gest. 1776)
Bildhauer, Hofbildhauer, Lehrer an der Kurfürstl. Maler- und Bildhauerakademie (Mainz)
Aus Franken stammender bedeutender Bildhauer des Rokoko, der v.a. in Rheinhessen zahlreiche Werke hinterlassen hat.

Biterich (Bitterich/Pitterich), **Martin** (1691–1759)
Bildhauer (Mainz)
Aus einer Tiroler Bildhauerfamilie stammender Bildhauer der Barockzeit, der v.a. Heiligenfiguren schuf. Etwa 350 ihm zugeschriebene Skulpturen sind erhalten.

Biterich, Johann Georg (um 1724–1789)
Bildhauer (Mainz)
Sohn von Martin Biterich. Bildhauer des Rokoko; führt die Werkstatt seines Vaters Martin weiter, arbeitet u.a. mit den Gebrüdern Hiernle zusammen.

Böhler, Eulogius (1861–1943)
Maler (Würzburg)
Die Anfertigung von Wandmalereien in Kirchen, v.a. in Franken, war sein Haupttätigkeitsfeld.

Boßlet, Albert (1880–1957)
Architekt (u.a. München, Landau, Würzburg), 1919–25 Referent für Wohnungs- und Siedlungswesen im bayr. Sozialministerium
Hauptsächlich im Kirchenbau tätig, Frühwerk vom „Heimatstil" geprägt, später expressionistisch bzw. freie Rezeption romanischer und gotischer Formen.

Breitmann, Erich (geb. 1931)
Orgelbauer (Nieder-Olm)
Seit 1952 eigene Werkstatt in Nieder-Olm, ab 1998 Übernahme durch Sohn Ernst-Michael. Vor allem in der Region tätig, u.a. Pflege der Orgeln des Mainzer Doms.

Brückner von Eiff, Evamaria (geb. 1925)
Bildhauerin (Mainz)
Studium an der Staatl. Akademie für Bildende Künste in Stuttgart; arbeitete v.a. an Plastiken (Ton, Bronzeguss).

Busch Georg d.Ä. (1823–1895), **Busch Jakob** (1860–1916), **Busch Joseph** (1865–1922), **Busch Georg d.J.** (1862–1943), **Busch Peter Georg** (1891–1972), **Busch Peter Paul** (1926–1999)
Bildhauer, Kunstschreiner (Hanau-Steinheim)
1863 Gründung der Werkstätten für christliche Kunst durch Georg Busch d.Ä., die von seinen Nachfahren weitergeführt wurden. Ausstattung zahlreicher Kirchen (► Sonderseite S. 180).

Carnessali, Don Luciano (1928–2003)
Pfarrer, Maler, Bildhauer (Trentino)
Neben der kirchlichen Ausbildung Autodidakt der bildenden Künste. Arbeitet u.a. an Mahnmalen, hauptsächlich aber im kirchlichen Bereich (Portaltüren, Altäre und andere Ausstattungsstücke). Werke in Italien, Brasilien und Deutschland.

Cavaillé-Coll, Aristide (1811–1899)
Orgelbauer (Paris)
Bedeutender Orgelbauer, der durch Forschungen und Erfindungen Verbesserungen wie leichtere Spielbarkeit (Tastendruck, gleichbleibender Winddruck) erzielte, aber auch einen eigenen Klang entwickelte, der den Orgelbau v.a. in Frankreich noch heute beeinflusst.

Chagall, Marc (1887–1987)
Maler (u.a. Witebsk / Paris / New York)
Einer der bedeutendsten Maler des 20. Jh. Vereint in seinem Werk Elemente der russischen Folklore, phantastische Motive und Eindrücke seiner russisch-jüdischen Herkunft.

Champaigne, Philippe de (um 1602–1674)
Maler (Brüssel / Paris), königl. Hofmaler, Rektor der Académie royale de peinture et de sculpture (Paris)
Maler des Barock, arbeitet u.a. für Maria de Medici und Kardinal Richelieu.

Cheussey, François Auguste (1781–1857)
Architekt (Mainz / Amiens)
(► Infobox Mainz, St. Achatius)

Cuypers, Petrus Josephus Hubertus (Pierre; 1827–1921)
Architekt (Roermond / Amsterdam), Denkmalpfleger; Leiter eines Ateliers für christliche Kunst; seit 1918 Vorsitzender der Reichskommission für Denkmalpflege
Breites Spektrum an Bauaufgaben (öffentliche Profanbauten wie des Bahnhofs in Amsterdam, Kirchenneubauten). Restaurierung von Kirchen (u.a. des Mainzer Doms). Gilt als Wegbereiter der niederländischen Moderne.

Dahinden, Justus (geb. 1925)
Architekt (Zürich / Wien), seit 1974 Professor für Raumgestaltung und Entwerfen der TU Wien

Dicke, Karl Josef
Architekt (Gießen), Diözesanbaurat (Mainz)
Erster Leiter des Diözesanbauamts Mainz (1957–1971).

Ditt, Adalbert (geb. 1910)
Bildhauer, Architekt (Mainz-Gonsenheim)
Neben Arbeit an Kirchenbauten weitere öffentliche Bauten wie Kindergärten oder Schulen; Entwürfe zu Denk- und Mahnmalen.

Dreymann, Bernhard (1788–1857)
Orgelbauer (Beckum / seit 1821 in Mainz)
Bedeutender und gefragter Orgelbauer der Romantik, Werke u.a. in Antwerpen oder Brüssel. Stirbt aufgrund beim Aufbau einer Orgel in Nordfrankreich zugezogenen Verletzung an Blutvergiftung.

Dreymann, Hermann (1824–1862)
Orgelbauer (Mainz)
Sohn, Mitarbeiter und Nachfolger von Bernhard Dreymann.

Driendl, Thomas (1805–1859)
Lithograph
Führt erfolgreiche Versuche durch, beim Druck statt Steinplatten (Lithographie) Zinkplatten zu verwenden. Stellt Lithographien nach alten Meistern her (Rubens, Raffael, Tizian).

Engers, Heinrich (1771–1851)
Engers, Friedrich (1794–1863)
Orgelbauer (Wald-Laubersheim)
Heinrich Engers gründete 1810 seine eigene Werkstatt in Wald-Laubersheim. Sein Sohn Friedrich und dessen Schwiegersohn Johannes Schlaad führten die Werkstatt weiter; gegen Ende des 19. Jh. erlischt der Betrieb. (► Infobox Eimsheim).

Etz, Peter Paul (1913–1995)
Maler, Zeichner, Illustrator; seit 1972 Professor im Fachbereich Kunsterziehung (Mainz)
Vielseitiges Werk in Hinblick auf Themen und Materialien. Für Sakralbauten v.a. Fresken, Mosaiken und Glaskunst.

Falckener (Falkener / Valckener), **Erhart** (15./16. Jh.)
Holzschnitzer (Abensberg / Gau-Odernheim)
Signierte Werke von 1496–1511 erhalten. (► Infobox Bechtolsheim).

Finke, Andreas (geb. 1954)
Bildhauer, Maler, Folk-Musiker (Köln / Rheinbach)
Nach Ausbildungen als Orgelbauer, Glas- und Porzellanmaler Kunststudium. Gestaltung von Kirchenfenstern, später Hinwendung zur Bildhauerei.

Förster, Johannes (gest. 1761)
Schreinermeister (Mainz)
Aus Mähren stammend; arbeitet in Mainz an qualitativ hochwertigen Ausstattungsstücken von Kirchen mit (u.a. Domchorgestühl).

Fugel, Gebhard (1863–1939)
Maler, 1905 Ernennung zum Königl. Professor; Mitbegründer der „Deutschen Gesellschaft für christliche Kunst“
Widmet sich hauptsächlich christlichen Themen, gilt durch die zunehmend realistischen Tendenzen seiner Malerei als „Erneuerer christlicher Kunst“. Seine Kunstwerke finden in zahlreichen Reproduktionen weite Verbreitung.

Garner, Angela (geb. 1965)
Malerin (Mainz)
1997–2001 Studium der Freien Malerei, Diplom und Meisterschülerin, Kunsthochschule Mainz.

Geib, Johann Georg (1739–1818)
Orgelbauer (Saarbrücken / Frankenthal)
Ausbildung vermutlich bei den Gebrüdern Stumm – einer der bedeutendsten Orgelbauer der Pfalz.

Geissel, Johann Peter (geb. 1636)
Organist, Orgelbauer (Gernsheim)
Bis 1689 in Mainz nachweisbar. Gilt als führender lokaler Orgelbauer des 17. Jh.

Gelius, Adolf Johann Georg Thomas (1863–1945)
Architekt, seit 1892 im Stadtbauamt Mainz, ab 1923 Stadtbaudirektor
Arbeitet in seiner Funktion an wichtigen öffentlichen Bauten der Stadt Mainz mit. Werke im Stil des Späthistorismus bis zur Frühen Moderne.

Gerhard, Adolf (1910–1975)
Maler, Grafiker, Bildhauer (Mainz / Fayerney)
Von zahlreichen Experimenten mit Materialien, Formen und Farben bestimmtes Werk; er selbst charakterisierte seinen Stil als „abstrakte Gegenständlichkeit".

Goertz, Jürgen (geb. 1939)
Bildhauer (Angelbachtal), seit 2004 Professor h.c.
Arbeitet v.a. mit dem Material Metall bzw. Bronzeguss und im Bereich Großplastik/Platzgestaltung.

Gottfried, Hermann (1929–2015)
Teppichzeichner, Glasmaler, Maler, Zeichner (Bergisch Gladbach)
Arbeitete seit 1953 hauptsächlich an Glasfenstern und Ausmalungen. Werke national und international; u.a. im Straßburger Münster und Groß St. Martin in Köln.

Gottwald, Alfred (1893–1971)
Maler, Illustrator, Entwurfszeichner für Wandmalerei (Tarnau / Breslau / Bonn / Hille b. Minden)
V.a. seit 1926 zahlreiche Aufträge als Kirchenmaler. Malt mit Anklängen an die Neonazarener, Beuroner Schule und mittelalterliche Buchmalerei.

Graffé, Theodor Ignaz (1930–1996) und **Graffé, Karin**
Bildhauer, Restaurator (Freiburg / Mainz); Mitbegründer des Mainzer Förderkreises Eisenturm
Arbeitet bevorzugt in Bronze- und Betonguß. Ausstattung von Sakralräumen häufig in Zusammenarbeit mit seiner Ehefrau Karin (Gold- und Silberschmiedin).

Greifzu, August (1873–1949)
Architekt des Späthistorismus (Mainz / Ludwigshafen) mit umfangreichem Oeuvre. (► Infobox Siefersheim)

Gutmann, Hans (16. Jh.)
Steinmetz, Baumeister (Bechtheim)
Bauleiter beim Bau der oberen Turmgeschosse in Bechtheim; 1582 als Baumeister in den Bechtheimer Baumeisterrechnungen erwähnt.

Haraldsdottir, Halla (geb. 1934)
Malerin, Glasmalerin (Island / Dänemark / Deutschland)
Studium in Island; 1976 Ausbildung als Glasmalerin in Linnich. Schafft Glasmalereien und Mosaike v.a. in Island und Deutschland.

Hartung, Johann Philipp (1750–1806)
Orgelbauer
Letzter Nachfahre der Orgelbauerfamilie Hartung, der das Handwerk ausübte. Sein Großvater Augustinus (1677–1739) war aus Thüringen nach Dürkheim gekommen und gründete die dortige Werkstatt.

Helwegen, Heinrich Joseph (Henricus Josephus Hubertus, 1883–1956)
Bildhauer, Altarbauer (Roermond / Keulen / Den Haag / Koblenz)

Seit 1908 Betreiber des „Atelier[s] für christliche Kunst und Kunstgewerbliche Holzbeleuchtungskörper" in Koblenz-Oberweiß.

Heilmann, Matthäus (1744–1817)
Klavier- und Orgelbauer; von 1789–1797 kurfürstl. Hoforgel- und Instrumentenmacher (Mainz)

Hemrich, Heinz (1923–2009)
Bildhauer (Darmstadt / Mainz); seit 1973 Dozent, später Professor für Kunsterziehung (Mainz); seit 1957 Mitglied der Darmstädter Sezession
Arbeitete hauptsächlich im Bereich „Kunst am Bau" bzw. kleine plastische Arbeiten.

Hencke, Peter Heinrich (um 1720–1777)
Bildhauer, Elfenbeinschnitzer; seit 1769 Kurfürstl. Hofbildhauer (Mainz); Lehrer an der Kurfürstl. Maler- und Bildhauerakademie
Einer der wichtigsten Mainzer Bildhauer des Rokoko.

Henle, Johann Michael (18. Jh.)
Kunstschreiner (Mainz)
An mehreren großen Altarbauten beteiligt, u.a. Hochaltar der Aschaffenburger Stiftskirche.

Henn, Ulrich (1925–2014)
Bildhauer, Restaurator (Schwäbisch Hall / Üxheim)
Arbeitete v.a. im Bereich sakrale Kunst mit stark reduziertem Bildprogramm und stilisierten Figuren (seit 1958 vorwiegend Bronzeguss). Werke im gesamten deutschsprachigen Raum, aber auch in den USA (National Chathedral, Washington).

Herrmann, Franz Anton Christian (um 1710–1770)
Tischler (Wien/Mainz), seit 1755 Hof- und Domschreiner, 1766 Baurat (Mainz)
Schafft herausragende Werke des Rokoko, u.a. Chorgestühle im Mainzer und Wormser Dom.

Hiernle, Franz Matthias (1677–1732)
Bildhauer; seit 1705 Kurfürstl. Hofbildhauer (Mainz)
Aus einer Landshuter Bildhauerfamilie stammend, führt er in Mainz einen barock-bewegten Figurenstil ein. Stilistisch enge Verbindungen zu Burkhard Zamels, der zeitweise wohl in seiner Werkstatt tätig war. Zu seinem Werk gehören neben Skulpturen und Figurengruppen mit mythologischen und christlichen Themen auch Grabmäler.

Hiernle, Johann Kaspar (1710–1755) und **Hiernle, Sebastian** (um 1705–1755)
Bildhauer (Mainz); Johann Kaspar war Hofbildhauer des Mainzer Kurfürsten Lothar Franz von Schönborn.
Die Söhne von Franz Matthias Hiernle übernahmen dessen Werkstatt 1732. Große Zahl an Aufträgen v.a. sakraler Bildwerke nachweisbar.

Hillebrand, Elmar (1925–2016)
Bildhauer (Köln), ab 1967 Professor für Plastik (RWTH Aachen)
Schuf eine Vielzahl von Arbeiten, u.a. für Kirchenräume (z.B. Hauptaltar des Kölner Doms).

Hindorf, Heinz (1909–1990)
Maler, Graphiker, Dichter (Michelstadt)
Nach abgebrochenem Studium der Theologie und Kunstgeschichte freischaffender Maler. Schwerpunkt in der Schaffung von Glasfenstern für Sakralbauten in kräftigen, kontrastreichen Farben.

Hintner, Michael (1842–1900)
Zimmermann, Bildhauer (München)
Aus Südtirol stammender Vertreter der nazarenischen Schule; schuf zahlreiche religiöse Figuren.

Hofmann, Karl (1856–1933)
Architekt, Hochschulprofessor (Darmstadt); 1885–1897 Dom- und Stadtbaumeister (Worms)
Entwickelt einen eigenen Baustil mit Elementen der Neoromanik und des Jugendstils („Nibelungenstil").

Hoogenboom, Cornelis Franciskus (1935–2014)
Gold- und Silberschmied (geb. in s'Hertogenbosch seit 1959 in Darmstadt)

Iserlohe, Klaus (1928–2011)
Bildhauer (Aachen / Mönchengladbach)
Nach Studium und Auslandsaufenthalten u.a. an den Dombauhütten in Köln und Aachen tätig; seit 1960 freischaffender Künstler. Arbeitet an zahlreichen Ausstattungsgegenständen für Kirchen, mit Blaustein und Wenge (Holzart) als bevorzugtem Material.

Jäger, Johann Peter (1708–1790)
Architekt, Stuckateur, Ingenieur; Kurfüstl. Hofstuckateur (seit 1740 in Mainz)
Erhält bedeutende Aufträge im Bereich Stuckatur (Schloss Biebrich; Mainz) und Altarbau (Dieburg, Frankfurt).

Jakob von Landshut (um 1450–1509)
Baumeister
Urkundlich an mehreren Bauwerken im heutigen Rheinland-Pfalz nachweisbar; zuletzt (1492–1509) Werkmeister am Straßburger Münster.

Jakob, Willi (1895–1967)
Maler (Würzburg / Eichsfeld)
Arbeitete an der Ausmalung zahlreicher Kirchen, u.a. in Thüringen.

Johann von Diepach (14./15. Jh.)
Baumeister
Urkundlich bekannter Baumeister des Chors von St. Rufus in Gau-Odernheim (1415–1420).

Jörg, Richard (1908–1992)
Architekt, Oberbaurat (Mainz), Regierungsbaurat (Mannheim)
In Mainz städteplanerisch am Wiederaufbau nach dem 2. Weltkrieg tätig. Bekannt vor allem durch seine Entwürfe für Kirchenbauten (u.a. Mainz, Heilig Kreuz).

Juncker (Jungker / Junker), **Johann Jakob** (um 1720/30–1786)
Bildhauer (Mainz)
Einer der Hauptvertreter des mittelrheinischen Rokoko. Arbeitet häufig in Verbindung mit Projekten Johann Peter Jägers.

Karch, Michaela (geb. 1964)
Druckerin, Künstlerin, Fotografin (Mainz / Frankfurt a. M.)
Arbeitet u.a. mit digitalen Kompositionen und der Verbindung von Malerei und Fotografie.

Klais, Johannes (1852–1925)
Orgelbauwerkstatt (Bonn); Johannes Klais Orgelbau GmbH & Co. KG
Johannes Klais gründet 1882 die Orgelbauwerkstatt, die heute in vierter Generation weitergeführt wird. Gehört zu den großen, weltweit tätigen Firmen im Bereich Orgelbau und -restauration.

Köck, Robert (geb. 1924)
Künstler; Glasmaler, Benediktinerpater (Tholey)
Arbeitet an zahlreichen künstlerischen Projekten, v.a. an Fensterverglasungen von Sakralbauten im südwestdeutschen Raum.

Kögl, Hans (1869–1923)
Maler, Restaurator (München / Pasing)
Nach Versuchen als Portrait- und Landschaftsmaler Hinwendung zur Kirchenmalerei. In Ockenheim ist eins seiner frühen Werke zu finden (von Thumann überarbeitet). Seit 1904 zahlreiche barockisierende Eigenentwürfe, aber auch Restaurierungen, v.a. in Schwaben und Oberfranken.

Köhler, Eduard Wilhelm Ludwig (1822–1882)
Architekt, Baurat
Nach dem Studium Behördenlaufbahn in der großherzoglich hessischen Oberbaudirektion Mainz. 1856–1859 Kreisbaumeister in Bingen, anschließend Kreis- und Provinzialbaumeister in Darmstadt. In diesen Funktionen auch für kath. Kirchenbauten verantwortlich.

Körfer, Michael (1868–1950)
Orgelbauer (Sobernheim / Gau-Algesheim)
Zu seiner Zeit einziger Orgelbauer im Bistum Mainz. Stellt vorwiegend pneumatische Orgeln her, die für die Musik der Spätromantik besonders geeignet sind.

Kohlhaas, Johannes (1691–1757); **Kohlhaas Johannes Christoph** (1736–1775); **Kohlhaas, Heinrich Konrad** (gest. 1800)
Orgelbauer, Schreiner (Mainz)
Johannes Kohlhaas oblagen als Orgelmacher des Mainzer Domkapitels (seit 1727) zahlreiche der anfallenden Neubauten im Bezirk. Sein Sohn Johannes und sein Enkel Heinrich übten dieses Amt ebenfalls aus.

Kraus, Bernhard (1867–1935)
Glasmaler (Mainz)
Führt seit 1896 das „Kunstgewerbliche Atelier und Glasmalerei Mainz", das zahlreiche Kirchen der Region mit historistischen Glasfenstern ausstattet, jedoch auch deutschlandweit exportiert. (▸ Infobox zu Ober-Hilbersheim)

Kraus, Fritz (Friedrich Bernhard; geb. 1897)
Kirchen- und Glasmaler (Mainz)
Sohn von Bernhard Kraus, übernimmt nach dessen Tod das Geschäft.

Kraus, Konrad (1833–1886)
Architekt, Schriftsteller (Mainz)
Nach Arbeitsaufenthalten in Paris und London als Leiter eines Baugeschäfts in Mainz (seit 1859) v.a. im Wohnbau tätig. Planung und Bau des Neuen Palais in Darmstadt führen aufgrund fehlgeschlagener Kalkulation der Baukosten zur Schließung der Firma nach 1866. In den folgenden Jahren betätigt sich Kraus als erfolgreicher Verfasser von Erzählungen und Lustspielen mit Lokalkolorit.

Kulka, Peter (geb. 1937)
Architekt (Berlin / Bielefeld / Dresden / Köln); 1986–92 Professur an der RWTH Aachen
Bedeutender zeitgenössischer Architekt mit gestalterisch ambitionierten Arbeiten (u.a. Landtag in Dresden).

Landmann, Joseph (1859–1929)
Bildhauer, Altarbauer (Mainz)
Gründet 1882 die „Werkstätten für kirchl. Kunst christl. Kunsthandlung Joseph Landmann". Gefragte Werkstatt v.a. für Altarbauten und -umbauten, aber auch Skulpturen.

Lasinsky, August Gustav (1811–1870)
Maler, Zeichner (u.a. Frankfurt a. M./ Koblenz / Trier)
Vertreter der nazarenischen Malschule. Nach der Konversion zum Katholizismus 1844 verstärkt religiöse Sujets – bekannt besonders für seine Altar- und Wandbilder.

Laubach, Heinz (geb. 1925)
Architekt, Politiker (Mainz)
Plante bedeutende öffentliche Gebäude in Mainz (Rheingoldhalle, ZDF-Sendezentrum und –Hochhaus). Langjähriges Mitglied des Stadtrates, 1967–1971 Mitglied des Landtags.

Leonhard von Kernten (15./16. Jh.)
Baumeister
Arbeitet nach Arnold von Frankfurt am Chor der Pfarrkirche in Gau-Odernheim.

Linnemann, (Johann) **Alexander** (1839–1902)
Architekt, Glasmaler
Zu Beginn der Karriere Mitarbeit an Restaurierungsmaßnahmen (u.a. Mainzer Dom), seit 1872 in Frankfurt. Entwürfe für Börsen und Ausstellungshallen. Seit 1878 vermehrt Entwürfe im Bereich dekorative/angewandte Kunst: Wandbilder, Glasmalereien, Ausstattungsstücke. 1889 eigenes Glasmalereiatelier mit qualitätsvollen Arbeiten – gilt als Wiederentdecker der mittelalterlichen (musivischen) Glasmalerei. Sein Sohn Otto (1876–1961) führt die Werkstatt weiter, zunächst zusammen mit seinem Bruder Rudolf (gest. 1916).

Lucas, Joseph H. A. (19./20. Jh.)
Architekt, 1879–1907 Dombaumeister (Mainz)
Arbeitet als Dombaumeister auch bei der Planung einiger Kirchen der Stadt (Alt-St. Joseph) und der Region mit.

Machhausen, Joseph Maria (1847–1894)
Glasmaler (Koblenz)
Übernahme des väterlichen Betriebs 1872. Außerhalb der Region auch in Masuren tätig, erhält als Glasmaler zahlreiche nationale und internationale Auszeichnungen.

Manninger, Karl (1912–2002)
Kunstmaler (Würzburg)
Bekannt v.a. durch Rekonstruktionen und Neubemalungen historischer Wandmalereien (u.a. mehrere Münchner Kirchen und Schloß Bruchsal)

Marq, Charles (1923–2006)
Maler, Glasmaler; Leiter des Ateliers Jaques Simon (heute: Simon Marq; Reims)
Unter Leitung von Charles Marq und seiner Ehefrau Brigitte Simon arbeitet die Glaswerkstatt Simon seit 1957 mit renommierten zeitgenössischen Künstlern zusammen. Neben Marc Chagall u.a. Georges Braque und Juan Miró.

Maulbertsch (Malberz), **Franz Anton** (Antonín František; 1727–1796)
Maler, Freskenmaler (Wien)
Bedeutender, gern kopierter Maler des 18. Jh. Arbeitet u.a. im Auftrag des österr. Kaiserhauses.

Mayer, Johannes (18. Jh.)
Orgelbauwerkstatt (Worms)
Angesehener Orgelbauer, der große Werke in Mainz und Frankfurt erstellt hat.

Meckel, Max(imilian Emmanuel Franz; 1847–1910)
Steinmetz, Architekt, 1887–1892 Diözesanbaumeister (Limburg)
Ab 1894 Baudirektor des Bistums Freiburg. 1900 Bürogemeinschaft mit seinem Sohn Carl Anton.

„Meister mit dem Brustlatz" (15./16. Jh.)
Bildschnitzer
Um 1500 am Mittelrhein tätiger Bildschnitzer, der v.a. Madonnen und Anna-Selbdritt-Gruppen schuf. Ein Hauptmerkmal seiner Figuren ist der weite Halsausschnitt, der Blick auf das Untergewand bietet und wie ein Latz wirkt.

Meistermann, Georg (1911–1990)
Maler, Glasmaler, Grafiker (Düsseldorf / Köln / Frankfurt a. M.); Dozent an mehreren Kunstakademien
Bedeutender Künstler des 20. Jh. mit umfangreichem Oeuvre, besonders Glasfenster (über 1000 Fenster an etwa 250 Orten in Europa).

Mellmann Walter (1910–2001)
Bildhauer, Grafiker (Osnabrück)
Seit den 1930er Jahren eigenes Atelier in Osnabrück. Arbeitet mit einer Vielzahl von Materialien (Ton, Bronze, Stein, Holz); auch an Ausstattungen für Kirchen tätig (Altäre, Ambonen, Kreuzwege, Krippenfiguren).

Metternich, Ludwig (1817–1870)
Großherz. Hessischer Kreisbaumeister, 1864–1867 Dombaumeister (Mainz)

Metz, Johann Peter (1727–1780)
Hofstuckateur, Bildhauer (Mainz)
Schafft qualitätvolle Stuckarbeiten in der Augustinerkirche und St. Ignaz in Mainz. Grabplatte für ihn in der dortigen Gruft.

Meyer-Speer, Paul (1897–1983)
Architekt, Maler
Vor allem im Bereich Farbkonzeption gefragter Architekt (u.a. Dome in Mainz, Fulda, Breslau).

Moller, Georg (1784–1852)
Architekt, Stadtplaner; seit 1810 Oberbaurat und Hofbaudirektor des Großherzogtums Hessen-Darmstadt
Bedeutender Architekt der Romantik und des Klassizismus, der sich teilweise modernen bautechnischen Mitteln bediente (Kuppeln aus Eisenfertigteilen am Darmstädter Schloss). Zu seinen Werken gehören u.a. der heutige Landtag in Wiesbaden, die Ludwigskirche in Darmstadt oder das Mainzer Stadttheater.

Montfoort, Anthonie gen. Blocklandt van (1533/34–1583)
Maler (Montfoort / Delft / Utrecht)
Maler biblischer und mythologischer Szenen sowie Porträts. Nach einer Italienreise mit verantwortlich für den Beginn der manieristischen Malerei in Utrecht.

Müller, Philipp August (20. Jh.)
Bildhauer (Heppenheim)
Arbeitet an zahlreichen Kunstwerken im sakralen Kontext (Kreuzwege, Bauskulptur) sowie Kunstwerke im öffentlichen Raum (Brunnen). Regional v.a. in der 1. Hälfte des 20. Jh. aktiv.

Müller, Rainer (geb. 1961)
Orgelbauer (Merxheim)
Neubau und Restaurierung von Orgeln.

Münch, Eberhard (geb.1959)
Maler, Bildhauer, Raumgestalter (Mainz)
Inhaber des Atelier für Wandmalerei. Hauptsächlich sakrale Großraumgestaltung, Rekonstruktion und Neuinterpretation historischer Wandmalereien, seit 1998 auch Ausstattungselemente und Fenster.

Muth, Fritz (1865–1943)
Dekorations- und Kirchenmaler (Worms, seit 1917 in München)
Aus einer Wormser Malerfamilie stammend, schuf er zusammen mit seinen Brüdern Pedro und Heinz zahlreiche historisierende Gemälde in bürgerlichen und sakralen Gebäuden des Umlands. Daneben Tätigkeit als Landschafts-, Porträtmaler und Illustrator.

Neumann, (Johann) **Balthasar** (1687–1753)
Baumeister, Ingenieur, fürstbischöfl. Baudirektor (Würzburg)
Einer der bedeutendsten Architekten des Barock und Rokoko, der u.a. die Pläne für die Würzburger Residenz und die Basilika Vierzehnheiligen in Oberfranken erstellte.

Nonnenmacher, Gustav (1914–2012)
Bildhauer (Worms)
Arbeitete hauptsächlich im Bereich sakraler Kunst und Kunst im öffentlichen Raum. Beachtung fanden besonders seine Anti-Kriegs-Mahnmale.

Oberlinger (Firma)
Orgelbauwerkstatt (Windesheim)
Seit den 1860er Jahren im Orgelbau tätig, ab 1872 unter dem Namen „Gebrüder Oberlinger, Werkstätten für Orgelbau", seit 2008 als

„Oberlinger GmbH". Zählt zu den großen deutschen, auch international tätigen Orgelbauwerkstätten. Unterhält das „Orgel Art Museum" in Windesheim.

Onimus (Onymus), **Johann** (1689–1759), **Onimus, Joseph Anton** (1715–1781)
Orgelbauer (Mainz)
Johann Onimus war seit 1711 selbständiger Orgelbauer in Mainz, sein Neffe Joseph Anton übernimmt die Werkstatt 1760. Bekannt sind 19 Orgelneubauten, u.a. so bedeutende wie die in Mainz St. Ignaz.

Opfermann, Ignaz (1799–1866)
Stadtbaumeister; Kreisbaumeister (Mainz)
In seiner Funktion als Baumeister verantwortlich für die Restaurierung von St. Katharina in Oppenheim, den Neubau der Kupferbergterrassen in Mainz sowie der dortigen Synagoge (1853).

Peiker, Hermenegild (geb. 1938)
Kunstmaler (Würzburg / Augsburg)
Schüler und früherer Mitarbeiter von Karl Manninger; v.a. bei der Rekonstruktion historischer Wandmalereien und Neuausmalung öffentlicher Gebäude tätig.

Petermann, Reinhold (1925–2016)
Bildhauer, 1965–1993 Dozent am Institut für Kunsterziehung (Mainz)
Bekannt besonders durch seine Kunstwerke im öffentlichen Raum, Brunnen und Denkmale.

Pfaffmann, Elke (geb. 1961)
Malerin, Glas- und Emailkünstlerin, seit 1991 freischaffend (Offenbach)
Arbeitet bevorzugt mit Glas und Email im Bereich Kunst am Bau.

Piazzetta, Gian Battista (Giovanni Battista, Giambattista; um 1682–1754)
Maler (Venedig / Bologna)
Einer der angesehensten venezianischen Künstler des 18. Jh., der für die dortige Malerei richtungsweisend war.

Pinand, Jan (Jakob) **Hubert** (1888–1958)
Architekt, Dozent (Mainz / Darmstadt), 1947–1949 Dekan der Architekturfakultät (Darmstadt)
Baute überwiegend Wohnhäuser, Kirchen v.a. für den Pallottinerorden.

Plum, Alois (geb. 1935)
Bildender Künstler (Mainz-Weisenau), seit 1957 freischaffend
Hauptsächlich im Bereich sakrale Kunst tätig, bei der Umgestaltung von über 200 Kirchen beteiligt (Glasfenster, aber auch Wandmalereien, Mosaike oder Ausstattungsstücke).

Preis, Philipp (geb. 1881)
Architekt, Bildhauer, Maler (Mainz)
Neben dem Entwurf von Kirchen auch im Bereich Kunst im öffentlichen Raum tätig (Brunnen u.a.).

Rabaliatti (Rabagliati, Rubalialli), **Franz Wilhelm** (Francesco; geb. vor 1716–1782)
Steinhauer, Architekt (Fribourg); seit 1747 Kurpfälzischer Hofbaumeister (Mannheim / Heidelberg / Schwetzingen)
Aus Ligurien stammend; beim Bau bedeutender Bauwerke der Kurpfalz zuerst beteiligt, später bauleitend tätig (Jesuitenkirchen in Mannheim und Heidelberg).

Renard, Heinrich (1868–1928)
Architekt (Köln / Jerusalem), seit 1898 Erzdiözesanbaumeister (Köln)
Baut und restauriert zahlreiche Kirchen im Rheinland, zu seinen Hauptwerken zählen außerdem die Marienkirche und das St. Paulus-Hospiz in Jerusalem.

Reheis, Peter (1739–1804)
Maurer, Steinhauer, Architekt; spätestens seit 1786–1793 gräflicher Baudirektor in Blieskastel
Als Baudirektor für einige Kirchenbauten im Gebiet derer von der Leyen; nach der Französischen Revolution Sicherung des Lebensunterhalts als Handelsmann.

Rhumbler, Ludwig (1803–1890)
Architekt, Großherzoglich-hessischer Kreisbaumeister (Alzey)
Schüler von Georg Moller; u.a. verantwortlich für den Bau der Synagoge in Alzey (n.e.) und den Umbau des dortigen Schlosses.

Ritter, Velte / riter, velte (15./16. Jh.)
Ansonsten unbekannter Baumeister des Altarraums der Alsheimer Pfarrkirche.

Roedler, Joseph (19. Jh.)
Architekt, Bischöflicher Baurat (Mainz)
Als Architekt u.a. auch Gestaltung der Domstraße und Entwurf von Privat- und Verwaltungsbauten in Mainz, besonders in den 40er/50er Jahren des 19. Jh.

Römer, Horst (1929–2008)
Architekt, Zeichner (Darmstadt / Kaiserslautern); Professor für Entwerfen, Raumgestaltung, Möbelbau, Zeichnen und Malen an der TU Kaiserslautern (1907–1994)
Entwarf u.a. 14 Kirchenbauten.

Rotermundt (Rotermund), **Jakob** (1837–1921)
Bildhauer, Altarbauer (Nürnberg)
Fertigte qualitätvolle Arbeiten, darunter zahlreiche Repliken nach Vorbildern aus dem Germanischen Nationalmuseum in Nürnberg.

Ruel (Rüll, Ryll, Rull), **Johan Baptist de** (Jean-Baptist; um 1634–1685)
Maler, Historienmaler (Belgien, Niederlande, Würzburg)
Schüler von Peter Paul Rubens; arbeitet überwiegend für die geistlichen Höfe in Mainz und Würzburg.

Rühl, Clemens (1857–1920)
Architekt (Mainz)
Arbeitet auf dem Gebiet Erweiterung und Restauration historischer Bauten, u.a. des Kurfürstlichen Schlosses in Mainz.

Rumpf, Gernot (geb. 1941)
Bildhauer, Medailleur (Neustadt a.d.W.)
Werkstatt für Bronzeguss (seit 1965). Professor der Universität Kaiserslautern (seit 1979). Bekannt für Brunnen und Plastiken mit biblischen oder lokalen Motiven.

Rüppel, Johann Adam (1864–1930)
Architekt (Bonn / Mainz / Stockstadt)
Erbaut über 30 Sakralbauten, besonders im neuromanischen und –gotisch Stil.

Saint-Far, Eustache de (1746–1828)
Architekt, Ingenieur, Grafiker (Paris / Mainz); um 1804–1814 Baudirektor in Mainz
Zahlreiche unter seiner Leitung entstandene Bestand- und Entwurfspläne zu Mainzer Straßen und Gebäuden sind erhalten.

Sander, Ralf (geb. 1963)
Bildhauer, Installationskünstler; Dozent an Kunstakademien (u.a. Warschau, Seoul, Belfast)
Schuf zu Beginn seiner Karriere v.a. lebensgroße Holzskulpturen, seit der Jahrtausendwende Experimente mit verschiedenen Medien wie Film, Performance, Fotografie.

Schäfer, Johann Heinrich (1810–1887)
Orgelbauer (Heilbronn)

Stammt aus einer Orgelbauerfamilie; führt seit 1838 eine eigene Werkstatt in Heilbronn.

Schilling, Franz (1879–1964) / **Schilling, Georg** (1894–1970)
Kirchenmaler, Restauratoren (u.a. Pünderich)
Aus einer Künstlerfamilie stammende Brüder, die häufig bei der Ausmalung von Kirchen zusammenarbeiteten.

Schilling, Hans (1921–2009)
Architekt (Köln / Paderborn)
Bedeutender Architekt der Nachkriegszeit mit umfangreichem Werk, u.a. Wiederaufbau des Kölner Gürzenich, zahlreiche Kirchen und öffentliche Bauten.

Schlaad, Johann (1822–1892)
Orgelbauer (Waldlaubersheim)
(► Infobox Eimsheim)

Schlimbach, Martin Josef (1841–1914)
Orgelbauer (Würzburg)
Stammt aus der Orgelbauerfamilie Schlimbach (Großvater Johann Caspar 1777–1861; Vater Balthasar 1807–1896). Übernimmt die väterliche Werkstatt und baut sie zur Manufaktur aus. Die Instrumente der Werkstätte prägen die Orgelkultur im Bistum Mainz in der 2. Hälfte des 19. Jh. entscheidend mit.

Schmidt, Friedrich von (1825–1891)
Architekt, Steinmetzmeister
Werkmeister der Kölner Dombauhütte, später eigene Baufirma (seit 1851). Professur für mittelalterliche Architektur in Wien (seit 1859), Dombaumeister in Wien (seit 1963). Schafft vor allem neugotische Architektur, u.a. das Wiener Rathaus (1872–1883).

Schmidt, Heinrich von (1850–1928)
Architekt, Professor für mittelalterliche Architektur in Wien (ab 1883)
Neben Bauten in Bayern v.a. in Hessen / Rheinhessen tätig – u.a. zusammen mit seinem Vater Friedrich bei der Wiederherstellung der Katharinenkirche in Oppenheim.

Schmitz, Bernhard (1927–2013)
Architekt (Mainz)
Zusammen mit Richard Jörg Bau der Heilig Kreuz-Kirche in der Mainzer Oberstadt.

Schneider, Jakob Joseph (18. Jh.)
Architekt, Offizier; Kurmainzischer Baudirektor
Erbaute u.a. den Marstall in Mainz (heute Landesmuseum Mainz).

Schoenaker, Jan (geb. 1923)
Künstler, Glasmaler (Oldenzaal/NL u.a.)
Bekannt v.a. für seine stark farbigen figürlichen Kirchenfenster (u.a. in Deutschland, Niederlande, Frankreich, Kanada).

Scholl, Johann Baptist d.Ä. (vor 1784–1854)
Bildhauer (Aschaffenburg / Mainz / Darmstadt)
Stammt aus einer bis ins 16. Jh. nachweisbaren Bildhauerfamilie. Ständiger Mitarbeiter Georg Mollers.

Schoormans, Helimar (1925–2013)
Maler, Illustrator (Mainz)
Studium an der Kunstschule in Mainz (bis 1952); erhält zahlreiche Auszeichnungen im Bereich Kunst am Bau.

Schreiter, Johannes (geb. 1930)
Maler, Grafiker, Glasbildner (Langen/Hessen)
Durch seine sog. Brandcollagen bekannt. Einer der bedeutendsten zeitgenössischen Glasbildner von internationalem Rang.

Schwarz, Maria (geb. 1921)
Architektin (Aachen / Köln)
An den Wiederaufbauplanungen für Aachen, Köln und Jülich beteiligt; seit 1951 Ateliergemeinschaft mit ihrem Mann Rudolf Schwarz, nach dessen Tod 1961 Leitung des Büros. Schwerpunkt der Tätigkeit seit 1992 auf Umgestaltungs- und Renovierungsarbeiten von Kirchenräumen.

Seekatz, Johann Conrad (1719–1768)
Maler; seit 1749 Hofmaler in Darmstadt
Bedeutender süddeutscher Maler der Barockzeit, dessen Genre- und Historienmalerei u.a. auch von Johann Wolfgang von Goethe gewürdigt wurde.

Settegast, Joseph Anton Nikolaus (1813–1890)
Maler (u.a. Frankfurt a. M./ Aachen / Koblenz / Mainz)
Maler in der Nachfolge der Nazarener; arbeitet v.a. an Wand- und Altarbildern.

Seuffert, Johann Ignaz (1728–1807)
Orgelbauer (u.a. Kirrweiler / Nancy / Offenburg)
Sohn des Würzburger Hoforgelmeisters Johann Philipp Seuffert (1693–1780); nach einem Aufenthalt in Frankreich lässt er sich in der Rheinpfalz nieder.

Sickinger, Anselm (1807–1873)
Bildhauer, Altarbauer, Architekt (Überlingen / München)
Nach 1826 eigene Werkstatt in München. Ludwig I. findet Gefallen an seinem Werk. Arbeitet u.a. Werke für die Befreiungshalle in Kelheim und die Münchner Frauenkirche.

Späth, Gebrüder (Firma)
Orgelbauwerkstatt (Ennetach / Mengen / Fulda)
1894 von drei Söhnen des Orgelbauers Alois Späth (1825–1876) gegründet. In den ersten Jahren v.a. Orgeln im Bodenseeraum, später auch überregional (Pfalz, Saarland, Westfalen). Die Firma erlischt 1971.

Stuflesser, Ferdinand (1855–1926)
Holzbildhauer (Ortisei / Südtirol); päpstlicher Hoflieferant
Gründer einer florierenden, bis heute unter dem Namen „Ferdinand Stuflesser 1875" existierenden Werkstatt, die Ausstattungsgegenstände für zahlreiche Kirchen – v.a. Altäre, Kreuzwege und Skulpturen – schuf.

Stumm, Familie
Orgelbauer (Rhaunen-Sulzbach)
Eine der berühmtesten Orgelbaudynastien Deutschlands – über 200 Jahre tätig. Die von Johann Michael Stumm (1683–1747) entwickelte Bauweise wird von den späteren Generationen übernommen. Blütezeit unter Johann Philipp (1705–1776) und Johann Heinrich Stumm (um 1715–1788).

Thoman, Johann Valentin Anton (1695–1777)
Baumeister, Ingenieur, Offizier (Mainz / Trier)
Bedeutender Architekt und Festungsbaumeister des 18. Jh.

Thumann, Hans (geb. 1872)
Maler (Bamberg)
In Ockenheim und Marienborn als Kirchenmaler tätig.

Trost, Ehrentrud (1923–2004)
Glasmalerin, Mosaizistin, Nonne (OSB; Varensell)
Schuf eine große Anzahl an Glasfenstern und Mosaiken, v.a. im Erzbistum Paderborn.

Valerius, Kaspar (gest. 1752)
Architekt, Kurpfälzischer Landbaumeister (Heidelberg)
Erscheint urkundlich seit den 1730er Jahren; entwickelt einen eigenen Kirchenbautypus.

Voit, Heinrich (1834–1914)
Orgelbauer (Durlach)
Aus einer fränkischen Orgelbaufamilie stammend; Begründer der Orgelbaufirma Heinrich Voit & Söhne (1870–1932). Spezialität der Firma waren große Konzertsaalorgeln.

Velte, Hermann sen. (1883–1946)
Kirchenmaler, Restaurator (Darmstadt / Trautheim)
Arbeitete an Restaurierungen und Neuausmalungen von über 240 Kirchen in Süddeutschland mit.

Wagner, Paul (20. Jh.)
Architekt (Mainz)
Arbeitet an zahlreichen Entwürfen für kirchliche Bauten und Ausstattungen (u.a. Orgeln).

Weber, Georg Victor (1838–1911)
Domkapellmeister (1866–1904), Orgelsachverständiger, ab 1904 Domkapitular (Mainz)

Wessicken, Josef (1837–1918)
Architekt (Wien / Salzburg), Dombaumeister in Mainz (1867–1873)
Nach der Ausbildung als Tischler im väterlichen Betrieb, und dem Studium Arbeit unter Friedrich von Schmidt (Wien), als Dombaumeister und selbständiger Architekt in Salzburg. Neben Kirchenbauten (Gonsenheim, Saulheim) verantwortlich für ortsbildprägende Bauten in Bad Gastein.

Weiland, Richard (1935–2014)
Goldschmied (Mainz)
In 3. Generation Leiter der Goldschmiedewerkstatt Weiland, die für zahlreiche sakrale und profane Objekte verantwortlich ist (u.a. Goldenes Buch der Stadt Mainz, Reliquienschrein im Mainzer Dom, Brustkreuz von Papst Johannes Paul II.).

Winter, Adam (1903–1973)
Bildhauer, Keramiker (Mainz-Kastel)
Bedeutender regionaler Künstler, der neben eigenständigen Schöpfungen auch zahlreiche Repliken von Kunstwerken aus Ton anfertigte. Mitverfasser einer grundlegenden Studie zu antiker Töpferei und Brenntechnik.

Wurmdobler, Damaris (geb. 1949)
Künstlerin (Erbes-Büdesheim)
Nach Ausbildung und Tätigkeit als Restauratorin seit 1987 freischaffende Künstlerin mit Schwerpunkt Wandmalerei / Neugestaltung von Kircheninnenräumen.

Zamels (Zammels, Sammels), **Burkhard** (Burkard, Burckhart)
(um 1690–1757)
Bildhauer (Mainz)
Seit etwa 1720 in Mainz ansässiger bedeutender Bildhauer des Barock.

Zick, Johannes (1702–1762)
Maler, Mechanikus (u.a. München / Würzburg / Bruchsal); seit 1732 fürstbischöfl. Hofmaler (Freising)
Maler des Spätbarock, u.a. der Fresken in bedeutenden Bauwerken Süddeutschlands (Schloss Bruchsal, Würzburger Residenz). Vater des bekannteren Malers Januarius Zick.

DATIERUNG ERHALTENER BAUTEILE DER KIRCHEN

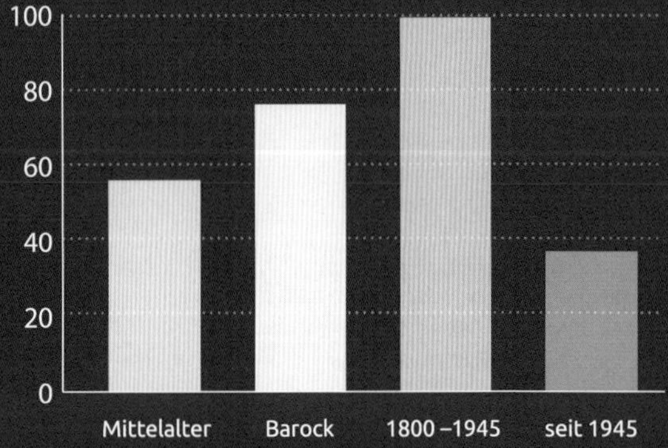

Häufig bestehen Kirchen aus Bauteilen unterschiedlicher Epochen – etwa aus einem mittelalterlichen Turm und einem barocken Langhaus wie in Nieder-Olm oder einem barocken Langhaus und einem Chor des frühen 20. Jh. wie in Gau-Weinheim. Die 215 aufgenommenen Kirchen und Kapellen kommen so auf etwa 270 unterschiedlich datierte Bauteile, wobei trotz häufiger Kriegszerstörungen Mittelalter und Barock gut vertreten sind.

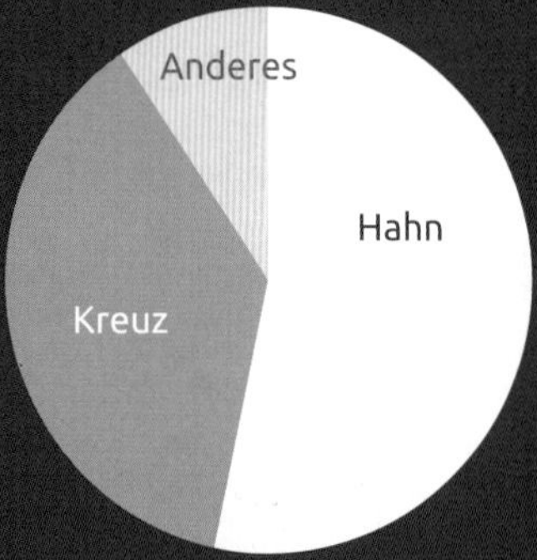

VERTEILUNG DER TURMZIER

Vielen ist die Regel geläufig, dass evangelische Kirchtürme von einem Hahn bekrönt werden, katholische dagegen ein Kreuz als Turmzier tragen – stimmt das denn und wie ist das in Rheinhessen? Wir haben Kreuze, Hähne und Sonstige (z.B. Figuren von Maria, Christus oder Heiligen) nachgezählt und sind auf ein erstaunliches Ergebnis gekommen: über die Hälfte der 191 katholischen Gebäude mit Turmzier trägt einen Hahn! Ob hier der Mainzer Domsgickel Vorbildfunktion hatte?

TOP ELF DER PATROZINIEN

Die Vielfalt der Kirchenlandschaft spiegelt sich auch in der Wahl der Kirchenpatrone wider – über 90 verschiedene sind in Rheinhessen zu finden. Viele davon gibt es je nur einmal, wie etwa der eher im Kölner Raum bekannte Sankt Gereon (Nackenheim). Die beliebtesten haben wir Ihnen hier zusammengestellt – aber Achtung: Zählt man sämtliche Marienpatrozinien zusammen (Mariä Geburt, Mariä Heimsuchung etc.), übertrifft sie mit 37 Gebäuden alle anderen – auch den beliebten Bistumsheiligen Martin.

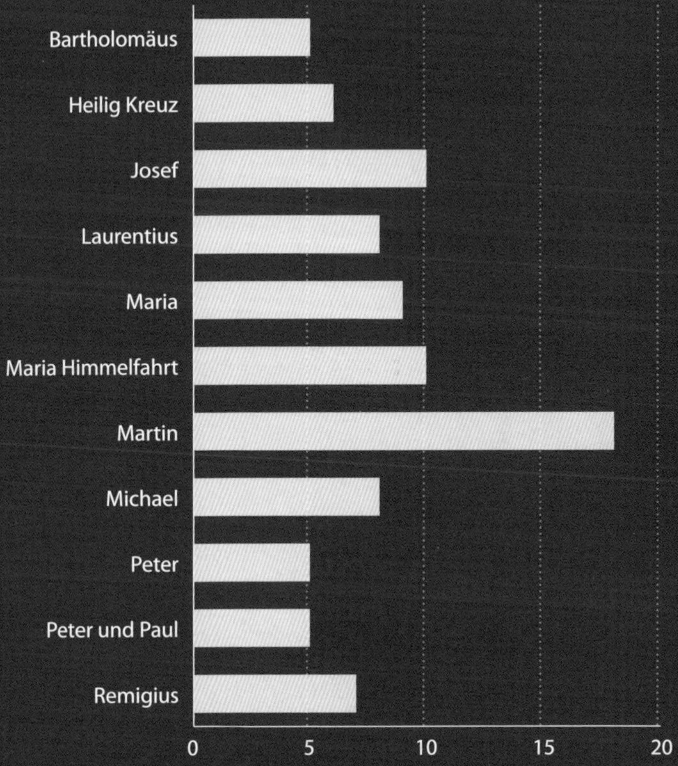

Allerheiligstes
Als Allerheiligstes werden in der katholischen Kirche die geweihten (konsekrierten) Hostien bezeichnet, in denen Christus leibhaftig und dauerhaft präsent ist.

Anna Selbdritt
Gruppendarstellung der hl. Anna mit ihrer Tochter Maria und dem Jesuskind. Siehe auch Infobox zu Mainz-Finthen, Klosterkapelle St. Joseph.

Ambo siehe „Was ist was im Kirchenraum“(▸ Sonderseite S. 106)

Antependium siehe „Was ist was im Kirchenraum“ (▸ Sonderseite S. 106)

Apostelleuchter siehe „Was ist was im Kirchenraum“ (▸ Sonderseite S. 106)

Apsis
Raum, der einem Hauptraum angebaut ist, meist über halbrundem oder polygonalem Grundriss. Als Auszeichnungsform oft der Abschluss eines Altar- oder Chorraums einer Kirche.

Archivolte
Profilierter, oft gestalteter Bogen über einem Portal. Teils mit Figuren besetzt.

Arkade
Auf Pfeilern oder Säulen ruhender Bogen.

Arma Christi
Passionswerkzeuge. Siehe auch Infobox zu Gensingen.

Atlant
Männliche Figur, die anstelle eines Pfeilers, einer Säule oder Konsole die Last des Gebäudes trägt.

Atrium
Vorhof der altchristlichen *Basilika, von Säulenhallen (Peristyl) umgeben, mit einem Brunnen für rituelle Waschungen in der Mitte. Auch *Paradies genannt.

Atzmann
Liturgisches Lesepult in Gestalt eines (Sub-)Diakons, der in seinen Händen eine Pultplatte hält.

Aussetzungsthron
Am Altar befindlicher Baldachin, der dem Zeigen (der Aussetzung) der Monstranz mit dem *Allerheiligsten dient.

Baluster
Rundes oder polygonales Stützglied aus Stein oder Holz mit stark profiliertem Schaft an einer Brüstung oder einem Geländer (Balustrade).

Basilika / Pfeilerbasilika
Kirchenbau mit einem höheren, im oberen Bereich durchfensterten Mittelschiff und niedrigeren Seitenschiffen. Je nach Form der Stützen zwischen den Schiffen unterscheidet man zwischen Pfeiler- und Säulenbasilika.

Basilica minor
Päpstlicher Ehrentitel für bedeutende Kirchengebäude.

Beinhaus siehe „Beinhaus - Ossuarium - Karner“ (▸ Sonderseite S. 80)

Bosse
Roh bearbeitete Ansichtsfläche eines Werksteins oder Quaders.

Cherub(im) / Seraph(im)
Engel von hohem Rang (Wächter an Heiligen Stätten); meist menschenähnlich dargestellt, Cherubim vierflügelig teilweise auch als Mischwesen, Seraphim mit sechs Flügeln.

Chor / Chorgestühl / Chorschranke
Der Chor bezeichnet ursprünglich den Ort des Stundengebets von Geistlichen, Mönchen und Nonnen. Dort befand sich das Chorgestühl, in dem dieses verrichtet wurde – meist eine Reihe von Klappsitzen mit gemeinsamer Rückwand. Zusätzlich konnte eine Chorschranke vorhanden sein, eine hohe, steinerne oder hölzerne Trennwand, die den Chor, meist in Verbindung mit einem *Lettner, gegen den Laienraum absondert. Heute wird Chor häufig synonym für den Altarraum / das *Sanktuarium / *Presbyterium verwendet.

Chorherren / Regularkanoniker
Mitglieder eines geistlichen Stifts, die nach einer Ordensregel leben, meist mit Priesterweihe.

Chronogramm
Text, in dem bestimmte Buchstaben addiert eine Jahreszahl ergeben. Siehe auch Infobox zu Mainz, Augustinerkirche.

Communio-Raum
Raumgestaltung, die die Gemeinschaft (communio) der Gläubigen besonders hervorhebt – häufig mit kreisförmig um den Altar angeordneten Bänken.

Dendrochronologie
Methode der Altersbestimmung von Hölzern über die unterschiedliche Wuchsbreite der Jahresringe.

Diaspora
Griechisch für „Zerstreuung" – verwendet für ethnische oder religiöse Gruppen, die Ihre Heimat verlassen haben und in der Fremde leben. Auch allgemein für religiöse Minderheiten.

Dreieinigkeit / Dreifaltigkeit / Trinität
Einheit des Wesens von Jesus, Gott Vater und Heiligem Geist. Siehe auch Infobox zu Sprendlingen.

Dreisitz / Levitenstuhl
In der Wand des Altarraums eingelassene Nische oder aufwändig gestaltete Sitzgelegenheit für Priester, Diakon und Subdiakon während bestimmter Abschnitte der Liturgie.

Eckständer / Ständer (Fachwerk)
Senkrecht stehender Balken.

Epitaph
Gedächtnismal für einen Verstorbenen, in Form einer Platte meist mit ausführlicher Inschrift und/oder figürlichen Darstellungen versehen; auch als Epitaphienaltar ausgebildet.

Ewiges Licht siehe „Was ist was im Kirchenraum" (▶ Sonderseite S. 106)

Fatima
Katholischer Wallfahrtsort in Portugal. Dort erfuhren 1917 drei Hirtenkinder eine Marienerscheinung.

Fiale
Gotisches Ziertürmchen , meist mit *Krabben besetzt und von einer *Kreuzblume bekrönt. Als Abschluss auf *Strebepfeilern, *Wimpergen, Portalen oder Galerien anzutreffen.

Fresko
Art der Wandmalerei, bei der die Farbpigmente auf den frischen Putz aufgetragen werden – im Gegensatz zur Secco-Malerei, die auf den trockenen Putz aufgebracht wird.

Fries
Schmaler Streifen zur Abgrenzung oder Teilung von Flächen, häufig ornamentiert.

Furnier
Gesägte oder geschnittene Holzblätter, die zur Veredelung der Oberfläche auf weniger wertvolles Holz geleimt werden.

Gewände
Schräg nach innen geführte Laibung eines Portals oder Fensters, oft durch Profile und eingestellte Säulen oder Skulpturen gegliedert.

Gewölbe / Gewölberippen / Gewölbefiguration
Gekrümmter oberer Abschluss eines Raums – gängige Formen sind Tonnengewölbe mit halbkreisförmigem Querschnitt, (Kreuz)-gratgewölbe mit einfachen Graten/Kanten zwischen einzelnen Gewölbefeldern und Rippengewölbe mit profilierten, manchmal zu kunstvollen Mustern (Figurationen) angeordneten *Rippen.

Gnadenbild
Gemälde oder Bildwerk, das Maria oder einen Heiligen darstellt und mit wundersamen Ereignissen und Heilungen in Verbindung gebracht wird. Oft Ziel einer Wallfahrt.

Gurtbogen
Quer zur Längsachse eines *Gewölbes gespannter Bogen, der die einzelnen *Joche trennt.

Habit
Ordensgewand von Mönchen und Nonnen.

Hallenkirche
Kirchenbau, bei dem die Seitenschiffe ebenso hoch sind wie das Mittelschiff.

Hammerbalkendecke
Offener Dachstuhl nach englischem Vorbild.

Ikone
Kult- oder Heiligenbild, das nach bestimmten Regeln gemalt, v.a. in den orthodoxen christlichen Kirchen Verbreitung gefunden hat.

Intarsie
Einlegearbeit, meist Holz in Holz ausgeführt. Einlegearbeiten aus verschiedenartigen Steinen werden als Inkrustation bezeichnet.

Joch
Der einem Gewölbefeld entsprechende Raumteil.

Kalotte
Halbkugelabschnitt, Teilfläche einer Kuppel.

Kämpfer
Zone am Ansatz der Krümmung eines Bogens oder Gewölbes, an der die Lasten vom aufgehenden Mauerwerk aufgenommen werden.

Kanonisation
Heiligsprechung nach einem kirchenrechtlichen Verfahren der römisch-katholischen Kirche.

Kapitell / Polsterkapitell
Meist ornamentiertes Kopfstück einer Säule oder eines Pfeilers. Polsterkapitelle weisen gerundete, kissenartige Seitenflächen auf.

Kappe
Von Graten oder *Rippen begrenztes Gewölbefeld.

Karner
*Beinhaus mit Kapelle. Siehe „Beinhaus - Ossuarium - Karner" (▸ Sonderseite S. 80)

Karnies
Profilform mit s-förmigem Querschnitt.

Klosterhof
Zu einem Kloster gehörender Besitz – als landwirtschaftliches Hofgut oder städtische Niederlassung.

Kommunionbank siehe „Was ist was im Kirchenraum" (▸ Sonderseite S. 106)

Konche
Aus dem Mauerwerk hervorspringende, eckige oder halbrunde Nische.

Konvent
Ordensgemeinschaft – sowohl für die Gemeinschaft selbst als auch die Niederlassung verwendet.

Kopfband (Fachwerk)
Diagonale Strebe im oberen Bereich eines *Ständers oder einer Holzsäule zur Stabilisierung der Konstruktion.

Krabbe
Kriechblume, plastisches Blattornament auf den Kanten von gotischen Ziergliedern (* Fialen, *Wimpergen u.a.).

Kreuzblume
Stilisiertes, plastisches Blattgebilde, das kreuzförmig um einen mittleren Stab angeordnet ist und als Bekrönung von *Fialen, *Wimpergen u.a. dient.

Kreuzweg
Aus 14 Stationen bestehend, auf denen bestimmte Szenen des Weges Jesu zu seiner Kreuzigung abgebildet sind.

Kruzifix / Kruzifixus
Darstellung des gekreuzigten Jesus Christus. Kruzifixus ist neben Korpus oder Corpus Christi ein Begriff für den Gekreuzigten selbst.

Krypta
Ein meist unter dem Chor befindlicher Raum als Grabstätte von Heiligen oder Würdenträgern sowie als Aufbewahrungsort von Reliquien.

Laterne
Rundes oder vieleckiges, von Fenstern durchbrochenes Türmchen über einer Decken- oder Gewölbeöffnung, meist über einer Kuppel.

Lettner
Zwischen Chor und Mittelschiff eingezogene, bühnenartige Scheidewand, die sich aus dem Lesepult, das sich auf den *Chorschranken befand, entwickelte.

Lisene
Flache, senkrechte Mauervorlage zur Gliederung einer Wandfläche.

Litanei
Gemeinschaftliches Gebet, das im Wechsel von einem Vorbeter und der Gemeinde gesprochen wird. Zur Lauretanischen Litanei siehe Infobox zu Dexheim.

Liturgie
Gesamtheit der religiösen Riten und Zeremonien des Gottesdienstes.

Loreto
Wallfahrtsort in Italien. Siehe auch Infobox zu Nieder-Hilbersheim.

Lourdes
Wallfahrtsort in Frankreich. Siehe auch Infobox zu Bingen-Büdesheim.

Lünette
Halbkreisförmiges Bogenfeld über Türen bzw. Fenstern, häufig dekorativ gestaltet.

Majolika
Farbig bemalte, glasierte Keramik.

Mandorla
Mandelförmige „Aura", meist für die Darstellung Christi verwendet.

Maria Immaculata
Darstellung Mariens, die den Aspekt der unbefleckten Empfängnis betont. Maria steht auf einer Weltkugel und zertritt eine Schlange (als Zeichen der Sünde).

Maßwerk
Geometrisch konstruiertes Bauornament zur Aufteilung großer Fenster, später auch zur Gliederung von Wandflächen (*Blendmaßwerk) und Brüstungen.

Memorie (Memoria)
Raum oder kleines Gebäude über einem Grab, das dem Gedächtnis des Bestatteten gewidmet ist.

Mensa siehe „Was ist was im Kirchenraum" (▸ Sonderseite S. 106)

Mitra
Bischofsmütze. Bis zum 12. Jahrhundert kegelförmig, von da an bilden zwei längliche Dreiecke die beiden reichverzierten Teile der Vorder- und Rückseite.

Obergaden
Der über die Seitenschiffe erhöhte und durchfensterte Teil der Mittelschiffwand einer Basilika.

Oktogon
Achteck.

Okulus
Kleines Rundfenster.

Oratorium
Im frühen Mittelalter kleines Gotteshaus oder Betsaal, später ein durch Fenster vom Chor oder Hauptschiff abgeschossener, logenartiger Emporenraum.

Paradies
*Atrium; Vorhalle einer Kirche (auch Narthex).

Patriarchenkreuz
Doppelkreuz mit einem kurzen oberen und längeren unteren Querbalken. Symbol der erzbischöflichen Herrschaft.

Patrozinium / Patron
Schutzherrschaft eines Heiligen (des Patrons) über eine Kirche.

Pfarrkuratie
„Quasi-Pfarrei"; vorläufig eingerichtete Pfarrei von noch unbestimmter Dauer.

Pietà / Vesperbild
Darstellung von Maria mit dem toten Jesus. Siehe auch Infobox zu Worms-Neuhausen.

Pietra dura
*Intarsien-/Steinschneidetechnik. Im Gegensatz zum Mosaik Arbeit mit vorgeformten/zugeschnittenen Stücken.

Pilaster
Ein flach der Wand vorgelegter Pfeiler mit Basis und *Kapitell.

Piscina
Becken mit Abfluss. Siehe auch Infobox zu Gundersheim. Zur Taufpiscina siehe Infobox zu Ingelheim, St. Remigius.

Polygon
Vieleck.

Postament
Unterbau, meist Sockel von Stützgliedern oder Statuen.

Prälat
Geistlicher Würdenträger.

Predella siehe „Was ist was im Kirchenraum" (► Sonderseite S. 106)

Presbyterium
Dem Klerus vorbehaltener *Chorraum.

Propstei
Unterschiedlich verwendeter Begriff; bei den Benediktinern (siehe Schwabenheim) bezeichnet er kleinere, unselbständige Klosterniederlassungen.

Provinzialat
Sitz der Leitung einer Ordensprovinz (regionale Untergliederung größerer Orden).

Putto / Putte
Kindergestalt, meist nackt/wenig bekleidet und mit Flügeln; v.a. in Malerei und Skulptur des Barock beliebte Darstellung.

Rabitz
Drahtputz. Siehe auch Infobox zu Oppenheim.

Reliquie
Körperteil oder hinterlassener Besitz (Kleidung o.ä.) eines Heiligen, der religiöse Verehrung findet.

Retabel siehe „Was ist was im Kirchenraum" (► Sonderseite S. 106)

Rippen
Unter die gemauerte Schale eines Gewölbes gespannter Bogenschenkel.

Rosenkranz
Gebetskette, die für das Rosenkranzgebet verwendet wird – meist eine Abfolge der Gebete „Ave Maria", „Vater unser" und „Ehre sei dem Vater".

Rotunde
Rundbau, Zentralbau von kreisförmigem Grundriss.

Rundbogenfries
*Fries aus kleinen aneinandergereihten Rundbogen, die auch von *Konsolen getragen werden können.

Sanktuarium
Altarraum.

Sakralbau
„Gotteshaus"; zu rituellen, sakralen (heiligen) oder kultischen Zwecken dienendes Bauwerk.

Sakramentshaus / Sakramentsnische
Architekturelement zur Aufbewahrung der Hostien, Kelche und liturgischen Gefäße – aufwändig als turmartiges Bauwerk aus Fuß, Gehäuse und bekrönendem Baldachin oder einfacher als gestalterisch hervorgehobene Wandnische.

Sakristei
Nebenraum einer Kirche, der zur Aufbewahrung der für den Gottesdienst notwendigen Gegenstände und zur Vorbereitung auf den Gottesdienst dient.

Schalldeckel
Ein meist kunstvoll ausgebildeter, baldachinartiger Überbau einer Kanzel zur Verbesserung der Akustik.

Schlussstein
Stein im Scheitel eines Bogens. Bei *Rippengewölben der Hauptknotenpunkt der *Rippen im Gewölbescheitel.

Scholastik
Im Hochmittelalter entwickelte Methode der wissenschaftlichen Denkweise und Beweisführung.

Schwalbennestorgel
Orgel, die nicht (auf einer Empore) steht, sondern vor einer Kircheninnenwand hängt.

Schwarzlotmalerei
Meist auf Glas oder Keramik angewandte Maltechnik, bei der die Farbe bei etwa 600°C eingebrannt wird.

Sedilien siehe „Was ist was im Kirchenraum" (▸ Sonderseite S. 106)

Sedisvakanz
Zeitraum zwischen dem Abtreten des Papstes oder eines Bischofs und der Einführung seines Nachfolgers.

Sepulchrum (Sepulcrum)
Grablege (auch für Reliquien)

Seraph (im) siehe Cherub (im)

Simultankirche / Simultaneum
Von mehreren Konfessionen gemeinsam genutzter Gottesdienstraum.

Spolie
Zweitverwendetes architektonisches Bauteil. Siehe auch Infobox zu Worms-Leiselheim.

Sprenggiebel
Giebel oder Fensterverdachung mit offener, „gesprengter" Mitte.

Stiftskirche / Stift
Kirche mit einer zugehörigen (Stifts-)Gemeinschaft von Kanonikern/*Chorherren.

Stigmatisation
Auftreten der Wundmale Christi am Körper eines lebenden Menschen (erstmalig bei dem Heiligen Franz von Assisi).

Stipes siehe „Was ist was im Kirchenraum" (► Sonderseite S. 106)

Strebepfeiler
Am Außenbau vorstehender oder in den Raum eingezogener Pfeilervorsprung in der Umfassungsmauer einer Kirche, der als Gewölbewiderlager dient.

Suppedaneum
Bei der Kreuzigung verwendetes Stützbrett unterhalb der Füße zur Verlängerung des Todeskampfes.

Synode
Konzil; christliche Versammlung von Kirchenvertretern, in der über grundsätzliche Fragen des kirchlichen Lebens entschieden wird.

Tabernakel siehe „Was ist was im Kirchenraum" (► Sonderseite S. 106)

Taufbecken siehe „Was ist was im Kirchenraum" (► Sonderseite S. 106)

Terracotta
Niedrig gebrannte, rötliche Tonware.

Terrazzo
Bodenbelag, der durch das Aufbringen farbiger Zuschlagstoffe auf den frischen Estrich mit anschließendem Schliff und Politur hergestellt wird. Oft auch mit farblich unterschiedlich gestalteten Flächen oder Ornamenten versehen.

Tiara
Papstkrone. Siehe auch Infobox zu Gau-Bischofsheim, St. Peter.

Titulus
Beischrift. Siehe auch Infobox zu Appenheim.

Trinität
*Dreifaltig- oder Dreieinigkeit.

Triptychon
Dreigeteiltes Bild.

Triumphbogen
Bogen zwischen dem Mittelschiff des Langhauses bzw. der *Vierung und dem Chor.

Tympanon
Geschmücktes Bogenfeld über dem Sturz eines Portals, häufig reliefiert. Siehe auch Infobox zu Welgesheim, Allerheiligen.

Unterzug
Unterhalb einer Balkendecke liegender zusätzlicher Entlastungsbalken.

Vandalen
Angehörige eines germanischen Volksstamms, dringen während der Völkerwanderungen des frühen Mittelalters bis nach Italien, Spanien und Nordafrika vor.

Viergötterstein
Postament einer bestimmten Art antiker Denkmale (Jupitergigantensäulen) mit je einem Relief eines Gottes pro Seite.

Vierung
Raumteil, der aus der Durchdringung vom Langhaus und Querhaus entsteht.

Villa rustica
Landgut in römischer Zeit. Siehe auch Infobox zu Heidesheim, Georgskapelle.

Volute
Architektonisches Glied mit spiralförmiger Einrollung, das häufig an *Konsolen, Giebeln und *Kapitellen zu finden ist.

Vortragekreuz siehe „Was ist was im Kirchenraum" (► Sonderseite S. 106)

Votiv
Weihe- und Opfergabe, die an besonderen Kultplätzen dargebracht wird. Siehe auch Infobox zu Gau-Bischofsheim, Marienkapelle.

Voute
Deckenkehle; konkav gerundeter Übergang zwischen Wand und Decke.

Weihekreuze
An 12 Stellen in der Kirche angebrachte Kreuze, die bei der Weihe mit Chrisam gesalbt wurden. Siehe auch Infobox zu Ingelheim-West, St. Paulus.

Wimperg
Giebelartige Bekrönung gotischer Portale und Fenster, oft mit *Maßwerk, *Krabben, *Fialen und *Kreuzblumen geschmückt.

Windeisen
An der Innenseite der Fenster eingemauertes Rund- oder Flacheisen, das große Fensterflächen gegen Winddruck stabilisiert.

Zentralbau
Bau, dessen Längs- und Querachsen etwa gleich lang sind, z.B. über quadratischem, kreisförmigem oder kreuzförmigem Grundriss.

Ziborium
Frei stehender, baldachinartiger Säulenbau über einem Altar (Ziborienaltar), einem Thron oder einem Grab. Auch Bezeichnung für einen Hostien- bzw. Speisekelch.

Zwickel
Dreiseitig begrenzte Fläche meist zwischen Bogenfeldern.

Auch ein kleines Buch macht viel Arbeit und ist ohne die Unterstützung vieler Menschen nicht zu schaffen. Mein erster Dank geht daher an Generalvikar Dietmar Giebelmann, der die Idee zu diesem Projekt begrüßte und die Finanzierung ermöglichte. Dass die Idee dann auch realisiert werden konnte, verdanke ich vor allem Stefanie Fuchs, die als Volontärin der Kirchlichen Denkmalpflege maßgeblich zum Gelingen dieses Büchleins beigetragen hat.

Sie bereiste sämtliche Kirchengemeinden in Rheinhessen, recherchierte vor Ort und in der Literatur und erstellte die nötigen Fotoaufnahmen. Unterstützt wurde sie dabei von meiner Kollegin in der Abteilung Denkmalpflege, Anna Maria Wellding, die als Inventarisatorin des Bistums für die systematische Aufnahme der kirchlichen Kunstgüter zuständig ist. In gewohnt professioneller und unkomplizierter Weise machte der Verlag Matthias Ess in Bad Kreuznach, namentlich Sandra Ess und ihre MitarbeiterInnen, aus unseren Texten und Bildern schließlich ein schön gestaltetes Buch. Vielen Dank dafür!

Unterstützung erhielten wir auch von der Abteilung für Öffentlichkeitsarbeit des Bistums, Herrn Thomas Klumb und Herrn Dr. Michael Kinnen, die uns einige Fotoaufnahmen zur Verfügung stellten, von der Abteilung für Orgeln und Glocken, die unser Buch durch Beiträge von Herrn Dr. Achim Seip und Herrn Günter Schneider bereicherte, sowie Herrn Karl-Heinz Scherrer von der Abteilung für EDV, der nach unseren Wünschen eine Karte der rheinhessischen Dekanate und aller Kirchenstandorte erstellte. Mein Dank geht auch an Baudirektor und Diözesankonservator Johannes Krämer, der dieses Projekt unterstützte und mir die hierfür nötigen Freiräume gewährte.

Gleiches gilt für meine Kolleginnen und Kollegen, den Regionalarchitekten des Diözesanbauamts. An dieser Stelle sei auch all jenen gedankt, die sich der Erforschung kirchlicher Gebäude widmen, die Pfarrarchive durchforsten, Urkunden transkribieren, Kirchenchroniken und Festschriften verfassen, sich in Geschichts- und Altertumsvereinen engagieren und ihre Erkenntnisse mit uns teilen. Seien es hauptberufliche Historiker und Kunsthistoriker oder „Amateure“, die sich im besten Wortsinn mit Liebe ihrem

Untersuchungsgegenstand widmen – sie alle lieferten neben der einschlägigen Literatur die Grundlagen für die Bearbeitung dieses Buches.

Ein besonders großer Dank geht an all diejenigen, die uns vor Ort bei der Arbeit unterstützt haben: Allen Pfarrern, Gemeindereferenten, Küstern, Kirchenpflegern und Gemeindemitgliedern, die mit uns von Kirche zu Kirche gefahren sind, uns Räume geöffnet und gezeigt haben, Fragen beantwortet, Anekdoten erzählt, Literaturhinweise gegeben, Texte korrigiert haben und vieles mehr. Ihr reges Interesse an diesem Buchprojekt hat uns ebenso beflügelt wie das Engagement und die Begeisterung, mit der diese Menschen in ihren Gemeinden auf vielerlei Weise tätig sind.

Herzlichen Dank dafür!
Diana Ecker

Herausgeber:
Bistum Mainz
Bischofsplatz 2
55116 Mainz

Diana Ecker: Idee, Konzept, Projektleitung, Texte, Fotos, Gesamtredaktion
Stefanie Fuchs: Recherche, Fotos, Texte, Organisation, Redaktion
Anna Maria Wellding: Recherche, Fotos, Texte, Redaktion

Alle Fotos, wenn nicht anders angegeben: Bistum Mainz,
Abt. Kirchliche Denkmalpflege

Fotos S. 130-139; 158/159; 237/238: Archiv Kirchliche Denkmalpflege (Abb. auf S. 181/182 mit freundlicher Genehmigung von Frau Klara Busch, Steinheim).

Fotos S. 38; 43 o.; 49; 94 o.; 117 o.; 140; 163 o.; 204/205; 230 o.; 247 o.; 256; 258 o.; 263 o.: Bistum Mainz, Abt. Öffentlichkeitsarbeit

Fotos S. 58; 60 u.: Alwin Bertram, Rüdesheim (Bad Kreuznach)

Grafik S. 52: Stefanie Fuchs

Karten S. 10/11: erstellt von Karl-Heinz Scherrer, Bistum Mainz, Abt. EDV

1. Auflage 2016

Bleichstraße 25
55543 Bad Kreuznach
www.ess.de

ISBN: 978-3-945676-17-2